Karl Leonhard Reinhold

Versuch einer neuen Theorie des menschlichen Vorstellungsvermögens

Karl Leonhard Reinhold

Versuch einer neuen Theorie des menschlichen Vorstellungsvermögens

ISBN/EAN: 9783741158940

Hergestellt in Europa, USA, Kanada, Australien, Japan

Cover: Foto ©Andreas Hilbeck / pixelio.de

Manufactured and distributed by brebook publishing software (www.brebook.com)

Karl Leonhard Reinhold

Versuch einer neuen Theorie des menschlichen Vorstellungsvermögens

Versuch einer neuen Theorie des menschlichen Vorstellungsvermögens

von

Karl Leonhard Reinhold.

Zweyte Auflag

Mit Churfürstl. Sächs. gnädigstem Privilegio.

Prag und Jena,
bey C. Widtmann und J. M. Mauke. 1795.

Seinen

väterlichen Freunden

Ignaz von Born

in Wien,

Immanuel Kant

in Königsberg,

und

Christoph Martin Wieland

in Weimar,

zum

Denkmal

seiner Dankbarkeit, Verehrung und Liebe

der

Verfasser.

Vorrede.

Ueber die
bisherigen Schickſale
der
kantiſchen Philoſophie.

Da die Periode, welche in der Geſchichte der teutſchen Philoſophie unmittelbar auf die *Leibnitziſch.- wolfiſche* folgte, gegenwärtig noch nicht vorüber iſt: ſo darf es um ſo weniger befremden, daſs ihre Vorzüge ſehr verſchieden beurtheilt werden, und daſs man eben ſo wenig darüber einig iſt: ob man ihr den Namen der *Eklektiſchen* oder im Gegentheile der *Empiriſchen* beyzulegen; als ob man ihr bevorſtehendes Ende zugleich auch für das Ende, oder vielmehr für den Anfang des goldenen Zeitalters der Wiſſenſchaft anzuſehen habe. Sonderbarer dürfte es beym erſten Anblicke ſcheinen, daſs die Meynungen auch über die *vorhergegangene* nicht weniger getheilt

getheilt find, und dafs felbft dasjenige Verdienft ihres Stifters, wodurch derfelbe den Grund zur *Gegenwärtigen* gelegt hatte, fogar von den Vertheidigern und Lobrednern der letzteren fo oft und fo fehr verkannt wird. *Wolf* hatte dadurch, dafs er den Entdeckungen des grofsen *Leibnitz* wiffenfchaftliche Form gab, ein vollendetes Syftem dogmatifcher Metaphyfik aufgeftellt, dem kein Dogmatiker nach ihm etwas beträchtliches zu nehmen, oder hinzuzufügen gewufst hat, und von welchem die fpäteren Eklektiker nur dann erft abzuweichen anfiengen, als fie beym Vortrag der Metaphyfik die wiffenfchaftliche Form für die rhapfodifche aufgaben. Noch nie hat ein philofophifches Syftem eine fo fchnelle und fo allgemeine Aufnahme gefunden, als das Leibnitzifch-wolfifche. Es wurde nach einem heftigen aber nur fehr kurzdaurenden Widerftand von den beften Köpfen der Nation, und von den mittelmäfsigften angenommen, und der gröffere Theil der akademifchen Lehrer wetteiferte mit dem beffern, fich für eine Philofophie zu erklären, in welcher man die fchwerften und wichtigften Aufgaben der Spekulation mit noch nie gefehener Gründlichkeit und Klarheit aufgelöfet, und das Intereffe der Religion und der Moralität mit den kühnften Anfprüchen der

Ver-

Vorrede.

Vernunft vereiniget fand. Allein eben darum und faſt eben ſo bald verloren die weſentlicheren Grundſätze dieſer allgemein beliebten Philoſophie den Reiz der Neuheit. Sie erhielten durch ihren vielfältigen Gebrauch die Popularität gemeiner und alltäglicher Maximen, und die Selbſtdenker waren in Kurzen genöthiget, ſich am Leitfaden derſelben auf das Feld der Beobachtung hinauszuwagen, nachdem ihnen Wolf auf dem Felde der Spekulation ſo wenig zu thun übrig gelaſſen hatte. Nichts war natürlicher, als daſs der zergliedernde Scharfſinn ſeine Arbeit an den konkreten Erfahrungsbegriffen fortſetzte, nachdem ſie an den abſtrakten Notionen vollendet ſchien, und daſs man zu beobachten anfieng, nachdem man zu definieren aufhören muſste. Einige neueren Schriftſteller haben das Verdienſt der beobachtenden Philoſophie dadurch in ein helleres Licht zu ſetzen geglaubt, daſs ſie dieſelbe mit der herabgewürdigten Wolfiſchen in den ſchärfſten Contraſt ſtellten, ohne zu bedenken, daſs die Probleme, welche von der erſtern der Natur vorgelegt wurden, gröſstentheils durch die ſo ſehr verſchrieenen *Definitionen* der letztern, entweder zuerſt aufgeworfen, oder doch näher beſtimmt worden ſind; daſs das Studium der Erfahrung keineswegs dem, gemeinen auch noch

noch fo gefunden Verftande, fondern nur der durch Principien geleiteten, und durch Spekulation geübten Vernunft gelingen konnte, und dafs die durch planlofes Herumtappen aufgegriffenen, und durch blofse Zufälle erworbenen Sachkenntniffe ohne das wiffenfchaftliche Gepräge, das ihnen der fyftematifche Geift aufdrückt, rohe und meiftens unbrauchbare Schätze bleiben müßten. Die philofophifche Welt ift durch die Schule der neuern Empiriker mit Compilatoren bevölkert; aber durch die Wolfifche find ihr die Stifter der eigentlichen *Pfychologie* und *Aefthetik* gebildet worden, durch welche die glücklichften Verfuche der Engländer in diefen Fächern an Gründlichkeit und Vollftändigkeit fo weit übertroffen wurden. Aus der wolfifchen Schule find die Stifter der gereinigten Theologie und des geläuterten Gefchmackes hervorgetreten, philofophifche Theologen und philofophifche fchöne Geifter, durch welche die Fackel der Philofophie in Gegenden gebracht wurde, wo fie in Teutfchland bis dahin noch nie geleuchtet hatte — von dem geheimnifsvollen Dunkel des Allerheiligften bis in die Kabinete der Minifter und Fürften, und an die Putztifche der Damen. Ein Zufammenfluſs günftiger Umftände, deren Aufzählung nicht hieher gehört, fchien

den

den Einsturz der alten leidigen Scheidewand zwischen Welt und Schule, vollendet zu haben, und die wolfischen Grundsätze wirkten ungehindert auf dem neueröfneten unermeslichen Felde fort, während die auf sie gebauten *metaphysischen Dogmen* der *Wolfianer* einerseits über die neuen und vielfältigen Anwendungen jener Grundsätze aufs empirische in Vergessenheit, andererseits aber durch die immer weiter um sich greifende Freyheit des Denkens in Verfall geriethen, und der streng systematische Vortrag in eben dem Verhältnisse sein voriges Ansehen einbüfste, als die Beyspiele fesselfreyer und geschmackvoller Einkleidung philosophischer Untersuchungen unter uns zahlreicher wurden. Es wurde nun über jede menschliche, bürgerliche, häusliche Angelegenheit von der gröfsten bis zur kleinsten in Prosa und in Versen philosophiert. Um die neue Ausbeute aufzunehmen und nur einigermafsen in Ordnung zu bringen, wurden die neuen Fächer vervielfältiget; Anthropologie, Geschichte der Menschheit, Philosophie der Geschichte, der Sprache, der Erziehungskunst u. s. w. wurden in den Rang der Wissenschaften, und neueroberter Provinzen der Philosophie eingesetzt.

Was würden *Leibnitz*, *Wolf*, *Baumgarten* von demjenigen gedacht haben, der ihnen vorhergesagt hätte, daſs eine Zeit kommen würde, wo die *Metaphyſik* in eben dem Verhältniſſe verlieren, als die *Philoſophie* gewinnen müſste? Dieſe Zeit iſt wirklich dageweſen und ſie iſt noch lange nicht vorüber. Aber freylich hat ſich die Bedeutung des Wortes Philoſophie während derſelben ſehr verändert. Das eigentliche Gebieth dieſer Wiſſenſchaft wurde immer *unbeſtimmter*, je weiter die Philoſophen ihre Eroberungen ausbreiteten. Das Anſehen und der Einfluſs der ehemaligen Königinn aller Wiſſenſchaften ſank um ſo tiefer, je weniger man *ihr* und je mehr man der *Erfahrung* zu verdanken anfieng, welcher man endlich auch ſogar die unentbehrlichſten Principien zueignete, je mehr dieſe nach und nach ihr wiſſenſchaftliches gelehrtes Gepräg verloren, und den Namen der Ausſprüche des geſunden Menſchenverſtandes angenommen hatten. Indeſſen daſs die poſitive Theologie und die Volksreligion durch allmälige Reinigung der Mythologie an Sittlichkeit und Vernunftmäſsigkeit zunahm, die Kenntniſs unſres Planeten durch phyſiſche Geographie, Länder- und Völkerkunde auſſerordentliche Fortſchritte that, und die empiriſche Seelenlehre von allen Seiten

ten her mit den wichtigften Auffchlüffen über die verborgenften Eigenheiten des menfchlichen Geiftes und Herzens bereichert wurde, wurden die RATIONALE *Theologie*, *Cosmologie* und *Pfychologie* theils vernachläffiget theils gemißhandelt. Diefe Theile der Metaphyfik, die kurz vorher durch das was *DesCartes* und *Leibnitz* für den Inhalt, *Wolf* und *Baumgarten* aber für die Form derfelben gethan hatten, auf den unerfchütterlichen Grund einer allgemeingültigen *Ontologie* für die Ewigkeit gebaut, und die vollendete Schutzwehre der Religion und der Moral gegen Aberglauben und Unglauben auszumachen fchienen, wurden nun auf einmal, felbft von Vertheidigern der Religion und Moral, als unhaltbar und entbehrlich aufgegeben. Es war dem gröfseren Theile des philofophifchen Publikums, der mit Auffammeln und Zufammenordnen von Thatfachen alle Hände befchäftiget hatte, um fo weniger zu verdenken, dafs er das heiligfte Interefse der Menfchheit durch fich felbft und den gefunden Menfchenverftand eben fo fehr gefichert, als durch die Metaphyfik gefährdet glaubte, da die letztere unter den Händen der Wenigen, die ihr noch aus Beruf oder Neigung oblagen, das *Syftematifche* und *Allgemeingültige*, wodurch fie allein ihre vorigen Anfprüche zu rechtfertigen vermocht hätte, immer mehr und mehr verlor. Auch die Metaphysik sollte auf Erfahrung gegründet, und *Leibnitz* durch *Locke* berichtiget, oder vielmehr die Theorieen von beyden sollten miteinander vereiniget werden. Die Nothwendigkeit und Allgemeinheit der *ontologischen Principien* wurde in eben dem Verhältnifs verdächtiger als der Versuch sie von der Erfahrung abzuleiten allgemeinern Beyfall fand. Aus den *Grundsätzen* waren nun *Meynungen* geworden; sie erschienen in jedem neuen philosophischen Werke in eine andere *Formel* eingekleidet, jeder denkende Kopf suchte sie nach seiner Weise zu bestimmen, baute sich ein eigenes System und benutzte dabey die Bruchstücke älterer einander entgegengesetzter Systeme, die ihm in das Seinige zu passen schienen.

Man hatte nach und nach alle grofsen Geister, die sich eigene Bahnen gebrochen hatten, beschworen. Allein die Antwort eines jeden war von jedem seiner verschiedenen Beschwörer *anders verstanden* worden *), weil man über den Sinn der Fragpunkte nicht einig.

---

*) Man vergleiche zum Beyspiel was in der neusten Zeit *Mendelsohn*, *Iacobi*, *Rehberg* und *Herder* über den Spinozismus geschrieben haben.

nig, und derselbe durch nichts allgemeingeltendes bestimmt war. Die auf diese Weise entstandenen philosophischen Versuche, von denen manche noch vor zwanzig Jahren das größte Aufsehen gemacht haben würden, fanden itzt eben so wenige, und nur eben so kalte Tadler als Bewunderer. Die Widersprüche, mit welchen jedes der neuen Lehrgebäude behaftet war, konnten bey dem immer mehr überhand nehmenden Ekel an metaphysischen Untersuchungen, der Ungewohntheit über anschauungslose Vorstellungen zu philosophieren, und der Schwierigkeit sich aus den Labyrinthen so vieler entgegengesetzten, und mit gleichem Scharfsinn unterstützten Meynungen herauszufinden, kaum dem kleinsten Theile der kleinen Anzahl von Lesern sichtbar werden, die noch an Schriften dieser Art einiges Interesse fanden. Auch die Scharfsichtigsten unter ihnen mußten nicht selten durch Genieschwünge und schimmernde Diktion, am öftesten aber durch die rhapsodische Form der Einkleidung geblendet werden, die eine nothwendige Folge unbestimmter Begriffe und unzusammenhangender Grundsätze ist, Schriftstellern aber, denen sie Bequemlichkeit, und Lesern, denen sie Unterhaltung gewährt, die gesegnete Frucht des echten philosophischen Geistes

Geiftes und des gebildeten Gefchmackes heifst.

In den *Lehrbüchern* nahm die Philofophie in eben dem Verhältniffe die Form der *Gefchichte* an, als fie fich von der Form der *ftrengen Wiffenfchaft* entfernte. In der *Logik* wurde *überhaupt Vorftellungen* haben mit *denken* verwechfelt, gröfstentheils nur empirifche Pfychologie abgehandelt; und der eigentlichen Gefetze des Denkens gemeiniglich nur im Vorbeygehen, nicht felten mit Mifsbilligung unter der Rubrike verjährter Spitzfindigkeiten, erwähnt. Der Raum, welcher der *Metaphyfik* beftimmt blieb, wurde gewöhnlich durch die Aufzählung der berühmteften metaphyfifchen Lehrmeynungen, und die Beurtheilung derfelben nach den fogenannten Ausfprüchen des gefunden Verftandes ausgefüllt. Man fuhr freylich noch immer fort die Grundwahrheiten der Religion und der Moral zu demonftriren, aber mit Beweifen, denen kaum mehr der lächerlichfte Kathederftolz felbft Allgemeingültigkeit zutraute. Der eine Verfaffer ftellt ein ganzes Heer von Argumenten auf, deren jedes er fchon darum für unüberwindlich hält, weil die Wahrheit, von der die Rede ift, nicht bezweifelt werden *darf*. Ein anderer, überzeugt, dafs nur ein einziger Beweis gelten könne,

Vorrede.

könne, widerlegt alle übrigen, und glaubt dadurch den Seinigen genug erhärtet zu haben, der aber leider von einem mißgünltigen Kollega als erschlichen und widersprechend befunden wird. Ein dritter endlich hilft sich aus der Verlegenheit, in welche ihn die Collision seines Skepticismus mit seiner Amtspflicht verfetzt, dadurch, daß er alle bisher bekannt gewordenen Beweise *historisch* vorlegt ohne sich ausschließend für einen derselben oder zusammengenommen für alle zu erklären. Was Wunder, daß die breite Heerstraße der neuen *Schulphilosophie*, auf welcher sich die Anführer selbst unaufhörlich einander in den Weg treten, von Selbstdenkern, die durch keinen näheren Beruf auf dieselbe verschlagen werden, immer mehr und mehr verlassen wird! Einige dieser letztern haben neuerlich mit *Spinoza* den entgegengesetzten, aber viel konsequenteren *Dogmatismus*, andere mit *Paskal* den *Supernaturalismus*, andere endlich mit *Hume* den *dogmatischen Skepticismus* vorgezogen: während der große Hauffen von *Halbdenkern*, der gleichwohl nicht blödsinnig genug ist, um das immer zunehmende Schwanken der *erschütterten Metaphysik* nicht wahrzunehmen, zu allem, was sich nicht mit Händen greifen läßt, zu zweifeln anfängt, und auf seine unphilosophische Gleichgültigkeit,

Vorrede.

keit, die alles, was nicht ohne Schwierigkeit zu erklären ist, dahingestellt seyn läfst, unter dem gemifsbrauchten Namen des *kritischen Skepticismus* stolz thut.

Indessen dafs sich der Mangel allgemeingültiger Principien durch die angeführten Erscheinungen in der philosophischen Welt eben so laut ankündigte, als das Bedürfnifs derselben bey der übrigens so hoch gestiegenen Cultur immer dringender wurde, erschien das berühmte Werk des königsbergischen Philosophen, welches nichts geringeres zum Zwecke hat, als jenem Mangel auf immer abzuhelfen, und welches, wie einige dafürhalten, diesen Zweck unmöglich verfehlen kann. Noch nie ist wohl ein Buch, ein einziges ausgenommen, so angestaunt, bewundert, gehafst, getadelt, verketzert, und — mifsverstanden worden. Einige Iahre hindurch schien man kaum das Daseyn desselben bemerkt zu haben, und wenn es gegenwärtig die allgemeine Aufmerksamkeit des philosophischen Publikums beschäftiget, so ist ihm diese Ehre nur sehr allmälig und nicht so viel durch sich selbst als durch ausserordentlich anpreisende und verschreyende Berichte zu theil geworden. Bisher haben sich noch sehr wenige Schriftsteller von Bedeutung

tung für das *Kantifche* Syftem erklärt, das fich von allen bisherigen auch dadurch auszeichnet, dafs es entweder durchgängig angenommen oder verworfen werden mufs. Aber diefe wenigen ; haben in demfelben die vollendete, völlig befriedigende Theorie des menfchlichen Erkenntnifsvermögens, die einzig mögliche Quelle allgemeingültiger Grundfätze, und das in der Natur des menfchlichen Geiftes gegründete Syftem aller Syfteme gefunden. Nichts war natürlicher, als dafs diefe und ähnliche Urtheile, die von den Freunden der Kritik der Vernunft denjenigen, die das Werk felbft nicht gelefen, oder nicht verftanden hatten, auch nicht bewiefen werden konnten, von dem gröfsten Theile als ftolze Anmafsungen und lächerliche Uebertreibungen aufgenommen wurden. Es fehlte nicht an einigen unbärtigen und bärtigen Schriftftellerchen, die theils um etwas neues zu Märkte zu bringen, theils um ihren Tieffinn bewundern zu laffen, fich zu Apofteln des *alleszermalmenden Kants* aufwarfen, und durch die Art wie fie fich dabey benahmen, den Unwillen und den Spott wirklich verdienten, gegen den die denkenden Verehrer des kantifchen Verdienftes, durch alles was fie zur Beftätigung ihrer Urtheile vorbringen konnten, kaum gefichert

fichert waren. Eine beträchtliche Anzahl philofophifcher Köpfe, auf welche Teutfc- land mit Recht ftolz ift, und unter diefen die Meiften der berühmtern akademifchen Lehrer, haben fich entweder gegen das ganze neue Syftem, oder welches in der That eben daffelbe ift, gegen wefentliche Theile deffelben erklärt, und die Natur der Sache brachte es mit fich, dafs diefe Männer die Kritik der Vernunft durch ihre Einwürfe und Bedenklichkeiten um fo tiefer herabfetzen mufsten, je erhabener der Rang gewefen wäre, den fie ihr eingeftanden haben würden, wenn fie ihre Prüfung ausgehalten hätte. Eine nicht unbeträchtliche Anzahl aus dem Schriftftellertroffe ergriff auch bald bey der Behandlung des neuen Modeartikels lieber die Parthey gegen Kant: denn hier hatten fie ungleich berühmtere Namen auf ihrer Seite, und die gewiffe Ausficht, nicht etwa zu den Nachbetern, fondern zu den Widerlegern und Belehrern des Mannes zu gehören, dem felbft feine angefehenften Gegner ihre Bewunderung nicht' verfagen konnten. Sie wiederholten daher die Angriffe ihrer hohen Alliirten, oder ahmten diefelben vielmehr mit den von jenen abgeborgten Waffen nach, die das, was fie in folchen Händen an voriger *Schärfe* verloren, an dem *fchweren* Nachdruck

gewan-

gewannen, der dem bleyernen Witze eigenthümlich ift.

Die allgemeinfte unter den vielen Klagen, die bisher über die Kritik der Vernunft vorgebracht worden find, legt ihr *Unverftändlichkeit* zur Laft. Diefe Klage wird auch fogar von denjenigen geführt, welche das kantifche Syftem widerlegt zu haben glauben, und die fich eben darum billig zutrauen follten, dafs fie es verftanden hätten. Gleichwohl ift noch keiner unter den zahlreichen Gegnern deffelben aufgeftanden, der behauptet hätte, er habe den Sinn davon durchgängig gefafst; keiner, der nicht wenigftens fich felbft geftehen müfste, er habe an vielen Stellen unüberwindliche Dunkelheit gefunden. Die meiften halten diefe Dunkelheit für eine natürliche Folge der offenbaren Widerfprüche, die fie an den ihnen verftändlichen Stellen gefunden zu haben meynen; während die Anhänger des neuen Syftems die Quelle diefer Widerfprüche in jener Dunkelheit entdeckt zu haben behaupten, die ihnen wenigftens nicht unüberwindlich gewefen feyn foll, fo fchwer fie auch ihrem Geftändniffe nach zu überwinden war. Ihre Antworten auf alle bisherige Einwürfe, fo wie die Erklärungen die Herr *Kant* felbft über einige derfelben bekannt gemacht hat, haben keinen andern

Inhalt,

Inhalt, als dafs fie die Gegner über den mifsverftandenen Sinn der Kr. d. V. zurechtweifen; wodurch fie aber auch gewifs den Vorwurf vielmehr eingeftehen als ablehnen, dafs eine Schrift die von fo vielen fcharffinnigen Köpfen und fonft fo gang kompetenten Richtern mifsverftanden wird, *äufserft dunkel feyn müffe.*

Diefe Hauptanklage gegen ein Werk, das wenigftens in Rückficht auf das was von ihm verheiffen wird, von fo allgemein anerkannter Wichtigkeit ift, verdient um fo mehr eine nähere Beleuchtung, je mehr es fich in der Folge zeigen wird, dafs fie mit dem von mir gefchilderten Zuftande der herrfchenden, fogenannten eklektifchen, Philofophie innigft zufammenhängt, dafs von ihren eigentlichen Gründen das ganze bisherige Schickfal der neuen Kantifchen beftimmt worden ift, und dafs fich aus diefen Gründen alle übrige gegen Kant lautgewordenen Anklagen über Wiederherftellung fcholaftifcher Spitzfindigkeiten, unnütze Sprachneuerungen, Einführung des troftlofen Skepticismus, Aufftellung eines neuen Idealismus, Umfturz der Grundwahrheiten der Religion und der Moral vollkommen befriedigend erklären laffen.

Gefetzt,

Vorrede.

Gesetzt, die Kritik der r. V. hätte das grosse Problem der Entdeckung allgemeingültiger Principien wirklich aufgelöset; sie enthielte bereits das durch die Natur unsres Erkenntnissvermögens bestimmte, und in seinen Gründen bis an die Gränzen alles begreiflichen zurückgeführte, einzig mögliche System aller speculativen Philosophie? —

„O! so müsste ja dieses System selbst von „allen Schwierigkeiten frey seyn, alle Irrwege „der Speculation vermeiden, nicht neue Un„begreiflichkeiten an die Stelle der Alten „setzen; es müsste höchst fasslich seyn, und „durch eine über alle Sophismen spitzfindiger „Grübeley siegende Analytik alle Einwürfe zu „Boden schlagen, und allen unfreywilligen „Täuschungen des wahrheitsuchenden For„schers abhelfen. — Wie können wir an„dern, die wir dasselbe kennen oder nicht ken„nen, uns so grosse Dinge von einem dogma„tischen Systeme versprechen, dessen Beweise „äusserst *abstrus* und den wenigsten Menschen „fasslich sind, und dessen Resultate sich von „den Principien der bekannten Metaphysik, „und den simpeln Lehren der schlichten Men„schenvernunft gleich weit entfernen!*)"

Es

*) Was ich hier aus dem *Versuch über Gott, die Welt und die menschliche Seele*. Berlin bey Nikolai 1788. entlehnt

Vorrede.

Es würde zu nichts nützen, wenn ich diesem beweislosen Tadel, die eben so beweislosen Lobsprüche derjenigen, die in der Kr. der Vernunft, alle die angeführten Forderungen wirklich erfüllt oder gar übertroffen glauben, entgegenstellen wollte. Ich bedarf aber auch, um meine Betrachtungen aller jener Einwendungen ungeachtet fortsetzen zu können, keines günstigen Vorurtheils für die Parthey zu der ich mich bekenne. Es ist genug, wenn mir meine Leser, wie ich wohl sicher annehmen darf, einräumen: Es finde keine *absolute Unmöglichkeit* statt, daſs die Kritik der Vernunft eben sowohl von ihren Gegnern, als von ihren Vertheidigern miſsverstanden sey; ungeachtet bisher die erstern sowohl an Zahl als an Celebrität den letztern überlegen waren. Es war nicht nur der gröſsere, sondern auch sogar der beſsere Theil von *Newtons* gelehrten Zeitgenoſsen, der (zumal in den erstern Jahrzehnden nach der Bekanntmachung der neuen Entdeckungen deſselben) in der nunmehr allgemeingeltenden Theorie dieses groſsen Mannes Entfernung von

entlehnt habe, dürfte wohl von den meisten, wo nicht gar von allen Gegnern des kantischen Systems unterschrieben werden.

Vorrede.

von allen bis dahin bekannten Principien der Phyſik ſowohl als den ſimpeln Lehren des ſchlichten Menſchenverſtandes, Widerſprüche, Unbegreiflichkeiten, und vor allen Dingen unüberwindliche Dunkelheit in den Beweiſen gefunden hat. Faſt ein halbes Jahrhundert hindurch würde man in Frankreich über den *Newtonianer* gelächelt, und mit ſo viel Bitterkeit, aber nur mit etwas mehr Feinheit als unſre gegenwärtigen POPULAR*philoſophen* über die *Kritiſchen* geſpottet haben, der ſeinen Zeitgenoſſen vor ergeſagt hätte: die Attractionslehre würde von ihren Nachkommen eben ſo allgemein angenommen und bewundert werden, als ſie ein Menſchenalter vorher verworfen und herabgeſetzt wurde? Was würde man vollends in *Rom* über die Behauptung geurtheilt haben: *Newton* habe Mittel gefunden, die von der täglichen *Erfahrung* widerlegte, der *heiligen Schrift* widerſprechende, vom apoſtoliſchen Stuhle verdammte Lehre von der *Bewegung der Erde* zu einer ſo unwiderſprechlichen Gewiſsheit zu erheben, dafs ſie einige Jahrzehende nachher auf allen philoſophiſchen Kathedern dieſes Hauptſitzes der Rechtgläubigkeit mit Vorwiſſen [und] guter Bewilligung des oberſten

Glau-

Glaubensregenten felbſt gelehrt, und vertheidiget werden würde? —

„Das Newtonſche Syſtem hat dieſen „Triumph ſeiner *mathematiſchen Evidenz* zu „verdanken, auf welche doch wohl das *Kantiſche* keinen Anſpruch zu machen hat."

Gleichwohl hat ſelbſt durch dieſe mathematiſche Evidenz die beynahe allgemeine Empörung der gleichzeitigen Philoſophen gegen Newton, welche mit der gegenwärtigen gegen Kant eine ſo auffallende Aehnlichkeit hat, nicht verhindert werden können. Denn auch dieſe Evidenz hieng von Beweiſen ab, die ſelbſt für den gröſsten Theil der damaligen Mathematiker unverſtändlich waren; oder wenigſtens von ihnen dafür erklärt wurden. Wie? wenn nun die *kantiſchen* Beweiſe für die Wenigen, welche ſie bisher verſtanden haben, eine *Logiſche* Evidenz hätten, die in Rückſicht auf ihre überzeugende Kraft der *Mathematiſchen*, die anfangs auch nur von einigen wenigen an den Newtonſchen wahrgenommen wurde, wirklich zur Seite ſtünde? — Welcher Philoſoph iſt nicht gegenwärtig von der falſchen Spitzfindigkeit der vier ſyllogiſtiſchen Figuren, und der ſechszehn Schluſsformeln überzeugt? Allein wer

Vorrede.

wer erinnert sich nicht der Zeit, wo man die Wichtigkeit und Unentbehrlichkeit dieser logischen Spielwerke mit eben der logischen Evidenz einzusehen wähnte, mit der man gegenwärtig das Gegentheil wirklich einsieht? Den vielen und berühmten Vertheidigern jener vier *syllogistischen Figuren* mußte die gegenwärtige Uebereinstimmung über die Nichtigkeit derselben eben so unmöglich vorkommen, als den heutigen Vertheidigern der *vier metaphysischen Systeme* (des Spiritualismus, Materialismus, dogmatischen Skepticismus, und Supernaturalismus) der unvermeidliche Umsturz dieser einander entgegengesetzter Systeme, und der dadurch erhaltene Frieden auf dem Gebiethe der speculativen Philosophie, unbegreiflich und ungereimt scheinen muß.

Gesetzt nun, das in der Kritik der Vernunft vorhandene System der Principien der eigentlichen Philosophie, wäre wirklich *allgemeingültig*, es wäre so ganz in der Natur des menschlichen Geistes gegründet, daß es von jedem, der dasselbe *durchgängig* verstanden hätte, als wahr befunden werden müßte; (eine Voraussetzung, von der ich hier nichts weiter behaupte, als daß sie keine absolute Unmöglichkeit habe) so behaupte ich: „daß er-
„stens

„*stens* in der Natur eines solchen Systemes
„zusammengenommen, mit dem gegenwärti-
„gen Zustande der Philosophie, *zweytens* in
„der Art wie dieses System in dem kantischen
„Werke vorgetragen ist, und vorgetragen
„werden *muſste*," Gründe vorhanden sind, aus
welchen sich vollkommen begreifen läſst,
warum die Kritik der Vernunft nicht nur
von dem gröſsten, sondern auch von dem beſ-
sern Theile gleichzeitiger Philosophen miſsverstanden werden muſste; Gründe aus welchen sich, wie ich hoffen darf, das bisherige
Schicksal der kantischen Philosophie auf eine
Art erklären läſst, die eben so wenig etwas
der Ehre ihres Stifters vergiebt, als dem Ruh-
me ihrer verdienstvollen Gegner zu nahe
tritt.

Sollten die neuen Principien wahrhaft *allgemeingültig*, und ihrer Natur nach dazu gemacht seyn *allgemeingeltend* zu werden, so
müſsten sie jeder bisherigen philosophischen
Sekte volle Gerechtigkeit wiederfahren laſsen, mit der gröſsten Bestimmtheit das *Wahre*, das in den respektiven Grundsätzen jeglichen Systems enthalten ist, in sich fassen, das
Falsche ausschlieſsen, und dadurch ein System aufstellen, welches jedem Selbstdenker
das, was er aus seinem Gesichtspunkte richtig

tig gesehen hat, wieder finden liefse. Indem nun zu diefem Behufe bey der Entwicklung der neuen Principien manche der paradoxeften Behauptungen hervorgefucht und in Schutz genommen, manche der ausgemachteften hingegen bezweifelt, und widerlegt werden müfsten, fo ift nichts natürlicher, als dafs es der erfte Verfuch diefer Art, und wäre er auch noch fo meifterhaft ausgefallen, fo wohl mit denen, welche dem gegenwärtigen Zuftande der Philofophie feine Form gegeben, als auch mit den übrigen, welche von demfelben die Form ihres Philofophierens erhalten haben, verderben müfste, oder welches eben fo viel heifst, dafs er fowohl von den unter fich einigen *Popular-philofophen*, als von den untereinander ftreitenden *Metaphyfikern* mifsverftanden und — *widerlegt* werden müfste.

Um zu feinem erhabenen Ziele zu gelangen, müfste der neue Verfuch einen Weg einfchlagen, der demjenigen gerade entgegengefetzt ift, auf welchem der grofse Hauffen der Populärphilofophen bequem und unbeforgt fortzufchleudern gewohnt ift. Anftatt des leichten und unterhaltenden Herabfteigens vom Allgemeinen zum Befondern, vom Abftracten zum Concreten, von ununter-

fuchten

suchten für ausgemacht angenommnen Grundsätzen zu Thatsachen, müßte er nicht nur das mühsamere und langweiligere Hinaufsteigen wählen, sondern, sollte anders etwas auf immer Entscheidendes bewirkt werden, daßselbe bis zu einer Höhe fortsetzen, die noch von keinem der tiefsinnigsten Forscher erreicht wurde. Um seine aufzufindenden Principien mit dem *Wahren* an allen bisherigen Systemen zu vereinigen, müßte er von Behauptungen, welche von keiner Sekte bezweifelt werden können, ausgehen; das heißt, das *allgemeinste* was die bisherige Philosophie aufzuweisen hat, müßte ihm das *Besondere* werden, von dem er sich zu dem Allgemeinern bis an die *Gränze aller Begreiflichen* erheben müßte, von der er alsdann zu erweisen hätte, daß sie wirklich die Gränze alles Begreiflichen wäre. Wie sollte ihm der Populärphilosoph ohne Schwindel folgen können? —

Was sollte aber auch den Popularphilosophen bewegen können, die ungeheuren Schwierigkeiten zu überwinden, die eine Untersuchung dieser Art für ihn haben muß? Ihm kann es nicht einmal im Traume einfallen, daß es der Philosophie an unentbehrlichen Principien mangeln sollte. Die Seinige ge ift auf *Formeln* gebaut, die durch die *für ſich feſtſtehenden* praktiſchen Grundwahrheiten, zu deren Beweis ſie auf allen Akademien gebraucht worden, geheiliget und bewährt, aus der Schule ins gemeine Leben übergegangen ſind, und nun als Ausſprüche des allgemeinen Menſchenſinnes geſtempelt aus dem gemeinen Leben wieder in die Schule aufgenommen werden; Formeln die man nicht bezweifeln darf, ohne nicht dadurch ſeinen Anſpruch an den *ſenſus communis*, und mit demſelben ſein Recht an den Namen eines Philoſophen einzubüſsen. Wie abgeſchmackt muſs ihm nun jeder Verſuch vorkommen, den Sinn jener Formeln zu prüfen, die er für *unerklärbar* hält, weil ſie ſeiner Meynung nach, jeder Erklärung; für *unerweislich*, weil ſie jedem Beweiſe zum Grunde liegen müſſen? Trift er endlich gar auf Reſultate, die ſich mit dieſen für ihn *ewigen Wahrheiten*, [oder vielmehr mit dem Sinne, in welchem er die Formeln derſelben genommen hat,] nicht vereinigen laſſen, o! ſo muſs ihm ſchon dieſer Umſtand allein für die gründlichſte Widerlegung des neuen Verſuches gelten. Er muſs es für die leichteſte Sache von der Welt halten, ſolche ausgemachte und nur durch ſeine Sophiſterey unterſtützte Ungereimtheiten vor den Augen des Publikums in ihrer ganzen Blöfse darzuſtellen. Er hält diefs für ſeine heiligſte Pflicht, da er überzeugt iſt, dafs mit jenen Formeln zugleich die Fundamente der Religion und Moralität erſchüttert, und durch die ungeheure Anmafsung Verſtand und Vernunft ſelbſt zu *kritiſiren*, eine bisher unerhörte Zweifelſucht eingeführt werden müſſe. In dieſer Meynung wird er gerade durch den Umſtand beſtärkt, der das vornehmſte *Kritterium* für die Richtigkeit des neuen Verſuches iſt, „dafs dieſer nämlich das Wahre, das *jedem Syſteme eigen* iſt, aufnimmt,“ und in dieſer Rückſicht die eigenthümlichen Entdeckungen, die der dogmatiſche Skepticismus, der Materialismus, und der Supernaturalismus aus ihren einſeitigen Geſichtspunkten gemacht haben, wieder aufſtellt, und beſtätiget. In den Augen des Popularphiloſophen iſt dieſes das gewiſſeſte Merkmal der Verwerflichkeit der neuen Principien. Er iſt gewohnt jene drey Syſteme für längſt widerlegte Irrthümer, für unglückliche Folgen der leidigen Abweichung vom geſunden Menſchenſinne, und der Verirrung in das bodenloſe Land der Schimären zu halten. Die neue Philoſophie wird ihm nun für die ganze Summe der Ketzereyen und des Unheils verantwortlich,

wo-

wodurch' ihm jedes jener einzelnen Systeme verabscheuungswürdig geworden ist.

Noch schlimmer, wo möglich, müfste die Aufnahme ausfallen, welche unfren allgemeingültigen Principien von den *Metaphysikern*, oder weil doch die meisten unter ihnen gegen diesen *Namen* protestieren dürften, von den selbstdenkenden Philosophen, die sich mit Auflösung speculativer Probleme beschäftigen, bevorstünde. Die bisherige *Ontologie*, welche den Materialisten wie den Spiritualisten, den Spinozisten wie den Theisten, den Fatalisten wie den Deterministen bisher mit ihren Grundsätzen versehen hat, und eben darum auf den Schutz von allen zusammengenommen sicher zählen kann, müfste durch den neuen Versuch von dem Range der Wissenschaft der ersten Erkenntnifsgründe entsetzt und in ihren ausgemachtesten Grundsätzen als die Quelle eines gemeinschaftlichen Mifsverständnisses der Vernunft angegeben, und überführt werden. Wie sollte dieses durch ein einziges Buch einem Manne begreiflich gemacht werden, der von den Principien seiner bisherigen Vorstellungsart um so lebendiger überzeugt ist, jemehr ihm die letztere Zeit und Mühe gekostet, und

je

Vorrede.

je mehr er fie durch die Gründlichkeit und
den Reichthum feines Talentes zu unter-
ftützen und auszufchmücken gewufst hat.
Seine Grundfätze haben ihm ihre Feftigkeit
fchon dadurch genugfam bewährt, dafs fie fein
Lehrgebäude durch fo lange Zeit getragen haben Ihre Unumftöfslichkeit kann ihm um
fo weniger verdächtig gemacht werden, je
weniger fie i'm entweder bey dem Ueber-
blick des vollendeten Gebäudes felbft als die
Grundfefte deffelben fichtbar find, oder auch
jemehr er fich bewufst ift, dafs fie bey der
Grundlegung felbft durch feinen Scharffinn
und Fleifs *eigenthümliche* Beftimmungen erhalten haben, wodurch fie gegen die gewöhnlichen Einwürfe, welche fonft die Grundfätze feiner Parthey treffen, gefichert wären.

Ie mehr der geübte Denker für die Metaphyfik, und je mehr fie für ihn gethan hat,
defto unmöglicher wird es ihm werden, diefelbe neben dem neuen Verfuche vor dem
Richterftuhle feiner Vernunft als blofse Parthey auftreten zu laffen. Er hat diefen Rich-
terftuhl feiner Metaphyfik eingeräumt, das
heifst, einem Richter, vor welchem noth-
wendigerweife jede Parthey, die fein richter-
liches Befugnifs in Anfpruch nimmt, vor aller

Unter-

Vorrede.

Unterfuchung verloren haben muſs. Hierdurch wird unfrem Philofophen alle unpartheyifche Prüfung der neuen Lehre unmöglich, und es ift im Grunde nicht viel mehr als eine leere Formalität, wenn er ihre Rechtfertigung über eine Behauptung, die feinen Grundfätzen widerfpricht, vernimmt, und gegen alle Partheylichkeit proteftiert. Denn er verfteht diefe Rechtfertigung nicht, und er lernt fie um fo weniger verftehen, je mehr er überzeugt ift, daſs dasjenige, was irgend einem Menfchen verftändlich ift, auch *Ihm* verftändlich feyn müſſe. Die Gründe feines Gegners müſſen ihm ungereimt vorkommen, weil fie auf das, was er für ausgemacht hält, auf feine Principien, die er alle Augenblick auch dort, wo er von ihnen abftrahieren follte und wollte, unvermerkt unterfchiebt, zurückgeführt, wirklich einen ganz andern Sinn erhalten müſſen, als fie in der That haben, und weil er diefen Sinn nur dann rein und unverfälfcht auffaſſen könnte, wenn er fein Urtheil über einzelne Theile fo lange aufzufchieben vermöchte, bis er das Ganze, in welchem allein jeder Theil feine eigentliche Bedeutung und Beftimmung erhält, überfehen hätte. Diefe Ueberficht wird aber in demfelben Augenblicke unmöglich,

wo

wo das Vorurtheil auch nur in einen einzigen der Hauptsätze einen fremden Sinn hineingetragen hat. Wer z. B. der Behauptung: „die Grundwahrheiten der Religion und der „Moral laſſen ſich nicht demonſtriren" den Sinn unterlegt: *Es gäbe keine allgemeingültige Gründe für ſie;* den Satz: „Raum und Zeit „rein vorgeſtellt ſind bloſse Formen der An-„ſchauung" für gleichlautend hält mit: *Raum und Zeit ſind nichts als bloſse Vorſtellungen;* „die „Dinge auſser uns können nur als Erſchei-„nungen erkannt werden" mit: *Die Dinge an ſich ſelbſt ſind nichts als Erſcheinungen,* u. d. m. der kann freylich ein Syſtem, das aus ſolchen Hauptſätzen beſteht, nicht anders als höchſt abgeſchmackt, abentheuerlich, und wenn man will, auch ſogar gefährlich finden.

Wenn der Beurtheiler einem wahrhaft zuſammenhängenden Syſteme auch nur einen einzigen ungereimten Beſtandtheil auf dieſe Weiſe aufgebürdet hat, ſo mag er bey der darauf folgenden Prüfung hoch ſo unpartheyiſch, arglos, ſorgfältig zu Werke gehen, das Verſtehen des Ganzen wird ihm gleichwohl ſchlechterdings unmöglich bleiben.

Man vergeſſe nicht, daſs ſich die neuen allgemeingültigen Principien mit keiner Metaphyſik, taphyfik, fie mag in ihrer eigenthümlichen Geftalt vorgetragen, oder durch eine poetifche Imagination in fchöne Bilder eingehüllt werden, vertragen könne, dafs aber auch durch fie jedes metaphyfifche Syftem auf eine bisher unerhörte Art gewürdiget, und gegen die Angriffe von jeder metaphyfifchen Sekte gefchützt werden müffe. Der neue Verfuch wird alfo jeden offenbaren und maskirten Metaphyfiker überzeugen müffen, dafs feine Philofophie nur *halbwahr*, die Philofophie feiner Gegner aber nur *halbfalfch*, und folglich — um nichts beffer als die Seinige wäre. Sey auch hier feine Vernunft über allen Einflufs empörter Selbftliebe erhaben; wird er auch mit dem beften Willen feiner langgewohnten mühfam erworbenen Vorftellungsart auf einmal entfagen können? So lange aber diefe auf fein Studium des neuen Verfuches einwirkt, fo lange wird er dasjenige, was in demfelben gegen das verfteckte Falfche feiner Grundfätze vorgebracht wird, für eine Vertheidigung des offenbaren Falfchen an den Grundfätzen feiner Gegner, und was zur Rechtfertigung des verfteckten Wahren an den Grundfätzen feiner Gegner gefagt wird, für eine Beftreitung des Unftreitigen an den Seinigen halten müffen. Ift er daher

ein

Vorrede.

ein *Dogmatiker*, so wird er die neue Philosophie für den Versuch eines *Skeptikers* halten, der die Gewissheit alles Wissens untergraben soll; ist er ein *Skeptiker* — für die stolze Anmaſsung auf den Trümmern der bisher einander entgegengesetzten dogmatischen Systeme einen neuen und alleinherrschenden Dogmatismus einzuführen; ist er ein *Supernaturalist* — für einen feinangelegten Kunstgriff die Unentbehrlichkeit historischer Urkunden der Religion zu verdrängen, und den Naturalismus ohne Polemik zu begründen; ist er ein *Naturalist* — für eine neue Stütze der sinkenden Glaubensphilosophie; ist er ein *Materialist* — für eine idealistische Widerlegung der Realität der Materie; ist er endlich ein *Spiritualist* — für eine unverantwortliche Beschränkung alles Wirklichen auf die unter dem Namen des Gebiethes der Erfahrung versteckte Körperwelt °). Und nun lasse man diese Beurtheiler ihre Berichte an das philosophische Publikum abstatten, so wird ein beträchtlicher Theil desselben in seinen Meynungen über das neue *sonderbare Werk* in eben

---

°) Lauter wirkliche über die Kritik der Vernunft von ihren berühmten Gegnern in öffentlichen Druckschriften gefällte Urtheile.

eben fo viele Partheyen zerfallen, als daffelbe berühmte Gegner gefunden hat, in Partheyen, die theils durch das Urtheil ihrer Anführer abgehalten das Werk felbft zu lefen, theils durch daffelbe beftimmt werden, darin zu finden, was jene gefunden haben. Ein kleinerer Theil, dem das Widerfprechende in den verfchiedenen Ausfprüchen gleich competenter Richter auffällt, hütet fich feine Zeit und feinen Verftand an ein Buch zu wagen, aus welchem felbft die Philofophen von Profeffion nicht klug werden können. Aber nur der allerkleinfte Theil ift fcharffichtig und gerecht genug, um die Widerfprüche in den befchuldigenden Ausfagen der Zeugen als eine günftige Vorbedeutung für die Unfchuld der angeklagten neuen Philofophie anzufehen.

Den heftigften und hartnäckigften Widerftand würde die Einführung allgemeingültiger Principien auf *Univerfitäten* erfahren müffen. Der gröfste Theil unfrer lebenden Zeitgenoffen hat noch kein Beyfpiel einer Reformation der Philofophie erlebt, die den ganzen *Lehrbegriff* betroffen hätte; fonft dürfte hier die Erinnerung wohl überflüffig feyn, dafs auch die philofophifche Innung eben fo gut ihre Orthodoxie als die theologifche, eben fo

C gut

gut ihren Schlendrian als die juriſtiſche, eben ſo gut ihren Empirismus als die mediciniſche habe, ein Uebel das jeder Reformation in eben dem Verhältniſſe den Eingang erſchwert, als es das Bedürfniſs derſelben herbeyführt. Wer die Geſchichte der *carteſianiſchen*, und der *leibnitziſch-wolfiſchen* Revolution auch nur obenhin kennt, der wird nicht leicht eine gleichzeitige Univerſität angeben können, auf welcher nicht die neuen Lehren anfangs eben ſo unbedingt verworfen, als nachmals aufgenommen, und befördert worden wären. Die Namen Carteſius, Leibnitz, Wolf, welche in der Folge im Munde ſo manches akademiſchen Lehrers die Stelle der Beweiſe vertreten muſsten, waren auf einem und eben demſelben Katheder von ſeinem Vorfahrer nie ausgeſprochen worden, als wenn es darum zu thun war, irgend eine Behauptung als eine grundloſe und gefährliche Neuerung zu verſchreyen. Wie weit das Miſsverſtehen und Miſshandeln von Lehrſätzen, deren Gründlichkeit gegenwärtig allgemein anerkannt iſt, von den akademiſchen *Anticarteſianern* und *Antiwolfianern* getrieben wurde, muſs jedem unglaublich vorkommen, der nicht Gelegenheit und Muſse hatte, ſich durch den Augenſchein an den zahlloſen widerlegenden Diſſer-

Diſſertationen, Diatriben, Diſputationen u. ſ. w. zu überzeugen, die damals die philoſophiſche Welt überſchwemmten, gegenwärtig aber freylich nur noch in Winkeln öffentlicher Bibliotheken aufgeſchichtet, in der Ausführung des leeren Raums, ihre letzte Beſtimmung gefunden haben. Gleichwohl war durch die carteſianiſchen, leibnitziſchen und wolfiſchen Bemühungen eigentlich mehr ein in der philoſophiſchen Welt längſt angelegtes Syſtem ausgeführt, und zur Vollkommenheit gebracht, als ein ganz Neues eingeführt. Die neuen Entdeckungen und Verbeſſerungen jener Reformatoren gereichten alle zum Vortheil derjenigen unter den philoſophiſchen Sekten, die ihrer Natur nach dazu gemacht war auf Akademien zu herrſchen, nicht nur darum, weil ſie ſich ſo entſcheidend für die Grundwahrheiten der Religion und der Moral erklärt, ſondern weil ſie für dieſelben diejenige Form der Ueberzeugung aufſtellt, welche die menſchliche Wißbegierde am meiſten zu befriedigen ſcheint, wenigſtens dem menſchlichen Stolze unter allen am Meiſten ſchmeichelt; eine Sekte, welche von einem Profeſſor der Philoſophie, der den entgegengeſetzten Dogmatismus der Materialiſten und Spinoziſten, den dogmatiſchen Skepticismus und den Supernaturalismus fo oft aus dem Gebiethe feiner Wiffenfchaft förmlich und feyerlich verbannt hat, für das einzig echt philofophifche Publikum, fo wie ihr Syftem für die einzig wahre unfehlbare Philofophie gehalten wird. Man denke fich nun eine Reformation, die diefer Sekte mit nichts geringern, als dem gänzlichen Untergange droht, die nicht anders als durch diefen Untergang durchgefetzt werden kann, und die dabey keineswegs auf den Beyftand der übrigen Sekten zählen kann, weil fie jeder derfelben ein gleiches Schickfal bereitet, eine Reformation, durch welche das von den Philofophen von Profeffion angenommene Syftem zu den in ihren Augen fo niedriger Rang einer bloffen Vorübung des menfchlichen Geiftes und eines einftweiligen Behelfes herabgewürdiget wird; eine Reformation endlich, welche dem Lehrer der Metaphyfik fogar das Dafeyn der alten Wiffenfchaft, durch welche er fich bisher Verdienfte und Ruhm erworben hat, ftreitig, und ihm das Studium einer Neuen, deren Möglichkeit ihm fo gar unbegreiflich ift, zur Pflicht macht! — So fehr mich die blofse Idee einer *folchen* Reformation vor dem gröfsten Theile meiner Lefer lächerlich machen mufs; fo ift doch nichts gewiffer, als

dafs

Vorrede.

dafs diefe fo abentheuerlich fcheinende Idee aufhören müfste, eine blofse Idee zu feyn, wenn die fpeculative Philofophie Principien erhalten follte, die ihre Allgemeingültigkeit dadurch bewährten, dafs fie wirklich *Allgemeingeltend* würden.

Man laffe hier die Leidenfchaften des akademifchen Lehrers ganz aus dem Spiele °); kein Ehrgeiz blende ihn durch die falfche Vorfpieglung, dafs fein wohlgegründeter Ruhm mit feinem bisherigen Syfteme dahinftürzen müffe; kein heimlicher Neid erfchwere es ihm, einer Erfindung Gerechtigkeit widerfahren zu laffen, die nicht die Seinige ift; keine Eiferfucht über einen jüngern Collegen, dem es natürlicherweife leichter werden mufs, eine ganz neue Vorftellungsart anzunehmen, reize ihn an derfelben nichts als fchwache Seiten aufzufuchen; und gleichwohl wird das Stu-

---

°) in welchem fie doch immer keine unbeträchtliche Rolle zu haben fcheinen; wenn z. B. eben derfelbe berühmte Mann, der dadurch das Verdammungsurtheil über ein philofophifches Werk ausgefprochen zu haben glaubt, wenn er erklärt: er habe daffelbe nicht verftanden, unwillig darüber wird, wenn man ihm beweift, dafs er es *wirklich* nicht verftanden habe; wenn u. f. w.

Studium der neuen Philosophie noch immer Schwierigkeiten für ihn haben, die sich selbst auf seine unstreitigsten Verdienste gründen, und nur sehr wenigen in seiner Lage überwindlich seyn können. Je öfter und je besser er sein bisheriges System mündlich und schriftlich vorgetragen hat, desto einleuchtender, geläufiger, theurer hat ihm dasselbe werden müssen. Er besitzt eine grosse Fertigkeit, die Beweise für dasselbe zu erhärten, und die Einwürfe dagegen zu widerlegen: denn beydes ist das Hauptgeschäft seines Lebens gewesen; und da er sich bewusst ist, alles was von seinen Gegnern bis dahin eingewendet worden ist, abgefertiget zu haben: so ist er um so geneigter anzunehmen, dass auch überhaupt nichts dagegen eingewendet werden könne, was sich nicht auf ein Missverständniss seines Systemes, das nur sehr wenige so genau wie er kennen, gelernt haben, zurückführen lasse. Je mehrere Felder der Philosophie er bearbeitet hat, desto mehr haben seine Principien ihre Fruchtbarkeit und Harmonie vor seinen Augen gerechtfertiget, desto inniger sind sie mit seiner gesammten Ideenmasse verwebt worden, desto mehr sind sie, wenn ich mich so ausdrücken darf, in die Natur seiner Vernunft übergegangen. Ich

glaube

glaube daher eben nichts Paradoxes zu behaupten, wenn ich es für ausgemacht halte, dafs das Studium, oder vielmehr das *Verstehen* des neuen kritischen Versuches nicht nur bey den meisten, sondern auch wohl bey *manchen* der verdienstvollsten akademischen Philosophen mehr Eifer, Anstrengung und Zeitaufwand voraussetze, als bey blofsen Liebhabern der Wissenschaft, ja auch nur bey manchem talentvollen jungen Anfänger. Woher sollte bey gewissen älteren Lehrern der Eifer kommen, sich in eine neue Untersuchung über ihr längstvollendetes bewährtes System einzulassen, und bey dieser Untersuchung einem Führer zu folgen, von dem sie gehört haben, dafs er auch ihre gewissesten Ueberzeugungen verwerfe? Die Anstrengung so vieler Jüngeren gehört ihren überhäuften Amtsgeschäften, zahlreichen Vorlesungen, und schriftstellerischen Arbeiten, die durch keine fremde Ideenreihe unterbrochen werden dürfen. Bey vielen endlich sind es aufs höchste einzelne abgerissene Stunden der Erholung, die sie mit eingenommnen Kopfe und zerstreuter Aufmerksamkeit einem Studium widmen, dem kaum der volle Aufwand eines geschäftefreyen Jahres gewachsen wäre. Andere mögen endlich allen Eifer, alle Anstrengung,

gung, und alle die Zeit, die auch nur eine einzige tägliche Vorlesung übrig läfst, darauf verwenden, und sie werden wider ihren Willen genöthiget seyn, das in den Stunden der Meditation mühesam verfertigte Gewebe neuer Ueberzeugungen in der jedesmaligen Vorlesungsstunde wieder aufzulösen. Das System, das sie vom Cathecer herab erklären und beweisen müssen, steht im Widerspruche mit den neuen Principien, die nothwendig den kürzern ziehen müssen, sobald sie vor ihrer völligen Entwicklung und durchgängigen Bestimmung mit den bewährten Lehrsätzen eines längst angenommenen Systemes verglichen werden; und so werden jedesmal die zarten Keime des künftigen Baumes allgemeingültiger Erkenntnisse, durch die schweren Grundsteine des alten Lehrgebäudes zerdrückt.

Wer die Betrachtungen, die ich hier mehr durch Winke veranlassen als ausführen konnte, mit kaltem Blute verfolgt, der dürfte sich wohl mit mir in dem Resultate vereinigen, dafs der erste auch noch so wohlgelungene Versuch allgemeingültige Principien aller speculativen Philosophie aufzustellen nicht nur von dem großsen Haufen, sondern auch von vielen

vielen des beſſern Theiles des philoſophiſchen Publicums eine geraume Zeit hindurch mißverſtanden werden müſste. Daſs die *Kritik der reinen Vernunft* wirklich dieſe Principien enthalte, behaupte ich um ſo weniger, da ich es weder hier beweiſen, noch weniger aber erwarten kann, daſs mir auf mein Wort geglaubt werde. Aber daſs die Kritik d. r. V. wirklich jenes Schickſal bisher erfahren habe, welches ſie erfahren muſste, wenn ſie zu erſt, allgemeingültige Principien aufgeſtellt hätte, iſt eine Thatſache, die dem ganzen philoſophiſchen Publicum vor Augen liegt.

Wer den Mangel allgemeingültiger Principien in der ſpeculativen Philoſophie für ausgemacht oder auch nur für wahrſcheinlich hält, dürfte mir wohl ohne vieles Bedenken beypflichten, daſs dieſer Mangel mit einem allgemeinen allen Sekten gemeinſchaftlichen Miſsverſtändniſſe zuſammenhängen müſſe, wodurch es auch den ſcharfſichtigſten und unpartheyiſchten Forſchern unmöglich wurde, über die Prämiſſen, welche der Auflöſung ihrer Probleme zum Grunde gelegt werden ſollten, unter ſich einig zu werden. Umſonſt beruft ſich der *Leibnitzianer* auf ein in der Vernunft jedes Menſchen vorhandenes

nes Syftem ewiger Wahrheiten, umfonft der *Lockianer* auf das unveränderlichen Gefetzen unterworfene Zeugnifs der Erfahrung. Bisher ift noch kein Orakel weder aus dem nur fo wenigen zugänglichen Heiligthume der reinen Vernunft; noch aus dem allen Augen offenliegenden Buche der Erfahrung ausgegangen, das auch nur die wichtigften, die gefammte Menfchheit am meiften interellierenden Fragen allgemein verftändlich, oder auch nur auf eine die geübteften Denker befriedigende Weife beantwortet hätte. Die philofophifche Welt hat fich über jede diefer Fragen in *vier Hauptpartheyen* getrennt, die fich um die Wahrheit herum in einem Vierecke gelagert haben, wo die einander gegenüberftehenden ihren Gegenftand aus gerade entgegengefetzten, die fich angränzenden aus verfchiedenen Gefichtspunkten betrachteten, die erftern untereinander in unaufhörlicher Fehde begriffen waren, die letztern bald auf der einen bald auf der andern Seite fochten. So erklärten fich die Theiften und Pantheiften für das *Wiffen*, die Supernaturaliften aber und dogmatifchen Skeptiker für das *Nichtwiffen* einer Antwort auf die Frage vom Dafeyn Gottes; die Theiften und Supernaturaliften hingegen für das Dafeyn eines von der Natur

ver-

verschiedenen Gottes; während die Pantheisten und dogmatischen Skeptiker die Grundlosigkeit dieser Erklärung einzusehen glaubten. Bald kämpfte der Supernaturalist mit dem ihm von der einen Seite angränzenden Theisten gegen den Pantheisten, und bald rief er gegen seinen alten Bundsgenossen den dogmatischen Skeptiker zu Hülfe; und so verewigte jede Parthey, so viel an ihr lag, den Streit, in dem sie bald *für* die Bundsgenossen ihrer Gegner, und bald *wider* ihre eigenen zu Felde zog. Wie? wenn diese Fehde, die bey der nur allmäligen Entwicklung des menschlichen Geistes eben so unvermeidlich als für dieselbe unentbehrlich war, im Grunde bloss von der Einseitigkeit des Gesichtspunktes abhinge, aus welchem jede Parthey den ihnen allen gemeinschaftlichen Gegenstand ansieht? Wenn von jeder Parthey Wahrheit, aber nur *eine* Seite derselben, gesehen wird; so zeigt sich diese Seite nur, in wie ferne sie mit einer gegenüberstehenden im Gegensatz, aber nicht wie sie mit derselben zugleich vereinbar, sogar nothwendig verknüpft ist. So lange nun jede Parthey die ihr in die Augen fallende Seite für *volle Wahrheit* ankündigt, muss sie von der ihr Gegenüberstehenden, die eine entgegengesetzte volle Wahrheit in Au-

gen

gen hat, geradezu *widerlegt* werden. Das jeder Sekte einleuchtende zum Theil unstreitig Wahre enthält dann den Grund, warum keine von allen übrigen verdrängt werden, und das Einseitige im Gesichtspunkte einer jeden — warum keine auch unter den vortheilhaftesten äussern Umständen einen entscheidenden Sieg über die übrigen davon tragen konnte. Sollten sie nicht bisher durch irgend ein gemeinschaftliches Mifsverständnifs gehindert worden seyn, auf den gemeinschaftlichen Gesichtspunkte zusammenzutreffen, aus welchem sich alle besondern und einseitigen vereinigen liefsen?- Wie? wenn es dem Verfasser der Kritik der reinen Vernunft aufbehalten wäre, dieses Mifsverständnifs zu entdecken, und so viel dieses durch die Kräfte eines einzelnen Menschen möglich war, hinwegzuräumen?

So viel ist wenigstens unläugbar, dafs Er, wenn er diesen grofsen Zweck wirklich vor Augen hatte, und, wenn es ihm gelingen sollte, denselben zu erreichen, gerade das thun mufste, was er wirklich gethan hat. Er mufste dann einen ganz neuen von jeder Sekte bisher verfehlten, aber die eigenthümlichen Pfade einer jeden durchkreuzenden Weg,

ein-

Vorrede.

einfchlagen; und daher, wie es wirklich gefchehen ift, auch von jeder bald auf dem Ihrigen, bald auf dem ihrer Gegner angetroffen werden; er mufste jedes bisherige Syftem für unhaltbar erklären, und gleichwohl auch jedes einzelne gegen alle übrigen in Schutz nehmen, vor allem aber mufste er die grofse Reformation der Philofophie durch eine bisher noch nie verfuchte Zergliederung des Erkenntnifsvermögens beginnen.

Da der Streit der Partheyen vorzüglich die *Erkennbarkeit* überfinnlicher Gegenftände betrift: fo mufste der Verfuch gemacht werden, den Begriff der Erkennbarkeit überhaupt näher, genauer, vollftändiger, als bisher gefchehen ift, zu beftimmen. Bey diefer neuen Beftimmung durften weder *angeborne Wahrheiten* mit Leibnitzen, noch aufser unferm Gemüth befindliche *Gegenftände* mit Locken, als *unftreitige Objecte des Erkennens* vorausgefetzt, und keineswegs, nach der bisherigen Gewohnheit, die Bedingungen oder Gefetze, der Erkennbarkeit, entweder von den einen, oder von den andern, (oder auch von beyden zugleich, ohne den Beytrag eines jeden ins befondere angeben zu können) abgeleitet werden. Die neue Beftimmung konnte nur dann

dann beſſer als die vorigen gelingen, wenn ſie nichts als *Unſtreitige* Prämiſſen vorausſetzte. In dieſer Rückſicht durfte ſie ſich weder auf die Realität jener angebornen überſinnlichen Wahrheiten, die von den dogmatiſchen Skeptikern, Materialiſten u. ſ. w. noch auf die Wirklichkeit der Gegenſtände der Erfahrung, die von den Idealiſten, und unter gewiſſen Einſchränkungen ſogar von den Spiritualiſten, geläugnet wird, berufen. Jeder Verſuch, die Natur und die Gränzen der Erkennbarkeit neu zu beſtimmen, bey welchem die in der philoſophiſchen Welt zum Theil noch ſtreitigen Gegenſtände des Erkennens als unſtreitig angenommen worden wären, hätte ſchon dadurch allein ſeinen Zweck verfehlen müſſen; er würde vorausgeſetzt haben, was zu erweiſen war, und die Hoffnung eines künftigen Einverſtändniſſes über Principien vielmehr weiter entfernt als näher herbeygeführt haben. Anſtatt alſo die Natur und den Umfang des Erkenntnifsvermögens durch erkannte Objekte zu beſtimmen, muſste er vielmehr die Erkennbarkeit der Gegenſtände ſelbſt aus dem *bloſsen Erkenntnifsvermögen* zu beſtimmen ſuchen.

Wirklich

Vorrede.

Wirklich hat die Kritik der reinen Vernunft zuerst den Begriff des *blofsen* Erkenntnifsvermögens aufgestellt und entwickelt, und das Erkenntnifsvermögen erscheint durch diese Entwicklung in einer Gestalt, von der man sich bisher in der philosophischen Welt nicht einmal die Möglichkeit träumen liefs; nämlich: einerseits unabhängig sowohl von der Erfahrung als von angebornen Grundwahrheiten, anderseits aber auf das Gebieth der Erfahrung in theoretischer Rückficht eben so sehr eingeschränkt, als in praktischer über dasselbe erhaben. Lauter Räthsel, die so lange für unauflöslich gelten müssen, bis sie wirklich aufgelöset find, und deren Sinn sogar vielen nur durch die wirkliche Auflösung begreiflich werden kann. Durch eine Zergliederung, die noch immer von manchem unsrer scharffinnigsten Köpfe für unmöglich gehalten wird, sollte in diesem kühnen Versuche das, was beym Erkennen blofs dem Gemüthe, von dem was den Dingen aufser dem Gemüthe angehört, aufs genauste abgesondert, und dadurch das blofse Vermögen des Gemüthes von dem bey der äussern Empfindung wirksamen Vermögen der Aussendinge völlig unterschieden werden. Wer kann zweifeln, dafs durch eine solche Zergliederung,

.rung, wenn fie wirklich gelungen hat, an Tag kommen müfste: *wie* das bisher allen Syftemen der fpeculativen Philofophie gemeinfchaftliche Mifsverftändnifs mit dem unbeftimmten Begriffe des Erkenntnifsvermögens zufammenhängt? Und welcher denkende Kopf kann es unbegreiflich finden, dafs man, bevor es ausgemacht war, was beym Erkennen der blofsen Befchaffenheit des blofsen Gemüthes allein, und was dem Eindruck auf daſſelbe von auſſen angehörte, die urfprünglichen und beyden eigenthümlichen Prädicate verwechfeln, und bald dasjenige, was theils nur durch, theils nicht ohne Eindruck von auſſen in unfrem Gemüth entftehen. kann, und in fo ferne den Auſſendingen angehört, mit *Leibnitzen* für ein urfprüngliches Eigenthum unfres Gemüths anfehen, bald aber das, was vor allem Eindruck im Gemüthe vorhanden feyn und das eigentliche Vermögen deffelben ausmachen mufs, mit *Locke* dem Eindrucke zueignen und für eine durch denfelben bekanntgewordene Befchaffenheit, die den Dingen unabhängig von unfrem Vorftellungsvermögen zukäme, halten mufste? —

Hat es nun mit diefem Mifsverftändniſſe feine Richtigkeit: fo ift durch daſſelbe nicht

nur

nur der alte immer fortdaurende Streit der Philoſophen über die Gränzen des Erkenntnifsvermögens, die Spaltung der Sekten über die grofsen, die Grundwahrheiten der Religion und der Moral betreffenden, Fragen, und der Mangel allgemeingeltender Principien in der ſpeculativen Philoſophie, ſehr begreiflich; ſondern auch ſelbſt das leidige Schickſal der Kritik der Vernunft, auch ſo gar von vielen unſrer vorzüglichſten Denker miſsverſtanden zu werden, ohne viele Mühe erklärbar. Jenes allgemeine Mifsverſtändnifs des Erkenntnifsvermögens mufste nämlich auf den Sinn aller bisher aufgeſtellten Grundſätze, auf die Beſtimmung aller metaphyſiſchen Notionen, auf die Bedeutung aller Kunſtworte entſcheidenden Einflufs haben. Der Mann, der ſich zu erſt über daſſelbe erhoben hatte, und nun das Erkenntnifsvermögen aus einem ganz neuen Geſichtspunkte anſehen, und zeigen muſste, war dadurch genöthiget, vielen von den bisherigen Formeln und Ausdrücken einen ganz neuen Sinn unterzulegen; manche der gewöhnlichſten darunter als unbrauchbar zu verwerfen, und an ihrer Stelle ſich ganz neue zu ſchaffen. Er mochte ſich über dieſe nothwendigen Neuerungen noch ſo behutſam erklären, er mochte den Sinn ſeiner neuen Kunſt-

Kunstworte noch so sorgfältig bestimmen, er mochte in seinen Erörterungen noch so ausführlich seyn; so konnte dieses alles gleichwohl nur durch Worte geschehen, die in der von dem alten Mißverständnisse afficierten Vorstellungsart seiner Leser einen ganz andern Sinn haben mußten, den sie nur nach gänzlich hinweggeräumten Mißverständniß verlieren konnten, und durch welchen auch die scharfsinnigsten Beurtheiler genöthiget wurden, in jenen Erörterungen bald auf schlechterdings unverständliche Stellen, bald auf offenbare Ungereimtheiten zu stoßen. Dieser neue Wortsinn, der in der Kritik der Vernunft weder vermieden, noch durch Erklärungen der einzelnen Worte bestimmt werden konnte, mußte dann freylich nur durch langwieriges, vielfältiges und mühsames *Vergleichen* der einzelnen Stücke des ganzen Werkes herausgebracht; mußte gewissermaßen errathen, und selbst gefunden werden; welches alles wohl nur durch einen ungemeinen Aufwand von Zeit und Mühe und über dieses vielleicht nur denjenigen allein möglich seyn dürfte, die entweder noch gar kein metaphysisches System angenommen haben, oder mit ihrem angenommenen unzufrieden sind.

Der

Vorrede.

Der Verfasser sieht sich hier genöthiget, ein Paar Worte über seine eigene Erfahrungen zu sagen, durch welche er die Schwierigkeit, in den eigentlichen Sinn der Kritik der Vernunft einzudringen, und die Gefahr, denselben zu verfehlen, vielleicht näher als die meisten Leser dieses Werkes kennen zu lernen Gelegenheit hatte. Er würde sich des unangenehmen Geschäftes, vor dem Publikum von sich selbst zu sprechen, gerne überhoben haben, wenn er nur einigermaſsen hätte hoffen können, auſserdem sich über das, was er noch von der Unverständlichkeit des kantischen Systems zu sagen hat, verständlich genug erklären zu können.

Er glaubt, die Vorkenntnisse, die bey einer metaphysischen Lektüre vorausgesetzt werden, besessen zu haben, als er 1785 dieses System zu studieren anfieng. Zehn Jahre hindurch war speculative Philosophie sein Hauptstudium gewesen, dem er seine Verwendung auf Mathematik und schöne Wissenschaften mit einer Art von Gewissenhaftigkeit unterordnete. Drey Jahre hindurch hatte er philosophische Vorlesungen nach dem leibnitzischen Systeme gehalten, und die Schriften des groſsen Stifters desselben, so wie

wie feines würdigen Gegners *Locke*, waren ihm keineswegs nur aus den neuern philofophifchen Produkten unfrer Landesleute bekannt. Zu diefer Vorbereitung des Kopfes, in Rückficht auf welche er gleichwohl vor den wenigften Lefern der kantifchen Schriften etwas voraus haben mochte, kam bey ihm noch ein dringendes Bedürfnifs hinzu, auf einem neuen Wege feinem Herzen die Ruhe wiederzufinden, die er auf dem Felde der Speculation verloren, und auf allen ihm bekannt gewordenen Wegen vergebens gefucht hatte. Durch feine Erziehung war ihm *Religion*, nicht nur zur erften, fondern gewiffermafsen zur einzigen Angelegenheit feiner früheren Lebensjahre gemacht. *Ascetisch* zum *Asceten* gebildet trieb er das, was er das Werk feines Heils nannte, mit aller jugendlichen Lebhaftigkeit feines Temperaments; und fo wurden Gefühle, die wohl keinem menfchlichen Herzen ganz fremde find, aber die von den äuffern Umftänden der Perfonen fo ungleich begünftiget werden, in dem feinigen zu feften und unvertilgbaren Neigungen. Die philofophifche Kritik des Gefchmackes, welcher er fehr frühzeitig zum Vortheil feiner Lieblingsneigung für Dichtkunft oblag, verleitete ihn unvermerkt auf das Gebieth

der

Vorrede.

der speculativen Philosophie, und er hatte kaum einige Schritte auf derselben zurückgelegt, als er den Grund seiner bisherigen Glückseligkeit mit Schrecken erschüttert fühlte. Vergebens versuchte er sich hinter die Bollwerke der Ascetik zurückzuziehen und dem Kampfe mit den Zweifeln auszuweichen, die ihn drohend und einladend von allen Seiten bestürmten. Es war ihm unmöglich geworden, blind, wie vorher, zu glauben, und er sah sich bald genug gezwungen, sich auf Discretion den Feinden seiner Ruhe zu überlassen, die ihm mit Wucher wiederzugeben verhießen, was sie ihm genommen hatten. Nun war Metaphysik die Hauptangelegenheit seines einsamen, sorge- und geschäftefreyen Lebens geworden. Allein am Ende einer vieljährigen Periode, während welcher er alle vier Hauptsysteme der Reihe nach angenommen und aufgegeben hatte, war er nur darüber mit sich selbst einig geworden, daß ihm die Metaphysik zwar mehr als einen Plan, sich bald mit seinem Kopfe, bald mit seinem Herzen abzufinden, aber keinen einzigen vorzulegen hatte, der die ernsthaften Forderungen von beyden zugleich zu befriedigen vermochte. Der peinliche Gemüthszustand, der bey ihm eine sehr natürliche Folge dieser Ueberzeugung

zeugung wär, und die Begierde, deſſelben es
koſte auch was es wolle, los zu werden, waren die erſten und ſtärkſten Triebfedern des
Eifers und der Anſtrengung, womit er ſich
dem Studium der *Kritik der reinen Vernunft*
hingab, nachdem er an derſelben unter andern auch den Verſuch wahrzunehmen glaubte, die Erkenntnifsgründe der Grundwahrheiten der Religion und der Moral von aller
Metaphyſik unabhängig zu machen. Die vollkommenſte Muſse, die ihm bey ſeinem Aufenthalt in Weimar zu Theil wurde, beſtätigte
ihn in dem Entſchluſſe, nicht eher nachzugeben, als bis er ſich alle Räthſel, die ihm faſt
auf jeder Seite jenes tiefſinnigen Werkes aufſtießsen, gelöſet hätte. Ie mehr er an die *ungeheuren* Schwierigkeiten zurückdenkt, die er
bey dieſer Arbeit zu bekämpfen hatte, und
von denen er ſich faſt eben ſo oft niedergeſchlagen als gereizt fühlte, deſto mehr wird
er überzeugt, daſs er denſelben ohne dieſe
Muſse und ohne jenes Bedürfnifs ſeines Kopfes und Herzens durchaus nicht gewachſen
geweſen wäre. Bey der erſten äuſſerſt aufmerkſamen Durchleſung ſah er nichts als einzelne ſchwache Lichtfunken aus einem Dunkel hervorſchimmern, das ſich kaum bey der
fünften ganz verloren hatte. Ueber ein Iahr
lang

Vorrede.

lang enthielt er sich fast aller andern Lektüre, zeichnete sich die Hauptsätze des Werkes, die er verstanden zu haben glaubte sowohl, als die er wirklich nicht verstanden hatte, besonders auf, und verfertigte mehr als einen misslungenen Auszug des Ganzen. Alles, was er auf diese Weise anfangs herausbrachte, waren Bruchstücke, die ihm theils aus andern Systemen entlehnt, theils schlechterdings unvereinbar schienen*). Allein so wie er rastlos fortfuhr, einerseits durch wiederholtes Lesen aus dem Werke selbst neuen Stoff auszuheben, andererseits aber das ausgehobene aneinander zu rücken: ergänzten sich die Bruchstücke allmälig zu aneinander passenden Theilen, verschwanden Dunkelheiten, die ihm vorher unüberwindlich, und Ungereimtheiten, die ihm ganz entschieden deuchten, und am Ende stand das Ganze im vollen Lichte einer Evidenz vor ihm da, die ihn um so mehr überraschte, je weniger er sie seinen vorigen Erfahrungen und Grundsätzen zufol-

---

*) Ihm ist es daher sehr begreiflich, warum gewisse Gegner der Kr. d. V. dasjenige, was sie in derselben verstanden zu haben glauben, für *alt*, und was sie nicht verstanden zu haben fühlen, für *ungereimt* erklären.

ge in der fpeculativen Philofophie für möglich gehalten hatte.

Wenn er auch mit der gewiſſenhafteſten Unpartheylichkeit, durch die trockenſte Erzählung, und in den eigenthümlichſten Ausdrücken angeben wollte, was er am Ende feiner Unterfuchungen an dem kantifchen Syſteme und durch daſſelbe gefunden habe; würde er gleichwohl für die meiſten feiner Lefer nichts als Redefiguren und panegyrifche Deklamationen eines fanguinifchen Schwärmers vorgebracht haben. Er begnügt ſich alfo hier zu bekennen, dafs ihm durch die neuerhaltenen Principien alle feine philofophifchen Zweifel auf eine Kopf und Herz vollkommen befriedigende, für immer entſcheidende, obwohl ganz unerwartete Weife beantwortet find; und dafs er für feine Perfon völlig überzeugt ift, durch die Kritik der V. müſſe eine der allgemeinſten, merkwürdigſten und wohlthätigſten Revolutionen, die je unter den menfchlichen Begriffen vorgegangen find, bewirkt werden; eine Revolution, welche durch die zahlreichen und berühmten Gegner diefes Werkes nicht nur nicht aufgehalten, fondern weit nachdrücklicher als durch die Bemühungen

Vorrede.

gen seiner bisherigen Freunde befördert und
beschleuniget werden wird.

Seine eigenen Angelegenheiten waren ins
reine gebracht, und es erwachte in ihm der
Wunsch etwas beyzutragen, dafs ein Gut,
in dessen Besitze er sich so glücklich fühlte,
auch von andern erkannt und benutzt würde.
Er suchte in seinen *Briefen über die kantische
Philosophie* auf die Kritik der Vernunft vorzüglich durch diejenigen *Resultate* aufmerksam
zu machen, die sich aus derselben für die
Grundwahrheiten der Religion und der Moral ergeben. Er hatte bald genug eingesehen,
dafs diese Resultate aus den neuen Principien
nur für diejenigen streng bewiesen werden
konnten, welche das kantische Werk selbst
studiert und durchgängig verstanden hätten.
Da er nun dieses Studieren und Verstehen
vielmehr erst zu befördern wünschte, als schon
voraussetzen durfte, so blieb ihm nichts als
der Versuch übrig, diese Resultate unabhängig von den kantischen Prämissen aufzustellen,
sie an bereits vorhandene Ueberzeugungen
anzuknüpfen, ihren Zusammenhang mit den
wesentlichsten wissenschaftlichen und moralischen Bedürfnissen unsrer Zeit, ihren Einflufs
auf die Beylegung alter und bisher unentschie-

dener

Vorrede.

dener Zwiſte in der philoſophiſchen Welt, und ihre Uebereinſtimmung mit dem was die gröſsten pilosophiſchen Köpfe über die groſsen Probleme der ſpeculativen Philoſophie gedacht haben, ſichtbar zu machen. Er hatte dabey weder die Männer, von denen er gewohnt iſt belehrt zu werden, noch diejenigen, die alles belehrt werden entwöhnt ſind; — aber darum gleichwohl eine nicht weniger ſchätzbare als zahlreiche Claſſe des Publikums vor Augen, wie er ſie unter den Leſern des *teutſchen Merkurs* vermuthen konnte.

Er war mit dieſer Arbeit kaum eine Strecke vorgerückt, als er ſich durch ſeinen Ruf an die Univerſität zu Jena genöthiget ſah, dieſelbe auf eine Zeitlang zu unterbrechen, um über die Methode nachzudenken, die er für den Vortrag der Anfangsgründe der Philoſophie nach den neuen Principien zu wählen hätte. Bey dieſem Geſchäfte, das dem erſten Studium des kantiſchen Werkes ſelbſt an Schwierigkeit wenig nachgab, zog er nun die Schriften der ihm bis dahin bekannt gewordenen *Freunde* und *Gegner* der kantiſchen Philoſophie zu Rathe. Er iſt noch nicht mit ſich ſelbſt darüber einig geworden, *welchen* von

beyden

beyden er mehrere und hellere Auffchlüffe über die Auflöfung feines fchweren Problemes zu verdanken habe. Freylich fand er auch von den fcharffichtigften Gegnern den Sinn der Kritik der Vernunft durchgängig mehr oder weniger verfehlt, fand auch keine einzige Einwendung, bey der, ihm nicht das Mifsverftändnifs, das ihr, zum Grunde lag, eingeleuchtet hätte, keine Widerlegung, die es nicht mit Behauptungen zu thun gehabt hätte, an welche der Verfaller der Kr. d. r. V. nie im Ernfte gedacht haben konnte; und es war ihm kein angenehmes Schaufpiel, manchen ihm fehr verehrungswürdigen Veteranen mit voller Rüftung gegen einen Schatten kämpfen, oder mit bitterm Spotte eine Ungereimtheit beftrafen zu fehen, die doch nur fein eigenes Werk war. Freylich fahe er auf der andern Seite die meiften Vertheidiger der Kr. d. r. V. mit Mafsregeln zu Werke gehen, die ihren Zweck nothwendig vielmehr vereiteln als beförden mufsten, fah fie Behauptungen als ausgemacht vortragen oder vorausfetzen, die von ihren Gegnern unmöglich zugegeben werden konnten, und ihre Erörterungen in eine Sprache einkleiden, die höchftens nur ihren Miteingeweihten verftändlich feyn konnte; auch war es kein erbaulibauliches Schauspiel für ihn, wenn er hin und wieder auf einen Knaben stiefs, der mit der neuen ihm übelanpassenden Rüstung angethan gegen Männer zu Felde zog, oder auf einen unbedeutenden Vortheil, der ganz auf die Rechnung seiner erborgten Waffen gehörte, übermüthig stolz that. — Allein es war für die Absicht des Verfassers von äusserster Wichtigkeit, auf der einen Seite gleichsam durch die Stimme einiger der vornehmsten Repräsentanten des philosophischen Publikums auf die Punkte aufmerksam gemacht zu werden, welche an dem neuen Systeme am meisten einer Erörterung bedurften, auf der andern Seite aber durch so manches Beyspiel gewarnt zu seyn, eine Vorstellungsart, die einem nach vieler Mühe endlich geläufig geworden ist, nicht so fort auch für allgemeineinleuchtend anzusehen, oder Principien als ausgemacht vorauszusetzen, die erst durch dasjenige, was durch sie bewiesen werden sollte, ausgemacht werden konnten. Ie mehr er die Schriften der beyden Partheyen miteinander verglich, desto gewisser wurde er überzeugt, dass ihr Streit, so wie er bis itzt geführt wurde, eben so wenig jemals geendiget werden könnte, als der Streit zwischen den bisherigen dogmatischen Systemen

men selbst, und daſs derselbe immer verwickelter, und für die Zuschauer unverständlicher und unausstehlicher werden müsse; indem er mit ganz entgegengesetzten Grundbegriffen und Grundsätzen über Fragen geführt wurde, die ohne das vollkommenste Einverständniſs über Principien und ohne die äuſserste Nüchternheit der Speculation abgehandelt, nothwendig auf unnütze Subtilitäten und mehr als scholastische Spitzfindigkeiten hinauslaufen müssen. Es wurde ihm endlich aus unzähligen Beyspielen einleuchtend, daſs beyde Partheyen auch mit denjenigen Sätzen über welche sie selbst unter sich einig zu seyn glaubten, sehr verschiedene, oft auch entgegengesetzte, Bedeutungen verbanden, und daſs sowohl diese ihnen selbst verborgene Verschiedenheit der Vorstellungsart, als die erklärten Streitpunkte ihrer Fehde sich auf eben dasselbe alte und allgemeine Miſsverständniſs des Erkenntniſsvermögens zurückführen lieſsen, welches dem Mangel allgemeingültiger Principien, und allen Spaltungen in der philosophischen Welt zum Grunde liegt, und das zwar durch die Kritik der r. V. zuerst und völlig aufgedeckt wurde; allein so wie es in derselben entwickelt worden ist, und werden konnte, auch noch auf
die

die behutsamsten Leser dieses Werkes selbst seinen alten Einfluss behalten, und sowohl den Gegnern das Verstehen, als den Vertheidigern das Erklären desselben äusserst erschweren musste.

Durch diese Bemerkungen hatte das Problem, dessen Auflösung seine ganze Geisteskraft beschäftigte, folgenden näherbestimmten Sinn erhalten: „Einen leichteren Weg ausfindig zu machen, das alte allgemeine Missverständniss, welches zu erst nur auf dem beschwerlicheren Wege einer vollständigen Zergliederung des Erkenntnissvermögens entdeckt werden konnte, wenigstens in so ferne hinwegzuräumen, als dasselbe dem Verstehen und Erklären der neuen Theorie des Erkenntnissvermögens im Wege stünde." — Die Natur jenes Missverständnisses, welches seiner Ueberzeugung nach darin besteht, dass man bey der bisherigen Vorstellungsart vom *Erkennen* Prädicate, die der *blossen Vorstellung* von Dingen angehören, auf Dinge selbst übertrug, veranlasste ihn, über den Unterschied zwischen dem in der Kr. d. V. aufgestellten Begriff der *Erkenntniss*, und dem in derselben bloss vorausgesetzten Begriff der *Vorstellung* nachzudenken. Er wurde
äusserst

äufserſt überraſcht, als er an den auf dieſem Wege gefundenen Reſultaten gewiſſe bisher allgemein verkannte Merkmale fand, welche vollſtändig entwickelt und ſyſtematiſch geordnet, einen Begriff von der Vorſtellung überhaupt ausmachten, der durch ſeine Natur durchgängig gegen das bisherige Miſsverſtändniſs geſichert, und der kantiſchen Theorie des Erkenntniſsvermögens zum Grunde gelegt, auch dieſer eben dieſelbe Sicherheit zu verſchaffen ſchien. Er las die Kritik d. V. in dieſer Rückſicht noch einmal durch und war vollkommen überzeugt, daſs er ſich des Begriffes von Vorſtellung, den der berühmte Verfaſſer dieſes Werkes vorausgeſetzt hatte, wirklich bemächtiget habe. Allein er glaubte eben ſo deutlich einzuſehen, daſs gerade der Umſtand, daſs jener Begriff bey der erſten Darſtellung der neuen Theorie des Erkenntniſsvermögens *bloſs vorausgeſetzt* werden muſste, unter andern die Urſache ſey, warum dieſelbe bisher ſo wenig verſtanden wurde. Er unterſuchte von neuem unter den merkwürdigſten Einwendungen der Gegner diejenigen, von denen die Freunde des kantiſchen Syſtems am wenigſten begreifen konnten, wie der ihrer

Mey-

Meynung nach fo beftimmt angegebene Sinn fo ganz zu verfehlen möglich war, und er fand, dafs es blofs der von *Kant* und feinen Prüfern verfchieden gedachte *Begriff von Vorftellung* war, der in allen diefen Fällen das Mifsverftändnifs unterhielt. In wie ferne nun eine vollftändige über alles Mifsverftändnifs erhabene Erörterung diefes Begriffes nur erft durch die Kritik der Vernunft felbft möglich war, in fo ferne konnte wohl kein einziger Lefer derfelben beftimmt denken, *was* von diefem Begriffe im Werke felbft vorausgefetzt wurde, und es hieng blofs vom Zufalle ab, ob fich der eine Lefer den Begriff der Vorftellung, der in demfelben auf allen Seiten vorkömmt, blofs unbeftimmt, und folglich weder mit eben denfelben noch mit verfchiedenen Merkmalen wie *Kant*, gedacht habe; (wo er dann durch das Studium des Ganzen unvermerkt dahin gebracht werden konnte, dafs er mit Kanten ungefähr eben daffelbe vorausfetzte) oder ob fich ein anderer jenen Begriff beftimmt, aber mit ganz andern Beftimmungen als Kant, beym Lefen vorgeftellt habe. In welchem Falle es ihm unmöglich werden mufste, vieles, was in der Kritik der Vernunft

vom

vom Erkennen gesagt wurde, nicht unverständlich oder gar ungereimt zu finden. Oder wie sollte es möglich seyn, über das *Erkennen* je gleich zu denken, so lange man nicht über das *Vorstellen*, wo nicht gerade eben dasselbe, doch wenigstens nicht schlechterdings verschieden denkt? Je mehr nun der Verfasser überzeugt war, daß das alte und allgemeine Mißverständniß aus dem Begriffe der Vorstellung hinweggeschaft werden müsse, wenn die Kritik der Vernunft selbst gegen die Folgen desselben gesichert werden sollte; desto mehr ließ er sich's angelegen seyn, die von ihm gefundenen Merkmale dieses Begriffes mit aller ihm möglichen Sorgfalt und Behutsamkeit zu entwickeln.

Hieraus entstand ein *Versuch einer neuen Theorie des menschlichen Vorstellungsvermögens*, bey welchem es der Verfasser mit dem Begriffe der *bloßen Vorstellung* allein zu thun hatte, der sich der geringeren Anzahl seiner Merkmale wegen viel leichter erschöpfen ließ, als der viel kompliciertere Begriff der *Erkenntniß*, zu dessen völligen Erörterung in der kantischen Kritik Sinnlichkeit, Verstand und

und Vernunft unterfucht werden mufsten. Der Grund, auf welchem die neue Theorie aufgeführt werden konnte und mufste, befteht allein aus dem bey allen Menfchen nach einerley Grundgefetzen wirkenden Bewustseyn, und dem, was unmittelbar aus demfelben erfolgt und von allen Denkenden wirklich eingeräumt wird. Der Begriff der Vorftellung mufste völlig entwickelt werden, ohne dafs dabey eine einzige Behauptung gebraucht werden durfte, die der Philofoph von was immer für einer Sekte, feinen bisherigen Grundfätzen zufolge, nicht unterfchreiben könnte. In der ganzen Abhandlung durfte daher kein einziger in der Kritik der Vernunft aufgeftellter Satz als erwiefen oder auch nur als ' wahrfcheinlich ' angenommen werden, fo wenig als irgend ein metaphyfifcher Lehrfatz unter was immer für einer Bedeutung. Mit einem Worte, der Verfaffer mufste fich der Allgemeingültigkeit feiner Theorie dadurch zu verfichern fuchen, dafs er durchaus nichts als allgemeingültig vorausfetzte, was nicht wirklich *allgemeingeltend* ift.

Dafs

Daß die eigentlichen *Prämißen* einer Wißenschaft erst *nach* der Wißenschaft selbst gefunden werden, ist nichts neues, sondern eine nothwendige Folge des analytischen Ganges, der den Fortschritten des menschlichen Geistes durch die Natur deßelben vorgeschrieben ist. Die Theorie des Vorstellungsvermögens, welche die Prämißen zur Theorie des Erkenntnißvermögens liefern soll, sey es die des Verfaßers oder eine andere, konnte nur *nach* der letztern gefunden werden; obwohl sie, wenn sie ihres Namens werth seyn soll, unabhängig von derselben feststehen, und auch denjenigen, welche die kantischen Schriften entweder nicht gelesen, oder nicht verstanden haben, durchaus verständlich seyn muß. Da sie bloß das Allgemeingeltende aus dem Schatten hervorhebt, in welchem daßelbe theils durch das Zwitterlicht metaphysischer Sophismen, theils durch die Staubwolken metaphysischer Kämpfe versetzt wurde, so muß sie sogar auch leicht zu verstehen seyn, und dem aufmerksamen Leser die Miene des längst Bekannten zu haben scheinen. Durch sie müßen endlich die wesentlichsten Resultate der Kritik der Vernunft unabhängig von den tieffinnigen Betrachtungen, durch welche fie im kantifchen Werke aufgeftellt worden find, ihre volle Beftätigung und einen Sinn erhalten, von welchem die Gegner der kantifchen Philofophie vielleicht fich felbft geftehen dürften, daſs fie ihn bey ihren Widerlegungen keineswegs vor Augen gehabt haben. Jena, den 5. April, 1789.

ERSTES BUCH

ABHANDLUNG
ÜBER
DAS BEDÜRFNISS
EINER
NEUEN
UNTERSUCHUNG
DES
MENSCHLICHEN
VORSTELLUNGSVERMÖGENS.

It is ambition enough to be employed as an under-labourer in clearing the ground a little, and removing some of the rubbish, that lies in the way to knowledge.

Lockes Essay on human understanding
Epist. to the Reader.

Erstes Buch.

Von dem Bedürfnisse einer neuen Untersuchung des Vorstellungsvermögens.

§. I.

Die Philosophie hat bisher weder allgemeingeltende Erkenntnisgründe für die Grundwahrheiten der Religion und der Moralität, noch allgemeingeltende Erste Grundsätze der Moral und des Naturrechtes aufgestellt.

Das *allgemeingeltende* Princip in der Philosophie unterscheidet sich von dem *allgemeingültigen* dadurch, daß es nicht nur, wie dieses, von jedem der es versteht als wahr befunden, sondern auch von jedem gesunden und philosophirenden Kopfe wirklich verstanden wird. Eine Erkenntnis, die unter den Philosophen noch nicht allgemeingeltend ist, kann freylich an sich allgemeingültig seyn. Dieß waren z. B. die Lehrsätze, womit *Newton* die Naturwissenschaft bereichert hat, von dem Augenblick ihrer Entdeckung an: jene wurden sie erst, nachdem sie lange genug mißverstanden und bestritten waren. Allein die allgemeingültige Erkenntniß muß doch wenigstens die Möglichkeit mit sich führen allgemeingeltend zu werden. Jeder Philosoph, der irgend ein Problem seiner Wissenschaft aufgelöset zu haben glaubt, jeder Urheber eines neuen, und jeder Verbesserer eines alten Systems hält die Prämissen, die er ausdrücklich oder stillschweigend zum Grund gelegt hat, für allgemeingültig, und sucht die Ursache, warum sie etwa noch nicht allgemeingeltend sind, sonst allenthalben nur nicht in den Prämissen selbst auf. Sollte er auch dabey den letztern zu viel zutrauen, so ist doch seine Voraussetzung unwidersprechlich; daß der Grund, warum ein an sich richtiges, und richtig vorgetragenes Princip nicht verstanden wird, unmöglich in ihm selbst, sondern in gewissen äussern von dem Schriftsteller und seiner Kunst ganz unabhängigen Umständen liegen müsse. Hieher gehören z. B. die Vorurtheile, die durch die Regierungsformen und herrschenden Religionen bey allen cultivirten Nationen, selbst bey denjenigen, unter welchen am meisten philosophiret wird, unterhalten werden. Man hat die Hindernisse dieser Art, im Ganzen genommen, für so ganz unveränderlich, und ihren Einfluß auf die Philosophie für so überwiegend gehalten, daß man alle Hoffnung allgemeingeltender Principien für immer aufgeben zu müssen geglaubt hat; und der Vorzug des Allgemeingeltenden in der Philosophie ist dadurch bey dem größten Theile des philosophischen Publikums in eine sehr merkliche Geringschätzung gerathen.

then. Einige halten ihn für eine bloſse Chimäre; andere aber für ein zweydeutiges Merkmal, das ſich eben ſo gut mit dem Irrthume als mit der Wahrheit vertrüge. Ich will hier nicht darauf beſtehen, daſs durch dieſe letzte Beſchuldigung die erſte widerlegt würde, und daſs durch die angebliche oder ausgemachte Thatſache, daſs es in der Philoſophie allgemeingeltende Irrthümer gegeben habe, die äuſſere Möglichkeit des Allgemeingeltenden überhaupt erwieſen wäre. Ich berufe mich nur auf die in der philoſophiſchen Welt allgemein bekannte *Thatſache*, daſs es nicht nur in der *Mathematik* und der *Naturwiſſenſchaft*; ſondern auch in einer von allen anſchaulichen Stoffe ganz entblöſsten Wiſſenſchaft, in der *Logik*, allgemeingültige Principien gebe, die wirklich allgemeingeltend geworden ſind. Wenn es alſo ausgemacht wäre, daſs gewiſſe andere philoſophiſche Wiſſenſchaften, z. B. die *Metaphyſik*, dieſen Vorzug auf immer entbehren müſsten; ſo könnte der zureichende Grund dieſes Entbehrenmüſſens unmöglich in den äuſſern Hinderniſſen allein, er müſste in den Wiſſenſchaften und in ihren allgemeingültigen Principien ſelbſt aufgeſucht werden — oder es müſste dieſen Wiſſenſchaften bisher an ſolchen Principien gebrochen haben.

Jeder ſchreibende Philoſoph ſetzt wenigſtens bey der Klaſſe von Leſern, für die er ſchreibt, etwas allgemeingeltendes voraus: denn wie könnte er ſonſt hoffen, verſtanden zu werden? Auch ſelbſt dann, wenn er damit umgeht über eine gewiſſe Materie bisher noch nicht gefundene allgemeingültige Principien feſtzuſetzen, muſs er von etwas ausgehen, das er für bereits allgemeingeltend hält; und wenn er seinen Zweck verfehlt, so lag die Schuld wohl gröstentheils darin, daſs er sich in der letztern Meynung geirret hat. Der *dogmatische Skeptiker*, der über das Allgemeingeltende in der Philosophie spottet, widerlegt sich selbst, indem er seine Spottschrift drucken läſst, der *Supernaturalist*, der nur den geoffenbarten Wahrheiten den Vorzug des allgemeingültigen einräumt, und die Ursache, warum sie nicht allgemeingeltend sind, in dem erblichen Verderbnisse der menschlichen Natur aufsucht, muſs, wofern er die Gegner nicht etwa durch ein Wunder, oder durch Scheiterhaufen bekehren kann, zu Prämissen seine Zuflucht nehmen, worüber die Kinder der Finsterniſs mit den Kindern des Lichtes einig sind. Wenn endlich *Dogmatiker* von noch so entgegengesetzten Grundsätzen, Theisten und Atheisten, Spiritualisten und Materialisten, Fatalisten und Aequilibristen gegen einander zu Feld ziehen, so müssen sie sich wenigstens einbilden, ihre beyderseitigen Waffen wären aus dem unzerstörbaren Stahl des Allgemeingeltenden geschmiedet. Mit einem Worte das Allgemeingeltende ist die einzige Grundlage, auf welche der Philosoph die Ueberzeugung anderer von einem allgemeingültigen Satz gründen zu können hoffen kann.

Ich behaupte nichts allgemeingeltendes, obgleich etwas von einem sehr beträchtlichen und sehr ehrwürdigen Theil des philosophischen Publikums angenommenes, wenn ich behaupte: „*daſs es der vornehmste Zweck der Philosophie sey, der Menschheit über die Gründe ihrer Pflichten und Rechte in diesem, und ihrer Erwartung für das zukünftige Leben allgemeingültige Aufschlüsse zu geben.*" Dieser erhabene Zweck wird der Philosolſophie von mehr als einer philoſophiſchen Sekte ſtreitig gemacht; er würde ihr aber von jedem denkenden Kopfe eingeräumet werden müſſen, wenn es ihr bis itzt ſchon gelungen hätte, *allgemeingeltende Erkenntnisgründe für die Grundwahrheiten der Religion und der Moralität, und allgemeingeltende erſte Grundſätze der Moral und des Naturrechtes aufzuſtellen.*

Ich kann mich keineswegs auf die Frage einlaſſen, ob die Philoſophie der Menſchheit dieſen wichtigen Dienſt jemals zu leiſten vermöge; ich betrachte nur den bisherigen Mangel des allgemeingeltenden in Rückſicht auf die angeführten höchſtwichtigen Gegenſtände als eine allgemein bekannte aber vielleicht eben darum nur um ſo weniger erwogene Thatſache. Es war von jeher die Erbſünde der ſpekulativen Philoſophen, daſs ſie die Erwägung desjenigen was ſie gewiſs wuſsten, fahren lieſsen, um ſich über das wovon ſich nichts wiſſen läſst, zu zanken, und daſs ſie das Ausgemachte als *etwas Altes* bey Seite ſetzten, um das *Neue* in dem Unbeantwortlichen, Unbegreiflichen, Nichtvorſtellbaren aufzuſuchen.

Es bedarf wohl kaum erinnert zu werden, daſs hier unter *Religion* und *Moralität* kein wiſſenſchaftliches Syſtem der Theologie und der Moral, ſondern die Inbegriffe gewiſſer Neigungen und Thätigkeiten des Willens verſtanden werden, die man mit dieſen Namen bezeichnet. Die Ueberzeugungen durch welche dieſe Neigungen und Thätigkeiten zunächſt möglich werden, nenne ich *Grundwahrheiten*; und die zureichenden Gründe dieſer Ueberzeugungen *Erkenntnisgründe* (nicht der Gegenſtände

ſtände, ſondern) der **Grundwahrheiten der Religion und der Moralität.**

Ueber
den Erkenntnißgrund
der
vornehmſten Grundwahrheit
der Religion.

Die groſse Frage: ob ein *Gott* ſey, und was man ſich unter dieſem ſo viel gebrauchten und gemißbrauchten Namen zu denken habe? dieſe Frage, welche nach einer ſo uralten, ſo weit verbreiteten, und jedem Gutgeſinnten von was immer für einer Sekte ehrwürdigen Meynung, mit dem allgemeinſten und heiligſten Intereſſe der Menſchheit ſo innig zuſammenhängt, und bis zu deren Entſcheidung die Realität aller natürlichen und poſitiven Theologie ſchlechterdings unentſchieden bleibt, dieſe Hauptfrage iſt in der philoſophiſchen Welt nicht nur nicht allgemeingeltend beantwortet, ſondern die Philoſophen ſind nicht einmal über die Möglichkeit einer künftig zu entdeckenden allgemeingeltenden Antwort auf dieſelbe, oder auch nur über den Weg einig, auf welchem ſelbſt über dieſe Möglichkeit etwas allgemeingeltendes ausgemacht werden könnte.

Man hat es der *philoſophirenden Vernunft* ſehr oft und ſehr hart zur Laſt gelegt, daſs ſie über dieſe Frage mit ſich ſelbſt nicht einig geworden ſey, während der gemeine *Menschenverstand* dieselbe durch die Stimme aller gesitteten Nationen mit einer sehr auffallenden Einhelligkeit *bejahend* beantwortet habe. Allein hat man auch wohl dabey bedacht, daß die ganze Frage für den gemeinen Menschenverstand einen anderen Sinn habe, als für die philosophirende Vernunft? Für jenen heißt sie: giebt es einen Gott? für diese hingegen: giebt es einen *Erkenntnißgrund* für das Daseyn Gottes, der von jedem denkenden Kopfe verstanden werden kann, und von jedem, der ihn verstanden hat, als wahr befunden werden muß? Der gemeine Menschenverstand (der *Sensus communis*) ist sich keineswegs der eigentlichen Gründe bewußt, durch welche seine Aussprüche bestimmt werden, die nicht so viel Resultate der räsonnirenden *Vernunft*, als durch gefühlte Bedürfnisse abgedrungene Voraussetzungen und Wirkungen in der Einrichtung des menschlichen Gemüthes vorhandener Triebfedern sind. Die Menschheit wäre übel geborgen gewesen, wenn sie ihre unentbehrlichsten Ueberzeugungen räsonnirten Vernunftgründen hätte verdanken müssen. Welchen Schaden würden nicht manche spekulativen Philosophen sich und andern durch ihre Handlungen zugefügt haben, wenn sie nicht durch entgegengesetzte stärker wirkende Ueberzeugung des Gefühls genöthiget gewesen wären, den seltsamen Grundsätzen ihrer Spekulation zuwider zu handeln! Und was würden Religion und Moralität dem menschlichen Geschlecht genützt haben, wenn nicht ihre wohlthätigsten Folgen von der philosophischen Erkenntniß ihres Wesens eben so wenig abgehangen hätten, als die Wirkungen des Lichtes auf unsre Augen von unsern Meynungen über dessen ursprüngliche Beschaffenheit?

Die

Die gewöhnlich mehr warmen als hellen Köpfe die den gemeinen Menschenverstand auf Unkosten der philosophirenden Vernunft so gerne lobpreisen, vergessen aber auf der andern Seite fast immer, daſs bey der unaufhaltsamen fortschreitenden Entwicklung des menschlichen Geistes, die klaren aber undeutlichen, und durch heterogene Merkmale zum Theil verfälschten Vorstellungen, nothwendig in mehr oder weniger deutliche Begriffe aufgelöset und geläutert werden müssen, und daſs bey denjenigen Klassen von Menschen, bey denen einmal das Bedürfniſs eingetreten ist, sich über irgend eine wichtige Ueberzeugung strenge, und auf *deutliche* Begriffe zurückgeführte Rechenschaft zu geben, eben diese Ueberzeugung unmöglich mehr bloſse Wirkung unbekannter Triebfedern seyn könne und dürfe. Sie bedarf alsdann schlechterdings eines philosophischen *Erkenntniſsgrundes*, von dessen Wahrheit oder Falschheit, Stärke oder Schwäche, Reinigkeit oder Unlauterkeit die Beschaffenheit der Ueberzeugung selbst abhängt, und der über kurz oder lang aus der philosophischen Welt, wo er eigentlich zu Hause ist, ins gemeine Leben hinübergehen muſs.

Die philosophirende Vernunft hat über den Erkenntniſsgrund für die Ueberzeugung vom Daseyn Gottes (und in wie ferne die philosophirende Vernunft ihre Ueberzeugung nur auf den Erkenntniſsgrund gründen kann, über diese Ueberzeugung selbst) *bisher nichts entschieden.* „Nichts entschieden?" höre ich hier manchen mir sehr verehrungswürdigen Lehrer der *Natürlichen Theologie* nicht ohne Befremden und Unwillen mir in die Rede fallen. „Nichts entschieden? Und was wären denn

die

die scharfsinnigen vergebens angefochtenen *Beweise**) mit welchen die weisesten und besten Männer aus
allen Zeiten und Völkern das Daseyn Gottes erwiesen
haben, vom *Anaxagoras* herunter bis auf den unsterblichen *Moses Mendelssohn?"* — Vergebliche
Versuche der ihre Kräfte verkennenden Vernunft!
antwortet nicht ein einzelner Philosoph — nicht
der Verfasser dieses Buches — sondern eine Menge,
die genau besehen, *drey Viertheile* des philosophischen Publikums ausmachen dürfte.

Wenn sich nämlich die *dogmatischen Theisten*
nicht etwa eines ausschliessenden Besitzes der philosophirenden Vernunft anmassen wollen: so müssen sie eingestehen, dass die Besitzer dieser Vernunft über die Frage: Giebt es einen Erkenntnissgrund für das Daseyn Gottes? in *zwey Hauptpartheyen* zerfallen, in eine *bejahende* und eine *verneinende*. Die letztere theilt sich freylich wieder in
zwey entgegengesetzte Partheyen, wovon die *eine*
jeden Erkenntnissgrund für das Daseyn Gottes ver-
wirft, weil sie die ganze Frage über das Daseyn
Gottes für unbeantwortlich hält; die andere aber,—
weil sie diese Frage verneinend beantworten zu
müssen glaubt; die *eine* den Begriff der Gottheit
für *grundlos*, die *andere* aber für *widersprechend*
erklärt, (*dogmatische Skeptiker*, und *Atheisten*).
Allein

---

*) Unter den Vernunftbeweisen, oder wie sie auch
vielen ihrer Vertheidiger heissen, *Demonstrationen*,
verstehe ich hier und im folgenden jeden von der
spekulativen Vernunft gebrauchten Erkenntnissgrund der Grundwahrheit der Religion, der *mehr
als blosses Glauben* des Daseyns Gottes bewirken
soll.

Allein, leider, hat die bejahende Hauptparthey diesfalls nichts vor der verneinenden voraus: denn auch sie trennt sich in zwey eben so sehr entgegengesetzte Partheyen, wovon die *eine* den Erkenntnisgrund für das Daseyn Gottes *innerhalb*, die *andere* aber *ausserhalb* des natürlichen Gebiethes der Vernunft gefunden zu haben vorgiebt, die eine denselben *Vernunftbeweis*, die andere aber *Offenbarung* nennt, die eine das *Glauben* der andern, die andere das *Wissen* der einen bestreitet (*dogmatische Theisten* und *Supernaturalisten*). Von dem Streite, den die beyden Hauptpartheyen (die Bejahende und die Verneinende) mit einander zu führen genöthiget sind, läst sich ohne Vermittlung eines ganz partheylosen dritten (der sie etwa überzeugen dürfte, *dass sie sich beyderseits über den Begriff eines Erkenntnisgrundes missverstehen*) um so weniger ein Ende absehen, da die erste Hälfte der *bejahenden* mit der zweyten Hälfte der *verneinenden*, und die erste Hälfte von dieser mit der zweyten von jener gegen ihre eigenen Hälften über gewisse Behauptungen gemeine Sache machen; der Theist nämlich mit dem Atheisten gegen den Supernaturalisten über die Behauptung, „*dass die Vernunft wirklich über die Frage vom Daseyn Gottes entscheiden könne und müsse*," der Supernaturalist aber mit dem dogmatischen Skeptiker gegen den Theisten über die Behauptung: „*dass sich durch Vernunft schlechterdings nichts über jene Frage entscheiden lasse*" *).

In

---

*) Der *kritische Skepticismus*, von dem in der Folge die Rede seyn wird, allein kann einen denkenden Kopf der Nothwendigkeit überheben, sich zu einer dieser Partheyen zu halten, und es mit allen drey übrigen

des menschlichen Vorstellungsvermögens.

In unsern Tagen sollte ich wohl kaum befürchten dürfen; von Philosophen über das Daseyn der atheisti-

übrigen aufzunehmen. Er hebt die jeder Parthey eigenthümliche Behauptung aus, und vergleicht sie mit den Behauptungen der übrigen, wo es sich dann ergiebt daß:

a) Die den *dogm. Skeptikern* eigenthümliche Behauptung: „daß die Frage vom Daseyn Gottes schlechterdings unbeantwortet bleiben müsse," von allen drey übrigen Partheyen einstimmig verworfen werde.

b) Dieß gilt eben so sehr von der den *Supernaturalisten* eigenthümlichen Behauptung: „daß die Gründe der Beantwortung jener Frage ausserhalb des Gebietes der Vernunft lägen."

c) Von der Behauptung der *dogmatischen Atheisten*: daß sich das Nichtseyn Gottes beweisen lasse."

d) Von der Behauptung der *dogmatischen Theisten*: daß sich das Daseyn Gottes beweisen lasse."

Die *Gegensätze* dieser Behauptungen, über deren jeglichen in der philosophischen Welt *drey Partheyen* gegen *eine Einzige* einig sind, heissen nun:

a. „Die Frage über das Daseyn Gottes läßt sich befriedigend beantworten." Dieß wird gegen die Skeptiker von den drey übrigen Partheyen behauptet.

b. „Die Frage über das Daseyn Gottes läßt sich nicht durch Offenbarung beantworten," — gegen die Supernaturalisten von den drey übrigen.

c. „Die Frage über das Daseyn Gottes läßt sich nicht verneinend beantworten," — gegen die Atheisten von den drey übrigen.

d. „Die bejahende Antwort auf die Frage über das Daseyn Gottes läßt sich nicht demonstriren," — gegen die dogmatischen Theisten von den drey übrigen.

Wenn

atheiſtiſchen Parthey chicanirt (man erlaube mir dies fremde Wort, deſſen Bedeutung ſich vielleicht zur Ehre unſers Vaterlandes mit keinem deutſchen Worte geben läſst) zu werden. Es gab Zeiten, wo der theoretiſche Atheismus für ein des zeitlichen und ewigen Feuers würdiges moraliſches und politiſches Verbrechen gehalten wurde, und wo

Wenn dieſe meines Wiſſens von niemand bisher bemerkte, und bey der ſonſt ſo durchgängigen Uneinigkeit höchſt auffallende Einhelligkeit von drey Partheyen gegen eine einzige über die angeführten wichtigen Hauptſätze jedem merkwürdig ſeyn muſs, der je in ſeinem Leben über Religion ſelbſt gedacht, und für Religion gefühlt hat: ſo muſs ihm dieſelbe noch viel merkwürdiger werden, wenn er bedenkt, daſs dieſe Hauptſätze genau die Reſultate ſind, die ſich aus der *Kantiſchen* Unterſuchung des Erkenntniſsvermögens ergeben, und die Bedingungen ausmachen, welche die Kritik der Vernunft für den einzig möglichen Erkenntniſsgrund für das Daſeyn Gottes fordert, Bedingungen, die nur in dem *Fundamente des moraliſchen Glaubens* vereinbar ſind.

Dieſes ſo leicht verſtändliche Reſultat eines mühſamen Nachdenkens iſt ſeitdem es No. 231 a. der Allgem. Literatur-Zeitung bekannt gemacht wurde, mannigfaltig miſsverſtanden worden. So gefiel es z. B. einem Profeſſor der Philoſophie (auf ſeinem *Katheder)* darüber als über einen ſeynſollenden neuen Beweis für das Daſeyn Gottes, und einem andern (in einer *Antikritik)* als über einen lächerlichen Verſuch philoſophiſche Behauptungen durch Mehrheit der Stimmen zu erhärten — zu ſpotten. Es iſt daher wohl nicht überflüſſig (wie ich ſonſt wenigſtens in Rückſicht auf die Philoſophen von Profeſſion und zumal die *ſcharfſinnigen* unter Ihnen, vermuthet hätte), zu erklären, daſs jenes hiſtoriſche Reſultat weder das Eine noch das Andere ſeyn ſollte.

wo es freylich unter die Gewissenspflichten eines christlichen Philosophen gehörte, an dem Daseyn, ja auch sogar an der blossen Möglichkeit des Atheismus zu zweifeln. Ich glaube an der undankbaren Mühe, die sich noch vor kurzem einige berühmte Schriftsteller gegeben haben, den *Spinoza* gegen den *Namen* eines Atheisten zu verwahren, eben so sehr Spuren jenes unphilosophischen Zeitalters, als des Zwanges wahrzunehmen, den man in der *Periode der eklektischen Philosophie*, den Bedeutungen der Worte anzuthun genöthiget ist, um sich gegen die in die Augen springenden Folgen des Mangels allgemeingeltender, fester und mit sich selbst zusammenstimmender Principien zu sichern. — Doch heisse *Spinoza*, wie es jedem gefällt. Mir liegt gegenwärtig daran, über den Sinn, in welchem in meinem Buche die Worte *Theist* und *Atheist* genommen werden, mit meinen Lesern übereinzukommen. *Theist* heisst mir derjenige Philosoph, der eine von der Welt wesentlich verschiedene vernünftige und freye Ursache der Welt beweisen zu können glaubt; *Atheist* aber jeder, der Beweise des Nichtseyns, oder der entgegengesetzten Beschaffenheit einer solchen Ursache zu besitzen glaubt, er mag übrigens, wenn er vor einem Worte zu zittern Ursache hat, sich lieber an den Namen der besondern Sekte zu der er gehört, halten, und *Spinozist*, *Pantheist*, oder *Deist* heissen. Ich nehme hier das Wort *Atheist* in wie ferne es das Gegentheil des *Theisten* bedeutet; eine Bedeutung, welche diesem Worte sowohl im *gemeinen* als *philosophischen* Sprachgebrauche zukommt. Ich weiss, dass es im letztern noch mehr Bedeutungen hat; aber ich verdiene aufs wenigste Entschuldigung, wenn ich mich an die eigentlichste halte.

Der *dogmatische Theist*, welcher das Daseyn Gottes durch Vernunftbeweise vollkommen erwiesen glaubt, kann wenigstens die Thatsache nicht läugnen, daſs es nur für seine Parthey erwiesen ist, nicht für drey andere, welche diese Vernunftbeweise einhellig verwerfen. Mit einem Manne, der mir hierauf erwiedern könnte: „O! diese Skeptiker, Atheisten, und Supernaturalisten sind längst widerlegt; man sehe nur mein Compendium nach!" kann ich mich freylich nicht weiter einlassen. Er würde sich manche vergebliche Unannehmlichkeit ersparen, wenn er mein Buch ungelesen liefse. Aber jeden andern, der den Sieg seiner Parthey über alle übrigen nicht in *eigner Person* erfochten zu haben glaubt, würde ich zu bedenken bitten, daſs jede der drey übrigen Partheyen eben so fest überzeugt ist, die Vernunftbeweise wären längst widerlegt, und ihr eigenes System habe durch jeden Angriff an Festigkeit und Evidenz gewonnen. Ich würde ihn zu bedenken bitten, daſs jede von Zeit zu Zeit ihr nur in den Augen der Gegner, eingestürztes System mit neuen Verzierungen aufstellt, und von Zeit zu Zeit neue wichtige Vertheidiger erhält; zu bedenken bitten: ob es nicht wenigstens möglich sey, daſs es den Vernunftbeweisen an Allgemeingültigkeit fehle, da sie nur für ein Viertheil der philosophischen Welt gelten? an siegender Kraft der Ueberzeugung, da sie bisher drey Theile aus vieren nicht zu überzeugen vermocht haben? ob nicht durch das Daseyn und die Fortdauer der drey alle Vernunftbeweise verwerfenden Partheyen wenigstens soviel ausgemacht sey, daſs jene Vernunftbeweise keine unwiderstehlichen, jedem denkenden Kopfe verständlichen Demonstrationen sind? Durch alle Wendungen, Erörterungen und Verstärkungen

welche

des menschlichen Vorstellungsvermögens. 85

welche diese Beweise unter den Händen der Philosophen von Profession, des ganzen ehrwürdigen Standes der academischen Lehrer durch ganz Europa, erhalten haben, ist es mit ihnen nicht einmal so weit gebracht worden, daſs sie auch nur den aufgeklärtesten und edelsten Forschern der Wahrheit allgemein eingeleuchtet hätten.

Ich weiſs, daſs man sich dieses Schicksal der Vernunftbeweise bald aus der Hartnäckigkeit bald aus der Unwissenheit der Gegner zu erklären gesucht hat. Allein ausserdem, daſs die eine Erklärungsart eine abscheuliche Lieblosigkeit, die andere lächerlichen Eigendünkel verräth, sind auch beyde in Rücksicht auf Gründlichkeit so unphilosophisch, daſs man denken sollte es wäre endlich die Zeit da, sie den Antipoden aller Philosophie zu überlaſſen. In dem kleinen Kreise meiner eigenen Erfahrung habe ich von *jeder* Parthey Männer kennen gelernt, die mir nicht nur durch ihre Talente und Einsichten höchst schätzbar, sondern auch durch ihren moralischen Character eben so verehrungswürdig sind. In der That würden diese Partheyen längst aufgehört haben, wenn sie nicht durch Anführer, die einander gewachsen waren, emporgehalten und fortgepflanzt worden wären. Jede derselben hätte sonst entweder durch die übrigen aufgerieben, oder auch sogar für sich selbst eingehen müssen. Der Pöbel aus jeder philosophischen Zunft, der nur durch Ansehen und fremde Leitung zusammengehalten werden kann, würde sich selbst überlassen auseinander gegangen seyn, er würde sich unter die Zünfte vertheilt haben, an deren Spitze er die stärksten und berühmtesten Führer angetroffen hätte.

Seit ungefähr zwanzig Jahren her sind in unsrem Vaterlande grosse und kleine Schriftsteller mit allen Arten von Waffen gegen den *Supernaturalismus* zu Felde gezogen, es sind nicht unbeträchtliche Siege über ihn davongetragen worden, und er ist darüber nicht ganz unverdienter Weise zum Spott der übrigen Sekten geworden. Gleichwohl hat es ihm unter seinen Anhängern nie an Männern von wahrem Genie, und echtem philosophischem Geiste gefehlt; und noch erst seit kurzem sind *Jakobis* und *Schlossers* zu seiner Vertheidigung aufgetreten, und haben wenigstens unbefangene Zuschauer davon überzeugt, daß unter allen jenen Siegen kein einziger eine entscheidende Niederlage gewesen sey.

So haben auch der dogmatische Skepticismus und der Atheismus, weder durch das ihnen entgegenwirkende Interesse der Religion und der Moralität, noch durch die positiven Gesetze der Staaten, noch durch die Intoleranz der privilegirten Philosophen und Theologen, eben so wenig als durch die theistischen Beweise, bis auf den heutigen Tag unterdrückt werden können.

Sollten, wie nicht anders zu vermuthen ist, die Vertheidiger der Vernunftbeweise für sich anführen wollen: „auf ihrer Seite befänden sich die besseren philosophischen Köpfe in einer so ungleich grösseren Anzahl, daß vielmehr die von allen drey übrigen Partheyen zusammengenommen mit ihnen verglichen kaum den vierten Theil des philosophischen Publikums ausmachen dürften;" so würde es vor allen Dingen darauf ankommen: ob sich diese grössere Zahl nicht aus ganz anderen Gründen erklären liesse, als aus der Gründlichkeit jener Vernunftbeweise. Ein vom Staate vorzüglich zur Er-
örte-

örterung und Befestigung der Grundwahrheiten der Religion und der Moralität bestellter und besoldeter Lehrer der Philosophie hatte schon darum keine andere Wahl, als sich für die Ueberzeugung von dem Daseyn Gottes zu erklären. Er mußte sich also zur bejahenden Parthey und zwar zu demjenigen Theile der bejahenden Parthey halten, der seine Ueberzeugung auf Vernunftgründe baut; wenn er nicht bey seinen Kollegen den Namen eines Philosophen verwirkt haben wollte. Weit entfernt daran zu zweifeln, ob sich das Daseyn Gottes überhaupt demonstriren ließe, both er daher seinen ganzen Scharfsinn auf, um dasselbe wirklich zu demonstriren, und es an Strenge und Evidenz seiner Demonstration, wo möglich, allen übrigen zuvorzuthun.

So allgemein aber auch die akademischen Lehrer den Weg der Demonstration eingeschlagen haben mögen, so uneinig sind sie über die Frage: welche denn die eigentliche und unumstoßliche Demonstration wäre. Einige lassen mehr als Einen Beweis, ja! eine Menge, die eines immer größeren Zuwachses fähig seyn soll, gelten, während andere fest darauf bestehen, daß nur ein einziger mit Ausschluß aller übrigen der echte seyn könne; nur daß sie sich nicht darüber vergleichen können, welcher denn dieser Echte sey. Der eine stellt den *Ontologischen* als den einzig möglichen auf, den der andere, welcher den *physikotheologischen* versicht, für ein bloßes Hirngespinnst erklärt. Ein dritter endlich widerlegt die beyden vorigen und sucht den von ihnen angefochtenen *Kosmologischen* als den allgemeingiltigen zu erhärten. Ich berufe mich auf die seit dreyßig Jahren in Teutschland erschienenen Kompendien; indem ich zuversichtlich behaupte,

daß

daß es keinen einzigen Vernunftbeweis gebe, der nicht selbst von den Vertheidigern der Vernunftbeweise bestritten und verworfen worden wäre. Wem die stolzen Ansprüche der dogmatisch theistischen Parthey noch nicht verdächtig geworden sind, und wer die Mühe nicht scheut, eine auch nicht ganz vollständige Sammlung besagter Kompendien zu durchgehn, und die in denselben aufgestellten Demonstrationen gegen einander zu halten; der wird bald gewahr werden, wie sich dieselben so rein unter einander aufheben, daß auch nicht die Spur eines einzigen übrig bleibt. Auch dürfte man einen denkenden jungen Mann, um ihn gegen den Dogmatismus zu verwahren, oder davon zu heilen, nur mehrere Akademien bereisen lassen, um einige der berühmtesten Professoren das Daseyn Gottes beweisen zu hören.

Wenn man nun von der freylich sehr beträchtlichen Anzahl der akademischen Lehrer der Philosophie diejenigen aushebt, die über den echten Beweis vom Daseyn Gottes unter sich einig sind, diejenigen, welche nicht bloß darum beweisen, weil sie zum beweisen berufen zu seyn glauben, weil sie das Beweisen von ihren Lehrern gelernt haben, weil sie es einem Philosophen für schimpflich halten, nicht beweisen zu können; mit einem Worte, wenn man sich nicht an den größern, sondern den bessern Theil, an die wenigen allein hält, die als wahre Selbstdenker, aus Antrieb ihres eigenen Genius beweisen: würde dann wohl die Zahl und das Gewicht dieser wenigen noch viel größer seyn, als die Zahl und das Gewicht der Selbstdenker an der Spitze der drey übrigen Partheyen?

Und

Und was hätte denn also die philosophierende Vernunft über den Erkenntnisgrund für das Daseyn Gottes durch ihre vornehmsten Repräsentanten bisher entschieden?

Die nicht minder unstreitige Thatsache, daß die *zweyte Grundwahrheit* der Religion, nähmlich die *Ueberzeugung von einem zukünftigen Leben* in der philosophischen Welt mit der *Ersten* gleiches Schicksal habe, bedarf hier um so weniger einer Erörterung, da alles bisher gesagte auch von ihr gilt. Destomehr aber scheint mir diejenige, was ich unter der *Grundwahrheit der Moralität*, und dem *Erkenntnisgrunde* derselben verstehe, einer kurzen, und genau bestimmten Erklärung zu bedürfen.

Ueber den

Erkenntnisgrund

der

Grundwahrheit

der

Moralität.

Moralität oder Sittlichkeit heißt die *beabsichtigte* Uebereinstimmung willkührlicher Handlungen mit den Gesetzen der Vernunft. Eben dieselbe Uebereinstimmung ohne die Rücksicht, ob sie beabsichtiget worden ist oder nicht, heißt *Legalität*, oder Gesetzmäßigkeit überhaupt.

In wie ferne diese Uebereinstimmung von der Willkühr des Handelnden abhängen soll, muß derselbe das Vermögen haben, die Gesetze der Vernunft gegen die denselben in so manchen Fällen entgegenstehenden Forderungen der Sinnlichkeit durchzusetzen. Dieses Vermögen heisst *Freyheit*, in wie ferne der Handelnde bey der Ausübung desselben weder durch die Vernunftgesetze noch durch die Forderungen der Sinnlichkeit gezwungen handelt. Nicht gezwungen durch die Gesetze der Vernunft, kann er, wenn er will, der Sinnlichkeit — und nicht gezwungen durch Forderungen der Sinnlichkeit, kann er, wenn er will, der Vernunft den Vorzug geben. (Da ihm beydes gleich möglich ist, kömmt es blofs auf ihn an, woran er sich halten will.) Er hat freye Wahl, entweder seinen Entschlufs durch seine Vernunft *selbst zu bestimmen*, oder ihn durch die Objecte der Sinnlichkeit *bestimmen zu lassen*.

In wieferne sich der Mensch dieses Vermögens zwischen zwey verschiedenen Gesetzen zu wählen, bewufst ist, (in wie ferne er weifs, dafs er es in seiner Gewalt hat, gut oder böse zu handeln) in so ferne kann er durch die Ueberzeugung von der Nothwendigkeit der Vernunftgesetze keineswegs im Bewufstseyn jener Freyheit gestört werden. Denn diese Nothwendigkeit ist zwar der Vernunft, aber nicht ihm selbst, der nicht lauter Vernunft ist, unüberwindlich; so wie die Nothwendigkeit des Instinktes, zwar dem Instinkte selbst, aber nicht dem Wesen, das neben Instinkt auch noch Vernunft hat, unvermeidlich ist. Aus der Nothwendigkeit des Vernunftgesetzes folgt, dafs der Mensch keine andere Wahl habe — als zwischen Vernunft und Sinnlichkeit, dafs er zwischen zweyen *wählen müsse*, aber keineswegs dafs er *keine Wahl* habe, nicht frey sey.

Ich

Ich will hier nicht untersuchen, ob eine noch
so genaue Beobachtung der Vernunftgesetze, wenn
sie gezwungen wäre, *moralisch* heissen könnte; ich
behaupte nur, dass der Glaube: unser Wille handle
auch selbst durch Vernunftgesetze *gezwungen*; unmöglich mit der Ueberzeugung von der durchgängigen Verbindlichkeit und Möglichkeit des Sittengesetzes bestehen kann. Denn dieser Glaube müsste
nothwendig von dem Bewusstseyn begleitet seyn,
dass es eine Menge Fälle gebe, wo der Zwang der
Vernunft durch den Zwang der Sinnlichkeit verei-
telt würde. Der Mensch könnte daher das Sittengesetz nur für jene Fälle für verpflichtend; (oder
welches eins ist) seine Beobachtung nur für jene
Fälle für möglich halten, in welchen der Zwang
der Vernunft nicht durch den stärkern Zwang der
Sinnlichkeit überwogen würde. Er würde also die
Gesetzmäsigkeit seiner Handlungen auf die von seinem Willen und ihm selbst gleich unabhängige Stärke
seiner Sinnlichkeit ankommen lassen müssen; sie würde nur in wenigen, von ihm selbst unabhängigen
Fällen zufälliger Weise möglich seyn. Diess ist die
Ursache, warum ich die Ueberzeugung von der
Freyheit, die *Grundwahrheit der Moralität* ge-
nannt habe.

Ich habe noch stärkere Gründe, die ich nur
in der Folge, nachdem ich mit meinen Lesern über
allgemeingiltige Principien einig seyn werde, das
heisst nur *nach* der *Theorie des Vorstellungsvermögens* vortragen kann.

Wer nie über die Freyheit philosophiert hat,
der ist von ihrer Wirklichkeit wie von seinem eig-
nen Daseyn überzeugt. Sie ist ihm eine Thatsache,
die er aus seiner inneren Erfahrung kennt, deren

er

er sich durch das Selbstgefühl bewust ist, und wovon er sich selbst neue Proben zu geben jeden Augenblick in seiner Gewalt hat. Die Wirklichkeit der Freyheit ist ihm der vollgültigste Beweis von ihrer Möglichkeit. Dasjenige, was so manchem Philosophen in dieser Möglichkeit unbegreiflich ist, fällt ihm nicht auf, oder bekümmert ihn so wenig, als das Unbegreifliche bey tausend andern Fällen, wo er sich mit Recht durch die Evidenz des Daseyns alles Grübelns über die Möglichkeit überhoben glaubt. Allein in der philosophischen Welt ist sogar die Wirklichkeit der Freyheit zum Probleme geworden, nachdem man es bisher vergebens versucht hat, über die Möglichkeit derselben einig zu werden. Ueber keinen andern Gegenstand haben auch die scharfsinnigsten Köpfe bey vielem Vortreflichen so viel Spitzfindiges, Unverständliches und Unlesbares geschrieben; und die Philosophie hat wohl keine andere Frage aufzuweisen die schwerer zu beantworten, und gleichwohl weniger abzuweisen wäre.

Neuere Schriftsteller, die sonst nichts weniger als Skeptiker sind, haben die Frage über die Möglichkeit der Freyheit für schlechterdings unbeantwortlich gehalten; und nur daraus läst sich erklären, *wie* sie diese Frage in Rücksicht auf die Moralität für ganz entbehrlich und gleichgültig ansehen, und dreust behaupten konnten: Alle Zweifel an der Möglichkeit der Freyheit, würden durch die Evidenz des Selbstgefühls, welches der Wirklichkeit der Freyheit ein unwidersprechliches Zeugniß gebe, vollkommen zum Schweigen gebracht.

Läst sich aber dann auch das Daseyn von Philosophen läugnen, welche aus was immer für Gründen

den von der Unmöglichkeit der Freyheit überzeuge, das Zeugniſs des Selbſtgefühls für eine bloſse Tauſchung erklären?

Die Philoſophie muſs über den *Erkenntniſsgrund* für die Ueberzeugung von der Freyheit des Willens Rechenſchaft geben, er mag im Selbſtgefühle oder ſonſt wo immer vorhanden ſeyn. Iſt die Freyheit eine unbegreifliche Thatſache, ſo muſs wenigſtens dieſe Unbegreiflichkeit allgemeingültig erörtert werden, wenn ſie nicht mit der Unmöglichkeit verwechſelt; wenn aus ihr keine Unmöglichkeit gefolgert werden ſoll. Man muſs darüber einig geworden ſeyn, daſs nur die *erkennbare* nicht die *denkbare*, die *metaphyſiſche*, nicht die *logiſche* Möglichkeit der Freyheit unbegreiflich ſeyn könne. Sey es dann daſs ſich (aus ſehr begreiflichen Gründen) nicht begreifen laſſe: *wie die Freyheit möglich ſey*; ſo muſs doch wenigſtens vollkommen begriffen, allgemeingültig dargethan werden, daſs ſie nicht unmöglich ſey, daſs ſie keinen Widerſpruch in ſich faſſe, daſs ſie wenigſtens unter die denkbaren Dinge gehöre. Nur durch einen allgemeingültigen Beweis dieſer Nichtunmöglichkeit kann das Zeugniſs des Selbſtgefühls (auf welches ſich zwar die Wirklichkeit der Freyheit annehmen, aber aus welchem ſich keineswegs die Möglichkeit derſelben begreifen läſst) gegen alle Grübeleyen und Zweifel der Spekulation geſichert, und zum *philoſophiſchen Erkenntniſsgrunde* für die Grundwahrheit der Moralität erhoben werden. Der gemeine Menſchenverſtand kann und muſs die Nichtunmöglichkeit der Freyheit ohne allen Beweis annehmen; ihm kann und muſs das Zeugniſs des Selbſtgefühls unabhängig von Vernunftbeweiſen ein vollgültiger Erkenntniſsgrund ſeyn.

Allein

Allein die philofophirende Vernunft kann und mufs sich Beweile der *Denkbarkeit* abfordern, bevor sie dem Zeugnisse eines *blofsen Gefühls* trauen kann, das ihr so lange verdächtig seyn muss, als sie nicht über die *Nichtunmöglichkeit* des Bezeugten mit sich selbst einig ist. Bis dahin giebt es keinen allgemeingeltenden Erkenntnifsgrund für die Freyheit, und in wieferne die philofophische Ueberzeugung mit dem Erkenntnifsgrunde steht oder fällt, ist es auch bis dahin in der philofophischen Welt nicht ausgemacht, ob es Freyheit überhaupt gebe oder nicht.

Die *dogmatischen Philofophen*, welche bisher das Zeugnils des Selbstgefühls für die Freyheit durch ihre Beweile gegen alle Einwürfe gerettet zu haben glauben, können sich unmöglich einfallen lassen, die *philofophirende Vernunft* habe durch *sie* die grofse Frage von der Freyheit des Willens befriedigend beantwortet, ohne nicht vorher *drey Partheyen welche das Gegentheil behaupten*, von der Ungiltigkeit ihrer Anfprüche auf philofophirende Vernunft überwiesen zu haben. Auch über die Frage: ob es überhaupt einen Erkenntnifsgrund für die Freyheit gebe, zerfällt das philofophische Publikum in eine *verneinende* und in eine *bejahende* Hauptparthey, die sowohl durch ihren Streit gegeneinander, als durch ihre innern Spaltungen das Schaulpiel der vier Hauptsekten, und des sonderbaren Kampfes derselben fortsetzen, das aus eben so vielen *Akten* besteht, als die spekulative Philofophie wichtige Probleme bisher aufzuweisen hatte.

Gegen allen Erkenntnifsgrund für die Freyheit erklären sich die *Dogmatischen Skeptiker*, welche von der *Grundlosigkeit* des Begriffes der Freyheit überzeugt zu seyn glauben. Man hat läugnen wollen,

wollen, daſs dieſe Ueberzeugung aus den Principien des dogmatiſchen Skepticismus nothwendig erfolge, indem dieſer doch wenigſtens ſubjektive Wahrheit zulaſſe, und folglich dem Zeugniſſe des Selbſtgefühls inſoferne den Beyfall nicht verſagen könne. Freylich giebt der dogmatiſche Skeptiker ſubjektive Wahrheit zu; das heiſst, Uebereinſtimmung der Vorſtellung mit dem Gegenſtande, *in wieferne derſelbe gedacht wird.* Allein er erklärt dieſe ſubjektive Wahrheit ſo lange für eine mögliche Täuſchung, als es nicht erwieſen iſt, daſs der Gegenſtand ſo gedacht werden *müſſe,* wie er in der Vorſtellung vorkömmt. Dieſen Beweis, und die von demſelben abhängige Erkenntniſs der *objektiven Wahrheit*, hält er für unmöglich. Wenn er daher auch nicht die *Vorſtellung* der Freyheit läugnen kann, ſo kann er doch eben ſo wenig mit ſich ſelbſt einig werden, ob die Freyheit mehr als eine bloſse Vorſtellung, ob ſie als etwas von der Vorſtellung verſchiedenes denkbar, ob ſie mehr als eine bloſse Einbildung ſey. In wieferne er aber die Denkbarkeit der von der bloſsen Vorſtellung verſchiedenen Freyheit als unerweislich anſieht, läugnet er doch wohl allen philoſophiſchen Erkenntniſsgrund für die Freyheit.

Der *Fataliſt* geht noch weiter. Er findet den Begriff der Freyheit nicht nur grundlos, ſondern ſogar *widerſprechend;* weil er ſich keine Willenshandlung denken kann, die nicht durch unvermeidliche abſolute Nothwendigkeit beſtimmt würde. Hieher gehört z. B. der *Materialiſt* der alles Wirken und Leiden des Gemüthes den *Geſetzen der Bewegung*, und der *Pantheiſt* der alles Seyn und Handeln der hypoſtaſierten Nothwendigkeit, die
er

er für den Grundſtoff aller Realität anſieht, unterwirft.

Die *bejahende* Hauptparthey wird kaum durch die unbeſtimmte Behauptung: daſs es überhaupt einen Erkenntniſsgrund für die Freyheit gebe, zuſammengehalten; ſo ſehr iſt ſie mit ſich ſelbſt über die Frage uneinig: ob dieſer Erkenntniſsgrund in der natürlichen Vernunft, oder in der übernatürlichen Offenbarung aufzuſuchen ſey?

Der *Supernaturaliſt* hält alle Vernunftgründe für die Denkbarkeit der Freyheit für Täuſchungen des Eigendünkels der verkehrten Vernunft. Die *natürliche* Freyheit iſt ihm gerade das Gegentheil von dem, was ſie dem *dogmatiſchen Theiſten* iſt. Dieſer hält ſie für das Vermögen das *Beſte*, jener für das Vermögen das *Schlimmſte zu wählen* — ein Unvermögen der geſchwächten, ſich ſelbſt, oder vielmehr der Sinnlichkeit hingegebenen Vernunft, die nur durch übernatürlichen Beyſtand, Erleuchtung von oben herab, theologiſche Gnade, in die Freyheit der Kinder Gottes wieder eingeſetzt werden kann, ſeitdem ſie Sklavinn der Sünde geworden iſt. Dieſe Freyheit iſt nur durch Offenbarung erreichbar, und wird den Gläubigen mit dem Lichte derſelben zu Theil.

Vergebens iſt dieſe Lehre von der *übernatürlichen Freyheit* durch die Vertheidiger der *natürlichen* als äuſſerſt unphiloſophiſch erklärt worden. Die älteren Supernaturaliſten haben den Namen eines Philoſophen als einen Schimpfnamen von ſich abgelehnt, und einige neueren glauben ihn dadurch in einen Ehrentitel umzuſchaffen, daſs ſie ſich deſſelben ausſchlieſsend bemächtigen. Der Umſtand, daſs

daß sie sich aller Untersuchung über die *Möglichkeit* der Freyheit, die ihnen *Glaubensartikel* ist, enthalten, verschaft ihnen den Vortheil, daß sie über diese Möglichkeit *unter sich einig sind*, während die guten Köpfe unter ihnen allen philosophischen Scharfsinn aufbieten, um das Unphilosophische an den Blößen der Parthey sichtbar zu machen, welche die Freyheit durch Vernunftgründe zu erkennen vorgiebt.

Leider! sind die Vertheidiger der Freyheit durch Vernunftgründe, welche über diese Streitfrage die vierte Parthey ausmachen, eigentlich nur noch darüber nicht einverstanden: *was sie sich unter der Freyheit zu denken haben.* So findet z. B. der *Determinist* die Freyheit nur in der Abhängigkeit des Willens von Gesetzen, die durch Vernunft *erkannt* sind, und in so ferne denselben von der Sinnlichkeit unabhängig machen; der *Aequilibrist* hingegen in der gänzlichen Unabhängigkeit des Willens von der Vernunft sowohl als von der Sinnlichkeit. Beyde beschuldigen sich gegenseitig des Fatalismus, den dieser in der moralischen Nothwendigkeit, und dem nothwendigen Bestimmtwerden; jener aber in dem gänzlichen Gleichgewichte, und der blinden Willkühr zeigen zu können glaubt. So wird z. B. dem *Deterministen* vorgeworfen seine Freyheit sey ein leeres Wort, womit er sich und andere täusche; und seine moralische Nothwendigkeit nur ein milderer Name für den unüberwindlichen Zwang. Es sey ganz einerley, ob der Wille durch Sinnlichkeit oder durch Vernunft genöthiget würde, wenn er nur durch etwas was nicht er selbst ist, bestimmt werde. In beyden Fällen sey dasjenige, wodurch er bestimmt werde, das von ihm unabhängige Naturgesetz. Die Vernunft, oder *das Vermögen den nothwendigen Zusammenhang unter den Dingen an sich einzusehen*, hienge ganz von dem nothwendigen Zusammenhange der Dinge, und durch sie der Wille von eben demselben ab. Durch diesen nothwendigen Zusammenhang bestimmt werden, könne doch unmöglich *frey* handeln heisen. Durch Sinnlichkeit bestimmt werden wäre eben so viel als durch *einzelne* Eindrücke der Dinge; durch Vernunft bestimmt werden eben so viel als durch den *Zusammenhang* der Dinge genöthiget seyn. Warum soll der Zusammenhang der Dinge meinen Willen weniger Gewalt anthun, als der einzelne Eindruck? warum dieser meine Freyheit aufheben, jener aber sie sogar ausmachen helfen? u. s. w. Es dürfte freylich nicht den Deterministen an Antworten fehlen, ob sie aber auch allgemein befriedigend seyn würden, muss hier unentschieden bleiben. Keine der bisherigen wenigstens hat auch nur die übrigen dogmatischen Vertheidiger der natürlichen Freyheit, vielweniger aber die drey andern Partheyen überführt, deren Daseyn und Fortdauer laut genug zeuget, dass in der philosophischen Welt über die Grundwahrheit der Moralität so wenig als über die Grundwahrheit der Religion etwas allgemeingeltendes feststeht.

Ueber

Ueber den

erſten Grundſatz
der Moral.

Wenn unter dem *Sittengeſetz* die Richtſchnur verſtanden wird, welche von der Vernunft für gewiſſe menſchliche die willkührlichen genannte Handlungen beſtimmt (vorgeſchrieben oder nur erkannt ??) wird; ſo ſind die Philoſophen ziemlich unter ſich einig, daſs es in dieſer weiten Bedeutung des Wortes, die jeder nach ſeiner Weiſe näher erklärt, ein Sittengeſetz gebe. Verſteht man aber ein Geſetz. darunter, das ſich unter allen möglichen dadurch unterſcheidet, daſs es nur in ſo ferne beobachtet werden kann als es keinem andern Zwecke untergeordnet wird, ein Geſetz, welches nur in ſo ferne erfüllt werden kann, als es lediglich um ſeiner ſelbſt willen erfüllt wird, ein Geſetz, das ſich mit keiner Sanktion, bey der die Abhängigkeit des menſchlichen Willens von Luſt und Unluſt zum Grunde liegt, verträgt: ſo wird man nur von ſehr wenigen verſtanden, von den meiſten für einen grillenhaften Schwärmer angeſehen, und faſt alle werden darüber einig ſeyn, daſs es in dieſem Sinne kein Sittengeſetz gebe*).

So verſchieden man auch in der philoſophiſchen Welt über das Weſen des Sittengeſetzes, d. h. über den *Grund der Verbindlichkeit* deſſelben, gedacht hat, ſo ſehr ſcheint man bisher darüber einverſtan-

---

*) Wenigſtens alle mir bekannten Philoſophen bis auf *Kant*, und alle mir bekannten Theologen bis auf — *Jeſus Chriſtus.*

verstanden gewesen zu seyn, daß jener *Grund* keineswegs unabhängig von Lust und Unlust gedacht werden, und daß dasjenige, was man bisher Sittengesetz genannt hat, entweder *nur durch*, oder wenigstens *nicht ohne* die Sanktion von Lust und Unlust Gegenstand unsres Willens seyn könne. Allein eben diese Einhelligkeit dürfte wohl als ein gemeinschaftliches Mißverständniß verdächtig werden, wenn man den Streit der Philosophen über den Grund der sittlichen Verbindlichkeit, oder welches eben so viel heißt über die Frage, mit welcher das Sittengesetz steht oder fällt als unpartheyischer Zuschauer genau ins Auge faßt, und am Ende gewahr wird, daß eben jene Unentbehrlichkeit von Lust und Unlust zur Verbindlichkeit des Sittengesetzes, die Scheidewand ist, durch welche die philosophische Welt über den Grundbegriff der Sittlichkeit selbst in *zwey entgegengesetzte Partheyen* getrennt wird, die, so lange diese Scheidewand besteht, sich unmöglich vereinigen können.

Die eine dieser Partheyen glaubt den Grund der Verbindlichkeit des Sittengesetzes in der Empfänglichkeit des Gemüthes für Lust und Unlust gefunden zu haben. Sie hält die Vernunft bloß für die *Auslegerinn*, oder höchstens für die *Concipistinn* des Sittengesetzes, nicht für die *Gesetzgeberinn*, welchen Rang sie dem Triebe zum Vergnügen einräumt, der denselben nach der Meynung einiger dieser Parthey höchstens mit der Natur der *Dinge außer uns* in so ferne theilt, als diese mehr oder weniger geschickt sind ihn zu befriedigen. Die andere Parthey sucht den Grund der Verbindlichkeit des Sittengesetzes in der Vernunft auf, und erkennt die Vernunft für die *Gesetzgebende*,

bende, den Trieb nach Vergnügen aber nur für die *ausübende Gewalt* im Regimente des menschlichen Geistes. Man kann es dieser Parthey nicht wohl verdenken, wenn sie die *theoretische Tugend* der erstern für blosse *Klugheit* erklärt, und den Namen der *Weisheit* ausschliessend für die Ihrige vorbehält. Allein eben so wenig dürften die Gründe ganz verwerflich seyn, mit welchen jene gegen alle Trennung der gesetzgebenden und ausübenden Gewalt bey den moralischen Bestimmungsgrunde des Willens protestieren. Wenigstens haben sich die vorzüglichsten Köpfe dieser Parthey bisher durch keine Antwort überzeugt gefunden, welche ihnen die Gegenparthey auf die Fragen gegeben hat: „Ob die Vernunft und ihre Gesetze ohne Dazwischenkunft vom Vergnügen und Mifsvergnügen auch wohl das Vermögen hätte den Willen zu bestimmen? und wenn sie dasselbe erst durch den Trieb nach Vergnügen erhielten, ob nicht dann von demselben alle gesetzliche Kraft des Sittengesetzes abhienge?" Ohne hier zwischen diesen Partheyen entscheiden zu können und wollen, müssen wir uns gegenwärtig begnügen, die innere Verfassung derselben und ihr Verhältnifs gegeneinander historisch zu beleuchten.

Das moralische Gesetz ist durch den Grund seiner Verbindlichkeit, worin derselbe auch immer bestehen mag, sowohl *gegeben*, als vermittelst desselben allein *erkennbar*. Die Frage: „giebt es einen Erkenntnifsgrund für das moralische Gesetz?" müfste also eben so viel heifsen, als: „giebt es einen Grund der Verbindlichkeit," oder auch sogar: „giebt es überhaupt ein moralisches Gesetz?" Nichts kann meines Erachtens der Menschheit zur grösse-

größeren Ehre gereichen, nichts die Heiligkeit des moralischen Gesetzes in ein auffallenderes Licht setzen, und den Primat der praktischen Vernunft über die theoretische einleuchtender darthun, als der hochstmerkwürdige Umstand: daſs es in der philosophischen Welt nie die Frage war und seyn konnte: ob es ein moralisches Gesetz gebe, sondern daſs dasselbe immer als vorhanden vorausgesetzt wurde, daſs über die Frage: giebt es einen Erkenntniſsgrund für das moralische Gesetz? keine verneinende Parthey aufgestanden ist, und daſs die wirklich streitige Frage über den Grund der Verbindlichkeit des moralischen Gesetzes, nie den Sinn hatte: ob es einen solchen Grund gebe? sondern nur *worin derselbe bestehe**).

Die eine Hauptparthey, welche diesen Grund in der Empfänglichkeit für Lust und Unlust aufsucht, findet denselben entweder in einer ursprünglichen und natürlichen, oder aber in einer erworbenen und erkünstelten Einrichtung dieser Empfänglichkeit, und trennt sich hierüber in zwey sehr entgegengesetzte Partheyen.

Aeuſserlich bestimmter subjektiver Grund der moralischen Verbindlichkeit.

Der Trieb nach Vergnügen, behauptet die eine dieser Partheyen, würde sich selbst und seiner ursprüng-

---

*) Von einzelnen frechen und aller Sittlichkeit offenbar Hohn sprechenden Schriftstellern kann unter der Rubrik einer besondern Parthey so wenig die Rede seyn, als von Miſsgeburten und Auswüchsen in der Klassifikation der Naturgattungen.

ursprünglichen Einrichtung überlassen, einzig und allein dem Gesetze der Sinnlichkeit folgen, wie dieses wirklich bey allen übrigen Thieren, und bey allen Völkern in eben dem Verhältnisse der Fall ist, in welchem sich dieselben dem ursprünglichen *Stande der Natur* nähern. Wenn also gegenwärtig der Trieb nach Vergnügen bey kultivierten Nationen ausserdem noch einem andern und ihm so ganz fremden Gesetze, als das moralische sey, Sanktion gäbe; so müsse er diese ihm unnatürliche Richtung von *aussen her*, durch künstliche Bildung oder Zwang erhalten haben; und der Grund der Verbindlichkeit des moralischen Gesetzes, so wie der durch ihn bestimmte Unterschied zwischen Tugend und Laster wäre der menschlichen Natur vielmehr aufgedrungen, als eigenthümlich und angebohren. Wirklich könne das Sittengesetz unmöglich Naturgesetz für den menschlichen Willen seyn: denn sonst müste es von allen befolgt, oder doch wenigstens von allen erkannt werden; es könnten unmöglich sogar unter den kultivirtesten Nationen Gewohnheiten und positive Gesetze eingeführt seyn, die dem Sittengesetze geradezu widersprechen; was bey einem Volke Laster ist, könnte nicht beym andern Tugend und umgekehrt heissen u. s. w.

Nur hierüber sind die Anhänger dieser Meynung noch nicht ganz unter sich einig geworden, ob sie ihren *künstlichen* Grund der moralischen Verbindlichkeit mehr in der Erziehung und Gewohnheit (wie z. B. *Montaigne*), oder mehr in der *bürgerlichen* Gesellschaft (wie z. B. *Mandeville*), oder in beyden zugleich aufsuchen sollen. Die scharfsinnigsten halten sich gemeiniglich an das letztere;

letztere; doch so, daſs sie dabey Erziehung und Gewohnheit der bürgerlichen Geſellſchaft unterordnen. Sie halten die moraliſchen Geſetze für Einſchränkungen des ſinnlichen Triebes der einzelnen Menſchen, durch eben dieſelben ſinnlichen Triebe der ganzen Geſellſchaft; und glauben, daſs die Geſellſchaft durch ihr bloſses Uebergewicht an phyſiſcher Stärke und Klugheit über jedes einzelne Mitglied in Stand geſetzt ſey, mit den Handlungen die zu ihrem Nachtheil gereichen, erkünſtelte phyſiſche Uebel (Strafen) und mit den Handlungen die ihren Vortheil befördern, erkünſtelte Vortheile (z. B. *Ehre*) zu verbinden, und auf dieſe Weiſe mit Beyhülfe von Erziehung und Gewohnheit eine künſtliche Vorſtellungsart hervorzubringen, die man für natürlich zu halten verſucht würde, wenn nicht der unaufhörliche Widerſpruch zwiſchen den Forderungen des Eigennutzes und der Geſellſchaft, auch an dem kultivierteſten Menſchen ſo auffallend unterſcheiden lieſse; was der Natur eigenthümlich angehöre, und was ihr durch äuſſere Umſtände aufgedrungen wäre.

Gemeiniglich erklären ſich die *dogmatiſchen Skeptiker* für dieſe Meynung, wenn ſie ſich über den Grund der moraliſchen Verbindlichkeit diejenige Auskunft geben wollen, die ſie ihren Grundſätzen gemäſs bloſs unter den Bedingungen der ſubjektiven Wahrheit, *Gewohnheit*, *Erziehung*, *Erfahrung* u. ſ. w. aufſuchen können.

Uebrigens wird die Parthey, welche ſich für den künſtlichen Grund der moraliſchen Verbindlichkeit erklärt, von allen übrigen beſchuldiget, daſs ſie allen eigentlichen Unterſchied zwiſchen Tugend

gend und Laster aufhebe, und das Sittengesetz
zwar den Namen nach behaupte, aber in der Sache
selbst läugne. Am meisten wird es ihr von der
zweyten Parthey, welche den Grund der moralischen Verbindlichkeit in dem *natürlichen* Triebe
nach Vergnügen entdeckt zu haben glaubt, ver-
dacht, daß sie die Sittlichkeit für einen unnatür-
lichen und gewaltsamen Zustand des Menschen erkläre, da doch der menschlichen Natur nur durch
Unsittlichkeit Gewalt angethan würde, und der
Mensch nach dem *Zeugnisse der Erfahrung* sich
in eben dem Verhältnisse besser befande, als er
moralischer geworden wäre. Allein sie stellen ihren Gegnern mit genau so vieler Zuversicht ebenfalls das Zeugniß der Erfahrung entgegen, durch
welches sie erhärten zu können glauben, daß es
unter allen kultivierten Nationen, zumal unter
denjenigen, bey denen am meisten von Moralität
gesprochen würde, weit mehr Laster als Tugend
gebe: daß der *Weise* und seine Glückseligkeit ein
bloßes Ideal wäre, der wirklich existierende Freund
der Tugend aber, nicht nur meistens durch das
schlimmste äussere Schicksal gedrückt, sondern auch
durch zahllose innere Leiden, und den qualvollsten
Kampf mit sich selbst um den Genuß seines Lebens
gebracht würde, und daß endlich das Laster ein
eben so sehr erkünstelter Zustand als die Tugend
selbst, und die traurigen Folgen desselben dem
Menschen in eben dem Verhältnisse fremde wären,
als dieser, ohne etwas von einem moralischen Gesetze gehört zu haben, seiner Natur überlassen, von
dem Zwange der ihm in der bürgerlichen Gesellschaft angethan würde, frey lebte u. s. w.

Ohne mich in den Streit dieser Partheyen mischen zu können, glaube ich hier nur anmerken zu dürfen, daſs die *äuſsere Erfahrung* wohl von beyden mit ziemlich gleichem Rechte für ihre Behauptungen angeführt werden dürfte, die *innere* aber die sich nicht mittheilen, auch nicht auf Treu und Glauben annehmen läſst, nur jeden für sich zu überzeugen vermöge, ob ihm der Zustand der Moralität *natürlich* sey oder nicht.

Innerlich bestimmter subjektiver Grund der moralischen Verbindlichkeit.

Zerfällt doch aber auch selbst jene zweyte Parthey, welche die Sittlichkeit von einem auf die ursprüngliche Empfänglichkeit für Vergnügen und Miſsvergnügen gegründeten Naturgesetze ableitet, in zwey andere entgegengesetzte Partheyen, wovon die eine den durch Vernunft geleiteten Trieb nach *Vergnügen überhaupt* so wenig für den echten Grund der moralischen Verbindlichkeit anerkennt, daſs sie diesen Grund vielmehr durch einen besondern dem Menschen eigenthümlichen *Sinn*, den sie den *moralischen* nennt, erklären zu müssen glaubt; während die andere diesen Sinn für schlechterdings überflüssig hält, und dem bekannten von seinen Gegnern vielleicht zu sehr herabgesetzten und von seinen Vertheidigern zu sehr erhobenen *Systeme des Epikurs* beypflichtet.

Da die neuen Epikurer auf der einen Seite überzeugt sind, daſs jedes Vergnügen, so geistig auch immer der Gegenstand davon seyn möge, nur durch *Sinnlichkeit* genossen werden könne; da sie auf der andern Seite die Sinnlichkeit entweder für eine bloſse blofse Eigenfchaft der Organifation anfehen, oder doch wenigftens diefelbe nicht unabhängig von der Organifation zu denken vermögen; fo ordnen fie alle *Arten* von Vergnügen dem *Phyfifchen*, als der einzig möglichen *Gattung* unter, und erkennen den *Zuftand des Körpers* für die einzige oder doch die erfte und letzte Quelle aller Glückfeligkeit und alles Elendes. Diefes vorausgefetzt erklären fie die im moralifchen Gefetze beftimmte Weife zu handeln, oder die *Tugend*, für das einzige *Mittel* zu dem nothwendigen *Zwecke* des menfchlichen Willens, nämlich der *Glückfeligkeit*, oder der größten möglichen Summe angenehmer Empfindungen in dem höchften Grade und der längften Dauer. Da nun jedes Mittel nur durch den Zweck beftimmt und nothwendig gemacht würde, fo wäre der Trieb nach Glückfeligkeit der wahre und einzige in der menfchlichen Natur vorhandne Grund der moralifchen Verbindlichkeit, zumal da die Vernunft eigentlich nichts anders als eine Modifikation der Sinnlichkeit, das Vermögen den Zufammenhang der Dinge wahrzunehmen, fey.

Den Anhängern diefes Syftems, zu welchem fich unter andern vorzüglich die *Materialiften* bekennen, wird von den Vertheidigern des *moralifchen Sinnes* Schuld gegeben: ihre Theorie wäre nichts weiter als ein wohlberechnetes Syftem des Eigennutzes und der verfeinerten Wolluft. Die eigentliche Moral, die fich mit jener Theorie durchaus nicht vertrage, müffe zwar auch *Vergnügen* als Triebfeder des Willens annehmen, aber ein Vergnügen von ganz anderer Art, welches fich durchaus nicht auf das *Phyfifche* zurückführen liefse. Es fey zwar nicht zu läugnen, dafs felbft auch die Forderunderungen des wohlverstandenen Eigennutzes durch die Beobachtung des moralischen Gesetzes erfüllt würden. Allein wenn der Eigennutz, als der Grund der moralischen Verbindlichkeit angenommen würde; so würde selbst die Beobachtung des Sittengesetzes in den meisten Fällen, wo nicht gar durchgängig, unmöglich seyn. Denn es würde, um aus den Folgen einer Handlung seine Pflicht zu erkennen, eine *Berechnung* erfordert werden, welcher auch der aufgeklärteste Verstand selten oder gar nie gewachsen seyn würde. Diese Berechnung könne nur durch ein natürliches Gefühl erspart werden, welches die Pflichtmäsigkeit einer Handlung durch Vergnügen, die Pflichtwidrigkeit aber durch Misvergnügen ankündigte; und zwar durch ein Vergnügen, dass sich von allem gröberen und feineren *Sinnlichen* dadurch unterscheidet, dass es kein Gefühl unsers *eigenen* verbesserten Zustandes, das heisst, dass es ganz *uneigennützig* sey. Es müssten also im menschlichen Gemüthe zwey ganz verschiedene Grundtriebe angenommen werden, wovon der eine *eigenes* der andere aber *fremdes* Wohlbefinden zum Zwecke hätte; so wie die der menschlichen Natur angemessene Glückseligkeit nur in der Befriedigung dieser beyden Triebe bestehen könne, in einer Befriedigung die nur in so ferne möglich wäre, als der eigennützige Trieb dem uneigennützigen untergeordnet, mit demselben harmonisch zusammen wirke.

Dieser uneigennützige Trieb, erwiedert der Epikuräer, ist nichts anders als der eigennützige selbst, aber durch Vernunft modificiert. Alles Vergnügen ist Gefühl des eigenen verbesserten Zustandes.

des, und ich kann mich für den verbesserten Zustand eines andern nur in so ferne interessiren, als mir derselbe Vergnügen, das heisst, Empfindung meines eigenen verbesserten Zustandes gewährt. Es lassen sich auch bestimmt genug die Wege angeben, auf welchen der eigennützige Trieb zu dieser Verfeinerung gelangt, durch die er keineswegs seine vorige Natur ablegt. Mit dem Eintritt in die bürgerliche Gesellschaft hat der einzelne Mensch sein Wohl und Weh größtentheils in die Hände der Gesellschaft niedergelegt. Sein Bestes hängt von dem Besten der Gesellschaft ab. Er kann seinen Genuß nur in so ferne sicher stellen, als er den Genuß anderer ungestört läst, und er kann für die Vervielfältigung seines Genusses nicht besser sorgen, als wenn er den Genuß anderer befördert. In eben dem Verhältnisse als er sich selbst zu vergessen scheint, wird er der ganzen Gesellschaft wichtiger, und erwirbt er sich Ansprüche auf Vortheile, die ihm nur die ganze Gesellschaft zu gewähren mächtig genug ist. Vortheile aus deren Wichtigkeit sich das Aufopfern mancher kleineren Güter, und das freywillige Aufsichnehmen größerer aber ungewisser Uebel sehr wohl erklären läst. Geschieht es endlich, dass der Tugendhafte bey den zum Vortheil anderer Menschen unternommenen Handlungen aufhöre, sich alles eigennützigen Zweckes bewußt zu seyn, und daß er die Tugend nicht mehr für ein blosses Mittel, sondern für den Zweck selbst anzusehen anfängt: so verliert er nichts dabey, und er gelangt auf eben demselben Wege dazu, wie der Geitzige, der sein Geld allen Vortheilen vorzieht die ihm der Gebrauch desselben als eines blossen Mittels verschaffen könnte.

Innerlich beſtimmter objektiver Grund der moraliſchen Verbindlichkeit.

Dieſen Streit glaubt eine dritte Parthey entſchieden zu haben, die den Grund der moraliſchen Verbindlichkeit in der *Vernunft* entdeckt zu haben vorgiebt. Dieſer Grund, meynt ſie, kann weder in einem künſtlichen noch in einem natürlichen Triebe, weder in dem phyſiſchen noch auch in dem moraliſchen Gefühle, ſondern nur in demjenigen *Objekte* liegen, das dem Willen nicht durch die Sinnlichkeit, ſondern einzig durch die Vernunft vorgehalten wird; und dieſes Objekt heißt *Vollkommenheit*. Die Vernunft kann ihrer Natur zufolge nichts anderes billigen als das Vollkommene. In wie ferne daher der Wille nach Vollkommenheit ſtrebt, handelt er dem Naturgeſetze der Vernunft, und nicht dem Inſtinkte gemäls, von keinem eigennützigen Triebe, ſondern durch die uneigennützige Schätzung des innern Werthes beſtimmt. Schade nur daſs ſich die Anhänger dieſer Parthey über die Bedeutung des Begriffes von Vollkommenheit bisher ſo wenig vereinigen konnten!

Einige verſtehen nichts anderes als diejenige Beſchaffenheit der Dinge darunter, wodurch dieſelben Gegenſtände angenehmer Empfindungen werden, die *Einheit* des *Mannichfaltigen* im Objekte, wodurch daſſelbe unſer Vorſtellungsvermögen zugleich *leicht* und *ſtark*, das heißt, *angenehm* beſchäftiget. Freylich hängt dieſe Beſchaffenheit in wie ferne ſie an den Dingen vorhanden ſeyn ſoll, nicht von unſerer Sinnlichkeit, aber auch eben ſo wenig von unſrer Vernunft ab. Als bloſse Vollkommenheit, ein Abſtraktum, kann ſie freylich nur

durch

durch *Vernunft* vorgestellt, das heisst, *gedacht* werden; aber in wie ferne sie als Beschaffenheit eines Gegenstandes, als Concretum, Vergnügen erwecken soll, muſs sie *empfunden*, durch *Sinnlichkeit* vorgestellt werden. Das Vermögen der Vollkommenheit uns zu gefallen, hängt also eben so sehr von dem *Empfindungsvermögen* als von der Vollkommenheit selbst ab. Das Streben nach Vollkommenheit würde also im Grunde eben so viel als der Trieb nach Vergnügen heiſſen und der Vertheidiger des Grundsatzes der Vollkommenheit würde bey seiner Fehde mit dem Epikuräer, mit dem er in der Sache selbst einverstanden wäre, über nichts als Worte zanken. Wirklich, würde es ganz unbegreiflich seyn, wie Philosophen, welche jedem Gegenstande, in wie ferne er Vergnügen gewähren kann, Vollkommenheit einräumen, und in ihren Schriften bey jeder Gelegenheit die *grobsinnliche Lust* undeutliche Vorstellung von der Vollkommenheit des Körpers nennen, (z. B. selbst der vortrefliche *Moses Mendelsohn*) gleichwohl die Vollkommenheit zu einem ausschlieſsend der Vernunft angehörigen Objekte machen können; wenn man nicht durch tausend ähnliche Fälle gewohnt wäre, unsre neuern philosophischen Schriftsteller mit den Bedeutungen der Worte sehr willkührlich verfahren zu sehen.

Um dem Worte *Vollkommenheit* einen Sinn zu geben, in welchem es wenigstens bey der Frage über den Grund der moralischen Verbindlichkeit, etwas von der Vernunft allein abhängiges bedeuten soll, erklären andere die Vollkommenheit, welche dem moralischen Gesetze zum Grunde liegen soll: für Uebereinstimmung des Willens mit den Gesetzen der Vernunft. Sie nehmen also die *Folge der*

der moralischen Verbindlichkeit für den *Grund* derselben an; und drehen sich unvermerkt im Cirkel herum.

Andere endlich glauben sich bequemer auszudrücken, indem sie die Vollkommenheit für die Zusammenstimmung aller unserer Neigungen und Fähigkeiten sowohl unter einander selbst, als zu ihrem gemeinschaftlichen *Zweck* erklären, eine Zusammenstimmung, welche durch *Vernunft allein* möglich und nothwendig gemacht würde. Sie können zwar, wie sie sich ausdrücken, über den *Namen* nicht sowohl einig werden, den sie diesem Zwekke zu geben hätten; ob er ebenfalls wieder Vollkommenheit, ob er größte mögliche Entwicklung unsrer Fähigkeiten, ob er größte mögliche Wirksamkeit unsrer Kräfte, ob er größtes mögliches Wohl des menschlichen Geschlechtes u. d. m. heißen soll. Dafür aber sind sie unter sich (und ohne es selbst zu wissen mit ihren Gegnern) einverstanden, daß alle diese Zwecke sich dem Willen nur durch das Vergnügen, das sie ihm verheißen, empfehlen, und *folglich für denselben weiter nichts als Mittel zu seinem obersten Zwecke — dem Vergnügen — seyn können.*

Aeusserlich bestimmter objektiver Grund der moralischen Verbindlichkeit.

Der philosophirende *Supernaturalist*, der zwar auch den Grund der moralischen Verbindlichkeit in der Vollkommenheit, aber in der Vollkommenheit als *Substanz* vorgestellt, d. h. in der Gottheit, aufsucht, lächelt mitleidig über diese vergeblichen Versuche der *blinden Heiden* sich eine

Moral

Moral ohne Gott, ein Gesetz ohne Gesetzgeber erkünsteln zu wollen, und findet in der Uneinigkeit der *Naturalisten* über den Grund des Sittengesetzes die nothwendige Folge der verkehrten Anschläge der sich selbst überlassenen Vernunft. Ihm ist es unbegreiflich, wie die Bestimmung eines Gesetzes, von dem die Glückseligkeit der Menschen, oder vielmehr die Verherrlichung der Gottheit abhängt, der *menschlichen* Vernunft, die erst durch Beobachtung dieses Gesetzes zum Gebrauch ihrer Kräfte gelangen sollte, überlassen könnte; der menschlichen Vernunft, die ihre gänzliche Untüchtigkeit zur moralischen Gesetzgebung schon dadurch genugsam bewiese, daß sie nicht einmal durch ihre vornehmsten und berühmtesten Repräsentanten über den Grund der moralischen Verbindlichkeit mit sich selbst einig werden könnte; und wenn sie endlich auch noch so sehr mit sich selbst darüber einig wäre, ob und was sie den Menschen vorzuschreiben hätte, dennoch erst von dem Triebe nach Vergnügen erwarten müste, daß er ihre Vorschriften zu wirklichen Gesetzen erhübe. Dem Supernaturalisten ist daher der Wille der Gottheit die einzige Quelle der moralischen Gesetze, und die *Abhängigkeit des Menschen von Gott* der eigentliche Grund der Verbindlichkeit jener Gesetze. Ein Glück, wenn der Supernaturalist philosophisch genug denkt, um den Willen der Gottheit durch *eine Vernunft* bestimmen zu lassen, welche nur die Schranken abgerechnet, *menschlich* ist. Denn giebt er der *göttlichen Vernunft* eine ganz andere Natur, die theils unbegreiflich, theils das Gegentheil der menschlichen seyn soll, so ist er genöthiget, den göttlichen *Willen unfehlbare* Ausleger seiner unbegreiflichen Rathschlüsse aufstellen,

Unterdrückung der menſchlichen Vernunft, Glauben an Widerſprüche gebiethen, und an allem was der menſchlichen Natur zuwider ilt, Wohlgefallen finden zu laſſen. Die Moral, die auf dieſem Wege gefunden wird, iſt noch heut zu Tag die ſittliche Richtſchnur von mehr als der einen Hälfte der chriſtlichen Welt.

Aber auch der aufgeklärteſte Supernaturaliſt muſs den Knoten durch ein Wunder der übernatürlichen Gnade zerhauen laſſen, wenn er den menſchlichen Willen durch das, was er den Grund der moraliſchen Verbindlichkeit nennt, nämlich durch die Abhängigkeit von dem göttlichen, ohne Dazwiſchenkunft von Liebe, Hoffnung, Furcht, und alſo vom *Triebe nach Vergnügen* unabhängig beſtimmen laſſen will.

―――――――

Bey aller Verſchiedenheit der bisher angeführten Meynungen über den Grund der moraliſchen Verbindlichkeit, oder welches eben ſo viel ist, über das Weſen der Sittlichkeit, iſt man gleichwohl in der philoſophiſchen Welt ziemlich einig darüber, daſs die Moral eine *Wiſſenſchaft* im ſtrengſten Sinne des Wortes ſey, welche an Evidenz ihren Rang gleich nach der *Mathematik* einnähme. Da man es nun für ausgemacht annimmt, daſs jede eigentliche Wiſſenſchaft einen *erſten Grundſatz* haben müſſe: ſo hat man auch für die Moral einen ſolchen Grundſatz aufgeſucht, — und genau ſo viele von einander abweichende erſte Grundſätze aufgefunden, als man Gründe der Verbindlichkeit entdeckt hat. Jede Parthey verſichert von
dem

dem Ihrigen, daſs derſelbe allen Bedingungen eines wiſſenſchaftlichen erſten Grundſatzes entſpreche, daſs er *einzig*, *allgemein* und für ſich ſelbſt, ohne eines Beweiſes aus der Wiſſenſchaft, die er begründen ſoll, zu bedürfen, *einleuchtend* ſey, und widerlegt bis auf den heutigen Tag die ebenfalls einzigen, allgemeinen und einleuchtenden Grundſätze aller andern Partheyen.

Es iſt begreiflich genug, *warum* ſich die meiſten akademiſchen Lehrer der Moralphiloſophie über den Grundſatz vereiniget haben, der das moraliſche Geſetz (angeblich oder wirklich) durch Vernunft beſtimmen läſst, daſſelbe nicht offenbar dem Eigennutze unterwirft, und wie *Kant* ſich irgendwo ausdrückt: „der Tugend die Ehre erweiſt das „Wohlgefallen und die Hochſchätzung für ſie ihr „unmittelbar zuzuſchreiben, um ihr nicht gleich„ſam ins Geſicht zu ſagen, daſs es nicht ihre „Schönheit, ſondern nur unſer Vortheil ſey der uns „an ſie knüpfe." — „Die neuere Philoſophie" (ſchreibt einer unſrer verdienſtvollſten akademiſchen Lehrer*) der hier nur noch hätte hinzuſetzen ſollen: die neuere Philoſophie der *teutſchen Profeſſoren*) „hat das erſte Principium der Sittenlehre ſo „ausgedrückt: *Wir müſſen uns ſo vollkommen ma„chen als möglich.* Der kürzeſte Weg ſich von „dieſer Grundwahrheit zu überzeugen, iſt der, „den die meiſten gewählt haben, nämlich es aus „der *Natur des Willens* herzuleiten. Wir können „nichts begehren, ſagen ſie, was uns nicht gefällt,

H 2 „oder

---

*) Herr *Eberhard* in der in ſeinen Neueſten vermiſchten Schriften, Halle 1-88. befindlichen Abhandlung, Ueber den moraliſchen Sinn. S. 208 und 209.

„oder was wir uns nicht anschauend, als gut; und „nichts verabscheuen, was uns nicht misfällt, oder „was wir uns nicht anschauend als böse vorstellen. „Wenn also (?) *das gut*, ist, wodurch unsre Voll-„kommenheit vermehrt, oder unsre Unvollkom-„menheit vermindert wird, so müssen wir unsre „Vollkommenheit wollen, und unsre Unvollkom-„menheit nicht wollen. Die Sache hat ihre Rich-„tigkeit." — Sie hat freylich ihre Richtigkeit, in wie ferne keine der vier Partheyen, die über den Grund der moralischen Verbindlichkeit getrennt sind, Bedenken tragen kann, dieses ganze Räsonnement zu unterschreiben, und es gleichwohl der einen unbenommen bleibt den innern Unterschied zwischen Tugend und Laster, der andern — die Uneigennützigkeit der sittlichen Handlungen, und der dritten — den *natürlichen* Ursprung des Sittengesetzes zu läugnen. Denn es kömmt bey der angeführten Erörterung alles darauf an, was unter *Gut* und *Böse*, *Vollkommenheit* und *Unvollkommenheit* gedacht wird, d. h. gerade auf die Punkte, über welche sich die vier Partheyen bis auf diesen Augenblick nicht vereinigen konnten. Der berühmte Schriftsteller versteht unter *unsrer Vollkommenheit* wie aus dem folgenden erhellt, *angemessene Thätigkeit unsrer Kräfte*, welches, wenn der Zweck dieser Thätigkeit *moralisch* ist — denn diefs soll wohl durch *angemessen* ausgedrücket werden? — allerdings eine sehr edle Bedeutung des Wortes ist. Allein leider! kann er, so lange er mit den drey übrigen Partheyen, über den Begriff des *Angemessenen*, des mit der Natur unsres Willens Uebereinstimmenden, den er voraussetzt, nicht einig geworden ist, nicht verhindern, dafs die Formel: *mache dich selbst so vollkommen als*

als möglich, nicht für die *eine* Parthey eben so viel heiße, als: verhalte dich so, daß dein eigennütziger Trieb durch den Zwang, den ihm die Gesellschaft anthut, so wenig als möglich beschränkt werde; für die *andere*: — mache dich so genußfähig, als du kannst, und für die *dritte*: — ehne was der Wille der Gottheit durch seine unfehlbaren Ausleger, die *Bibel*, oder die *Kirche* von dir fordert. — Ohne mich hier für oder wider eine dieser vier Partheyen erklären zu können und zu wollen, vermag ich gleichwohl nicht das Geständniß zurück zu halten, daß mir jeder erste Grundsatz der Moral, der den Grund der sittlichen Verbindlichkeit nicht unabhängig vom Triebe nach Vergnügen festsetzt, nur durch eine *moralische* Erklärung seines Wortsinnes, derjenigen Bedeutung fähig scheint, die er begründen, nicht voraussetzen sollte.

Ueber den
ersten Grundsatz
des Naturrechts.

Noch größer, wo möglich, ist die Uneinigkeit der Philosophen über den Grundbegriff des Naturrechts. Allein ich glaube mich der historischen Erörterungen darüber schon aus dem Grunde überheben zu können, weil sich die verschiedenen bisher aufgestellten ersten Grundsätze dieser Wissenschaft, mit denen der Moral in eine und ebendieselbe Haupteintheilung zusammenfassen lassen. Wer indessen die sehr beträchtliche Anzahl derselben der Reihe nach kennen zu lernen wünscht, kann seine Neugierde aus neueren Schriften über das Naturrecht

recht befriedigen*). In einer derselben**) wird nach einer sehr treffenden Prüfung aller bisher bekannt gewordenen ersten Grundsätze, das Resultat aufgestellt, „dafs das Naturrecht entweder gar nicht oder doch nicht in dem Umfang und in der Form die es izt habe zur Zahl der Wissenschaften gehöre." Ich glaube, fast jeder Leser der nicht selbst einen neuen ersten Grundsatz gefunden hat, dürfte durch die Gründe des Verfassers überzeugt werden.

Man ist nicht einmal über den Begriff von *Recht* überhaupt einig, verwechselt bald das Naturrecht mit der Moral, und hält es bald für ganz unabhängig von derselben, bald so genau mit ihr in einander fliesend, dafs man auf die genaue Bestimmung ihrer beyderseitigen Gränzen Verzicht thun zu müssen glaubt.

Am aller auffallendsten aber äussert sich der Mangel eines durchgängig bestimmten allgemein geltenden ersten Grundsatzes an dem äusserst misslichen Zustande des Naturrechtes; und dieser missliche Zustand an den noch ganz unentschiedenen höchst wichtigen Fragen über Leibeigenschaft, Todesstrafen, Fürstenrechte u. s. w. und an der noch immer fortdauernden Gleichgültigkeit und Verachtung, womit das Naturrecht von den meisten Rechtsgelehrten angesehen und behandelt wird;

wofür

---

*) Ich würde hiezu den *scharfsinnigen Versuch über den Grundsatz des Naturrechts*, Leipzig bey Göschen 1785. von einem unsrer vorzüglichsten philosophischen Rechtsgelehrten Herrn Professor D. *Hufeland* vorschlagen.

**) In *Flatts* vermischten Versuchen Ideen zur Revision des Naturrechts.

wofür dasselbe schrecklich genug durch die Barbarey gerächt wird, in welcher die positive Jurisprudenz im ganzen genommen hinter den übrigen Fakultätswissenschaften zurückgeblieben ist, und aus welcher sie selbst nach dem einstimmigen Geständnisse unsrer wenigen philosophischen Rechtsgelehrten schlechterdings nur durch ein vollendetes und auf allgemeingültigen Principien feststehendes Naturrecht emporgehoben werden kann. Seitdem die *religiösen* Vorurtheile an Zahl und Einfluss verlohren haben, sind die *politischen*, wo nicht zahlreicher doch wenigstens viel bedenklicher geworden; und der *weltliche Despotismus* beginnt in eben dem Verhältnisse die Menschheit mit Skorpionen zu peitschen, in welchem der *geistliche* aufhört sie mit Ruthen zu züchtigen. Unsre unphilosophischen Rechtslehrer scheinen dabey die alten Rollen der orthodoxen *Theologen* übernommen zu haben, indem sie mit ebendemselben Geiste die Urkunden des positiven Rechts, wie jene die Urkunden der positiven Theologie, vertechten. Sie glauben an den leidigen Buchstaben von Gesetzen, an deren Daseyn Unwissenheit und Übermacht wenigstens eben so viel Antheil hatten als das Streben der dämmernden Vernunft und das dunkle Gefühl des Rechtes in finsteren Zeitaltern, das Palladium der Menschheit aufzubewahren, während der *Despot* diese Gesetze nur in so ferne gelten lässt, als er in ihnen Mittel zu seinem letzten Zwecke, der willkührlichen Gewalt antrifft; und wenn er die heiligsten Verträge der Nationen umstösst, die Güter seiner Unterthanen wie sein Eigenthum behandelt, und das Leben von Hunderttausenden seinem Ehrgeitze, seiner Ländersucht oder auch nur seinem Zeitvertreibe aufopfert — er bey allen diesem fem weder *Schande* noch *Widerstand* zu beforgen hat, fo lange die natürlichen Rechte der Menfchheit felbft unter dem Lehrftande noch unentfchieden find, und jene Hunderttaufende vor den Thieren auf denen fie reiten, und die ihnen zur Speife dienen, nicht vielmehr vorausbaben, als das leidige Bewufstfeyn, dafs fie dazu beftimmt find zum Vortheil der Stärkern Laften zu tragen, und fich bey Gelegenheit abfchlachten zu laffen.

§. II.

Es läfst fich mit Grund vermuthen, dafs diefem Mangel des allgemeingeltenden, Mangel des *Allgemeingültigen* zum Grund liege; und diefe Vermuthung führt auf den *kritifchen* *Zweifel*: ob die Philofophie folche allgemeingültige Erkenntnifsgründe und Grundfätze aufzuftellen vermöge.

Wenn gleich daraus, dafs eine Erkenntnifs in der philofophifchen Welt nicht allgemeingeltend ift, keineswegs folgt, dafs es ihr an fich an Allgemeingültigkeit gebrechen *müffe*; fo wird es doch dadurch wenigftens denkbar, dafs es ihr daran gebrechen *könne*. Im gegenwärtigen Falle wird diefes fogar zur gegründeten Vermuthung. Denn hier ift nicht die Rede von *Entfcheidungsgründen* über Fragen, welche entweder von bloſser Neugierde aufgeworfen, oder von müffigen Köpfen zum Zeitvertreib, oder von Scharffinnigen zur Uebung ihres Talentes abgehandelt werden; nicht von *erften Grundfätzen* folcher Wiffenfchaften, die nur von gewiffen Klaffen von Gelehrten, und nur für gewiffe Berufsgefchäfte getrieben werden;

nicht

nicht von blofsen *Nebenfragen* über sonst allgemein interessante Gegenstände, oder von *Folgesätzen*, die zwar in das Gebieth der unentbehrlichsten Wissenschaften gehören, aber von den ersten Elementen und Hauptgrundsätzen derselben sehr entfernt liegen, und nur wenigen schärfersehenden erreichbar sind. Man begreift in allen diesen Fällen sehr leicht, wie gewisse Sätze, die an sich von jedem, der sie versteht, als wahr befunden werden müssen, auch von manchen der redlichsten und eifrigsten Forschern nicht verstanden, und daher auch nicht als wahr befunden werden. Allein wenn diese Forscher über die unentbehrlichsten Bedingungen, von Problemen unter sich uneinig sind, deren Auflösung kein Philosoph, der nicht entweder an seinem Kopfe oder an seinem Herzen oder an beyden zugleich gänzlich verwahrloset ist, von sich abweisen kann, wenn sie untereinander sogar über die blosse Möglichkeit jener Bedingungen streiten: sollte es da nicht möglich, nicht wahrscheinlich seyn, dass *jene Bedingungen noch in keiner der bisher angenommenen Formen, dem Gedanken sowohl als dem Ausdrucke nach, richtig (allgemeingültig) aufgefasst wären?* Wie sollte es zugehen, dass Erkenntnissgründe, von deren Gewissheit oder Ungewissheit, Gründlichkeit oder Falschheit die Erwartung eines künftigen Lebens abhängen soll, dass Sätze, mit welchen die wichtigsten und unentbehrlichsten aller Wissenschaften stehen oder fallen sollen, dass die ersten Grundsätze aller unserer Pflichten und Rechte, von drey Viertheilen des eigentlichsten philosophischen Publikums verworfen würden, wenn es nur darauf ankäme, sie zu verstehen um sie wahr zu finden, d. h. wenn sie wirklich allgemeingültig wären.

Man muſs hier den, bereits oben angemerkten, Unterſchied zwiſchen den philoſophiſchen Erkenntniſsgründen und Grundſätzen, und den im gemeinen Menſchenverſtande wirkſamen Triebfedern der religiöſen und moraliſchen Ueberzeugung nicht aus den Augen verlieren. Es iſt hier keineswegs die Frage, ob nicht durch die urſprüngliche Einrichtung des menſchlichen Gemüthes dafür geſorgt ſey, daſs ſich die unentbehrliche Erkenntniſs unſrer Rechte und Pflichten in dieſem, und des Grundes unſrer Erwartung für ein zukünftiges Leben im Ganzen genommen, zumal unter geſitteten Nationen, immer erhalten und vervollkommnen müſſe. Sondern es iſt die Frage: Ob es die philoſophierende Vernunft bisher ſchon zu einem deutlich entwickelten Bewuſstſeyn jener Einrichtung des menſchlichen Gemüthes gebracht habe, und über die *Gründe* jener Erkenntniſs unſrer Rechte und Pflichten u. ſ. w. ſchon itzt mit ſich ſelbſt einig ſey? Es iſt die Frage: Ob dieſe Gründe bereits auf deutliche, durchgängig beſtimmte, in ihren Merkmalen erſchöpfte Begriffe zurückgeführt, und in Sätzen aufgeſtellt ſeyen, deren Sinn von keinem denkenden Kopfe, der anders mit dem Sprachgebrauch bekannt iſt, verfehlt werden könnte? Es iſt die Frage: Ob die *eigentliche philoſophiſche Form* jener höchſtwichtigen Ueberzeugungen in bereits vorhandenen Erkenntniſsgründen und Grundſätzen entdeckt und ins Reine gebracht ſey?

„Es wäre denn alſo auch den Freunden der neuen Philoſophie um *Formeln* zu thun" höre ich hier einen unſrer Popularphiloſophen mit ſpöttiſchem Lächeln mir in die Rede fallen.— Ja, mein Herr!

des menschlichen Vorstellungsvermögens. 125

Herr! um Formeln wohl; aber wahrlich nicht um Formeln der Popularphilosophie, die von der Schule irgend einer herrschenden Parthey der Vorstellungsart der ungelehrten höheren Volksklassen aufgedrungen, und nachdem sie in derselben gäng und gebe geworden sind, von der später entstandenen Schule der *Empiriker* als (über allen Beweis erhabene) Aussprüche des gesunden Menschenverstandes aufgenommen werden, weil sie durch den Untergang der Schule, in welcher sie entstanden waren, um ihre vorige Erweislichkeit gekommen sind. — Um keine Formeln also, deren Wahrheit nur demjenigen einleuchtet, der darüber nachzudenken, oder, nach der Sprache der Popularphilosophie, zu grübeln, Verzicht gethan hat. Sondern es ist uns um Formeln zu thun, die der eigentliche Ausdruck eines durchgängig bestimmten, und an sich gegen alles Mißverständniß gesicherten Begriffes sind; um Formeln die nur eines einzigen Sinnes fähig, alle widersprechenden Bedeutungen durch den Sprachgebrauch ausschliessen. Wie viel auf solche Formeln ankomme, kann freylich niemand besser wissen, als der Mathematiker. Allein wie sollte sich auch der Philosoph schmeicheln können, eine allgemeingültige Behauptung aufgestellt zu haben, so lange er für dieselbe keine solche Formel gefunden hat? Muß er nicht das Wahrbefundenwerden seiner Behauptung auf das Verstandenwerden, und dieses auf die Zeichen seiner Gedanken ankommen lassen?

Jeder Grund von was immer für einer Ueberzeugung, er mag noch so tief und innig in die ursprüngliche Einrichtung des menschlichen Gemüthes verwebt seyn, ist für die philosophierende

Ver-

Vernunft so lange problematisch, bis er nicht durch eine vollendete Zergliederung in seine letzten vorstellbaren Bestandtheile aufgelöset, und auf seine eigentliche Quelle zurückgeführt ist. Er geht nicht eher ins Eigenthum der Philosophie über, bis nicht ein deutlicher, das heist, ein solcher Begriff aus ihm geworden ist, der sich jedem denkenden Kopfe mittheilen läst, und die Philosophie kann sich dieses Eigenthums nur durch eine allgemeinverständliche Formel versichern. So lange eine Formel, ohne dem Sprachgebrauch Gewalt anzuthun, mehr als *eine* Bedeutung zuläst; so lange ist sie zuverlässig kein allgemeingültiger erster Grundsatz, so lange sind eine Reihe solcher Formeln zusammengenommen zuverlässig kein allgemeingültiger Erkenntnisgrund, so lange sind diese Formeln (zwar vielleicht die passendsten) Ausdrücke unentwickelter Begriffe, in welche entweder nicht hineingehörige Merkmale aufgenommen, oder wesentliche Merkmale weggelassen sind. — Sollten nun die bisher aufgestellten sogenannten ersten Grundsätze der Moral und des Naturrechtes, sollten die demonstrativen Erkenntnisgründe für die Grundwahrheiten der Religion und der Moralität, nicht zu den Formeln dieser Art gehören, sollten sie nicht in was immer für einem Ausdruck, ohne dass dem Sprachgebrauch Gewalt geschehe, mehr als einer Bedeutung fähig seyn? — Ihre Vertheidiger läugnen es freylich. Aber da diese Vertheidiger unter sich selbst uneinig sind, und jeder den Sprachgebrauch für *seine* Formel, und für *seine* Beweisart anführt, sollte derjenige, der zu keiner Parthey gehört, nicht vermuthen dürfen, dass in allen jenen Grundsätzen und Erkenntnisgründen noch unbestimmte, schwankende, de, unentwickelte Begriffe enthalten wären, die durch keinen Sprachgebrauch festgehalten, durch keinen Ausdruck gegen Vieldeutigkeit gesichert werden können?

Den Grundsätzen aller andern Partheyen, der seinigen ausgenommen, Allgemeingültigkeit absprechen, und seine Parthey für das einzig echtphilosophische Publikum ansehen, setzt wahrlich eben keinen Scharfsinn voraus. Wer sich von der unumstößlichen Wahrheit seiner Behauptung überzeugt hält, der braucht nur zu wissen, daß die Behauptung eines andern das Gegentheil der Seinigen ist, um dieselbe für falsch, und durch die Gründe seiner eigenen Behauptung für widerlegt zu halten. Iene Dame auf der Sternwarte, die sich mit dem Mönche über einen Flecken in der Mondscheibe stritt, bedurfte eben keines Kopfbrechens um sich zu überzeugen, daß sich ihr Gegner, der ein Paar Glockenthürme gesehen haben wollte, geirrt hätte: denn sie hatte auf eben derselben Stelle ein Paar Liebende bey einer Umarmung überrascht, welche eben darum keine Glockenthürme seyn konnten. Auch durfte jener Bewohner von *Bedlam*, der den Wahnsinn seines sich für *Gott Vater* haltenden Nachbars bedauerte, eben nicht gelünder als dieser seyn. Es war genug, daß er als *Gott Sohn* am besten wissen konnte, wie ungereimt und ungeheuer die Anmaßung jenes armen Sterblichen wäre. Ich gestehe es, daß ich mich dieser wirklich unhöflichen Vergleichung kaum erwehren kann, wenn ich einen auch sonst noch so guten Kopf von was immer für einer Parthey im Kampfe mit andern Partheyen gewahr werde, wie er über Stumpfsinn oder Hartnackig-
keit

keit feiner Gegner klagt, es fo ganz unbegreiflich findet, dafs fich diefelben fo einleuchtenden Gründen, als die Seinigen find, nicht ergeben wollen, und mit triumphierender Miene das Feld behauptet zu haben pralt, wenn fie ihm das letzte Wort gelaffen haben. Der echte philofophifche Kopf refpektirt feine Geiftesverwandten unter was immer für einer Sekte; er weifs, dafs kein denkender Kopf einen Irrthum behaupten könne, ohne nicht denfelben auf eine zwar einfeitig aber darum gleichwohl nicht ganz unrichtig gefehene Wahrheit zu ftützen. So lange er nun nicht das *Wahre* ausfindig gemacht, auf welches die Hauptfätze der übrigen Partheyen hindeuten, fo lange er nicht den Punkt des gemeinfchaftlichen Mifsverftändniffes entdeckt hat, welches die Partheyen hindert, das Gegründete das jeden eigenthümlich ift, gemeinfchaftlich einzufehen; fo lange vermuthet er, dafs auch fein Hauptfatz, bey allem unftreitigen das er enthält, etwas Falfches mit fich führen könne, welches andere gute Köpfe hindert, feinen Hauptfatz anzunehmen; fo lange fieht er fich felbft nur für blofse Parthey an, die, nicht durch eine Fehde, welche alle übrigen aufreiben foll, fondern durch Ausmittelung, welche allen Gerechtigkeit wiederfahren läfst, mit den übrigen ausgeglichen werden kann.

 Wer feine Unterfuchung über die groffen Hauptfragen der fpekulativen Philofophie noch nicht abgefchloffen und einftweilen nur dasjenige Syftem angenommen hat, das er für das wahrfcheinlichfte, und in praktifcher Rückficht für das befte hält, dem kann es ohnehin nicht einfallen die Allgemeingültigkeit diefes feines einftweiligen

Syftems

Syſtems für ausgemacht zu halten. Wenn aber das endliche Reſultat ſeiner vollendeten Unterſuchung die Annahme eines der bisher *(vor der Kritik der Vernunft)* aufgeſtellten, die Erkenntnisgründe der Grundwahrheiten der Religion und der Moral betreffenden Syſtems, oder eines der bisher ſogenannten *erſten Grundſätze* der Moral und des Naturrechts ſeyn ſoll: ſo wird er nothwendig zu einer der vier Hauptpartheyen gehören, und ſeine Ueberzeugung (wenigſtens für ſich ſelbſt) gegen die Einwürfe aller drey übrigen Partheyen rechtfertigen müſſen. Er mag noch ſo feyerlich proteſtieren, daſs er keiner Parthey angehöre; er mag ſein Syſtem von jedem bisher angenommenen noch ſo ſorgfältig auszuzeichnen ſuchen; er mag ſeiner Ueberzeugung eine noch ſo eigenthümliche unſyſtematiſche Form geben, und die metaphyſiſchen Grundlinien derſelben durch Künſte des Witzes und Zauberey der Phantaſie noch ſo unkenntlich machen, ſo wird er gleichwohl ſeine Antwort z. B. über die Frage *vom Daſeyn Gottes* auf das Fundament entweder des dogmatiſchen Theismus, oder des Atheismus, oder des Supernaturalismus, oder des dogmatiſchen Skepticismus gründen müſſen. Denn entweder hat er jene Frage durch Vernunftgründe beantwortlich gefunden oder nicht. Im erſten Falle glaubt er entweder das Daſeyn *eines*, oder *keines* von der Natur verſchiedenen Gottes zu *wiſſen*, und iſt dann entweder Theiſt, oder Atheiſt *). Im zweyten Falle

---

*) Oder ſeine Phantaſie müſste eine Schöpfungskraft beſitzen, die man bisher ſelbſt der Gottheit abſprach, nämlich das Vermögen das Widerſprechende z. B. in dem Begriffe eines Gottes zu vereinbaren,

Falle nimmt er entweder Gründe für das Daseyn Gottes an, die auſſer dem Gebiethe der Vernunft liegen, oder schlechterdings gar keine, und iſt folglich entweder Supernaturaliſt oder dogmatiſcher Skeptiker.

Ein denkender Kopf, der noch zur Zeit keine dieſer Partheyen ergriffen hat, und folglich von der gänzlichen Niederlage aller, die einzige zu der er gehört, ausgenommen, noch nicht überzeugt iſt, muſs sich durch die Nothwendigkeit einer dieſer vier Hauptpartheyen angehören zu müſſen, in keine geringe Verlegenheit verſetzt fühlen*). Denn für welche derſelben er sich auch erklären mag, so hat er nicht etwa den groſſen Hauffen des philoſophiſchen Publikums, ſondern drey Viertheile des hohen Rathes der Selbſtdenker *gegen* sich, und er hat Sätze zu vertheidigen, die in der philoſophiſchen Welt durch eine ſehr auffallende völlig entſchiedene Mehrheit unter gleich wichtigen Stimmen verworfen sind. Sey es, daſs dieſe Mehrheit der Stimmen keine Widerlegung des von ihm angenommenen Syſtemes iſt; so iſt sie doch offenbar ein

baren, der zugleich *Natur* und *nicht-Natur* wäre. In dieſem Falle würde aber dieſs Produkt der Phantaſie in einer noch ſo ſchön gedichteten Rhapſodie ſowohl die Philoſophen von Profeſſion, als auch Leſer von einem bloſs geſunden aber nicht ganz unkultivierten Menſchenverſtande wenigſtens denjenigen Gegenſtand vermiſſen laſſen, für welchen der Sprachgebrauch die Benennung *Gott* feſtgeſetzt hat.

*) Von der Aushülfe, welche die Popularphiloſophie in dieſer Verlegenheit anzubiethen hat, wird ein Paar Seiten weiter unten die Rede ſeyn.

ein merkwürdiger höchst bedenklicher äusserer Grund gegen dasselbe, den er so lange gelten lassen muss; bis er nicht durch eine vollendete Untersuchung, bey welcher er aber jede Parthey angehört haben müste, überzeugt ist, dass sich die philosophierende Vernunft nur durch das *eine* Viertheil ihrer Repräsentanten erklärt habe. Bis dahin muss er es als möglich annehmen, dass sie über jene grossen Fragen zur Zeit noch gar nichts entschieden habe; indem sie sich unmöglich selbst widersprechen kann; oder dass sie sich nur durch dasjenige, worüber drey Partheyen gegen eine Einzige einig sind, habe vernehmen lassen. Es wird aber *jedes* der vier Hauptsysteme nur von *einer einzigen* Parthey behauptet, und von *dreyen* einstimmig verworfen. Es wäre also in so ferne durch einen Ausspruch der philosophierenden Vernunft selbst allen bisher aufgestellten Systemen Allgemeingültigkeit abgesprochen.

Wer sich noch nicht im unstreitigen Besitze allgemeingültiger Erkenntnisgründe und Grundsätze zu befinden glaubt, der kann wenigstens nicht von der *Wirklichkeit* solcher Erkenntnisgründe und Grundsätze auf die *Möglichkeit* derselben schliessen. Wer hingegen diese Möglichkeit aus *innern* Gründen so deutlich erkennt, dass er sich selbst und andern darüber Rechenschaft zu geben vermag; der muss eben darum und dadurch diese Erkenntnisgründe und Grundsätze gefunden haben. Denn indem sie *nothwendige* Sätze seyn würden, so müste ihre Wirklichkeit durch ihre blosse Möglichkeit eingesehen werden. Sie müssten

ten in dem beſtimmten Begriffe ihrer Möglichkeit, als Beſtandtheile deſſelben ſelbſt vorkommen, oder dieſer Begriff würde unbeſtimmt, und folglich zu einer deutlichen Erkenntniſs ganz untauglich ſeyn. Die Ueberzeugung von der Wirklichkeit und der Möglichkeit allgemeingültiger Principien iſt ſo ganz unzertrennlich, daſs ſich unmöglich die eine ohne die andere denken läſst. Wer alſo noch nicht von der Wirklichkeit allgemeingültiger Erkenntniſsgründe für die Grundwahrheiten der Religion und der Moralität, und allgemeingültiger erſter Grundſätze der Moral und des Naturrechtes überzeugt iſt, der kann auch nicht von der Möglichkeit derſelben durch innere Gründe überzeugt ſeyn, ſondern er muſs ſie, in wie ferne er vom Gegentheil eben ſo wenig überzeugt iſt, *bezweifeln*.

Dieſer Zweifel, welchen ich den *Kritiſchen* nenne, und der durch die nähere Betrachtung des bisherigen Zuſtandes der Philoſophie gewiſs in jedem partheyloſen Gemüthe entſteht, kann ſowohl nach ſeinem Weſen, als auch nach dem wohlthätigen Einfluſſe, den er auf eine bevorſtehende Reformation der Philoſophie haben muſs nicht beſtimmter erkannt werden, als wenn man ihn von zwey anderen Arten von Zweifeln, dem *Dogmatiſchen*, und dem *Unphiloſophiſchen* genau unterſcheidet, und mit beyden kontraſtieren läſst.

Der *dogmatiſche Skepticiſmus* macht ſelbſt eine der vier Hauptpartheyen der philoſophiſchen Welt aus, die durch ihren Streit untereinander zu jenem wichtigen Zweifel des kritiſchen Skepticiſmus Veranlaſſung geben. Er führt den Namen des *dogmatiſchen*, weil er es zu demonſtrieren unternimmt, daſs man an der objektiven Wahrheit, das heiſst, an der reellen Uebereinſtimmung unsrer Vorstellungen mit den Gegenſtänden derselben ewig zweifeln müſſe *). Die Unerweislichkeit der objektiven Wahrheit iſt das *Dogma* dieſer Sekte, welches, ſobald es einmal angenommen iſt, nur durch eine offenbare aber darum nicht weniger gewöhnliche Inkonſequenz mit philoſophiſchen Ueberzeugungen beſtehen kann, bey welchen Nothwendigkeit und Allgemeinheit vorausgeſetzt wird. So iſt z. B. die Nothwendigkeit und Allgemeinheit des Moraliſchen Geſetzes, und folglich das Moraliſche Geſetz ſelbſt, ohne die Erweislichkeit ſeiner objektiven Wahrheit ebenfalls unerweislich. Der Kritiſche Skepticismus bezweifelt, was der dogmatiſche für ausgemacht hält; er ſucht Gründe für die Erweislichkeit der objektiven Wahrheit auf, während dieſer Gründe der Unerweislichkeit derselben zu beſitzen glaubt; der eine führt und nöthiget zur Unterſuchung, die der andere für vergeblich und überflüſſig erklärt, und folglich ſo viel an ihm liegt, unmöglich macht.

So viel ſich auch gegen den dogmatiſchen Skepticismus, ſowohl in Rückſicht ſeiner Gründe, als ſeiner Folgen (die, wenn er je allgemein werden könnte, für alle Philoſophie verderblich wer-

---

*) Der konſequente dogmatiſche Skeptiker läugnet eigentlich nichts als die Erweislichkeit der objektiven Wahrheit; und alſo in ſo ferne nicht einmal die objective Wahrheit ſelbſt, wenn nicht etwa dieſer Ausdruck für *Erkentniſs* der objectiven Wahrheit genommen wird. Die objective Wahrheit ſelbſt wird von ihm bloſs bezweifelt; aber mit einem ſeinem Grunde noch unauflöslichen Zweifel.

den müſten) mit Recht einwenden läſt: ſo wenig kann man ihm den Namen eines wirklich philoſophiſchen Syſtemes abſprechen; und der kritiſche Skeptiker ehrt an dem dogmatiſchen eine der vier Zünfte, in welche das eigentliche philoſophiſche Publicum ſich bisher theilen muſte, und die aus vier, theils entgegengeſetzten, theils verſchiedenen Geſichtspunkten diejenige Wahrheit erforſcht und entdeckt haben, die der kritiſche Skeptiker nur ſo lange bezweifelt, bis er den gemeinſchaftlichen alle vier Einſeitigen vereinigenden Geſichtspunkt gefunden hat.

Von ganz anderer Beſchaffenheit iſt der Zweifel, den ich durch den Namen des *Unphiloſophiſchen* bezeichne. Er hat mit dem *dogmatiſchen* nichts gemein, als daſs er bisweilen die philoſophiſche Erweislichkeit der objektiven Wahrheit läugnet, und mit dem *kritiſchen* nichts, als daſs er die philoſophiſchen Gründe der bisherigen Syſteme bezweifelt. Er proteſtiert gegen jedes derſelben, ungeachtet er ſich wirklich mit jedem verträgt, indem er es eigentlich nicht ſo viel mit den Syſtemen ſelbſt, als mit ihren Gründen zu thun hat, denen er keine Gründe, ſondern das ihm ſelbſt unerklärbare etwas, das ihm geſunder Menſchenverſtand heiſt, entgegenſetzt. Die ſich ſelbſt ſo nennenden Skeptiker dieſer Art machen daher keine abgeſonderte Parthey in der philoſophiſchen Welt, aber doch eine beſondere Klaſſe von jeder Parthey aus, die gröſstentheils aus dem Pöbel beſteht. Sie beweiſen den Theismus, Atheismus, Supernaturalismus, und dogmatiſchen Skepticismus durch Ausſprüche des geſunden Menſchenverſtandes, und ſind nur darüber unter ſich einig, daſs die philoſophierende

des menschlichen Vorstellungsvermögens. 133

rende Vernunft, oder wie sie es nennen, die grübelnde Metaphysik, nichts aufzubringen vermöge, was nicht widerlegt, oder wenigstens bezweifelt werden könnte; während von dem gesunden Menschenverstande, der alles metaphysiciren entbehrlich machte, keine Appellation statt fände.

Es ist diefs der so sehr gerühmte und so eifrig gepredigte Skepticismus der *Popularphilosophie*, die, seit dem die Wolfische Schule zu herrschen aufhörte, auf unsren Akademien so vielen Eingang gefunden hat, und von ihren Aposteln für den eigentlichen Vorzug ausgerufen wird, der unsrem Zeitalter den Ehrennamen des Philosophischen verschafft hätte. Die fortdaurenden, mit jedem Fortschritt des menschlichen Geistes zunehmenden Streitigkeiten der Partheyen, die durch so viele schätzbare, von tiefsinnigen Köpfen zum Vortheil ihrer Systeme geschriebene Werke, überhandgenommene Schwierigkeit diese Systeme zu verstehen, geschweige dann zu widerlegen; die Verzweiflung allgemeingeltende Principien je aufstellen zu können; das Bestreben bey der sich durch alle Stände verbreitenden Kultur von einem zahlreichen Publikum gelesen zu werden und in einem Zeitalter, wo *Sachkenntnifs*, *Erfahrung*, *Beobachtung* die Losungsworte dieses leselustigen Publikums geworden sind, sich und seinen Lesern das *Denken* zu ersparen — haben mit noch einigen Umständen zusammengenommen den Skepticismus der Popularphilosophie erzeugt, und grofs gezogen, der die Möglichkeit allgemeingeltender Grundsätze der Philosophie geradezu läugnet, dafür aber an dem gesunden Menschenverstande ein untrügliches Orakel entdeckt zu haben glaubt, dessen Aussprüche

che sich eben durch ihre Unerklärbarkeit und Unerweislichkeit in seinen Augen als die echten Principien alles Erklärens und Erweisens rechtfertigen. Was er leicht verstehen zu können glaubt, ist ihm entweder selbst ein solcher Ausspruch, oder wenigstens ein aus demselben abgeleiteter Folgesatz; alles hingegen was mehr als gewöhnlichen Aufwand der Denkkraft zu fordern scheint, und wäre es auch selbst ein Beweis von einer seiner eigenen Behauptungen, ist für ihn Gegenstand seines Zweifelns und wird von ihm als eine dem gesunden Menschenverstande widersprechende Grübeley abgewiesen. Daher sein Hass und seine Verachtung gegen die Metaphysik, in wie ferne dieselbe mehr als ein Catechismus seiner Popularphilosophie ist, und sich nicht blofs mit dem Gedächtnisse studieren lässt; daher sein ewiges Deklamieren gegen Spitzfindigkeit, Spekulation und Systeme; wobey er aus sehr begreiflichen Ursachen den grossen Haufen der Halbgelehrten und Halbwisser, die sich gerne die grosse Welt nennen hören, auf seiner Seite hat.

Man fühlt sich zwar zur Satyre gereitzt, wenn man sich so manchen schulgerechten *Metaphysiker* vorstellt, der sein Compendium unter dem Arme in seinem Hörsaale, oder vor dem gesammten Publikum mit einer Miene auftritt, die den wichtigen Einfluss ankündigen soll, den der Mann im Kabinette der Königinn aller Wissenschaften zu besitzen glaubt. Mir fällt dann der kleine Nabob von Natches ein, der mit jeder Morgenröthe den Scepter in der Hand vor dem Thore seines Palastes erscheint, um in Kraft seiner Machtvollkommenheit der Sonne den Pfad vorzuzeichnen, den sie den

Tag über durchlaufen soll. Auch wünschte man wohl ein Juvenal zu seyn, wenn man das Schicksal der Metaphysik auf unsren zahllosen Marktplätzen der Wissenschaften, Universitäten genannt, bedenkt, wo sie von so manchem ihrer Verkäufer als der vornehmste Waarenartikel ausgerufen wird, vorausgesetzt, daß sie in der Bude desselben, wo sie allein *aufrichtig* zu haben ist, und nicht in der Bude seines Nachbarn gekauft wird. Die Metaphysik, die von solchen Männern in den Rang der Universalarzneyen erhoben wird, belohnt diese ihre Fabrikanten und Faktoren mit der Würde der Quacksalber. Allein eben so schwer wird es mir dieser Gemüthsstimmung zu widerstehen, wenn ich den regen Eifer betrachte, womit gewisse seynwollende *Sokrate* unsrer Zeit beschäftiget sind, die Metaphysik durch gesunden Menschenverstand aus der Philosophie zu verdrängen, alles Wissenschaftliche zu popularisieren, und was sich nicht popularisieren läßt, als ungereimt zu verspotten, oder als gefährlich zu verschreyen. Sie nöthigen freylich die Philosophie aus den höheren Gegenden der Spekulation herunter; indem sie ihr nichts weiter zu thun geben, als gewisse von Staat und Kirche *privilegierte Dogmen* unter dem Vorsitz des gesunden Menschenverstandes zu demonstrieren; wobey ihnen dann Muße genug übrig bleibt, um über die verschiedenen Einkleidungen nachzusinnen, unter welchen sie ihren Zögling, die popularisierte Philosophie, in die Kotterien der feinen Welt und in die Werkstätte der Handwerker, an die Putztische der Damen und in die Spinnstuben einzuführen hoffen. Umsonst würde man diese Reformatoren zu bedenken bitten: ob es denn nicht gleichwohl rathsam wäre, wenigstens eine gewisse Art

von

von Philosophie in den *höheren Gegenden* der Spekulation verweilen zu lassen, indem man von dort aus allein im Stand wäre, das ganze Gebieth des menschlichen Wissens zu überschauen, und allenfalls den Gesichtspunkt ausfindig zu machen, aus welchem sich alles richtige, was von den einzelnen Partheyen einseitig gefunden wurde, zusammenfassen liesse. Der Versuch den Streitigkeiten der Partheyen ein Ende zu machen, oder vielmehr das Misverständnis der Vernunft, durch welches diese Streitigkeiten unterhalten wurden, zu heben, scheint diesen Welt- und Menschenkennern ein Vorhaben zu seyn, dem sie noch zu viel Ehre erwiesen, wenn sie es mit dem Projekte einer Vereinigung der im h. r. Reiche privilegierten Glaubensbekenntnisse in *eine* Classe setzten. Sie sehen jene Streitigkeiten als wirklich beendiget an, seitdem sie auf den glücklichen Einfall gerathen sind, die Entscheidung derselben dem von ihnen aufgestellten Gerichtshofe des gesunden Menschenverstandes zu übertragen, und seitdem dieser oberste Richter in Sachen der Vernunft und des Glaubens zum Vortheil ihrer Compendien entschieden hat; wie dieß aus dem Stempel der Popularität zu ersehen wäre, der besagten Compendien zum Zeichen ihres ausschliessenden Privilegiums so sichtbar aufgedrückt sey. Der Umstand, daß die drey übrigen Partheyen gegen diese Entscheidung protestiren, hat in den Augen der Popularphilosophen so viel als nichts zu bedeuten; indem durch den erwähnten Richterspruch des gesunden Menschenverstandes das gesammte Gebieth der eigentlichen Philosophie von den drey dissentierenden und als *unphilosophisch erklärten* Partheyen gereiniget, und den berühmten Stiftern der Popularphilosophie sammt ihren Erben

Erben und Anhängern auf ewige Zeiten eingeräumt
seyn soll.

So *populär* nun aber auch diese Gründe
an sich selbst seyn mögen, so können sie gleichwohl nur diejenigen befriedigen, die nicht wissen,
daſs auch sogar *ebenderselbe Weg der Appellation*
an den gesunden Menschenverstand von *jeder* der
drey übrigen Partheyen eingeschlagen ist, und daſs
jede derselben von diesem Richterstuhle eine für
ihre Sache gleich vortheilhafte Entscheidung aufweiset. In der That kann der *Supernaturalismus*
mit Grund auf den Besitz einer überwiegenden
Mehrheit der Stimmen trotzen, die er dem gesunden Menschenverstande der sogenannten *Orthodoxen* von allen christlichen Sekten verdankt.
Was aber dem *Atheismus* und *dogmatischen Skepticismus* an der Zahl seiner Anhänger gebricht, das
behaupten die letztern durch das Gewicht der Stimmen zu ersetzen, womit sich der gesunde Menschenverstand der *feinen* und *groſsen Welt* für die
Hauptlehren dieser Systeme erklärt, seitdem diese
unter den Händen der französischen Starkgeister
einen Grad von Popularität erhalten haben, durch
welchen sie auch in diesem Punkte dem Theismus
den Vorzug streitig machen dürften*). Wenn es
nun mit diesen etwas bedenklichen Umständen seine
volle Richtigkeit hätte, so dürfte der popularisirte
Theis-

---

*) In der *Hauptstadt der feinen Welt* ist der popularisirte dogmatische Skepticismus, der vor dem
Atheismus so manches an Bequemlichkeit und Sicherheit voraus hat, ungefähr zu gleicher Zeit
mit seinem Landesgenossen dem Redingot Mode
geworden.

Theismus dadurch, daſs er unſre Damen in Stand
ſetzt, ohne alles Kopfbrechen das Daſeyn Gottes
zu demonſtrieren, und durch alle Reitze, die er
für den *gerechten Stolz* unſers philoſophiſchen Zeitalters haben muſs, gleichwohl nicht ſo ganz geſichert
ſeyn, als unſre Demagogen zu glauben ſcheinen; —
weil ſich die *Schnellgläubigkeit*, die *Abneigung
vor Demoſtration* und aller Schulform, und der
Freyheitsſinn, drey nicht weniger als jener *Stolz*
entſchiedene Vorzüge unſers Zeitalters, mit gleichem Nachdruck und Erfolg für die populariſier-
ten Reitze des Supernaturalismus, des dogmatiſchen Skepticismus, und des Atheismus erklären
müſſen.

So ſehr ich daher geneigt bin den geſunden
Menſchenverſtand unſrer Popularphiloſophen, der
von allen Partheyen zu Hülfe gerufen jeder Parthey
zu Hülfe kömmt, für die Seele derjenigen Philoſophie zu halten, die wie man mit Recht von ihr
anrühmt, alle Formen und Geſtalt anzunehmen geſchickt iſt: ſo wenig kann ich mich überreden, daſs
er darum weil er ſich mit jeder Sekte ſowohl verträgt, den durch ihn erwarteten Frieden unter denſelben herbeyzuführen vermöge. Er ſcheint vielmehr den Streit lebhafter und allgemeiner machen
zu müſſen, indem er die Gründe von jeder Parthey durch das Gewicht ſeines Anſehens, und die
Zahl ihrer Anhänger durch ſeine Popularität ver-
ſtärkt. Der Ton wenigſtens, der in den Schriften
der Popularphiloſophen herrſcht, iſt in eben dem
Verhältniſſe als unſre Philoſophie an Popularität
gewonnen hat, bitterer, leidenſchaftlicher, krie-
geriſcher geworden. Man hat es nicht mehr, wie
ſonſt, mit der *Metaphyſik* ſeines Gegners, man

hat

hat es mit dem Kopfe deſſelben zu thun, und wenn gleich nicht zu läugnen iſt, daſs die populäre Art zu diſputieren an Nachdruck und Kürze vieles vor der Metaphyſiſchen voraus hat; ſo würde ſie gleichwohl ſchon darum weniger geſchickt ſeyn, den Streit ſeiner Entſcheidung näher zu bringen, weil der gröſſere Theil der Kämpfer von jeder Seite (zumal bey dem gegenwärtigen hohen Anſehen des geſunden Menſchenverſtandes) geneigter ſeyn müſste, ſeine Metaphyſik als — ſeinen geſunden Menſchenverſtand preis zu geben.

Man wird mir hoffentlich dieſe kleine Herzenserleichterung vergeben, zu welcher ſich im Verfolg dieſes Werkes nicht leicht eine ſchicklichere Gelegenheit finden dürfte. Es iſt nicht meine Schuld, wenn ſich der Popularphiloſoph in dem Spiegel, den ich ihm hier vorgehalten habe, miſsfällt. Wirklich iſt der *Geiſt* ſeiner Philoſophie kaum einer andern Darſtellung fähig. Er hat kein Syſtem, das zergliedert; keine Grundſätze, die in irgend einer Ordnung aufgeführt, kein Ganzes, das aus was immer für einem Geſichtspunkte zuſammengefaſſet werden konnte. Das ſynkretiſtiſche übelzuſammengetoppelte Aggregat unbeſtimmter vieldeutiger Sätze, mit dem er unter dem Namen *eklektiſcher* Weltweisheit prahlt, und das er durch ſeine ewigen Proteſtationen gegen Spitzfindigkeit und Grübeley vor aller Prüfung zu verwahren ſucht, kann wohl von keinem, dem Philoſophie am Herzen liegt, und der Spitzfindigkeit von Gründlichkeit, Grübeln von Denken zu unterſcheiden weiſs, ohne Spott, oder Unwillen beleuchtet werden.

Gleichwie nun der dieſer Unphiloſophie eigenthümliche Zweifel, an allem was Nachdenken

koſtet,

kostet, alle Untersuchung tödtet; der Zweifel des dogmatischen Skepticismus aber seinem Grunde zufolge ewig unauflöslich bleiben muſs: so macht hingegen der kritische Zweifel, der durch eine philosophische Vergleichung der vier bisherigen Hauptsysteme entsteht, eine Untersuchung von ganz neuer Art unvermeidlich, und führt das dringendste Bedürfniſs seiner Auflösung mit sich. Während der dogmatische Skeptiker sich nur für eine einzige Parthey erklärt, der unphilosophische aber alle viere zugleich bestreitet und vertheidiget; und folglich *beyde* alles beym Alten bewenden lassen; erhebt sich der Kritische über jede Parthey, nicht um eine derselben oder alle zu bestätigen, oder um drey derselben, oder alle zu widerlegen, sondern um von ihnen allen zu lernen, und durch die genauste Vergleichung ihrer Vorstellungsarten das Uebereinstimmende sowohl als das Widersprechende in denselben hervorzuziehen. Ob dieses Uebereinstimmende durch nähere Bestimmung zu einer Evidenz gebracht werden könne, bey deren Lichte die scharfsichtigern von jeder Parthey das durch Einseitigkeit entstandene Widersprechende ihrer bisherigen Vorstellungsarten einzusehen, und hinwegzuräumen in Stand gesetzt würden; oder welches eben so viel heiſst, ob sich die Streitfragen der Partheyen durch künftig zu entdeckende *allgemeingültige* Principien entscheiden lassen, kann der kritische Skeptiker *vor* jener Untersuchung weder bejahen noch verneinen; sondern er *bezweifelt* es; aber, wie gesagt, mit einem Zweifel, der so wenig der Untersuchung Hindernisse in den Weg legt, daſs diese vielmehr ohne ihn ganz unmöglich seyn würde. Denn wer sucht, was er entweder

weder schon zu besitzen, oder niemals finden zu können glaubt?

§. III.

Das Interesse der Wissenschaften von unseren Pflichten und Rechten in diesem, und dem Grunde unsrer Erwartung für ein zukünftiges Leben, und folglich auch das höchste Interesse der Menschheit, schafft diesen kritischen Zweifel in die bestimmte Frage um: *Wie* sind jene allgemeingültigen Erkenntnissgründe und Grundsätze möglich?

Man hat den Verfasser der *Kritik der Vernunft*, und die Freunde seiner Philosophie, beschuldiget, dass sie die Glaubwürdigkeit der Grundwahrheiten der Religion und der Moralität einzig auf das Interesse gründeten, welches die Menschheit an diesen Grundwahrheiten nehmen müsste. Ich kann mich hier keineswegs auf eine Erörterung der Frage einlassen, ob und in wie ferne diese Beschuldigung die kritischen Philosophen treffen könne. Ich erinnere hier nur, dass man das allgemeine und nothwendige Interesse der Menschheit in wie ferne dasselbe *Untersuchung* gebiethet, und wovon hier allein die Rede ist, von eben demselben Interesse, in wie ferne es irgend einen *Glauben* nothwendig machen soll, wohl unterscheiden müsse.

Ich habe gewiss den besseren Theil meiner philosophirenden Zeitgenossen auf meiner Seite, wenn ich das Interesse der Sittlichkeit (oder welches eben dasselbe ist, das Interesse der Menschheit, das nur in so ferne nicht missverstanden werden kann,

als

als daſſelbe durch Sittlichkeit beſtimmt wird) für den Kompaſs hielte, ohne welchen man ſich nicht ungeſtraft auf den Ocean menſchlicher Meynungen beym Studium der Philoſophie wagen kann; und wenn ich behaupte, daſs Principien, die mit jenem Intereſſe der Menſchheit ſtreiten, weder allgemeingültig ſeyn, noch allgemeingeltend werden können. Noch viel gewiſſer aber werden mir alle Philoſophiſchen Partheyen (die dogmatiſchen und unphiloſophiſchen Skeptiker ausgenommen, deren Platz aber durch die kritiſchen ſehr ehrenvoll erſetzt wird) beyſtimmen; wenn ich hier als ausgemacht annehme, daſs die Entdeckung allgemeingültiger Principien (die ihre Allgemeingültigkeit dadurch bewährten, daſs ſie wirklich allgemeingeltend würden) die Wiſſenſchaften unſrer Pflichten und Rechte u. ſ. w. in den Rang der eigentlichen Wiſſenſchaften, den ſie bisher nur den Namen nach beſaſsen, erheben, und denſelben einen Einfluſs und eine Würde verſchaffen müſste, die auch ihre eifrigſten Sachwalter bis jetzt kaum für möglich gehalten haben — und daſs folglich dieſe Entdeckung vielleicht das wichtigſte Geſchenk ſeyn dürfte, das der Menſchheit von einem Menſchen gemacht werden kann.

Man vergeſſe nicht, daſs hier auch nur von *Principien* die Rede iſt. Selbſt diejenigen, welche den Frieden auf dem Gebiethe der ſpekulativen Philoſophie für eine Chimäre, und den Streit der Philoſophen für nothwendig endlos anſehen, geſtehen doch wenigſtens ſo viel ein, daſs unter den Streitenden ſelbſt Einverſtändniſs über Principien möglich und nothwendig ſey*), wenn nicht der ganze Streit

---
*) Wer unterſchreibt nicht das alte Sprichwort: *Contra principia negantem non eſt diſputandum?*

Streit zwecklos und ungereimt seyn, und durch die Fortdauer desselben, anstatt der ewigen Annäherung zur Wahrheit, vielmehr immer zunehmende Entfernung von derselben bewirkt werden soll. Jeder Streit, der nur durch den Mangel des Einverständnisses über Principien unterhalten wird, fällt mit diesem Mangel nach und nach von selbst weg, und er führt den Frieden von dem Zeitpunkte an herbey, wo er die glückliche Wendung gewonnen hat, durch welche die Streitenden auf den Punkt des Mißverständnisses aufmerksam gemacht und zum Einverständniß über Principien gelenkt werden. Man besorge übrigens nicht, daß das Ende der Streitigkeiten unter den vier Hauptpartheyen, oder vielmehr das Ende dieser Partheyen selbst, den Gang der Entwicklung des menschlichen Geistes, der durch diese Streitigkeiten bisher befördert wurde, hemmen dürfte. Diese Streitigkeiten waren nur so lange unentbehrlich und unvermeidlich, als sich der menschliche Geist noch nicht bis zum Erkenntnisse allgemeingültiger Principien emporgeschwungen hat. Sobald er aber über diese mit sich selbst einig ist, hat er sich durch diesen Besitz selbst seines künftigen Fortschreitens versichert. Er hat dann die Bestimmung seines Ganges in seiner eigenen Gewalt, ohne die Beförderung desselben, wie sonst, von zufälligen Entdeckungen, und ungewissen Versuchen allein erwarten zu dürfen. Am Leitfaden seiner Principien durchwandert er dann das gränzen-aber nicht bodenlose Feld der Erfahrung, welches ihm eine seinen Kräften angemessene Beschäftigung für eine ganze Ewigkeit anzubiethen hat, von der er sich um so größeren Erfolg versprechen kann, je weniger er durch unsicheres Herumtappen, und vergebliches Streiten auf dem Felde

der

144 *Erſtes Buch. V. d. Bedürfniſſe e. neuen Theorie*

der bloſſen Spekulation Zeit und Kräfte verſplittern wird.

Ob, und *was* die Moral und das Naturrecht durch allgemeingültige erſte Grundſätze, Religion und Moralität durch allgemeingültige Erkenntniſsgründe gewinnen würden, kann hier wohl keine Frage ſeyn; zumal keine Frage für diejenigen, welche mit mir überzeugt ſind, daſs alle unſere bisherigen ſogenannten Syſteme der Moral und des Naturrechtes nichts weiter als bloſſe wiſſenſchaftliche Verſuche, ſyſtematig geordnete Aggregate, mehr oder weniger bearbeitete Materialien für künftige Wiſſenſchaften und nichts weniger als eigentliche Syſteme, und bereits vorhandene Wiſſenſchaften ſind, die auf inneren Zuſammenhang, unerſchütterliche Feſtigkeit, und allgemeine Ueberzeugung Anſprüche machen könnten. — und daſs endlich die Grundwahrheiten der Religion und der Moral aus Mangel allgemeingültiger Erkenntniſsgründe bisher nur bloſſe Probleme und Streitfragen geweſen ſind; bey welchen die Streitenden nicht einmal über den Begriff des Gegenſtandes, worüber ſie ſtritten, einig waren.

Ich darf alſo ohne weitere Erörterungen und Beweiſe die Behauptung aufſtellen, daſs das höchſtwichtige, nothwendige, und eben darum ewig fortwirkende Intereſſe, welches die Menſchheit an den Wiſſenſchaften der Moral und des Naturrechtes und an den Grundwahrheiten der Religion und der Moralität nimmt, hier alle Gleichgültigkeit, alles dahingeſtellt ſeyn laſſen, moraliſch unmöglich mache, und den Zweifel ob auch allgemeingültige erſte Grundſätze jener Wiſſenſchaften, und allgemeingültige Erkenntniſsgründe jener Grund-

wahrhei-

wahrheiten möglich sind, in die bestimmte Frage umschaffe: *Wie sind sie möglich?* Ich sage: so lange die Unmöglichkeit solcher Principien nicht allgemeingültig erwiesen ist, so lange macht es jenes höchste Interesse jedem denkenden Kopfe zur Pflicht, die Möglichkeit derselben zu *untersuchen* nicht *vor* aller Untersuchung als ausgemacht *anzunehmen*.

Da in der philosophischen Welt über die wirkliche Allgemeingültigkeit bisher gefundener erster Grundsätze und Erkenntnisgründe nichts ausgemacht ist; so läst sich (wenigstens von jemand der keiner Parthey angehört) die Möglichkeit derselben keineswegs aus der Wirklichkeit schliessen, sondern sie muss an sich selbst untersucht, und erst gezeigt werden. Es frägt sich also nicht: sind solche Grundsätze und Erkenntnisgründe möglich? sondern: *Wie sind sie möglich?*

Und dieses Problem ist der Punkt, bey welchem die beyden schief entgegengesetzten Wege, welche die bisherigen philosophischen Untersuchungen über jene wichtigen Gegenstände genommen haben, sich *endigen* und gleichsam in einander verlieren, der eine, auf welchem man den *wirklichen Besitz* jener Erkenntnisgründe und Grundsätze, und der andere, auf welchem man ihre *Unmöglichkeit* erweisen zu können glaubte. Wer sich mit der Auflösung jenes grosen Problems beschäftigen will, muss auf eine Zeitlang aufhören sowohl zur bejahenden, als verneinenden Parthey zu gehören; er muss weder Theist, noch Supernaturalist, weder dogmatischer Skeptiker noch Atheist seyn; er muss mit allen bisherigen Systemen brechen, ohne jedoch die Hoffnung aufzugeben, daß ein System

ſtein zu Stande kommen könne, welches alles
Brauchbare und Wahre, das in den bisherigen enthalten iſt, in ſich vereinige. Indem er ſich auf
dem merkwürdigen, bisher von allen Philoſophen
(die kritiſchen Skeptiker ausgenommen) verfehlten
Punkte befindet, von welchem jeder Schritt rückwärts auf einen der beyden Abwege führt, die ſich
immer weiter vom Ziele entfernen, und ins unendliche Leere verlieren: ſo nöthiget ihn das heiligſte und wichtigſte Intereſſe, das es für Menſchen
geben kann, den *vor ihm liegenden noch nie
betretenen Weg vorwärts anzutreten*, oder welches eben ſo viel iſt, den Verſuch zu machen jenes
Problem aufzulöſen.

§. IV.

Um dieſes Problem auflöſen zu können,
muſs man vorher eine allgemeingültige Antwort auf die Frage. Was läſst ſich überhaupt
erkennen? oder: Welches ſind die Gränzen
des menſchlichen Erkenntniſsvermögens? gefunden haben.

Wer überzeugt iſt, daſs das Problem: *Wie
ſind allgemeingültige Erkenntniſsgründe u. ſ. w.*
durch das höchſte Intereſſe der Menſchheit in Rückſicht auf den gegenwärtigen Zuſtand der Philoſophie aufgegeben ſey, der muſs auch annehmen,
daſs die Bedingungen (Data) die zur Auflöſung deſſelben gehören, gegeben ſeyen, und gefunden werden können. Auch ſogar derjenige, dem es an jener Ueberzeugung fehlt, muſs, wenn anders ſein
Skepticismus kritiſch iſt, wenigſtens die Nichtunmöglichkeit dieſer Bedingungen zugeben.

Dieſe

Diese Bedingungen nun können keineswegs aufferhalb der Gränzen der Erkennbarkeit, im Gebiethe des blinden Glaubens, auf dem Felde der *Hyperphyſik* gelegen ſeyn. Denn geſetzt auch die kritiſche Unterſuchung fiele ganz zum Vortheile des Supernaturalismus aus: ſo müſten doch wenigſtens die Data, aus welchen ſich die Unentbehrlichkeit der Offenbarung ergäbe, im Umfange des Begreiflichen enthalten ſeyn.

Eben ſo wenig dürfen jene Bedingungen ſelbſt in dem Gebieth des Erkennbaren, in wie ferne daſſelbe von der ſpekulativen Philoſophie bisher bearbeitet worden iſt, oder in der *Metaphyſik*, aufgeſucht werden. Der kritiſche Skeptiker hat ſich von allem bejahenden, und verneinenden Dogmatismus losgeſagt, dieſer mag nun Theismus oder Supernaturalismus, Atheismus oder dogmatiſcher Skepticismus heiſſen. Ihm iſt auf dem geſammten Gebiethe der Metaphyſik kein Raum denkbar, der nicht von einer jener vier Hauptpartheyen eingenommen wäre. Er iſt der einander widerſprechenden und gleichwohl auf einem und ebendemſelben Grund und Boden gefundenen angeblichen Wahrheiten überdrüſſig geworden, und hat auf immer das Feld verlaſſen auf welchem keine anderen als *ſolche* Wahrheiten gefunden werden. Sein gerechtes Miſtrauen in die Metaphyſik, welche die Spaltung der Selbſtdenker in Partheyen unterhält, oder wenigſtens nicht zu hindern, nicht zu beendigen vermag, hat ihn auf jenes wichtige Problem gebracht; wie könnte, wie dürfte er daſſelbe durch Metaphyſik aufzulöſen hoffen?

Da alſo die Data zur Auflöſung unſers Problems weder auſſerhalb des geſammten Gebiethes der

der Erkennbarkeit, noch innerhalb deſſelben, in wie ferne es bisher bearbeitet worden, aufgeſucht werden dürfen: müſſen wir ſie in bisher noch unbearbeiteten, und in ſo ferne noch unbekannten, Gegenden dieſes Gebiethes aufſuchen.*)

Wenn man ſich nun bey dieſem Aufſuchen nicht auſſerhalb des Gebiethes der Erkennbarkeit in den leeren Spielraum der Phantaſie verirren will: ſo müſſen vorher die Gränzen dieſes Gebiethes genau und beſtimmt angegeben werden, oder, welches eben ſo viel heiſst, man muſs eine allgemeingültige Antwort auf die Frage ausfindig machen: Was iſt überhaupt erkennbar? oder: Was iſt unter *Erkenntniſsvermögen* zu verſtehen, und wie weit erſtreckt ſich dieſes Vermögen?

Vielleicht daſs ſchon durch die Antwort auf dieſes neue Problem auch das vorige aufgelöſet wird. So viel aber iſt gewiſs, daſs dieſes ohne jenes unmöglich aufgelöſet werden kann.

Ich geſtehe gerne, daſs die Aufgabe: *die Gränzen des menſchlichen Erkenntniſsvermögens allgemeingültig zu beſtimmen*, für die meiſten meiner Leſer ziemlich abſchreckend klingen müſſe. Deſto angenehmer, hoffe ich, ſollen ſie von der Leichtigkeit überraſcht werden, welche ſie bey der Auflöſung ſelbſt antreffen werden, die ſchon halb gefunden iſt, wenn man nur den Sinn der Aufgabe richtig gefaſst hat, und mit ſich ſelbſt darüber einig iſt, was man unter Erkenntniſsvermögen zu verſtehen habe.

Den

---

*) Alſo weder *Hyperphyſik* noch *Metaphyſik*, ſondern *Kritik*.

Den scheinbarsten Einwurf, der gegen die Möglichkeit einer völlig befriedigenden Auflösung dieser Aufgabe gemacht werden könnte, habe ich bey einer anderen Gelegenheit*) erörtert; und da diese Erörterung hieher gehört, und ich keine bessere zu geben weiss, so mag sie hier mit einigen Veränderungen noch einmal vorkommen.

Alle wesentlicheren Schicksale, die unsre spekulative Philosophie bisher erfahren hat, mussten vorhergegangen seyn, ehe man daran denken konnte, jenes Problem in seinem eigentlichen Sinne auch nur aufzuwerfen, geschweige denn aufzulösen. Alle diejenigen Philosophen, welche die Erkenntnisgründe für die Grundwahrheiten der Religion und der Moralität, so wie die ersten Grundsätze der Moral und des Naturrechts bereits gefunden zu haben glaubten, konnten sich wohl nie einfallen lassen, sich selbst zu fragen, ob es der Vernunft möglich wäre, allgemeingültige Erkenntnisgründe, und erste Grundsätze aufzustellen? — da sie ihre Vernunft im wirklichen Besitze solcher Erkenntnisgründe und Grundsätze glaubten. Und wäre ihnen diese Frage von andern vorgelegt worden, so würden sie statt aller Antwort ihre angeblichen Besitzungen aufgewiesen haben. Auf eben dieselbe Weise würden die Atheisten und Supernaturalisten verfahren seyn, welche ebenfalls jener Frage durch entscheidende Antworten, wiewohl von ganz anderer Art, *zuvorgekommen* sind. Gleichwohl bestand die philosophische Welt bisher grösstentheils aus *Dogmatikern*, so dass man vielleicht auf

*) Im ersten Briefe über die kantische Philosophie. Teutschen Merkur, August, 1786.

auf einen Skeptiker hundert Dogmatiker zählen
dürfte. Allein dieser so breite, und so stark betretene Weg des Dogmatismus war vor der Vorlegung
und Auflösung unsers Problems nicht nur unvermeidlich, sondern sogar als eine entfernte Vorbereitung desselben unentbehrlich. Ohne den durch
die süße Einbildung gefundener Wahrheit unterstützten und belebten Eifer der Dogmatiker, würden jene zahlreichen und zum Theil bewundernswürdigen Vorübungen des menschlichen Geistes
nicht zu Stande gekommen seyn, denen die Vernunft den Grad von Entwicklung verdankt, der
bey größeren Unternehmungen vorausgesetzt wird.
Während dieser langwierigen Periode bestand das
Verdienst des Skepticismus größtentheils darin,
daß er die Dogmatiker, theils ihre Beweise zu schärfen zwang, theils aber gewissermaßen in Schranken erhielt. Nie aber vermochte ers ihnen ihre
angeblichen Erkenntnisse zu entreißen. Er hatte
ihnen nichts besseres dafür zu geben; und würde
auf die Frage: *was ist erkennbar?* geantwortet haben: *Nichts!* oder aufs höchste: *Ich weiß es nicht!*

So metaphysisch die Frage klingt: Was vermag die Vernunft? so laut ertönt sie gegenwärtig
durch die Stimme unsres sonst so wenig zum metaphysicieren aufgelegten Zeitalters. Wir haben fast
keine theologischen Kämpfe mehr, als solche,
welche ausdrücklich für und gegen das Vermögen
und Recht der Vernunft in Religionssachen zu erst
zu sprechen geführt werden. Durch Vernunft allein ist wahre Erkenntniß Gottes wirklich — durch
Vernunft ist sie unmöglich, heißen die Losungen
der streitenden Naturalisten und Supernaturalisten,
und die wirklichen oder angeblichen Beweise für
diese

diese beyden Behauptungen sind die Waffen, womit sie gegeneinander zu Feld ziehen. Man bestrebt sich also ohne sich ausdrücklich diese Frage vorgelegt zu haben, auszumachen, *was die Vernunft vermöge*. Man appellirt gewissermaßen von seinem angefochtenen Systeme an das Vermögen oder Unvermögen der Vernunft, aus welchem man unstreitige Prämissen für seine streitigen Behauptungen zu erhalten hofft. Der Mangel an solchen Prämissen ist also die Schwierigkeit, worauf die Partheyen selbst stofsen, die in so ferne dem eigentlichen Punkte des Misverständnisses weit näher sind als sie selbst wissen. Ein dunkles aber lebhaftes Gefühl dieser Schwierigkeit äußert sich merklich genug an der in unsren Zeiten so sichtbar gewordenen Verzweiflung, seine Meynung durch Vernunftbeweise durchsetzen, und seine Zweifel durch Vernunftgründe auflösen zu können. Diese Verzweiflung hat so manchen neuerlich veranlasst seine wankende Metaphysik durch Mystik und Kabbalistik zu unterstützen; so manchen verleitet den Einladungen geheimer Gesellschaften Gehör zu geben, die ihm durch Offenbarungen und Traditionen die Fragen zu beantworten versprachen, welche ihm durch Vernunft unbeantwortlich schienen; so manchen genöthiget von der Vernunft an gesunden Menschenverstand, Wahrheitsgefühl, Intuitionssinn, und wie die Winkeltribunale alle heißen mögen, zu appelliren.

Noch nie hat man der Vernunft so augenscheinlich zu viel und zu wenig zugemuthet, als gegenwärtig. Die Abgötterey, welche mit ihr getrieben, und die Verachtung die ihr bezeugt wird, gehen bis zum Lächerlichen; ohne dafs man sich auf der anderen Seite verbergen konnte, daſs ſich wohl die übertriebenen Lobſprüche, als die Verläumdungen der Vernunft zu keiner Zeit ſo geſchickt widerlegt worden ſind. Die Freunde ſowohl als die Feinde der Vernunft, Naturaliſten, die durchaus kein *Glauben*, Supernaturaliſten, die durchaus kein *Wiſſen* in der Religion dulden wollen, beſchuldigen ſich wechſelſeitig des *Verkennens der Vernunft*. Da nun jeder Theil ſeine Bekanntſchaft mit der Vernunft vor ſeinem Gegentheile rechtfertigen muſs, ſo ſieht ſich jeder genöthiget, zu den Gründen, die bisher ihn und ſeine Parthey befriediget hatten, Beweiſe aufzufinden, die auch ſeinen Gegnern einzuleuchten vermögen. Jeder muſs alſo über ſeine bisher für die erſten gehaltenen Grundſätze hinausgehen, Merkmale der Vernunft auſſuchen, die er bisher noch nicht gefunden hat, und ſeine Kenntniſs des Vermögens und der Befugniſſe der Vernunft allgemein — d. h. für ſich und ſeine Gegner — gültig zu begründen ſtreben. Keine der ſtreitenden Partheyen kann alſo mit ihrer eigenen bisherigen Kenntniſs der Vernunft zufrieden ſeyn, ſo wenig als ſie es mit der ihres Gegners iſt; keine kann es beym Alten bewenden laſſen, und das Bedürfniſs einer neuen Unterſuchung des Erkenntniſsvermögens müſste alſo (auch wenn keine Kritik der Vernunft erſchienen wäre) von den denkenden Köpfen auf beyden Seiten endlich eben ſo allgemein eingeſehen werden, als man ſchon itzt auf Beyden Seiten überzeugt iſt, daſs die Vernunft (von den Gegnern) verkannt wird.

Das Problem: Was vermag das Erkenntniſsvermögen? kündiget ſich alſo durch eine Menge unzweydeutiger Symptome dem unpartheyiſchen Zuſchauer

Schauer nicht weniger auffallend an, als es sich dem kritischen Skeptiker durch die Vergleichung der philosophischen Systeme aufdringt. Es würde schon kein kleines Verdienst unsres Jahrhunderts seyn, das alte unselige Mißverständniß der sich selbst verkennenden Vernunft, welches, so unvermeidlich dasselbe auch dem menschlichen Geiste auf dem langen und beschwerlichen Wege, den er bis zur Erkenntniß seines theoretischen Vermögens zurücklegen mußte, gewesen ist, gleichwohl unter die größten Uebel gehört, womit die Menschheit heimgesucht werden konnte; jenes Mißverständniß der Vernunft, welches Jahrtausende unter allerley Gestalten in der Welt Unheil gestiftet hat, die kultivierten Nationen den blutigen und unblutigen Fehden der Orthodoxie und Heterodoxie preis gab, Unglauben und Aberglauben nothwendig machte, die Kräfte so vieler vorzüglichen Köpfe mit unnützen Spitzfindigkeiten und Zänkereyen verschwendete, und in allen diesen seinen traurigen Folgen immer fortdauren zu müssen schien; dieses Mißverständniß aus der Dunkelheit verworrener Begriffe hervorgezogen, auf seine einfachsten Punkte gebracht, und dadurch ein Problem herbeygeführt zu haben, dessen Auflösung nichts geringeres als allgemeingültige Erste Grundsätze unsrer Pflichten und Rechte in diesem, und einen allgemeingültigen Grund unsrer Erwartung für das zukünftige Leben hoffen läßt, das Ende aller philosophischen und theologischen Ketzereyen; und wenigstens im Gebiethe der spekulativen Philosophie einen ewigen Frieden verspricht, von dem noch kein gutherziger Kosmopolit geträumt hat. Aber wie? wenn auch die Auflösung dieses Problemes unsrem sich zu Ende neigenden Jahrhunderte vorbehalten

behalten wäre? wenn noch vor dem völligen Ausgang desselben in Teutschland der grössere Theil guter sich mit Philosophie beschäftigender Köpfe, über allgemeingültige Principien einig würde? und wenn diese, die von nun an aufhörten, sich, ohne es zu wissen und zu wollen, entgegenzuarbeiten, mit (ohne alle Verabredung) vereinigten Kräften anfiengen, das Allgemeingültige Allgemeingeltend zu machen? — Eine glänzendere Krone könnte wohl kaum den Verdiensten unsres Jahrhundertes aufgesetzt werden; und Teutschland könnte das Geschäft seines erhabenen Berufes als *die künftige Schule Europens* *) mit keinem *Gründlicheren* Eingang eröffnen.

1.
Was ist unter Vernunft zu verstehen.

Die Frage: Welche sind die Gränzen des menschlichen Erkenntnisvermögens? kann unmöglich allgemeingültig beantwortet werden, bevor man nicht über *das, was man unter Erkenntnisvermögen zu verstehen habe, einig geworden ist.*

„O darüber ist man doch wohl längst einig", wendet hier der Popularphilosoph ein, „Jeder denkende Kopf, Philosoph oder nicht-Philosoph, versteht mich, wenn ich ihm das Erkenntnisvermögen

---

*) Die Konstitution unsres teutschen Vaterlandes, zu welcher hier vorzüglich unter andern der Mangel einer Hauptstadt gehören dürfte; der gemäsigte Nationalcharakter, das eifrige Studium der Geistesfrüchte aller übrigen Nationen u. d. U. mehr, können wohl, ohne dafs man sich von patriotischer Eitelkeit blenden läfst, für Merkmale dieses Berufes angesehen werden.

mögen auch nur nenne. Der berühmte Schriftsteller, der die Kritik der Vernunft in ihren beyden Hauptmomenten durch eine besondere Schrift *über Raum und Kaussalität* widerlegt hat, Herr *Feder*, sagt daher ganz richtig in seinem beliebten und allgemeinverständlichen Lehrbuche der *Logik und Metaphysik*, in dem Abschnitte, der vom Erkenntnißvermögen handelt: "Was dieß heisse, *sich eine "Sache vorstellen*, eine *Sache erkennen*, etwas "*denken*; was *Vorstellungen, Gedanken, Begriffe, "Ideen* heißen, muſs ein jeder von sich "selbst wissen. Man kann hier weiter nichts "erklären, als daſs man, wenn etwa ein Wort je-"manden nicht verständlich genug seyn sollte, ein "anderes ihm verständliches wählet, um durch die "bekannten Namen an *Sachen* zu erinnern, die "man aus eigenen *Empfindungen* kennen "muſs. Wohl aber kann man durch gesuchte "künstliche Definitionen, die Begriffe verwirren, "und zu Streitigkeiten Anlaſs geben, deren man "hätte überhoben seyn können." — was haben auch die gesuchten *künstlichen Disinitionen*, welche die *Kritik der Vernunft* von allen diesen durch *Empfindung* genugsam bekannten *Sachen* geliefert hat, für einen Erfolg gehabt? — — Sie wurden, wie die *Kantianer* selbst eingestehen, ja so gar behaupten, von den berühmtesten Philosophen unsrer Nation, die sich bisher über die kantische Philosophie erklärt haben, von einem *Plattner* [*)].

Eber-

[*)] In den wenigen Rücksichten, welche in den philosophischen *Aphorismen* Erst. Theil. Neue Ausgabe 1784 auf das kantische Werk genommen sind.

Eberhard*), Tiedeman '), Reimarus '), Feder '), Meiners °), Selle '), *) u. a. m. mifsverstanden; ja:
Sie

2) In deſſen philoſophiſchen Magazin.

3) In den heſſiſchen Beyträgen.

4) Ueber die Gründe der menſchlichen Erkenntniſs, und der natürlichen Religion.

5) Ueber Raum und Kauſſalität zur Prüfung der kantiſchen Philoſophie.

6) Grundriſs der Seelenlehre in der Vorrede.

7) Grundſatze der reinen Philoſophie.

*) Ich glaube berechtiget zu ſeyn, mir, ſo wie allen nicht beym Buchſtaben der Kritik der Vernunſt ſtehen bleibenden Freunden der kritiſchen Philoſophie, den ſektiriſch klingenden Namen eines Kantianers zu verbitten. Gleichwohl bin ich genöthiget die hier angeführte Behauptung der ſogenannten *Kantianer* zu unterſchreiben. Auch glaube ich meiner aufrichtigen Hochachtung gegen die genannten verdienſtvollen Schriftſteller keineswegs zu nahe zu treten, wenn ich hier laut und öffentlich geſtehe: daſs ich alle von denſelben gegen die kantiſche Philoſophie vorgebrachten Bedenklichkeiten, Zweifel und Einwürfe, für Folgen des unrichtig aufgefaſsten Sinnes der Kritik der Vernunſt erkenne. Ich kann hier freylich nicht beweiſen. Aber diejenigen Leſer, die durch meine in der Vorrede verſuchte Erklärung dieſes ſonderbaren Phänomens nicht befriediget ſind, haben ja freye Wahl: ob ſie dafür halten wollen, daſs die Gegner der kantiſchen Philoſophie, zu denen ich hier noch die Herrn *Weishaupt*, *Flatt*, *Maaſs*, *Tittel*, *Stattler* (in ſeinen drey Bände ſtarken *Antikant*) u. a. m. zähle, — oder daſs *ich*, der von allem, was dieſe Männer in der Kritik der Vernunft anſtöſsiges fanden, gerade das Gegentheil gefunden
hat

Sie haben in ihren Erläuterungen und Folgen, wie der berühmte Philosoph *Meiners* erzählt, hoffnungsvollen Jünglingen die Ruhe ihres Gemüths und wahrscheinlich noch mehr; einem derselben aber gar seinen *Verstand* geraubt, haben Herrn *Meiners*, und wie dieser vermuthet, mehreren seines Gleichen *peinliche Empfindungen* verursachet u. s. w.

So gerne ich hier unsren Popularphilosophen ganz ausreden lassen wollte, so muss ich ihn gleichwohl um der übrigen Leser willen, die nicht Popularphilosophen sind, ersuchen, mich erst meine Behauptung vortragen und beweisen zu lassen, bevor er seine Einwürfe dagegen vorbringt.

Ich bin im Begriffe zu zeigen, dass man sich über das *Erkenntnisvermögen lange nicht genug verstanden habe*, und dass der Mangel allgemeingültiger Principien der Philosophie, und alle Uebel welche von demselben unzertrennlich sind, und zum Theile selbst das Missverstehen der kantischen Untersuchung des Erkenntnisvermögens, sich unter andern daraus erklären lasse, dass unsre Philosophen von Profession so gerne voraussetzten: ihre Leser müssten *von sich selbst wissen, was das hiesse, sich eine Sache vorstellen, eine Sache erkennen*.

Die *Vernunft* wird meines Wissens von allen bisherigen Philosophen zum *Erkenntnisvermögen* gezählt. Ob auch die *Sinnlichkeit* dazu gehöre, ist unter ihnen bey weitem nicht ausgemacht. Von vielen

---

hat — den Philosophen von Königsberg *nicht verstanden haben.*

len wird sie von aller Funktion beym eigentlichen Erkennen ausgeschlossen, von vielen auf das sogenannte untere Erkenntnisvermögen eingeschränkt u. s. w., wovon in der Folge ein mehreres. Zuerst also von der Vernunft.

Man ist in der philosophischen Welt keineswegs darüber einig, was man unter Vernunft *zu verstehen habe.* Diefs liesse sich schon aus dem Streite über das *Vermögen* der Vernunft in den Angelegenheiten der Religion schliefsen, der sich ohne Mühe auf die Verschiedenheit der Begriffe, welche die streitenden Partheyen von der Vernunft haben, zurückführen läfst. Das Schlimmste dabey ist, dafs man sich gerade dort am wenigsten versteht, wo man sich am meisten zu verstehen glaubt; und dafs man, indem man sich über gewisse Merkmale des Begriffes wirklich versteht, um so mehr entfernt ist, ein Missverständnifs überhaupt zu vermuthen. So denken z. B. alle, welche *Freyheit des Willens* nennen hören, etwas gemeinschaftliches bey diesem Worte, ungeachtet der *eine* die blosse Unabhängigkeit des Willens von äufserm Zwange, ein andrer die Unabhängigkeit von der Nöthigung durch sinnliche Triebe, und ein dritter die Unabhängigkeit von den Gesetzen der Vernunft darunter versteht. Diefs ist um so mehr bey dem Wort *Vernunft* der Fall, da dieses selbst durch den *Sprachgebrauch* mehr als *eine* Bedeutung erhalten hat.

Ich unterscheide hier *drey* dieser Bedeutungen: die *Weitere*; wenn durch das Wort *Vernunft* das dem Menschen eigene und ihn von den Thieren unterscheidende Erkenntnifs- und Vorstellungsvermögen überhaupt angedeutet, und folglich auch
die

die zusammengesetztere, oder künstlichere, dem Menschen eigenthümliche Organisation, oder Beschaffenheit der sinnlichen Werkzeuge mit in den Begriff aufgenommen wird, — die *Engere*; wenn man damit dasjenige Erkenntnisvermögen, das insgemein das *obere* heisst, bezeichnet, um dasselbe von der Sinnlichkeit, dem sogenannten untern Erkenntnisvermögen zu unterscheiden, und wo folglich in den Begriff der Vernunft auch der *Verstand* oder das Vermögen zu *urtheilen* enthalten ist; — und endlich die *Engste*; welche allein einen Theil des obern Erkenntnisvermögens, nämlich das *Vermögen zu schliessen* begreift, und dasselbe vom *Verstande* unterscheidet.

Ich bleibe bey der letzten unter diesen drey Bedeutungen stehen, welche unter allen die bestimmteste ist, über welche, so viel ich weiss, das vollkommenste Einverständnifs herrscht, und die das eigentliche Wesen der Vernunft im Gegensatze nicht nur mit der Sinnlichkeit, sondern auch mit dem Verstande angeben soll, und in dem Vermögen zu schliessen wirklich anzugeben geglaubt wird.

Was ist denn nun aber dieses *Vermögen zu schliessen*? Die *Logik* giebt uns die kurze und bündige Antwort: Das Vermögen des Gemüthes, die Uebereinstimmung oder nicht Uebereinstimmung zweyer Vorstellungen durch Vergleichung derselben mit einer dritten einzusehen. In der Syllogistik mag man sich allerdings mit dieser Antwort begnügen können, die weiter nichts als eine logische Funktion unsres Vorstellungsvermögens angiebt, ohne zu bestimmen in welchen Fällen, bey welcher Art von Vorstellungen, diese logische Funktion

Funktion, dieses Vermögen zu schliefsen gebraucht werden könne. Aber was kann mir diese Antwort helfen, wenn nicht von bloßen Vorstellungen überhaupt die Rede ist? Ist die Uebereinstimmung unter Vorstellungen, welche durch diese logische Funktion herausgebracht wird, darum auch schon Uebereinstimmung unter den *Gegenständen* dieser Vorstellungen? Kann nicht ein Vernunftschluß seiner *Form* nach (in Rücksicht der logischen Funktion) vollkommen richtig seyn, ohne daß er darum seinem Inhalt nach wahr, und einer Anwendung auf wirkliche Gegenstände fähig wäre? Z. B. „Der Reiche kann viele Werke der Wohlthätigkeit ausüben: nun ist der König von *Eldorado* reich, also kann er viele Werke der Wohlthätigkeit ausüben." Dieser Vernunftschluß ist seiner Form nach vollkommen richtig. Der Schlußsatz ergiebt sich aus den Vordersätzen, die beyde an sich wahr sind, mit aller möglichen Evidenz, und es fehlt dem ganzen Vernunftschlusse nichts als die *Wirklichkeit* des Subjektes, von dem die Rede ist.

Die Vernunft, in wie ferne sie nichts weiter als das Vermögen zu schliefsen ist, vermag nichts als formelle Wahrheit, Formen der Vernunftschlüsse, den Bau der Syllogismen aufzustellen, welches alles bey aller Regelmäßigkeit mit materieller Unwahrheit bestehen kann. Die materielle Wahrheit, die Beziehung der im Vernunftschlusse verknüpften Vorstellungen auf einen Gegenstand in der Wirklichkeit, auf etwas das nicht bloße Vorstellung ist, hängt keinesweges von der Form des Vernunftschlusses ab, und kann folglich durch das bloße Vermögen zu schliefsen nicht erhalten werden. Durch dieses Vermögen müßte es ewig unententschieden bleiben, ob es ein Königreich *Eldorado* gebe oder nicht. Man mag noch so viele Vernunftschlüsse auf einander häuffen, so wird man gleichwohl der Antwort auf diese Frage um keinen Schritt näher kommen: so lange man es bey der Richtigkeit der Form allein bewenden, und die Richtigkeit der Materie, des Stoffes, der verknüpften Vorstellungen, den auſſer jener Form gelegenen Grund der objektiven Gültigkeit derselben unausgemacht läſst.

Woher nimmt nun die Vernunft den Stoff, den sie zur materiellen Wahrheit ihrer, der Form nach richtigen, Funktionen nöthig hat, und den sie nicht erschaffen kann? — Wenn von sinnlichen Gegenständen die Rede ist, so ist die Antwort leicht und verständlich genug: Aus der Sinnenwelt! So liefert z. B. die gemeine sowohl als die gelehrte Erfahrung *Data* genug, aus welchen sich das Nichtseyn des Landes Eldorado ergiebt. In diesem Falle, und in allen ähnlichen, wo den Vorstellungen sogenannte sinnliche Gegenstände entsprechen, gründet die Vernunft die materielle Wahrheit ihrer richtigen und leeren Schlusformen auf einen Stoff, der ihr von ihrer Gefährtinn, der *Sinnlichkeit*, geliefert und vorgehalten wird. Nicht so leicht ist die Antwort auf die Frage: wie kommt die Vernunft zu dem Stoff, den sie zur materiellen Wahrheit derjenigen Schlüsse nöthig hat, deren Inhalt Vorstellungen betrifft, die sich auf *übersinnliche* Gegenstände beziehen? In der gesammten Sinnenwelt kömmt z. B. kein Gegenstand vor, und kann keiner vorkommen, auf den die Vorstellung der Ersten Ursache, oder des Unendlichen Dinges paſste. In allen Erfahrungen, die uns von unsrem *Gemü-*

the möglich find, können immer nur Vorstellungen kann nie das *Vorstellende* selbst vorkommen, immer nur Wirkungen des vorstellenden Subjektes, nie das Subjekt selbst, das wir nur als ein unbekanntes Etwas zu denken, keineswegs aber als eine bestimmte Substanz selbst durch den innern Sinn anzuschaun vermögen. Wenn nun die Vernunft über die Natur solcher Subjekte, bey welchen sie von dem Zeugnisse der Sinnen verlassen wird, etwas bestimmtes herausbringen will, wie gelangt sie denn zu dem übersinnlichen Stoff, wovon die materielle Wahrheit ihrer Schlüsse abhängt?

„Durch *göttliche Offenbarung*" antwortet der *Supernaturalist*, „welche das natürliche, oder durch Erbsünde entstandene Unvermögen der Vernunft ersetzt." Diese Antwort kann freylich Leute befriedigen, die starkgläubig genug sind, um die Ueberzeugung, dass die durch ein Wunder in dem menschlichen Gemüthe hervorgebrachte Vorstellung der Gottheit mehr als eine leere Vorstellung (keine Einbildung) sey, durch ein zweytes Wunder bewirken zu lassen; und sich auf diese Weise über die Bedenklichkeit hinwegzusetzen, dass eine Vorstellung von der Gottheit *vor* aller Offenbarung im Gemüth vorhanden seyn müsste, wenn der Mensch eine noch so ausserordentliche Erscheinung (Wunder) für unträglich, übernatürlich, *göttlich* erkennen, das heisst, mit dem richtigen Begriffe von der Gottheit zusammenstimmend finden sollte; mit einem Worte, dass jede historische Offenbarung die Vernunftidee der Gottheit voraussetzen müsse, nie geben könne. — Aber drey Partheyen der philosophischen Welt, die gegen allen Supernaturalismus protestiren, ja

auch

des menschlichen Vorstellungsvermögens. 163

auch so gar viele Supernaturalisten selbst finden diese Antwort ganz unbefriedigend, und sind unter sich darüber einig, dass die Wahrheit der übersinnliche Gegenstände betreffenden Schlüsse, wenn sie ja einer philosophischen Erklärung fähig wäre, sich *natürlich* erklären lassen müsse.

Es müsste sich also aus dem eigenthümlichen Wesen, den Merkmalen der Natur der Vernunft erklären lassen, wie sie zum Stoffe ihrer übersinnlichen Vorstellungen gelange, und dies um so mehr, da diese Vorstellungen vorzugsweise und ausschliefsend der Vernunft angehören. Indem dieses aber aus ihrer logischen Natur, d. h. in wie ferne sie nichts weiter als das Vermögen zu schliefsen bedeutet, schlechterdings unerklärbar ist; so müsste sie aufser diesem noch ein besonderes Vermögen haben, den Stoff übersinnlicher Vorstellung zur materiellen Wahrheit ihrer Schlüsse herbeyzuschaffen, welches mit dem Vermögen zu schliefsen zusammengenommen ihre Natur ausmachen würde.

Da das Vermögen zu schliefsen eigentlich ein blofs *logisches* Vermögen ist, so wollen wir jenes andere Vermögen durch den Namen des *metaphysischen* unterscheiden.

Die Definition der Vernunft, welche die engste Bedeutung des Wortes, und mit derselben das Wesen der Vernunft zu enthalten geglaubt wird, ist also ganz unzulänglich, und so unvollständig, dafs sie nur die *eine Hälfte* des Begriffes enthält, der das Wesen der Vernunft zum Gegenstand haben soll.

Man hat bis auf *Kanten* in der philosophischen Welt noch nie (in dem so eben angegebenen Sinne) die Frage aufgeworfen: besitzt die Vernunft ein metaphysisches Vermögen? und gleichwohl ist es nichts weniger als ausgemacht gewesen: ob die Vernunft ein solches Vermögen besitze oder nicht. Durch die Hauptsätze der vier Hauptpartheyen wird dasselbe ohne Untersuchung der Vernunft theils zutheils abgesprochen. Die Theilten glaubten durch ihre Vernunftschlüsse das Daseyn und die Beschaffenheit übersinnlicher Gegenstände, die Atheisten hingegen das Nichtseyn und die Unmöglichkeit derselben erwiesen zu haben. Diese beyden Partheyen haben sich bisher die Untersuchung der Frage: ob die Vernunft wohl über das Daseyn oder Nichtseyn übersinnlicher Gegenstände zu entscheiden vermöge? dadurch unmöglich gemacht, daß sie die Antwort auf dieselbe durch den Gebrauch, den sie von einem angenommenen metaphysischen Vermögen gemacht haben, als entschieden voraussetzten. Wozu die Frage: ob die Vernunft das Daseyn oder Nichtseyn des Uebersinnlichen zu erkennen *vermöge*? für Leute in deren Augen die Vernunft dieses Daseyn oder Nichtseyn *wirklich* erkannt hat? Aus den Grundsätzen der dogmatischen Skeptiker sowohl als der Supernaturalisten folgt unwidersprechlich, daß die Vernunft kein metaphysisches Vermögen besitzen könne. Wozu also diese Frage für die *Einen*, bey denen es ausgemacht ist, daß sich die Uebereinstimmung menschlicher Vorstellungen mit ihren Gegenständen (diese mögen sinnlich oder übersinnlich seyn) durch nichts erweisen lasse? Wozu diese Frage für die *andern*, welche derselben durch ihr Glaubensbekenntniß zuvorkommen, und aus dem von ihnen für erwiesen gehaltenen nie bezweifelten Unvermögen der Vernunft, auf die Unentbehrlichkeit eines übernatürlichen Surrogats zu schliefsen gewohnt sind?

Anstatt sich vor allen Dingen die Frage vorzulegen, und es vor der Untersuchung derselben ganz unentschieden zu lassen: ob die Vernunft ein metaphysisches Vermögen besitze oder nicht; hat die eine Hälfte der philosophischen Welt diesen Besitz aus Gründen behauptet, und die andere aus Gründen geläugnet, die nur dadurch einiges Gewicht haben konnten, dafs bey ihnen dort die Wirklichkeit hier die Nichtigkeit des metaphysischen Vermögens als ausgemacht vorausgesetzt wurde.

In wie ferne nun das metaphysische Vernunftvermögen von zwey Hauptpartheyen behauptet, und von zweyen geläugnet wird, in so ferne ist es offenbar, dafs es unter den Philosophen nichts weniger als ausgemacht sey, ob es ein solches Vermögen gebe oder nicht, während das logische Vermögen der Vernunft wirklich allgemeingültig, durch die allgemeinste Uebereinstimmung anerkannt, und folglich sogar allgemeingeltend ist.

So lange über das metaphysische Vermögen der Vernunft nichts allgemeingültiges ausgemacht ist; so lange ist man nur über die *Hälfte des Wesens* der Vernunft einig, so lange versteht man sich nur halb, wenn von der Vernunft im strengsten Sinne die Rede ist, und die Partheyen der philosophischen Welt müssen ihren Streit über die Erkenntnifs übersinnlicher Gegenstände fahren lassen, bis sie sich über das metaphysische Vermögen der Vernunft auf einen bisher noch nie betretenen Wege vereiniget haben.

Dieses nun vorausgesetzt ist die Wissenschaft, welche die entscheidende, allgemeingültige, von allen Philosophierenden anzuerkennende Antwort, auf die Frage über dieses problematische Vermögen der Vernunft enthält, wenn es anders eine solche Wissenschaft geben sollte, eine Entdeckung aus dem bisher *unbearbeiteten* und unbekannten Gebiethe der Vernunft.

Man wird mir hier ohne Zweifel einwenden, die Frage: besitzt die Vernunft ein metaphysisches Vermögen? wäre nichts weniger als neu; *Plato* und *Aristoteles* unter den Alten, *Leibnitz* und *Locke* unter den Neuern, mehrere andere zu geschweigen, haben sie nur mit anderen Worten aufgeworfen, und wirklich in ihren vortreflichen Untersuchungen über den Ursprung der menschlichen Vorstellungen beantwortet.

Ich halte dafür, dafs die Frage welche *Leibnitz* und *Locke* (und eben dasselbe gilt von ihren griechischen Vorgängern) bey ihren Untersuchungen über den Ursprung der Begriffe vor Augen hatten, weit mehr dem Ausdruck als dem Sinne nach mit der unsrigen zusammentreffe.

Leibnitz und *Locke* waren dogmatische Theisten, und eben darum war das metaphysische Vermögen für sie nichts weniger als problematisch, sondern die *ausgemachteste* Sache von der Welt. Ihnen war es nicht darum zu thun, erst bey sich selbst auszumachen ob die Vernunft ein metaphysisches Vermögen besitze oder nicht; sondern vielmehr, *worin* dieses Vermögen, das sie als wirklich voraussetzten *bestehe?* Sie nahmen das Dogma ihrer Parthey gleichsam als die Basis ihres Lehrgebäudes über

über den Ursprung der Vorstellungen an; indem sie von einer als wirklich angenommenen übersinnlichen Erkenntnis ausgiengen, und dann untersuchten, nicht ob überhaupt übersinnliche Erkenntnis möglich, sondern wie der menschliche Geist zur übersinnlichen Erkenntniss gelange sey?

Wenn vorausgesetzt wird, was für uns noch blosse Frage ist, dafs die Vernunft ein metaphysisches Vermögen habe, und folglich ihren übersinnlichen Vorstellungen reellen, und keinen blofs eingebildeten Stoff verschaffen könne: so sind im *Leibnitzischen* und im *Lockischen* Systeme alle mögliche Fälle, wie die Vernunft zu diesem Stoffe gelangen könne, erschöpft.

Sie kann nämlich denselben keineswegs aus nichts hervorbringen; er muls ihr also *gegeben* seyn; und da er ihr weder durch das logische Vermögen zu schliessen (wodurch die blosse Schlussform erhalten wird) noch *unmittelbar* durch sinnlichen Eindruck gegeben seyn kann: so muls sie ihn entweder mit sich auf die Welt bringen, oder erst in diesem Leben erhalten; er muls ihr entweder unmittelbar in einer Reihe angebohrner Vorstellungen (und wie sich einige Leibnizianer ausdrücken, in einem Systeme angebohrner Wahrheiten) oder wenigstens *mittelbar* in dem Stoffe sinnlicher Vorstellungen gegeben seyn. Im ersten Falle besteht ihr metaphysisches Vermögen in einem der Seele eingepflanzten Stoff für ihre das übersinnliche betreffende Schlüsse; und im zweyten in der besondern Fähigkeit aus dem sinnlichen Stoffe den übersinnlichen abzuleiten.

Jener angebohrne, der Seele eingepflanzte, Stoff überfinnlicher Vorftellungen, muſs auch durch feine Vertheidiger von den überfinnlichen Gegenftänden felbft, die er im Gemüthe nur repräfentiren foll, genau unterfchieden werden. Denn fonft wäre Gegenftand und Vorftellung ein und ebendaffelbe Ding, und daher entweder der Gegenftand eine bloſseVorftellung, ein *Gedankending*, oder die Vorftellung wäre der Gegenftand felbſt, unfer Begriff von der Seele die Seele, von der Gottheit die Gottheit felbſt. Indeſſen hat der Stoff einer Vorftellung nur dadurch Realität, daſs ihm ein Gegenftand, der nicht die Vorftellung felbſt ift, entfpricht. Woran follte nun die Realität des Stoffes überfinnlicher Vorftellungen erkannt werden? durch den ihm auſſer der Vorftellung entfprechenden Gegenftand? — Unmöglich! denn diefer foll ja der Vorausfetzung zufolge felbſt nur durch die Vorftellung und deren angebohrnen Stoff erkannt werden. Alfo durch das wirkliche Gegeben-das Vorhandenfeyn jenes Stoffes felbſt, dem, wenn er wirklich gegeben ift, auch wirklich ein Gegenftand entfprechen muſs. Aber woraus foll fich diefes wirkliche Vorhandenfeyn erweifen laſſen? Daraus etwa, daſs er in wirklichen Vorftellungen vorkömmt, das heiſst, wirklich vorgeftellt wird? Keinesweges. Denn wir haben unzählige wirkliche Vorftellungen, denen kein wirklicher Gegenftand entfpricht, und die folglich einen bloſs eingebildeten, oder erkünftelten Stoff haben.

Man würde hier vergebens einwenden, „folche Vorftellungen wären aber auch nicht *angebohren*, und wenn es einmal ausgemacht wäre, daſs irgend eine Vorftellung, oder auch nur ihr Stoff der Vernunft ein-

eingepflanzt, und folglich wirklich *vernünftig* sey,
so sey sie schon *hierdurch* von allen täuschenden und
unvernünftigen Vorstellungen genug ausgezeichnet." — Freylich! wenn es *ausgemacht* ist? aber eben
das ist die Frage. Und welche wären dann die
unträglichen allgemein anerkannten Data, durch
welche sich ausmachen ließe, irgend eine Vorstellung oder ihr Stoff wären der Vernunft wirklich
eingepflanzt. Doch wohl die Allgemeinheit, und
Nothwendigkeit der Vorstellung; das unvermeidliche Anerkennen eines ihr entsprechenden Gegenstandes; die Evidenz der Erkenntniß? Aber woher denn der Streit zwischen den vier Hauptpartheyen über die unter denselben unentschiedene
Frage: ob unsre Vorstellungen von der *Gottheit,
Seele, Freyheit*, auch richtige, wirklichen Gegenständen entsprechende, Vorstellungen wären oder
nicht — wenn die bejahende Antwort auf diese
Frage der menschlichen Vernunft unvermeidlich
nothwendig, allgemein einleuchtend wäre?

Selbst mehrere Vertheidiger der angebohrnen
Begriffe haben sich genöthiget gefunden zur Erfahrung, oder welches hier eben so viel heißt, zur
sinnlichen Erkenntniß, ihre Zuflucht zu nehmen;
um sich zu erklären, wie diese angebohrnen Vorstellungen, welche sie für bloße Anlagen, Grundbestimmungen des Gemüths, bloß mögliche Vorstellungen hielten, zur Wirklichkeit eigentlicher
Vorstellungen gelangen könnten. Sie glauben, die
ganze Sache begreiflich gemacht zu haben, wenn
sie annehmen, daß die sogenannten geistigen Ideen
bey Gelegenheit, und auf Veranlassung sinnlicher
Eindrücke aufgeweckt, belebt, entwickelt werden. *)

*) Eines dieser Worte sagt hier so wenig als das andere; und jedes steht nur eigentlich in dieser Hypothese

Der ungleich gröſſere Theil der neueren philoſophiſchen Schriftſteller hingegen, hat ſich von der *platoniſchen* oder *leibnitziſchen* Lehre von den angebohrnen Begriffen gänzlich losgeſagt, und glaubt mit *Locke* den Urſprung der Vorſtellungen überſinnlicher Gegenſtände aus den durch die Sinnlichkeit gelieferten, aber durch Vernunft modificierten, bearbeiteten Materialien erklären zu können, oder vielmehr zu müſſen. Sie glauben daſs das Gemüth nur vermittelſt der ſinnlichen Eindrücke zu was immer für einen Stoff ſeiner Vorſtellungen gelangen könne, und ungeachtet keinem unter ihnen meines Wiſſens bisher eingefallen iſt *Gott*, *Seele*, *Freyheit*, für Gegenſtände der Sinnlichkeit auszugeben, ſo behaupten ſie gleichwohl, dasjenige was die Sinnlichkeit nicht unmittelbar durch ſich ſelbſt könne, werde ihr durch Vernunft möglich, die ein Vermögen beſäſse aus dem *ſinnlichen* Stoffe den Stoff überſinnlicher Vorſtellungen zu ziehen, oder vielmehr ſelbſt dieſes Vermögen wäre.

Wenn das Vermögen das Ueberſinnliche aus dem Sinnlichen abzuleiten wirklich in der Vernunft vorhanden wäre, ſo müſste daſſelbe von dem bloſs logiſchen Vermögen verſchieden, ſo müſste es das metaphyſiſche Vermögen ſeyn, das, wenn es mit jener Ableitung ſeine Richtigkeit hätte, bisher zwar nicht in ſeiner urſprünglichen in der Einrichtung der Vernunft gegründeten Beſchaffenheit, aber doch wenigſtens aus ſeiner Wirkung, nämlich der überſinnlichen Erkenntniſs genugſam bekannt wäre.

potheſe da, um die Lücke eines mangelnden Begriffes auszufüllen, nicht um einen Begriff zu bezeichnen,

re. Allein eben das Unentschiedene, Streitige, Problematische dieser Wirkung ist es, wodurch bisher jenes metaphysische Vermögen selbst unentschieden, streitig, problematisch geblieben ist. Wir haben leider! noch keine Ableitung des Uebersinnlichen aus dem Sinnlichen aufzuweisen, die auch selbst von den Metaphysikern von Profession, und den vortreflichsten Köpfen unter ihnen allgemein anerkannt wäre. Während die *eine* Hauptparthey der philosophischen Welt diese Ableitung wirklich vorgenommen zu haben vorgiebt (und, wohl gemerkt! über die Art und Weise derselben selbst unter sich uneinig ist), thut die *andere* Hauptparthey gerade das Gegentheil, und leitet das *Nichtseyn* des Uebersinnlichen von dem Sinnlichen ab; die *dritte* erklärt diese beyden Ableitungen für gleich grundlos, und für eine der Natur des menschlichen Geistes unangemessene vergebliche Arbeit. Die *vierte* endlich hält jene Ableitung nicht nur für etwas unmögliches, sondern sogar für einen Eingriff in die göttlichen Rechte, indem es der Gottheit allein zukäme, das Daseyn übersinnlicher Gegenstände zu offenbaren. Wer also da vorgiebt, seine Ableitung des Uebersinnlichen aus dem Sinnlichen wäre etwas ausgemachtes, der behauptet *das Ding das nicht ist*, der will uns sein kleines Wissen für das Wissen des menschlichen Geistes aufdringen, und verkauft seinen Lesern oder Zuhörern eine Unwahrheit, von der sich jedermann der nicht durch die metaphysische Brille jenes Mannes, sondern mit seinen eigenen Augen sieht, auch nur durch einen Blick auf das was in der philosophischen Welt wirklich vorgeht, überzeugen kann. Wenn das Daseyn der Ursache bloß aus dem Daseyn der Wirkung geschlossen werden soll: so ist

jenes

jenes so lange nicht ausgemacht, als dieses nicht ausgemacht ist. Es ist also wirklich nicht ausgemacht, ob es ein metaphysisches Vermögen der Vernunft gebe, weil es nicht ausgemacht ist, ob eine richtige Ableitung des Uebersinnlichen aus dem Sinnlichen möglich sey.

Wenn die, also erst auszumachende, Frage: *ob es ein metaphysisches Vernunftvermögen gebe?* nicht wieder aus den streitigen Grundsätzen der vier Hauptpartheyen beantwortet, und folglich nicht wieder auf dem alten Kampfplatze der Metaphysik abgehandelt werden soll, so muss sie mit einem ganz andern Sinne, als bisher geschehen ist, aufgestellt werden. Sie muss nicht von der *Wirklichkeit* oder *Unmöglichkeit* der übersinnlichen Erkenntniss ausgehen; sondern beydes ganz dahingestellt seyn lassen, und sich mit dem *blossen Vermögen* der Vernunft beschäftigen. Daher denn auch bey ihrer Beantwortung vor allen Dingen untersucht werden muss, nicht *wie*, sondern *ob* eine Ableitung des Uebersinnlichen aus dem Sinnlichen möglich sey oder nicht; d. h. ob sie keinen Widerspruch enthalte, ob sie nicht allgemeingültigen Gesetzen des menschlichen Vorstellungsvermögens widerspreche. Denn im Falle ein solcher Widerspruch allgemeingültig erwiesen werden könnte, wäre es eben dadurch entschieden, dass die Vernunft kein metaphysisches Vermögen besitze.

Da die Vernunft bey der Ableitung des Uebersinnlichen aus dem Sinnlichen, den *Verstand*, oder das Vermögen zu urtheilen, voraussetzen würde, so wird auch der Verstand besonders untersucht werden müssen. Der Verstand ist es, welcher zuerst

erst die rohen durch die Sinnlichkeit erhaltenen Materialien bearbeitet, und der Vernunft überliefert. Die von ihm gefällten Urtheile machen zunächst den Stoff der Vernunftschlüsse aus. Es muss also gezeigt werden, was der Verstand vermöge, was durch seine Bearbeitung des sinnlichen Stoffes möglich sey? mit einem Worte: es muss das Verhältnis des *Verstandes* zur Sinnlichkeit genau und bestimmt angegeben werden.

Auch der Verstand kann, in wie ferne unter diesem Namen das blosse Vermögen zu urtheilen verstanden wird, nichts als ein logisches Vermögen seyn, aus einem gegebenen Stoffe Urtheile zu erzeugen. Der Stoff, den er zu seinen Handlungen nöthig hat, kann nicht von ihm aus nichts erschaffen, er muss ihm *gegeben* seyn. Ist es mit diesem Gegebenseyn des Stoffes nicht richtig, so mag ein Urtheil seiner Form nach noch so richtig seyn: so wird es der Materie nach gleichwohl falsch seyn. Z. B. *Ein goldner Berg ist etwas wirkliches. Der König von Eldorado ist reich.* Auch bey dem Verstande hängt die materielle Wahrheit nicht von der blossen Form, sondern von dem ausser der Form gegebenen Stoffe ab. Der Verstand kann nichts bearbeiten was ihm nicht gegeben ist, und er kann es nur in so ferne bearbeiten, als es ihm gegeben ist. Um also genau bestimmen zu können, was der Verstand aus den Materialien der Sinnlichkeit herauszubringen vermöge, muss vorher untersucht werden, *was* denn eigentlich dem Verstande durch die Sinnlichkeit geliefert werden könne, und *wie* es durch die Sinnlichkeit geliefert werde; das heisst, es muss das Verhältnis der *Sinnlichkeit* zum Verstande ausgemacht werden.

2. Was

2.

Was ist unter Sinnlichkeit zu verstehen?

Nichts, denke ich, kann einleuchtender seyn, als daß es vorher ausgemacht seyn müsse, was man unter der Sinnlichkeit verstehe, und was durch das Vermögen, welches diesen Namen führt, überhaupt möglich sey, bevor man darüber einig werden kann, ob durch die *Sinnlichkeit ein Stoff geliefert werden könne*, aus welchem sich durch die Operationen des Verstandes und der Vernunft der Stoff übersinnlicher Vorstellungen ziehen lasse. Was dem Vermögen der Sinnlichkeit widerspricht, kann durch keinen Verstand und keine Vernunft, auch nicht einmal der Gottheit selbst aus der Sinnlichkeit geschöpft werden. Um aber angeben zu können, was der Sinnlichkeit widerspreche oder nicht, muß man das Wesen, die Natur, die eigenthümlichen Merkmale der Sinnlichkeit erschöpft haben.

Ueber die Sinnlichkeit ist in der philosophischen Welt bis itzt noch weit weniger ausgemacht, als über Verstand und Vernunft. Wir wollen hier nur bey zwey Hauptpartheyen stehen bleiben.

Die *Materialisten* lassen keine anderen als *Sinnenwesen* gelten, das heißt, sie halten die *Sinnlichen* Vorstellungen für die einzigen, denen wirkliche Gegenstände entsprächen. Alles Wirkliche ist ihnen *Körper*, oder *Eigenschaft* und *Beschaffenheit* des Körpers; und da der Verstand und die Vernunft vom Daseyn und der Beschaffenheit der Körperwelt (außer welcher für die Materialisten nichts wirkliches da ist) nur nach dem Zeugnisse

der

der Sinnlichkeit urtheilen und schliefsen kann: so ist ihnen dieses Zeugnifs die einzige Grundlage aller Erkenntnifs des Wirklichen und des Möglichen. Noch mehr! da die *Körperlichkeit*, die nach diesem System das Wesen aller für sich bestehenden Dinge ausmacht, nur durch die Sinnlichkeit erkannt werden kann, so ist ihnen die Sinnlichkeit die Erkenntnifsquelle nicht nur von den Beschaffenheiten gewisser Dinge, sondern von dem eigentlichen Wesen aller Dinge selbst, und sogar Verstand und Vernunft sind ihnen nichts als Modifikationen der Sinnlichkeit, wie diese, blofses Empfindungsvermögen, nur mit dem Unterschied, dafs Verstand und Vernunft nichts als die *Uebereinstimmung* und den *Widerstreit* zwischen den Materialien der Sinnlichkeit *empfinden* können.

Die *Spiritualisten* hingegen halten gerade das Gegentheil von der Sinnlichkeit. Ich spreche hier nicht von einzelnen spiritualistischen Sekten; nicht von den *Idealisten*, die aufser einer blofsen Ideen- oder Geisterwelt nichts wirkliches zulassen, und der Sinnlichkeit alles Vermögen absprechen, einen Stoff zu liefern, dem ein wirklicher Gegenstand aufser der Vorstellung entspräche; nicht von den *Leibnitzianern*, welche in der ganzen Natur keine andern als einfache Substanzen annehmen, die Ausdehnung von einer verworrenen Vorstellung der Aggregate jener unausgedehnten Substanzen ableiten, und die Sinnlichkeit im Grunde für eine blofse Einschränkung des Verstandes halten. Ich nehme hier vielmehr alle Spiritualisten überhaupt zusammen. Sie mögen übrigens in ihren besondern Meynungen noch so sehr von einander abweichen, so sind sie doch hierüber unter sich einig,

dafs

daß das *Wesen* der Dinge nur dem Verstande und der Vernunft erkennbar sey, daß die Sinnlichkeit nicht einmal das Wesen der Körper selbst anzugeben vermöge, und daß alles, was sie uns von diesen ihren eigenthümlichen Objekten liefern könne, nichts weiter als zufällige, veränderliche, zur bloßen Außenseite gehörige Beschaffenheiten wären.

Die Spiritualisten sind eben so wenig darüber einverstanden, wohin sie das Vermögen sinnlicher Vorstellungen versetzen, als was sie aus demselben machen sollen. Einige weisen ihm seinen Sitz im Körper an, und halten es für ein bloßes Vermögen der Organisation Eindrücke zu empfangen, und der unkörperlichen Seele mitzutheilen. Andere suchen es in der Seele auf, und halten es für ein Vermögen der Seele, die in der Organisation vorhandenen Eindrücke zu empfangen; und wieder andere endlich, in der Seele und im Körper zugleich, und halten es für das Vermögen von äußeren Gegenständen durch das Medium der Organisation afficiert zu werden. Die ersten sehen die Sinnlichkeit für nichts als die bloße Reitzbarkeit der Organisation an, und sprechen Sie der Seele schlechterdings ab, als eine Eigenschaft, die nur Körpern zukäme, und der Natur eines einfachen Wesens widerspräche; die andern erkennen sie zwar für eine Beschaffenheit der Seele, aber nur für eine zufällige und vorübergehende Beschaffenheit, die das bloße Resultat der Verbindung der Seele mit dem Körper wäre, und nur so lange, als diese, dauren könne; die letzten endlich glauben an der Sinnlichkeit eine bloße Einschränkung der Seele durch den Körper entdeckt zu haben, wodurch sie auf das Anschauen so gemeiner und niedrig

des menschlichen Vorstellungsvermögens. 177

drige, täuschende Gegenstände als die Sinnenwesen wären, beschränkt würde, während ihre Denkkraft für das *Anschauen* erhabnerer und würdigerer Gegenstände bestimmt wäre.

So verschieden dachten, und denken die Spiritualisten über die Natur der Sinnlichkeit. Der einzige Punkt, worüber sie unter einander einig sind, besteht darin, daſs sie *) die Seele *nur durch den organischen Körper* sinnlicher Vorstellungen fähig glauben, und folglich (ob zwar auf verschiedene Art) die Sinnlichkeit von der Organisation abhängen lassen. Sie glauben dadurch die Unkörperlichkeit der Seele gerettet zu haben. Allein unglücklicher Weise gestehen ihnen die *Materialisten* jene Unentbehrlichkeit der Organisation zu sinnlichen Vorstellungen nicht nur ein, sondern beweisen sie mit noch stärkeren Gründen, und schliessen aus denselben, indem sie die sinnlichen Vorstellungen für die einzigen halten, denen reelle Gegenstände entsprächen, daſs ohne Organisation nicht nur kein Vorstellungsvermögen überhaupt möglich, sondern daſs jedes Vorstellungsvermögen nur eine Eigenschaft einer gewissen Organisation sey.

Eine natürliche Folge des *ganz verkehrten Ganges*, den man bisher bey der Untersuchung des Erkenntnisvermögens genommen hat! Anstatt daſs man gesucht hätte vorher darüber einig zu werden, was man unter Erkenntnisvermögen und

---

*) Gewisse Idealisten unter ihnen ausgenommen.

und Erkennbarkeit verftünde, und dann erft zu
beftimmen in wie ferne das Subjekt des Erkenntnifsvermögens (die Seele) erkennbar wäre; gieng
man von dem als einfache oder zufammengefetzte
Subftanz angenommenen *Subjekte* aus, um aus den
Begriffen, die man fich von demfelben gemacht
hatte, das Erkenntnifsvermögen zu beftimmen;
und fo nahmen fowohl die Materialiften, als die
Spiritualiften, ihre *Dogmen* unter die *Principien*
ihrer Unterfuchung über die Sinnlichkeit auf. Das
Wort Seele hatte für diefe Partheyen einen drey-
fachen Sinn; indem fie bald das blofse Erkenntnifsvermögen allein, bald aber das Subjekt deffelben
allein, bald beyde zufammengenommen darunter
verftanden; gleichwohl aber alle diefe verfchiedenen Bedeutungen, fo oft es zum Vortheil ihrer
Hypothefen erfordert wurde, untereinander ver-
wirrten. So gefchah es, dafs fie bald dasjenige,
was blofs vom Erkenntnifsvermögen gelten konnte, auf das Subjekt deffelben, bald dasjenige, was
fie von dem letztern erwiefen zu haben glaubten,
auf das erftere übertrugen. Materialift und Spiritualift waren darüber einig, dafs dem Gemüthe
nur durch Organifation *Sinnlichkeit* zukäme. Da
nun der eine das Subjekt des Gemüthes an dem
organifchen Körper felbft entdeckt zu haben glaubte: fo galt ihm dasjenige, was er vom Subjekte
des Erkenntnifsvermögens angenommen hatte,
auch vom Erkenntnifsvermögen felbft, und er
glaubte die Sinnlichkeit mache eben fo gewifs das
eigentliche Wefen des Erkenntnifsvermögens, als
die Organifation das Wefen der Seele aus. Der
Spiritualift hingegen, der das Subjekt des Erkenntnifsvermögens für unkörperlich erklärt hatte, übertrug

trug die Einfachheit des Subjektes auf das Erkenntnisvermögen, und behauptete daher, dieses bestünde eigentlich in dem blosen *Verstande*, dem Vermögen Einheit in das Mannigfaltige der Vorstellungen zu bringen, oder wie man sich gemeiniglich ausdrückte, den Zusammenhang der Wahrheiten einzusehen; und so wie die Einfachheit das Wesen des Subjektes ausmache, so mache der Verstand das *Wesen* des Erkenntnisvermögens aus, dem die *Sinnlichkeit* nur zufällig, nur durch die Verbindung jenes einfachen Subjektes mit dem organischen Körper zukäme.

In beyden Fällen wurden zwey wesentlich verschiedene Fragen verwechselt. Die Frage: worin besteht das Erkenntnisvermögen? mit der Frage: Was ist das Subjekt des Erkenntnisvermögens? (des Verstandes, der Sinnlichkeit?). Die erste Frage ist eigentlich *logisch*, und betrifft Gesetze, die nicht die Natur des Dinges, welches ein Erkenntnisvermögen hat, sondern die Natur des blosen Erkenntnisvermögens ausmachen; die Bedingungen, durch welche das Erkennen möglich ist, welche zusammengenommen das Erkenntnisvermögen heissen, und in dem Erkenntnisvermögen selbst *gegeben* seyn müssen. Die zweyte Frage hingegen ist eigentlich *metaphysisch*; sie betrifft Gesetze, welche die Natur eines wirklichen Dinges ausmachen sollen, Bedingungen, durch welche ein vom blosen Erkenntnisvermögen verschiedener Gegenstand möglich seyn soll, von dem es nur dann ausgemacht werden kann, ob und in wie ferne er erkennbar ist, wenn man *vorher* das blose Erkenntnisvermögen untersucht, und die eigentlichen Gränzen deſſelben gefunden hat.

Durch eine Verwirrung der Begriffe, deren Möglichkeit vielleicht unſren ſpätern Nachkommen ſchwer zu begreifen ſeyn dürfte, hat man bisher weſentlich verſchiedene Gegenſtände der Unterſuchung verwechſelt, das vorſtellbare Erkenntnisvermögen mit dem nicht vorſtellbaren Subjekte deſſelben, Verſtand (Vermögen der Einheit in den Vorſtellungen) mit abſoluter Einheit Einfachheit) des vorſtellenden Subjektes; Sinnlichkeit (Vermögen des Mannigfaltigen in der Vorſtellung) mit der Zuſammenſetzung (Ausdehnung) der Organiſation. So wurde dasjenige, was an ſich bloſs logiſches Geſetz des Erkennens iſt, zur metaphyſiſchen Eigenſchaft der erkennenden Subſtanz, das logiſche Geſetz der Verſtandeshandlung, zur metaphyſiſchen Beſchaffenheit des verſtändigen Subjektes; das logiſche Geſetz der Sinnlichkeit zur metaphyſiſchen Beſchaffenheit des unverſtändigen Subjektes, das mit dem verſtändigen verbunden wäre. Man bedachte nicht, daſs die ſtreitige Erkenntniſs dieſer problematiſchen Subſtanzen, der Einfachen und der Zuſammengeſetzten, von der Möglichkeit der Erkenntniſs überhaupt abhänge; daſs ein Erkenntniſsvermögen *vor* jeder wirklichen Erkenntniſs daſeyn, und in demſelben die Bedingungen, welche zuſammengenommen die *Möglichkeit des Erkennens* ausmachen, gegeben ſeyn müſſen, und daſs ſich eben darum das Erkenntniſsvermögen nicht von als wirklich Erkennbar angenommenen Dingen (Gegenſtänden des Erkenntniſsvermögens), ſondern vielmehr die Erkennbarkeit der Dinge allein von dem Erkenntniſsvermögen ableiten laſſe.

Man

Man that gerade das Gegentheil von dem was man hätte thun sollen, indem man die Natur der Sinnlichkeit und des Verstandes, von der Organisation und der Seele ableitete, da man vielmehr die beyden letztern, in wie ferne sie erkennbar, Gegenstände des Erkenntnisvermögens, seyn sollen, mit einem Worte ihre *Erkennbarkeit* von dem Vermögen der Sinnlichkeit und des Verstandes hätte ableiten müssen.

Indem man das *Subjekt* des Erkenntnisvermögens, (die Substanz der Seele) welches eben so wenig sich selbst zu erkennen, als das Auge sich selbst zu sehen vermag, kennen zu lernen bestrebt war, vernachläßigte man eine Bekanntschaft zu machen, die nicht nur an sich möglich, sondern auch, wenn unser Philosophieren kein Herumtappen unter Begriffen auf Gerathewohl, sondern ein sicherer, bestimmter Fortschritt des Geistes seyn soll, nothwendig ist — nämlich die *Bekanntschaft mit dem Erkenntnisvermögen*. Je mehr man über denjenigen Theil des Erkenntnisvermögens, der in dem *logischen Vermögen des Verstandes und der Vernunft* besteht, in der ganzen philosophischen Welt einig war, desto geneigter wurde man anzunehmen, daß man das Erkenntnisvermögen überhaupt kenne, wenigstens daß man sich untereinander gar wohl verstünde, wenn vom Erkenntnisvermögen die Rede war. Nichts war natürlicher, als daß man über die Begriffe des *logischen* Vermögens von Verstand und Vernunft früher als über den Begriff der *Sinnlichkeit* einig werden mußte. Da Verstand und Vernunft bey jeder Erkenntniß der Sinnlichen sowohl als der Uebersinnlichen ihr logisches Geschäft verrichten müssen; so mußte jeder,

jeder, der nur irgend einen Gegenstand als erkannt, irgend ein Erkenntnifs überhaupt, annahm, die Unentbehrlichkeit des Verstandes und der Vernunft einräumen; und dieses *Einverständnifs über diese Unentbehrlichkeit* muste zu einer allgemeinen gemeinschaftlichen Untersuchung der Funktionen führen, welche dem Verstande und der Vernunft beym Erkennen überhaupt zukämen. Da man aber die Sinnlichkeit eigentlich nur bey *der sinnlichen Erkenntnifs* beschäftigt glaubte, so musten diejenigen Philosophen, welche übersinnliche Gegenstände zu erkennen meynten, und also ein übersinnliches Erkennen zuliessen, nothwendiger Weise auf den Gedanken gerathen, dass die Sinnlichkeit zur Erkenntnifs überhaupt entbehrlich wäre, kein logisches*) Geschäft beym Erkennen habe, und folglich keinen Theil des Erkenntnifsvermögens ausmache. Andere hingegen (die Materialisten) welche blofs sinnliche Gegenstände nicht nur für einzig erkennbar, sondern sogar für einzig möglich (denkbar) hielten, musten der Sinnlichkeit nicht nur Unentbehrlichkeit zu jeder Erkenntnifs überhaupt einräumen, sondern dieselbe so gar zur obersten Bedingung alles Denkens, und zum Kriterium aller Möglichkeit erheben, sie zum ganzen Erkenntnifs- und Vorstellungsvermögen machen und ihr Verstand und Vernunft als blofse Modifikationen unterordnen.

Indem

---

*) Logisch im strengsten Sinne heifst zwar nur was zum *Denken* gehört. Ich nehme es hier in einem weitern Sinne für alles, was zu der in der Natur des Erkenntnifsvermögens bestimmten, Art und Weise des Erkennens gehört, für jedes *Gesetz des* Erkenntnifsvermögens; im Gegensatze mit den Gesetzen der Gegenstände des Erkenntnifsvermögens.

Indem nun die Sinnlichkeit auf diese Weise von der einen Parthey ganz von dem Erkenntnisvermögen ausgeschlossen, von der andern aber für das Erkenntnisvermögen selbst angenommen wurde, hatten sich diese beyden Partheyen selbst allen Weg zur Untersuchung der Sinnlichkeit im Verhältnisse auf das Erkenntnisvermögen unmöglich gemacht, und es würde ohne die gegen die Grundsätze von beyden gerichteten Einwürfe der dogmatischen Skeptiker wohl nie zu dieser Untersuchung gekommen seyn *). Die bey ihrem Streit sich selbst überlassenen Spiritualisten und Materialisten würden sich von dem Wege zu derselben immer weiter entfernt haben, je länger ihr Streit gedauert haben würde. Wirklich haben es die *Eiferer* auf beyden Seiten

---

*) Sogar *Locke*, welcher so viel Vortreffliches von der Unentbehrlichkeit der Sinnlichkeit im menschlichen Erkenntnisvermögen gesagt hat, und seinen Grundsätzen so weit getreu geblieben ist, dafs er das Daseyn eines Geistes für indemonstrabel hält, weil ein Geist kein Gegenstand der Sinnlichkeit wäre. (*Our senses not bring able to discover them, we want the means of knowing their particular existences. We can no more know that there are finite spirits really existing by the Idea we have of such beings in our minds, than by the Ideas any one has of fairies or centaurs, we can come to know that things answering those Ideas to really exist. Essay concerning human Understanding* V. II. C. XI. §. 12.) Locke sogar ist keineswegs über den eigentlichen Antheil der Sinnlichkeit am Erkenntnisvermögen, ja! nicht einmal über die Unentbehrlichkeit derselben zum Erkennen überhaupt mit sich selbst einig geworden, wie sich in der Folge deutlich zeigen wird, und zum Theil schon daraus erhellen würde, dafs er das Daseyn Gottes für erkennbar angab.

Seiten nicht dabey bewenden laſſen, daſs ſie der Sinnlichkeit beym Erkennen *nichts* oder — *Alles* einräumten: ſondern die einen gaben die Sinnlichkeit mit *Plato* für ein leidiges Hindernis der Erkenntniſs, eine nothwendige Quelle des Irrthums, eine bloſse Einſchränkung des Vorſtellungsvermögens aus; die andern aber erklärten mit *Epikur* jede Vorſtellung nur in ſo ferne für wahr, als ſie von dem ſinnlichen Eindrucke beſtätiget würde, und ſahen den reinen Verſtand für ein Unding, und die ihm eigenthümlichen Notionen für Blendwerke des Schulwitzes an.

2.

Was iſt unter Erkenntniſsvermögen zu verſtehen?

Daſs man über die Antwort auf dieſe Frage nicht einig iſt, erhellt ſchon aus der von mir beleuchteten ungeheuren Verſchiedenheit der Bedeutungen, die man bisher mit den Worten *Vernunft* und *Sinnlichkeit* zu verbinden gewohnt war. Kaum diejenigen, welche Sinnlichkeit und Vernunft in ihren Begriff des Erkenntniſsvermögens aufzunehmen ſchienen, und das Erkenntniſsvermögen, in das *ſinnliche* oder *Untere*, und in das *vernünftigere* oder *Obere* eintheilten, fanden es für nöthig, ſich ſelbſt zu fragen, oder zu erklären: *was ſie unter erkennen verſtünden*. Ich habe weder von dem unſterblichen *Leibnitz*, noch von ſeinen würdigen Anhängern *Wolf, Bilfinger, Baumgarten*, eine beſtimmte Erörterung hierüber auffinden können. Der letztere beginnt ſeine *Metaphyſik* mit folgender Definition: „Die Metaphyſik iſt die Wiſſenſchaft

schaft der ersten Erkenntnißgründe, der menschlichen Erkenntniß" ohne sich in dem ganzen Werke, in welchem er sonst mit Erklärungen so freygebig ist, nicht einmal in denjenigen Theilen desselben, wo er vom Erkenntnisvermögen handelt, auch nur ein Wörtchen darüber entfallen zu lassen, was er unter diesem *Vermögen* gedacht wissen wolle. Gleichwohl dürfte es äuserst schwer, ich wage es zu sagen, unmöglich seyn, dasselbe durch Vergleichung seiner einzelnen Aeuserungen, und aus dem Zusammenhang des Ganzen herauszubringen. Wo er sich z. B. über den Unterschied zwischen *sinnlicher* und *verständiger Erkenntniß* erklärt, den er in der blosen Undeutlichkeit der einen, und Deutlichkeit der andern, oder, wie er sich selbst ausdrückt, in *einem gröstern und kleinern Grade der Erkenntniß*, findet, spricht er in der Erörterung blos von *Vorstellung*, die er mit der *Erkenntniß* verwechselt. Gleichwohl muste *Baumgarten* einen Unterschied zwischen *Erkenntniß* und Vorstellung angenommen haben. Aber welchen?

Locke hielt es keineswegs überflüssig anzugeben, was er unter Erkenntniß verstünde. „Erkenntniß" sagt er, „scheint mir nichts anderes zu seyn, als die Wahrnehmung des Zusammenhangs und der Uebereinstimmung, oder der Nichtübereinstimmung und des Widerstreits zwischen einigen (in der Aufschrift am Rande heißt es *zweyen*) unsrer Vorstellungen *)." Allein man darf sich nicht wun-

---

*) Knowledge seems to me to be nothing but the perception of the connexion and agreement, or disagree-

wundern, daſs dieſer Begriff der Erkenntniſs in der philoſophiſchen Welt keinen Eingang gefunden hat, da er äuſserſt mangelhaft und unbeſtimmt iſt, und mit den Bedingungen, die Locke ſelbſt zur Erkenntniſs als unentbehrlich ſeſtſetzt, durchaus nicht zuſammenſtimmt.

„Unſre Erkenntniſs, ſagt der ſcharfſinnige Den„ker *), iſt nur in ſo ferne reel, als zwiſchen un„ſren Vorſtellungen und der Realität der Dinge (den „Gegenſtänden) Uebereinſtimmung ſtatt findet." Dieſe Uebereinſtimmung iſt doch wohl bey *jeder* Erkenntniſs weſentlich, und eine Erkenntniſs die nicht in dieſem Sinne reell wäre, würde eben ſo viel ſeyn als eine Vorſtellung die nichts vorſtellt. Gleichwohl iſt gerade dieſe weſentliche Bedingung, durch welche Erkenntniſs zur Erkenntniſs wird, in der Lockiſchen Erklärung ganz übergangen. Sie ſpricht bloſs von Uebereinſtimmung zwiſchen Vorſtellungen; aber die Vorſtellungen ſind doch von ihren Gegenſtänden weſentlich unterſchieden. *Locke* erklärt ſich auch in der Folge ſelbſt, daſs er bey den Vorſtellungen, die er die *einfachen* nennt, dieſe Uebereinſtimmung mit dem was nicht Vorſtellung iſt vorausſetze. Dieſe Vorausſetzung iſt aber gerade dasjenige, worüber bey der Erklärung des Erkenntniſſes die Frage war, da ohne dem Bewuſstſeyn, daſs einer Vorſtellung ein Gegenſtand (etwas das nicht bloſse Vorſtellung iſt) entſpreche, eine Erkennt-

---

agreement and repugnance of any of our Ideas. V. II. B. IV. Ch. 1. Of Knowledge in General.

*) Ch. IV. Of the reality of human knowledge.

kenntnifs unmöglich reel, das heifst, *keine Erkenntnifs* seyn würde.

Auch wird in der Lockischen Erklärung, die
Erkenntnifs zur blofsen Vorstellung der logischen
Funktionen des Urtheils und der Vernunftschlüsse
gemacht, und folglich das Erkenntnifsvermögen
mit demjenigen, was sonst Verstand und Vernunft
heifst, verwechselt. Wirklich war Locke durch diese
Verwechslung genöthiget in der Folge von der *Vernunft* eine blosse Beschreibung zu geben, in welcher die eigentliche Funktion der Vernunft beym
Erkennen überhaupt, von dem methodischen Verfahren derselben bey der discursiven Erkenntnifs,
und wissenschaftlicher Demonstration, bald unterschieden bald damit verwechselt wird. Auch ist es
in der vortreflichen Erörterung über den Misbrauch
des *Syllogismus*, in welche er sich bey dieser Gelegenheit einläst, sichtbar genug, dafs er die äusere
Syllogistische Form, mit welcher der Schulwitz damals noch in den sechszehn Schlusformeln sein Spiel
trieb, nicht ganz von der innern Form des Vernunftschlusses selbst, der eigenthümlichen Handlungsweise
der Vernunft unterschieden habe, die er um so leichter verkennen mufste, nachdem er das Bewufstseyn des Zusammenhangs mehrerer Vorstellungen,
welches nur durch jene Handlungsweise der Vernunft möglich ist, schon in seinen Begriff von Erkenntnifs aufgenommen hatte, und folglich, da er
nachmals von der Vernunft insbesondere zu sprechen hatte, den Vernunftschlufs unmöglich als das allgemeine und eigenthümliche Geschäft, das die Vernunft beym Erkennen überhaupt habe, annehmen
konnte. Er erklärte daher die Vernunft für die
Fähigkeit, welche die Mittel Gewisheit und Wahr-
scheiu-

scheinlichkeit zu entdecken ausfindig macht und richtig anwendet *).

Umsonst habe ich bey so manchem Anhänger des unsterblichen Locke, umsonst bey dem scharfsinnigen Eklektiker *Plattner*, umsonst bey *Logikern* von Profession, z. B. dem verdienstvollen *Reimarus* nach einer ausdrücklichen Erklärung der *Erkenntniss* gesucht. Ich fand wohl bey einer aufmerksamen in dieser Absicht vorgenommenen Lektüre, das Wort *Erkenntniss* bald für Ueberzeugung, bald für Gewissheit, bald für Wissenschaft, u. s. w. gebraucht; fand dass der Begriff, den sie bey anderen Gelegenheiten damit verbanden, bald auf Bewusstseyn der Nothwendigkeit eines Urtheils, bald auf gedachte Nothwendigkeit einer Vorstellung, bald auf Beziehung der Vorstellung auf einen Gegenstand hinwies; aber ich fand auch, dass der Gebrauch, den sie sowohl von dem Worte, als jenen Begriffen machten, wenn von Erkenntniss der Wahrheit, von Erkenntniss einer Vorstellung, von Erkenntniss eines Dinges das nicht Vorstellung seyn sollte, die Rede war, nie mit sich selbst zusammen stimmte, sich willkührlich veränderte, mit einem Worte, dass die vorzüglichsten mir bekannten philosophischen Schriftsteller über die Bedeutung des Wortes Erkenntniss weder unter einander, noch mit sich selbst einig sind.

§. V.

Es ist schlechterdings unmöglich sich über den allgemeingültigen Begriff des Erkenntniss-

*) *The faculty which finds out the means and rightly applies them to discover certainty, and probability, is that which we call reason.*

nifsvermögens zu vereinigen, so lange man über das Wesen des *Vorstellungsvermögens* verschieden denkt.

Man nehme was immer für einen Begriff der Erkenntnis an: so setzt er den Begriff der Vorstellung voraus. Nicht jede Vorstellung ist Erkenntnis, aber jede Erkenntnis ist Vorstellung. Ist also aus dem Begriffe der Vorstellung ein demselben wesentliches Merkmal weggelassen, oder in denselben ein fremdes, oder gar widersprechendes aufgenommen, so ist auch der Begriff der Erkenntnis, in einem seiner Hauptmerkmale (nämlich der *Vorstellung*) unrichtig. Und wenn zwey über das, was unter Erkenntnisvermögen zu verstehen sey mit einander disputiren; so darf nur der eine in seinem Begriffe von der Vorstellung ein wesentliches Merkmal übersehen, oder ein fremdes aufgenommen haben (ohne dass es beyde, die nur an die Erkenntnis nicht an die Vorstellung ausdrücklich denken, gewahr werden), und sie werden in Ewigkeit über den Begriff der Erkenntnis uneinig bleiben.

Gesetzt, man vereinigte sich auch über folgende Definition der Erkenntnis: Sie ist das Bewustseyn der Beziehung einer *Vorstellung* auf ein bestimmtes etwas, von ihr verschiedenes, welches *Gegenstand* heisst: so würde diese Vereinigung so gut als keine seyn; sie würde nur eine blosse Formel, die jeder nach seinem Sinne verstehen kann, betreffen; wenn man nicht über den Begriff der *Vorstellung* und zumal über dasjenige Merkmal, *welches denselben von dem Begriffe des Gegenstandes unterscheidet*, einig wäre. Ohne sich über dieses

Merk-

Merkmal vereiniget zu haben, würde alle Uebereinstimmung über den Unterschied zwischen Erkenntniß und bloſser Vorstellung unmöglich seyn.

Alles, was erkennbar seyn soll, muſs vorstellbar seyn, obwohl nicht alles Vorstellbare darum auch erkennbar ist, weil sonst jede Vorstellung eine Erkenntniſs seyn würde. Die Vorstellbarkeit oder die Möglichkeit der Vorstellung wird durch das Vorstellungsvermögen allein bestimmt. Das letztere muſs also vor allen Dingen untersucht werden.

Die Vorstellung ist das einzige über dessen Wirklichkeit alle Philosophen einig sind. Wenigstens wenn es überhaupt etwas giebt, worüber man in der philosophischen Welt einig ist, so ist es die Vorstellung; kein Idealist, kein Egoist, kein dogmatischer Skeptiker kann das Daseyn der Vorstellung läugnen. Wer aber eine Vorstellung zugiebt, muſs auch ein Vorstellungsvermögen zugeben, das heiſst dasjenige, ohne welches sich keine Vorstellung denken läſst. Sobald man nun über dieses einig geworden ist, hat man sich in den Besitz eines allgemeingültigen Princips gesetzt, aus welchem sich in der Folge die Gränzen des Erkenntnißvermögens, und die Möglichkeit allgemeingeltender Erkenntnißgründe für die Grundwahrheiten der Religion und Moralität, so wie allgemeingeltender erster Grundsätze der Moral und des Naturrechts bestimmen lassen müssen, wenn sie anders bestimmbar sind.

Un-

des menschlichen Vorstellungsvermögens.

Ungeachtet die *Vorstellung* von allen zugegeben wird, und jeder Philosoph einen Begriff von Vorstellung hat, so ist doch dieser Begriff nicht bey allen ebenderselbe, nicht bey allen gleich vollständig, gleich rein, gleich richtig. Man ist sogar über seine wesentlichsten Merkmale uneinig, wie sich zum Theil aus der Uneinigkeit über die Erkenntnifs schliefsen läfst, zum Theil im folgenden, wie ich hoffe, zu jedermanns Ueberzeugung dargethan werden soll. Sollte das Mifsverständnifs, welches dieser Uneinigkeit zum Grunde liegt, nicht gehoben werden können? Der Versuche, die sich mit der Untersuchung des Begriffes der Vorstellung beschäfftiget haben, sind noch nicht so viele gemacht worden, dafs man darum von einem neuen Versuche weniger hoffen dürfte.

Der Begriff des Vorstellungsvermögens führt unter andern auch diese Bequemlichkeit mit sich, dafs er sich, wenn einmal sein wesentliches Merkmal gefunden ist, sehr leicht allgemeingültig erschöpfen läfst, das heifst, dafs sich mit ihm eine Zergliederung vornehmen läfst, bey der man darüber einig werden kann, dafs man sich *aller* seiner vorstellbaren Merkmale bemächtiget habe, und keines übrig sey, welches durch einen unentwickelten und unbestimmten Begriff Keim oder Veranlassung künftiger Mifsverständnisse seyn könnte. Denn ist man bey der Untersuchung des Begriffs des Vorstellungsvermögens glücklich genug gewesen, das Wesentliche, das Haupt-Merkmal desselben entdeckt zu haben, so hat man in demselben zugleich das Merkmal und Kriterium der *Vorstellbarkeit* gefunden, aus welchem sich die Gränze aller

weite-

weiteren Zergliederung, an dem *Nichtvorstellbaren* leicht bestimmen läst. Es kann dann ohne viele Mühe gezeigt werden, was und in wie ferne etwas, das zum Begriff der Vorstellung gehört, *vorstellbar* ist oder nicht.

ZWEYTES BUCH.

THEORIE

DES

VORSTELLUNGSVERMÖGENS

ÜBERHAUPT.

Since the mind in all its thoughts and reasonings hath no other *immediate* objet but its own *Ideas*, which it alone does or can contemplate, it is evident that our Knowledge is only conversant about them.

Locke's Essay B. IV. Ch: 1.

Zweytes Buch.

Theorie
des
Vorstellungsvermögens
überhaupt.

§. VI.

Das Wort *Vorstellungsvermögen* fasset in seiner weiteren Bedeutung alles zusammen, was zunächst zu den Bedingungen der Vorstellung gehört.

Dieser Paragraph soll nichts als die *weitere Bedeutung* des Wortes Vorstellungsvermögen ausdrücken, d. i. diejenige, über welche *alle* philosophischen Partheyen nur darum und nur in so ferne einig sind, weil und in wie ferne dieselbe, alle, jeder Parthey und jedem Anhänger derselben *eigenthümlichen* Bedeutungen umfaßt, und auf jede besondere Meynung vom Vorstellungsvermögen paßt. Ich lege hier nicht den bestimmten, sondern nur den bestimmbaren Begriff vor, und ziehe die äusserste Gränzlinie um das mir und allen denen, die etwas bey dem Worte Vorstellungsvermögen denken, gemeinschaftliche Feld der Untersuchung.

Dieses Feld schliefst also denjenigen ein, der unter Vorstellungsvermögen die *Seele* selbst, oder die *vorstellende Kraft*, oder auch nur das *Vermögen* dieser Kraft denkt; denjenigen, der das Vorstellungsvermögen für ein Resultat von dem Vermögen der Organisation, und einer einfachen geistigen Substanz hält, oder aber für ein Vermögen der Organisation allein; oder eines unkörperlichen Wesens allein; denjenigen, der sich die Vorstellung nicht ohne physische Einwirkung der Dinge aufser der Seele auf die Seele denken kann, und der folglich das Vermögen der Aufsendinge auf die Seele zu wirken, in seinen Begriff vom Vorstellungsvermögen mit aufnimmt; mit einem Worte jeden, der sich den Inbegriff desjenigen (sey es was immer) denkt, wodurch die Vorstellung *zunächst* möglich wird.

So ausgemacht es auch den meisten meiner Leser scheinen wird, dafs zum Vorstellungsvermögen, wenigstens in dieser weiteren Bedeutung, der *organische Körper*, und die sogenannten äusseren und inneren sinnlichen Werkzeuge gezählt werden müssen — welche dem Zeugnisse der Erfahrung gemäfs die Kanäle sind, durch die von den Gegenständen *auſser uns* der *Stoff* zu den Vorstellungen dieser Gegenstände geliefert wird — so wenig ist man in der philosophischen Welt hierüber einig.

Es giebt nämlich *Idealisten*, welche jenes Zeugnifs der Erfahrung geradezu für eine Täuschung, und *Skeptiker*, welche daſſelbe für unzuverläſsig erklären. Die Einen glauben zu wissen, daſs es keine Körper geben könne, und daſs unsre Organisation selbst nur eine *bloſse Vorstellung* sey; die andern aber — daſs man sich durchaus nicht überzeugen könne,

könne, woher unsre Vorstellungen kommen; indem sogar die Uebereinstimmung derselben mit ihren Gegenständen unausgemacht sey, und ewig unausgemacht bleiben müsse.

Die *Materialisten*, welche allen Unterschied zwischen dem vorstellenden Subjekte und der Organisation läugnen, sind freylich über die Unentbehrlichkeit der letztern zur Vorstellung unter sich einig: denn sie halten das Vorstellungsvermögen für nichts als eine Beschaffenheit, Eigenschaft, Kraft gewisser Organisationen.

Wenn im Gegentheile die *Dualisten* einen wesentlichen Unterschied zwischen dem vorstellenden Subjekte, das sie Seele, und der Organisation, die sie Leib nennen, annehmen, und den Leib für ein *blosses Instrument* der Seele gelten lassen; so sind sie doch hierüber unter sich uneinig, ob sie dieses Instrument *zu allen*, oder nur zu einer *gewissen Art* von Vorstellungen, nämlich den sogenannten *sinnlichen* allein für unentbehrlich halten; und folglich ob sie die Organisation in den Begriff des Vorstellungsvermögens überhaupt, oder nur in den Begriff des sinnlichen Vorstellungsvermögens allein aufnehmen sollen.

Diejenigen, welche die Unsterblichkeit der Seele aus der Natur derselben zu beweisen unternehmen, sehen sich durch die Hinfälligkeit des organischen Körpers genöthiget, entweder die Unentbehrlichkeit der Organisation überhaupt zu läugnen, oder der Seele einen feineren nach dem Tode fortdaurenden Körper beyzulegen. Zu einem von beyden müssen sich die *Spiritualisten* bekennen, welche das Vorstellungsvermögen für eine Kraft eines unkörkörperlichen einfachen Wesens halten, die nach einigen *alle*, nach andern aber nur die *übersinnlichen* Vorstellungen nicht durch Eindruck von außen erhält, sondern aus ihren eigenen Anlagen entwickelt; und noch einigen des Körpers, von dem sie bloße *Einschränkung* in ihren Handlungen erfährt, gar nicht bedarf; nach andern aber durch ihn nur für die Zeit dieses Lebens den Stoff erhält, den sie zu ihren Vorstellungen verarbeitet.

Da es also in der philosophischen Welt noch *keinesivegs ausgemacht* ist, ob, und in wie ferne die Organisation zu den Bedingungen der Vorstellung überhaupt gehöre; die Theorie des Vorstellungsvermögens aber keine andere als *allgemeingeltende* Prämissen zuläfst: so darf hier die Unentbehrlichkeit der Organisation zur Vorstellung weder behauptet noch geläugnet werden; sie muls einstweilen dahingestellt bleiben, und darf so wenig als ihr Gegentheil, schlechterdings nicht in denjenigen Begriff des Vorstellungsvermögens hineingezogen werden, der die *Grundlage* unsrer Theorie ausmachen soll, und der in dieser Eigenschaft durchaus nichts enthalten darf, worüber nicht alle denkende Köpfe unter sich einig sind, sobald sie daran erinnert werden.

Dafs es einen solchen Begriff vom Vorstellungsvermögen wirklich gebe, beweiset selbst die Streitfrage: ob die Organisation zum Vorstellungsvermögen gehöre oder nicht? Sie wäre an sich unmöglich, wenn die Organisation ein so wesentlicher Bestandtheil des bloßen Begriffes vom Vorstellungsvermögen wäre, daß dieser ohne jenes Merkmal gar nicht gedacht werden könnte. Aller Streit würde hier unmöglich seyn, wenn nicht die Partheyen,

wäre

wäre es auch nur durch eine stillschweigende Uebereinkunft, auch ohne es selbst bestimmt zu wissen, über etwas einig wären, das sie Vorstellungsvermögen nennen, und das sie von dem andern Etwas, worüber sie nicht einig sind, nämlich der Organisation unterscheiden. Sie mögen das Vorstellungsvermögen in der blossen Organisation allein, oder in einer von der Organisation verschiedenen einfachen Substanz allein, oder in beyden zusammengenommen aufsuchen: so ist es doch nur immer ein und eben dasselbe *Vermögen*, das sie aus verschiedenen Quellen ableiten; ein und eben dasselbe bestimmte logische Subjekt, das sie, weil kein Subjekt anders, als durch ein Prädikat bestimmbar ist, durch ein gemeinschaftliches Prädikat denken müssen, wenn sie unter sich ausmachen wollen, ob ein anderes Prädikat (die Unentbehrlichkeit der Organisation) damit verknüpft werden müsse oder nicht. Um dieses gemeinschaftliche Prädikat, oder den Inbegriff solcher Prädikate, ausfindig zu machen, müssen wir den oben aufgestellten ziemlich unbestimmten und in seinen Merkmalen vieldeutigen Begriff näher zu bestimmen suchen.

Es giebt *äussere* und *innere Bedingungen* der Vorstellung. *Aeussere*, die ausser der Vorstellung selbst vorkommen, von ihr nothwendig *unterschieden* werden müssen, aber gleichwohl als nothwendige Bedingungen mit ihr verknüpft sind. *Innere*, die in der Vorstellung selbst vorkommen müssen, wesentliche Bestandtheile derselben ausmachen, und nicht von ihr unterschieden werden können, ohne sie selbst aufzuheben. So sind z. B. die Aeltern, *äussere*, Gemüth und Körper aber *innere* Bedingungen eines *Menschen*. Doch was bedarf es hier

hier eines erläuternden Beyspiels; da die Unterscheidung zwischen äußern und innern Bedingungen der Vorstellung, wie man bald sehen wird, unter die äußerst wenigen Punkte gehört, worüber alle denkenden Köpfe einverstanden sind. Das Merkmal des Begriffes der Vorstellung, das die *Grundlage* meiner Theorie abgeben soll, liefert der folgende Paragraph.

§. VII.

Man ist, durch das *Bewußtseyn* genöthiget, darüber einig, daß zu jeder Vorstellung ein vorstellendes Subjekt, und ein vorgestelltes Objekt gehöre, welche *Beyde* von der *Vorstellung* zu der sie gehören, *unterschieden* werden müssen.

Ungeachtet beynahe buchstäblich wahr ist, was *Cicero* von den *Liebhabern der Weisheit* irgendwo sagt: „Kein Kranker habe etwas so tolles geträumt, das nicht irgend ein Philosoph wachend behauptet hätte;" so zweifle ich doch, ob es irgend einem Sophisten älterer und neuerer Zeiten je eingefallen ist, eine Vorstellung ohne Subjekt und Objekt anzunehmen, und sich der Unterscheidung zwischen diesen drey wesentlich verschiedenen, und innigst verknüpften Dingen erwehren zu wollen. Er hätte das *Bewußtseyn* läugnen oder vielmehr verloren haben müssen. Man ist sich seiner Selbst, seines *Ichs*, nur durch die Vorstellung bewußt, die man von seinem Selbst, dem *Subjekte* unterscheidet, das man so wenig als die Vorstellung selbst läugnen kann, und man ist sich seiner *Vorstellung* nur durch dasjenige bewußt, was durch sie *vorgestellt* wird, und was man von ihr selbst unterscheidet, gleichwohl aber so wenig als sie selbst läugnen kann.

Sollte

Sollte es je im Ernste *Egoisten*, d. h. Philosophen gegeben haben, die das Daseyn aller Gegenstände aufser ihrem Ich geläugnet haben; so wären doch auch diese durch das unläugbare, unwidersprechliche, allen Sophistereyen Trotz biethende Bewusstseyn gedrungen gewesen, nicht nur ihr vorstellendes *Ich* von den Vorstellungen desselben, sondern auch von jeder dieser Vorstellungen ein gewisses Etwas, das durch dieselben *vorgestellt* wird, zu unterscheiden, ein Etwas, das sie mit uns andern Gegenstand nennen, oder mit dem Prädikate des *Vorgestellten* bezeichnen müssen, wenn sie von uns andern verstanden werden wollen. Sey es, dafs der Egoist dieses Etwas selbst wieder für eine Vorstellung halte; so muss er doch diese vorgestellte Vorstellung von der, in welcher sie vorgestellt wird, unterscheiden, und sich selbst eingestehen, dafs er zwey sehr verschiedene Vorstellungen habe, wenn er sich den *Gegenstand* einer Vorstellung, und die *blofse Vorstellung* dieses Gegenstandes denkt, und dafs es keineswegs auf ihn ankomme, diesen Unterschied aufzuheben.

Da hier nicht behauptet wird, *dafs* und *wie* die Gegenstände *aufser dem Gemüthe* vorhanden sind, sondern nur, dafs sie von den *blofsen* Vorstellungen unterschieden werden müssen: so habe ichs hier eben so wenig mit den *Idealisten* und den *Skeptikern* aufzunehmen; und da ich blofs den im *Bewusstseyn* selbst vorkommenden Unterschied zugeben wollen will, ohne mich auf den aufser dem Bewusstseyn gelegenen Grund derselben einzulassen: so komme ich mit keiner Parthey, was sie auch immer für einen Namen haben mag, ins Gedränge. Keine behauptet, dafs das, was vorstellt, und das, was vorgestellt wird *Nichts* sey; und dafs das Etwas, welches vorstellt, und das Etwas, welches vorgestellt wird, von der *blossen Vorstellung* nicht zu unterscheiden sey.

Da nun das vorstellende Subjekt und das vorgestellte Objekt von der Vorstellung, zu welcher sie gehören, nicht nur unterschieden werden können, sondern auch müssen: so machen sie keine Bestandtheile der Vorstellung selbst aus, und gehören blofs zu den *äusseren Bedingungen* der Vorstellung, und müssen aus dem Begriffe der *Innern* zur *blossen* Vorstellung allein gehörigen, und dieselbe ausmachenden Bedingungen sorgfältig weggelassen werden.

Und so hätten wir denn durch die blosse Hinwegräumung desjenigen, was nicht hineingehört, den Begriff des Vorstellungsvermögens näher bestimmt, und dadurch den Begriff des Vorstellungsvermögens im engeren Sinne oder des *blossen Vorstellungsvermögens überhaupt* erhalten.

§. VIII.

Das Wort *Vorstellungsvermögen* fasset in seiner *engeren* Bedeutung nur dasjenige zusammen, was zu den *inneren* Bedingungen der Vorstellung allein gehört, und schliefst folglich sowohl die vorgestellten *Objekte* als das vorstellende *Subjekt*, als *äussere* Bedingungen, aus.

„Zur blossen Vorstellung gehört die vorstellende *Kraft* der einfachen denkenden Substanz,“ höre ich hier den *Spiritualisten* — „die vorstellende Kraft einer

des Vorstellungsvermögens überhaupt. 203

einer gewissen Organisation" — den *Materialisten* „die vorstellende Kraft ist das bloſſe Resultat der Kräfte der einfachen Substanz und der Organisation" — den *Dualisten* mir in die Rede fallen. Meine Herrn! auch in diesem Paragraph begehre ich keineswegs zu läugnen, was sie behaupten. Ich ersuche sie nur, mit dem Bestchen auf ihren besondern Meynungen über die Natur der vorstellenden *Kraft* so lange inne zu halten, bis wir den Versuch miteinander gemacht haben, über den Begriff des bloſſen Vorstellungsvermögens einig zu werden. Ich habe meine guten Gründe, warum ich mich des Ausdrucks *vorstellender Kraft* nicht gerne bediene. Ich untersuche hier den Begriff des *Vorstellungsvermögens;* und weiſs, daſs man sich unter *Kraft*, wenigstens gemeiniglich, das Vermögen mit dem *Subjekte* desselben zusammen genommen, die vorstellende *Substanz* denkt. Man hat ja lange genug, und allgemein genug versucht das Vorstellungsvermögen durch die vorstellende Kraft kennen zu lernen; warum soll mir nicht einmal der Versuch vergönnt seyn, die Kraft, durch das Vermögen zu bestimmen; wo ich dann ohne einen Cirkel zu machen, die *Kraft* keineswegs in den Begriff des Vermögens aufnehmen darf. Iede Kraft äuſſert ihr thätiges und leidendes *Vermögen* nur an ihren Wirkungen; und es ist kein anderer Weg eine Kraft kennen zu lernen, als daſs man an den Wirkungen dasjenige ausfindig zu machen sucht, wodurch sie zunächst möglich wurden, das heiſst, das *Vermögen* der Kraft. Die vorstellende Kraft ist nur durch ihre Wirkung, die *Vorstellung*, erkennbar. Wir wollen also fürs erste nicht sie selbst, sondern nur dasjenige von ihr untersuchen, was in ihrer Wirkung der *bloſſen Vorstellung*

stellung selbst vorkommt. Nicht *sie selbst*, das wirkende Subjekt, sondern nur ihr Vermögen, oder vielmehr Merkmale ihres Vermögens, können in ihrer Wirkung, der Vorstellung, vorkommen. Gelingt es uns, dieses blosse Vermögen aus der *Vorstellung* zu entwickeln, so haben wir auch die Kraft, in wie weit sie erkennbar ist, kennen gelernt.

Durch diese Bestimmung des Begriffes von Vorstellungsvermögen im engern Sinne des Wortes, werden aus unsrer Untersuchung, die nunmehr das *blosse* Vorstellungsvermögen allein betrifft, die Fragen über die Natur des vorstellenden Subjektes, oder der Seele, und der vorgestellten Objekte, oder der Dinge auser uns, ausgeschlossen, welche sich bisher immer in jene Untersuchung eingeschlichen, und das Ziel derselben verrückt haben. So nahe auch den Philosophen die Unterscheidung zwischen den *äussern* und *innern* Bedingungen der Vorstellung durch das Bewußtseyn gelegt wurde, so allgemein wurde sie von ihnen bisher vernachläßiget, und es ist ihnen nie eingefallen, (den meisten unter ihnen sogar ist es noch unbegreiflich) daß bey der Untersuchung des blossen Vorstellungsvermögens, weder von dem vorstellenden Subjekte noch von den vorgestellten Objekten die Rede seyn dürfe. Die Frage: Worin besteht das Vorstellungsvermögen, wurde daher mit den von ihr so ganz verschiedenen Fragen: Worin besteht das Vorstellende in uns? und, wie wirkt die vorstellende Kraft? verwechselt, oder vielmehr über dem fruchtlosen Bestreben, die letztere zu beantworten ganz übergangen. *Vorstellen*, behauptete der eine Philosoph, ist das Resultat von der Zusammenwirkung einer Einfachen Substanz (der Seele) mit einer einem organischen Körper; die Seele ist also so wenig ohne Leib, als dieser ohne jene der Vorstellung fähig. *Denken*, sagt der andere, kann nur die Wirkung eines unkörperlichen Wesens seyn, und da bey allen Vorstellungen mehr oder weniger gedacht wird, so ist das Vorstellungsvermögen ein Vermögen eines *Geistes*. *Empfinden*, erwiederte ein dritter, ist nur einem organischen Körper möglich; und da sich alle Vorstellungen auf Empfindungen zurückführen lassen, so ist das Vorstellungsvermögen ein Vermögen einer gewissen Organisation. Hierdurch wurden alle Untersuchungen über das Vorstellungsvermögen mehr oder weniger polemisch, und die im Tumulte des Kampfes erregten Staubwolken entzogen den Gegenstand, von dem eigentlich die Frage seyn sollte, gewöhnlich aus den Augen der Kämpfer. Man hatte noch nicht unter sich ausgemacht, was man unter *vorstellen, empfinden, denken* verstehe, und wollte dafür die *Ursache* des Vorstellens, Empfindens, Denkens erforschen. Man erwartete von der Untersuchung der vorstellenden Kraft den Aufschluss darüber, was man sich unter einer Vorstellung zu denken hätte, und suchte von dem vorstellenden Subjekte, und zuweilen auch von den vorgestellten Objekte zu lernen, was die blosse Vorstellung sey.

Es bedarf keiner tiefsinnigen Betrachtungen, um die Wichtigkeit der von uns festgesetzten Unterscheidung zwischen dem Vorstellungsvermögen in weiterer und engerer Bedeutung, oder welches eben so viel heifst, der Unterscheidung zwischen den Vorstellungsvermögen, wobey die Seele selbst und die auf sie einwirkende Kraft der Aussendinge gedacht wird; und dem *blossen Vorstellungsvermögen*

mögen, wo beydes ausgeschlossen bleibt, in einem auffallenden Lichte gewahr zu werden. Wir kennen die Objekte ausser uns, und selbst das Vorstellende in uns, *nur durch die Vorstellungen*, die wir von ihnen haben und die wir von ihnen selbst unterscheiden müssen. Die vorgestellten Dinge ausser uns, und unsre Seele sind nicht die Vorstellungen selbst, die wir von ihnen haben und unser Bewustseyn muss allen Versuch, das *Vorgestellte* für die *blosse Vorstellung*, und diese für das *Vorstellende* zu *subs*tituiren ganz unmöglich machen. So lange wir also nicht bestimmt wissen, was zur Vorstellung, in wie ferne sie *blosse Vorstellung* ist, gehört: so lange müssen wir dasjenige, was nur der blossen Vorstellung zukömmt, theils auf die vorgestellten Gegenstände, theils auf das vorstellende Subjekt übertragen, die Prädikate, die so verschiedenen Dingen als da sind die Vorstellung, das Vorstellende, und das Vorgestellte zukommen, unter einander verwirren, und folglich Sachen mit Vorstellungen und diese mit jenen verwechseln, woraus nothwendig Missverständniss, Mangel allgemeingültiger Grundsätze, und unauflösliche Verwirrung aller philosophischen Notionen entspringen muss. Es wird sich in der Folge immer augenscheinlicher zeigen, wie sehr diess bisher der Fall war. Man möchte in die Untersuchung des Vorstellungsvermögens, die derselben fremden Probleme von dem vorstellenden Wesen oder der Seele, und den Gegenständen ausser der Seele ein, ungeachtet man durch sein Bewustseyn gedrungen war, einzugestehen, dass sich von allen diesen Dingen *nur durch die Vorstellungen* etwas wissen liesse, die man von ihnen habe, aber von ihnen selbst unterscheiden müsse. Man vergass dieses Unterschiedes

des Vorstellungsvermögens überhaupt.

schiedes gerade in demjenigen Momente, wo man ihn am meisten vor Augen haben sollte; indem er allein bey der Untersuchung des Vorstellungsvermögens die Frage hätte veranlassen können und müssen: Was gehört denn zur Vorstellung in wie ferne dieselbe nichts als *blosse Vorstellung* ist; und in dieser Eigenschaft sowohl von den vorgestellten Objekten, als dem vorstellenden Subjekte unterschieden werden muss? d. h. Worin besteht das blosse Vorstellungsvermögen, das Vorstellungsvermögen im engern Sinne? — Das vorstellende Subjekt, und seine Kraft, und die Mitwirkung der vorgestellten Objekte, welche alle ich nur durch Vorstellungen zu kennen vermag, d. h. das Vorstellungsvermögen im weitern Sinne, und was zu ihm gehört, mag bestehen, worin es wolle; die vorstellende *Kraft* mag ein Geist, oder ein Körper, oder ein Resultat von beyden seyn; diess alles bleibt einstweilen dahin gestellt, indem ich die Frage beantworte: was ist unter dem blossen Vorstellungsvermögen, durch welches allein Vorstellung von der Seele und von Aussendingen möglich ist, zu verstehen?

Ich erinnere hier den *Idealisten* und den *dogmatischen Skeptiker*, dass ich bey meiner Unterscheidung zwischen Vorstellung, dem Vorstellenden und dem Vorgestellten, die sie mir in Kraft ihres Bewusstseyns einräumen müssen, keineswegs den Unterschied zwischen Seele und Körper, ja auch sogar den Unterschied zwischen den vorstellenden Subjekte und allen sogenannten Gegenständen ausser uns, weder behaupte noch läugne, und dass ich hier folglich nichts aufstelle, was mir diese Sekten ihren Systemen zufolge nicht eingestehen könnten.

Aber

„Aber wie? höre ich hier einem unfrer Empiriker mir einwenden, heißt dieſs nicht den Vorſtellungen diejenige Wirklichkeit einräumen, die man von den *Sachen* dahingeſtellt ſeyn läſst?" Nicht doch! Mein dahingeſtellt ſeyn laſſen iſt kein dogmatiſcher Zweifel, und nimmt keineswegs den Unterſchied zwiſchen Seele und Körper oder auch die Wirklichkeit der Dinge auſſer uns in Anſpruch. — Ich enthalte mich nur ſo lange alles Behauptens, bis ich mit meinen Leſern über Principien einig geworden bin, wo ſich dann zeigen wird, daſs ich den ſogenannten *Sachen* eben ſo wenig bloſs *ideale*, als den *Vorſtellungen reale Wirklichkeit* beylege, wie man den miſsverſtandenen Verfaſſer der Kritik der Vernunft ſo oft beſchuldiget hat.

Spinoza hebt den Unterſchied zwiſchen dem vorſtellenden und den vorgeſtellten Dingen in ſo ferne auf, als er nur eine *einzige Subſtanz* zuläſst; *Leibnitz* und die *Dualiſten* glaubten dieſen Unterſchied *zu erkennen*. Der Erſte verſuchte ihn durch die Annehmung *verſchiedener Arten*, einer einzigen Gattung von Subſtanzen (der Einfachen nämlich) — die letztern verſuchten ihn durch *zwey verſchiedene Gattungen* von Subſtanzen (einfache und zuſammengeſetzte) zu erklären. Der Streit dieſer drey verſchiedenen Partheyen ſowohl unter einander als mit den *dogmatiſchen Skeptikern*, welche die Behauptungen einer jeden derſelben in Anſpruch nehmen, iſt nichts weniger als entſchieden. Es wird ſich aber in der Folge ergeben, *wie dieſer ganze Streit auf immer wegfallen müſſe*, wenn man die Streitfrage ſelbſt bey der Unterſuchung des bloſſen Vorſtellungsvermögen auf eine Zeitlang bey Seite ſetzt; und man wird dann vielleicht völlig einſe-

einsehen, warum man vorher über den Begriff der *bloßen* Vorstellung einig seyn müsse, wenn man von *Sachen*, über die sich durch *Erfahrung* nichts ausmachen läßt, nicht — deräsonniren will.

Indem wir nun gegenwärtig das Vorstellungsvermögen im engeren Sinne zu untersuchen haben, müssen wir angeben: *worin* denn eigentlich die *inneren* Bedingungen der Vorstellung überhaupt bestehen? was denn dasjenige sey, welches in jeder Vorstellung, wenn sie Vorstellung seyn soll, vorkommen muß? was denn zur *bloßen Vorstellung* wesentlich gehöre? Hiezu ist vor allen Dingen unumgänglich nothwendig, daß der Begriff einer bloßen Vorstellung aufs genaueste bestimmt werde. Auch das Wort *bloße Vorstellung* kann mehr als *eine* Bedeutung haben:

§. IX.

Das Wort *Vorstellung* fasset in seiner weitern Bedeutung die Empfindung, den Gedanken, die Anschauung, den Begriff, die Idee, mit einem Worte, alles zusammen, was *in unsrem Bewußtseyn* als unmittelbare Wirkung des Empfindens, Denkens, Anschauens, Begreifens, vorkömmt.

I.

Bey der bisherigen leidigen Unbestimmtheit, in welcher die Philosophen den wichtigen Begriff der Vorstellung gelassen haben, wurde das Wort *Vorstellung* ohne Unterschied für alles was im Gemüthe vorgeht, für jedes Wirken und Leiden desselben gebraucht; ja, von vielen wurde die Vorstellung

lung sogar als eine bloße *Veränderung des Gemüthes* definiert. Gleichwohl ist die *Vorstellung* von dem *Vorstellen*, wie Wirkung von der Handlung, wie Folge vom Grunde unterschieden: so, daß Vorstellung, nie das beym Vorstellen vorgehende Wirken und Leiden des Gemüthes, sondern *nur* das, was aus diesem Wirken und Leiden entstanden ist, das unmittelbare Produkt des Vorstellens, heissen kann. Da man die Worte *Gedanken*, *Begriff*, *Idee*, nie für *Handlungen*, sondern immer für *Wirkungen* des Vorstellens gebraucht; so ist auch die Bedeutung, in welcher man den *Gedanken*, den *Begriff* und die *Idee* unter dem gemeinschaftlichen Namen der Vorstellung zusammenfaßt nie *zweydeutig*. Hingegen ist dieses bey der *Empfindung* und der *Anschauung* der Fall. Empfindung heißt bald das Afficiert werden des Gemüthes, die Veränderung welche ein Eindruck bewirkt, das leidende Verhalten des Gemüthes bey demselben, und bald die dadurch entstandene Vorstellung; und so heißt Anschauung bald so viel als das *Anschauen*, bald aber die durchs Anschauen unmittelbar bewirkte Vorstellung. Dieser in ihren Folgen höchst wichtigen Zweydeutigkeit der weitern Bedeutung des Wortes Vorstellung wird dadurch vorgebeugt, daß dasselbe nie für irgend ein *Wirken* oder *Leiden* des Vorstellungsvermögens, sondern immer für die Wirkung, das Produkt derjenigen Veränderung, die *vorstellen* heißt, gebraucht werde; wie ich denn auch dasselbe in der Folge immer nur in der letztern Bedeutung gebrauchen werde.

2.

Jede *Empfindung*, jeder *Gedanke*, jede *Anschauung*, jeder *Begriff*, jede *Idee* ist eine Vorstellung;

lung; aber nicht jede *Vorstellung* ist Empfindung, nicht jede ist Gedanke, u. s. w.; oder ließ alles zusammengenommen. Ungeachtet das Wort *Vorstellung*, welches die Gattung bezeichnet, für jede dieser Arten gebraucht werden kann, so kann doch keine Benennung einer blossen Art die Gattung ausdrücken. Aber freylich muß man, um diese Regel befolgen zu können, die *Arten* sow hl von der *Gattung* als *untereinander* selbst zu unterscheiden wissen, welches leider! in Rücksicht auf die *Vorstellungen* bis itzt keineswegs der Fall war. Unsre bisherige Philosophie war in den meisten Fällen weit entfernt, von den *Unterschieden*, z. B. zwischen *Empfindung*, *Begriff* und *Idee*, auf welche schon die Sprache durch die blosse Verschiedenheit dieser Worte hätte aufmerksam machen sollen, Gebrauch zu machen. Sie verwirrte gewöhnlich *) die (wie sich in der Folge zeigen wird) sehr verschiedenen Bedeutungen dieser Worte durcheinander, während sie durch ihre Sachwalter die Schuld von der Langsamkeit ihrer Fortschritte, und den ewigen Streitigkeiten auf ihrem Gebiethe, so oft auf die *Armuth der Sprache* wälzen ließ. Ungeachtet man es aber bisher mit den Benennungen der verschiedenen Vorstellungen nicht so genau nahm, daß man die Vorstellungen, welche der Sinnlichkeit angehören, *Empfindungen*, — die aber, welche man dem Verstande und der Vernunft zueignet, *Begriffe* und *Ideen* ausschließend genannt hätte: so war man gleichwohl wenigstens darüber einig, daß nicht alle Vorstellungen ohne

Unter-

---

*) *Confused Ideas are such as render the use of words incertain, and take away the benefit of distinct names.* Locke.

Unterschied Empfindungen, Begriffe, Ideen; wohl
aber, daſs alle Empfindungen, Begriffe und Ideen
ohne Unterschied Vorstellungen heiſſen können.
Ich habe also in so ferne gegen dasjenige, was in §.
IX. festgesetzt wird, keine Einwendung zu besorgen.

§. X.

In wie ferne Empfindungen, Gedanken,
Anschauungen, Begriffe, Ideen *Vorstellungen*
sind, die durch Empfinden, Denken, Begreifen u. s. w erhalten werden, in so ferne gehört
das Vermögen zu empfinden, denken, begreifen, u. s. w. zum Vorstellungsvermögen im
engern Sinne; oder, welches eben so viel
heiſst, das Wort Vorstellungsvermögen faſst
in seiner engeren Bedeutung *Sinnlichkeit*, *Verſtand* und *Vernunft* zusammen.

Hier sollte man denken, wäre ich gegen Miſsverständniſs und Widerspruch genugsam durch den
Sprachgebrauch gesichert, welcher Sinnlichkeit, Verſtand und Vernunft als wesentliche Bestandtheile in
dem Begriffe, des menschlichen Vorstellungsvermögens oder *Gemüthes* zusammenfaſst. Allein die so
gewöhnliche Verwechslung des vorstellenden Subjektes mit dem Vorstellungsvermögen, der Seele
mit dem Gemüthe, dürfte mir bey manchem Leser, der das Vorstellungsvermögen für die *Kraft*
eines Geistes hält, und diesem Geiste entweder geradezu alle *Sinnlichkeit* abspricht, oder nur in so
ferne einräumt, als derselbe mit einem organischen
Körper verbunden ist, harten Widerspruch zuziehen. Es ist also wohl nicht überflüssig zu erinnern,
daſs hier schlechterdings nicht von der *Seele*, über
deren

des Vorstellungsvermögens überhaupt. 213

deren Natur ich durchaus wenigstens für itzt nichts auszumachen begehre, sondern nur vom *Vorstellungsvermögen* die Rede sey, dasselbe mag herkommen, wo es wolle, und angehören wem es wolle. In wie ferne nun zu diesem Vorstellungsvermögen, das Vermögen *zu empfinden* gehört, welches dem Sprachgebrauch zufolge *Sinnlichkeit* heifst, in so ferne macht Sinnlichkeit einen wesentlichen Bestandtheil des Begriffes des Vorstellungsvermögens in der engeren Bedeutung dieses Wortes aus.

Unsre empirische *Psychologie* hat sich bisher mit der Sinnlichkeit, und unsre *Logik* mit dem Verstande und der Vernunft so glücklich beschäftiget, dafs es manchem Philosophen von Profession, der das Wort Vorstellungsvermögen nur allein in der bisher angegebenen *engeren* Bedeutung nimmt, und sich unter demselben nichts weiter als Sinnlichkeit, Verstand und Vernunft denkt, wohl eine lächerliche Anmafsung scheinen dürfte, über das Vorstellungsvermögen etwas Neues, Merkwürdiges, oder gar eine Reformation der Philosophie veranlassendes sagen zu wollen. Gleichwohl, wenn die Männer, die das *Nil Novi sub Sole* so oft zur Unzeit im Munde führen, bedenken wollten, dafs durch alle bisherigen Versuche die *Wissenschaft* des Vorstellungsvermögens noch nicht so weit vorwärts gerückt ist, dafs man darüber einig wäre: *was denn durch unser Gemüth erkannt werden könne,* ob z. B. nur Sinnliche, oder auch übersinnliche Gegenstände? so dürften sie doch die Vermuthung nicht sogar unwahrscheinlich finden, dafs die Kenntnifs des menschlichen Vorstellungsvermögens, durch alle Bekanntschaft mit den *psychologischen* Gesetzen der Sinnlichkeit, und den *logischen* des Verstandes
und

und der Vernunft noch lange nicht erschöpft sey. Wirklich giebt es eine Bedeutung der Worte *Vorstellung* und *Vorstellungsvermögen*, an welche man weder in der *Psychologie*, noch in der *Logik* bisher gedacht, die man wenigstens in Beyden ganz unbestimmt gelassen hat, und die der *allgemeinen Theorie des Vorstellungsvermögens überhaupt* aufbehalten war.

§. XI.

Das Wort *Vorstellung* fasset in seiner engsten Bedeutung nur dasjenige zusammen, was die Empfindung, der Gedanke, die Anschauung, der Begriff, und die Idee untereinander *gemeinschaftliches* haben.

Die Vorstellungen der Sinnlichkeit haben mit den Vorstellungen des Verstandes und der Vernunft bey aller ihrer anerkannten Verschiedenheit das Gemeinschaftliche, daß in ihnen etwas *vorgestellt* wird. Ich nenne den Begriff, den ich dadurch erhalte, wenn ich dieses Gemeinschaftliche aushebe, und für sich allein denke, den Begriff der Vorstellung im strengsten Sinne, in der engsten Bedeutung des Wortes. Das Wort *Vorstellung* in dieser Bedeutung bezeichnet nur den *Inhalt* des Begriffes der Vorstellung überhaupt, den man von dem *Umfange* desselben wohl unterscheiden muß. Dieser *Umfang* ist *sehr groß:* denn er befaßt alles, was Vorstellung in weiterer Bedeutung heißt, Empfindung, Gedanken u. s. w. Jener *Inhalt* hingegen ist *sehr klein:* denn er schließt alles aus, was nicht in den Begriff der Vorstellung überhaupt gehört, und folglich die Merkmale der Sinnlichkeit des Verstandes, der Vernunft, wodurch sich die Vorstellunstellungen der Sinnlichkeit, des Verstandes und der Vernunft von einander unterscheiden. Das Wort *Vorstellung im strengsten Sinne*, bezeichnet also hier lediglich den *Gattungsbegriff* der Vorstellung, der, wie jeder andere Gattungsbegriff, alle Arten *Unter* sich begreift, ohne eine einzige *in* sich zu fassen, in seinen Inhalt aufzunehmen, unter seinen wesentlichen Merkmalen zu enthalten. Er ist ein Merkmal, das allen besonderen Arten von Vorstellungen zukömmt, aber keine besondere Art von Vorstellung ist ein Merkmal, das ihm eigenthümlich wäre.

Man wende hier ja nicht ein, dass es keine Vorstellung in diesem strengen Sinne geben könne, weil doch jede wirkliche Vorstellung *entweder* eine Empfindung, *oder* ein Gedanke oder u. s. w. seyn müsse. Diess würde eben so viel sagen, als die bestimmteste Bedeutung des Wortes *Mensch*, in welcher dasselbe weder irgend einen einzelnen Menschen, noch eine Menschenart, oder Klasse, sondern nur die Gattung — das vernünftige Thier, allein bezeichnet, verwerfen wollen, weil die Gattung nicht ausser den Arten und die Art nur in den Individuen existieren kann. Wenn die Gattungen unmöglich ohne die gröfste Verwirrung in unsren Begriffen anzurichten, und allem unsren Philosophieren ein Ende zu machen, mit den Arten und Individuen verwechselt werden können, und dürfen: so muss auch die *Vorstellung überhaupt* als *Gattung* aufs genaueste von den *besondern Vorstellungen* als *Arten* unterschieden, und der Inbegriff der ihr in jener Eigenschaft zukommenden Merkmale mit der gröfsten Bestimmtheit besonders aufgestellt werden. Ich habe für den *Gattungsbegriff* der Vorstellung, darum den *Ausdruck Vorstellung ftellung* in *engster Bedeutung* gewählt, weil der Gattungsbegriff den Namen *Vorstellung* mit keinem andern Begriffe theilt, während der Namen *Vorstellung*, wenn er *Arten* bezeichnet, **mehreren**, nämlich der Empfindung, dem Gedanken, dem Begriffe u. s. w. zukömmt; und folglich als gemeinschaftliche Benennung der Arten weitere Bedeutung hat, d. i. mehr als *einen* Begriff zu bezeichnen gebraucht wird.

§. XII.

Das Wort *Vorstellungsvermögen* fasset in seiner *engsten* Bedeutung nur dasjenige zusammen, was zu den innern Bedingungen der bloßen Vorstellung im strengsten Sinne gehört, und bedeutet folglich weder Sinnlichkeit, noch Verstand, noch Vernunft.

Das Vorstellungsvermögen bloß in *engerer* (nicht in *engster*) Bedeutung faßt Sinnlichkeit, Verstand und Vernunft zusammen; und besteht daher weder aus der Sinnlichkeit, noch aus dem Verstande, noch aus der Vernunft allein, sondern aus allen diesen Vermögen zusammengenommen. Ließe sich also das Vorstellungsvermögen nur in *engerer* Bedeutung denken, so müßte *jede besondere* Vorstellung nothwendig das Produkt der Sinnlichkeit, des Verstandes und der Vernunft *zusammengenommen* seyn; das Vorstellungsvermögen könnte sich bey gewissen Vorstellungen z. B. den Empfindungen nicht als Sinnlichkeit ohne Mitwirkung der Vernunft äussern, und das Vermögen zu Schließen müßte auch zur sinnlichsten Vorstellung als unentbehrlich angenommen werden. Nicht
so

des Vorstellungsvermögens überhaupt. 217

so hingegen, wenn das Vorstellungsvermögen in *engster* Bedeutung gedacht, und darunter Sinnlichkeit, Verstand und Vernunft weder zusammengenommen, noch eines dieser Vermögen mit Ausschluß der übrigen verstanden, sondern bloß dasjenige begriffen wird, was allen diesen Vermögen gemeinschaftlich ist. Es wird dann ein Vorstellungsvermögen gedacht, das zwar in den besondern Vorstellungen sich *entweder* als Sinnlichkeit, *oder* als Verstand, *oder* als Vernunft, oder auch in allen dreyen Vermögen zugleich äussert, aber durch seine Natur eben so wenig zu Vorstellungen, die das Resultat von allen drey Vermögen sind, als zu bloßen Empfindungen, zu bloßen Verstandes Begriffen, zu bloßen Vernunftideen *ausschliessend* bestimmt, sondern aller dieser Arten von Vorstellungen fähig ist.

Um die Uebersicht der bisher vorgenommenen Bestimmungen des Begriffes des Vorstellungsvermögens zu erleichtern, wollen wir die gefundenen Unterschiede zwischen den drey Bedeutungen des Wortes Vorstellungsvermögen hier *nebeneinander* aufstellen.

Weitere Bedeutung.

Wenn man sich unter Vorstellungsvermögen den Inbegriff alles desjenigen denke, was zunächst und unmittelbar zu den Bedingungen der Vorstellung gehört, so ist in diesem Inbegriffe das vorstellende Subjekt, und sind in demselben die vorgestellten Objekte, in wie ferne sie zur Vorstellung beytragen, mit enthalten.

Anm. In dieser weitern Bedeutung allein wurde das Vorstellungsvermögen bisher von denjenigen

jenigen genommen, welche daſſelbe entweder für die Kraft einer einfachen Subſtanz, oder eines organiſchen Körpers, oder für das Reſultat einer Verbindung von beyden angeſehen haben.

Engere Bedeutung.

Wenn man ſich unter Vorſtellungsvermögen den Inbegriff desjenigen denkt, was nur zu den inneren Bedingungen der Vorſtellung (was nur zur *bloſſen* Vorſtellung) in weiterer Bedeutung gehört; So iſt:

1) Aus dieſem Inbegriffe, welcher nur das *bloſſe* Vorſtellungsvermögen enthält, das vorſtellende *Subjekt* und das vorgeſtellte *Objekt* ausgeſchloſſen, weil beyde nur zu den äuſſern, d. h. denjenigen Bedingungen gehören, die von der bloſſen Vorſtellung durch das Bewuſstſeyn unterſchieden werden. Es ſind aber

2) In dieſem Inbegriffe Sinnlichkeit, Verſtand und Vernunft enthalten, weil dieſe zu den innern Bedingungen der Empfindung, des Begriffes, und der Idee gehören, welche durch das Wort *Vorſtellung in weiterer Bedeutung* zuſammengefaſst werden.

Engſte Bedeutung.

Wenn man ſich unter Vorſtellungsvermögen den Inbegriff desjenigen denkt, was *nur* zu den inneren Bedingungen der *Vorſtellung in engſter Bedeutung* gehört: ſo muſs aus dieſem Inbegriffe nicht nur das vorſtellende *Subjekt* und das vorgeſtellte *Objekt* (wie aus dem vorigen), ſondern auch noch *Sinnlichkeit*, *Verſtand* und *Vernunft* ausgeſchloſſen

schlossen werden; und er enthält nur dasjenige, was weder ausschliesend zur Vorstellung der Sinnlichkeit, noch der Vorstellung des Verstandes, noch der Vorstellung der Vernunft, sondern was zur Vorstellung überhaupt, zur Vorstellung κατ' ἐξοχην gehört.

Und so hätten wir dann den bestimmten *Umriß* für den Begriff des Vorstellungsvermögens κατ' ἐξοχην und im strengsten Sinne des Wortes. Ich sage den blossen Umriß, die blosse Gränzbestimmung des Begriffes, wodurch eigentlich nichts gewonnen ist, als dafs man bestimmt wisse, *was nicht in diesen Begriff hineingehört*. Wie viel aber auch schon dadurch für die Philosophie gewonnen sey, wenn eine solche Gränzbestimmung die Probe der Allgemeingültigkeit hält (welches ich von der Meinigen nicht behaupten will), und wie sehr diese Gränzbestimmung die Mühe einer trocknen Zergliederung verlohne, muss jedem einleuchten, der die Mifsverständnisse und das von denselben unzertrennliche Unheil zu berechnen versteht, welche in der Philosophie dadurch entstehen und unterhalten werden müssen, wenn in einem so äusserst wichtigen, allen übrigen Begriffen entweder zum Grunde liegenden, oder doch mit allen verknüpften Begriff, wie der *der Vorstellung* ist, fremde, überflüssige, widersprechende *Merkmale* aufgenommen werden.

Allein dieser leere Umriß muß auch noch ausgefüllt werden, zu den blofs *negativen* Bestimmungen des Begriffes des Vorstellungsvermögens müssen auch noch *positive* hinzukommen, und da wir nun wissen, was von diesem Begriffe ausgeschlossen wird, muß nun auch angegeben werden, was denn eigentlich in ihm enthalten ist. Wir wissen, daſs sein Inhalt nur aus den inneren Bedingungen der bloſsen Vorstellung überhaupt bestehen könne; aber wir wissen nicht *welche* denn eigentlich diese *inneren Bedingungen* sind. Haben wir diese gefunden, so haben wir uns in den Besitz des *positiven Begriffes* gesetzt, der durch das Wort Vorstellungsvermögen im strengsten Sinne bezeichnet wird. Dieser Begriff muſs schlechterdings *allgemeingültig* bestimmt und festgesetzt werden, wenn die Begriffe der Sinnlichkeit, des Verstandes, der Vernunft, des Erkenntniſsvermögens, und der *Gränzen* desselben genauer wie bisher bestimmt, d. h. gegen alle Vieldeutigkeit gesichert werden sollen. Denn, wie soll man mit Gewiſsheit angeben können, wie sich die Vorstellung der Sinnlichkeit von der Vorstellung des Verstandes und der Vernunft unterscheidet, und was zu jeder Art von Vorstellung gehöre, wenn man nicht weiſs, was zur *Vorstellung* überhaupt, zur *Gattung*, gehört, und was unter Vorstellungsvermögen überhaupt gedacht werden muſs? Wie soll sich befriedigend bestimmen laſsen, *was* durch Sinnlichkeit, durch Verstand, durch Vernunft vorgestellt werden könne, so lange nicht ausgemacht ist, was sich überhaupt vorstellen laſse? und wie soll sich dieſs letztere wiſsen, allgemeingültig festsetzen laſsen, so lange man nicht mit sich selbst und andern über die Bedingungen einig ist, die zu jeder Vorstellung überhaupt als Vorstellung, zur *bloſsen* Vorstellung, gehören?

§. XIII.

Der Inbegriff desjenigen, was nur zu den inneren Bedingungen der Vorstellung überhaupt

haupt gehört; oder das Vorstellungsvermögen in engster Bedeutung, läſst sich seiner Beschaffenheit nach weder von dem vorstellenden Subjekte, oder der Seele, noch von den vorgestellten Objekten, sondern nur allein aus dem richtigen Begriffe der *bloſsen Vorstellung* ableiten.

Wenn das Vorstellungsvermögen aus der Natur der Seele abgeleitet werden sollte, so müſste man unter *Seele* nicht das Vorstellungsvermögen, sondern das Subjekt desselben, die vorstellende Substanz, verstehen, in wie ferne dieselbe unter die möglichen Gegenstände unsrer Vorstellungen gehört, *vorgestellt* werden kann. Dieſs gilt auch in Rücksicht auf die auſser unsrem Gemüthe befindlichen Gegenstände. Die Ableitung des ganzen Vorstellungsvermögens, oder auch nur eines Theils desselben, könnte nur in so ferne von diesen Gegenständen vorgenommen werden, als dieselben *vorgestellt* werden können. Es müſsten also entweder aus *einer besondern* Vorstellung, nämlich der *Seele*, oder aus *mehreren besonderen* Vorstellungen, nämlich der Gegenstände auſser uns, die Bedingungen abgeleitet werden, die, nicht zu diesen *besondern* Vorstellungen, (denn von denen ist hier nicht die Frage) sondern zur *Vorstellung überhaupt* gehören. Es kann aber wohl keinem Zweifel unterworfen seyn, daſs nicht alles, was Bedingung gewisser besonderer Vorstellung ist, auch Bedingung jeder Vorstellung, d. h. der Vorstellung überhaupt sey. Es müſsten also diese beyden verschiedenen Arten von Bedingungen von einander unterschieden werden; welches schlechterdings unmöglich ist, ohne nicht den Unterschied zwischen den

beson-

besondern Vorstellungen und der *Vorstellung überhaupt* angegeben zu haben. Der bestimmte Begriff der Vorstellung überhaupt ist also die einzig mögliche Quelle, aus welchen sich die Bedingungen, die den Begriff des Vorstellungsvermögens ausmachen, schöpfen lassen.

„Aber die Vorstellung hängt ja selbst wieder von dem vorstellenden Subjekte, und den vorgestellten Objekten ab." — Freylich, aber nur als von äussern Bedingungen, die zum Vorstellungsvermögen gehören, aber nicht dasselbe selbst sind. Es ist hier nicht die Frage: *woraus* das Vorstellungsvermögen *entstehe*; sondern *worin es bestehe*, nicht um den *Ursprung*, sondern lediglich um die *Beschaffenheit* des Vorstellungsvermögen; nicht *woher* das Vorstellungsvermögen seine Bestandtheile erhalte, sondern, was es für Bestandtheile habe; nicht wie sich das Vorstellungsvermögen *genetisch* erklären lasse, sondern was man denn unter Vorstellungsvermögen zu *verstehen* habe. Der Unterschied zwischen diesen beyden Fragen ist so allgemein verkannt worden, dass er nicht oft genug eingeschärft werden kann. Man vernachlässigte immer diejenige, über deren Beantwortung man durchaus vorher hätte einig seyn müssen, wenn über die andere, welche alle Köpfe beschäftigte, eine befriedigende Auskunft möglich seyn sollte.

Das Vorstellungsvermögen kann unmöglich von seiner *Ursache* (diese liege nun in dem Subjekte, in den Objekten, oder in beyden,) abgeleitet werden, bevor man noch nicht weiss, was man darunter verstehe, d. h. bevor man dasselbe nicht aus seiner *Wirkung* der *blossen Vorstellung* kennt.

des Vorstellungsvermögens überhaupt. 223

Es muſs alſo gegenwärtig die Frage beantwortet werden: worin beſteht die *Vorſtellung* ſelbſt? oder was kann und muſs in dem *Begriffe der Vorſtellung* gedacht werden?

Indem wir nun zu dieſer wichtigen Frage hinübergehen, ſcheint ſich unſren weiteren Fortſchritten ein ganz unüberſteigliches Hinderniſs entgegen zu thürmen, welches in nichts geringeren beſteht, als daſs es ſchlechterdings unmöglich iſt, von der Vorſtellung im ſtrengſten Sinne des Wortes eine eigentliche Definition oder ſogenannte *Sacherklärung* zu geben. Eine ſolche Erklärung verſuchen, würde eben ſo viel ſeyn, als einen Begriff von der Vorſtellung aufſtellen wollen, der nicht ſelbſt wieder eine Vorſtellung wäre. Man prüfe ſorgfältig alle Erklärungen, welche von der Vorſtellung, in was immer für einer Bedeutung des Wortes, von was immer für Philoſophen gegeben ſind; und man wird finden, daſs ſie den Begriff der bloſsen Vorſtellung nicht erklären, ſondern als bekannt vorausſetzen *).

Allein dieſe völlig ausgemachte Unmöglichkeit einer Definition der Vorſtellung kann nur ſo lange ein Hinderniſs unſrer weiteren Unterſuchungen ſcheinen, als man nicht von der eben ſo ausgemachten *Entbehrlichkeit* einer ſolchen *Definition* überzeugt iſt. Da die Vorſtellung dasjenige iſt, worauf ſich alles, was Objekt des Bewuſstſeyns iſt und

---

*) Wer verſteht z. B. die alte auch in einer anderen oben angegebenen Rückſicht fehlerhafte Definition: *Vorſtellung iſt eine Veränderung des Gemüthes;* wenn er ſich nicht unter Gemüth das Vermögen der *Vorſtellungen* denkt?

und seyn kann beziehen muss: so ist sie aus allem, was im Bewusstseyn vorkommen kann, das Bekannteste aber auch das Unerklärbarste. Sie geht allem Bewustseyn vorher, das nur durch sie möglich ist *), und ist, da sie bey jeder Erklärung *vorausgesetzt* werden muss, einer Erklärung eben so wenig bedürftig als fähig. Ihr *Begriff* hingegen hat zwar auch keinen *höheren* über sich, von dem er *abgeleitet* werden könnte; denn er wird selbst bey dem Begriffe eines *Dinges* in weitester Bedeutung, (d. h. des *Vorstellbaren* oder wie man es gewöhnlich ausdrückt des Denkbaren) vorausgesetzt. Aber eben darum bedarf dieser Begriff um so mehr der *Erörterung*, je weniger sein Gegenstand eine *Erklärung* zuläsft. Da die *Vorstellung* selbst bey jeder Erklärung vorausgesetzt werden muss: so kann nur durch den völlig erörterten, und durchgängig bestimmten Begriff der unerklärbaren Vorstellung verhindert werden, dass nicht mehr und nicht weniger von der Vorstellung vorausgesetzt werde, als schlechterdings vorausgesetzt werden *muss*, wenn die Voraussetzung, die allen möglichen Erklärungen zur *Prämisse* dient, nicht verfälscht werden soll. Da endlich der Begriff der Vorstellung bey dem Begriff eines *Dinges* vorausgesetzt wird, so ist es offenbar, dass dieser letztere wichtige Begriff, der aller *Metaphysik* zum Grunde liegt, so lange vieldeutig und schwankend bleiben musste,

so

---

*) Und das daher seiner *Möglichkeit* nach nicht in der Theorie des Vorstellungsvermögens überhaupt, die sich mit der blossen Vorstellung beschäftiget, sondern erst *nach* derselben untersucht, in derselben aber seiner unbezweifelten *Wirklichkeit* nach angenommen werden muss.

des Vorstellungsvermögens überhaupt.

so lange der erstere nicht durchgängig bestimmt und festgesetzt war; daß die Philosophie ihre Untersuchungen keineswegs, wie man bis itzt dafür hielt, entweder mit dem *Individuellsten* der uns vorstellbaren Dinge, unsren *vorstellenden Ich*, oder mit dem *allgemeinsten*, dem Dinge überhaupt, sondern mit der *Vorstellung* beginnen müsse; und daß daher der ganze Gang, den alles Philosophieren bisher genommen hat, gleich von dem ersten Punkte, wovon er ausgieng, eine schiefe Richtung hatte.

In beyden, sowohl in der *Klarheit* als in der *Unerklärbarkeit* des Begriffes der Vorstellung liegt der Grund, warum man diesen Begriff bisher nicht nur, wie man wohl mußte, *undefiniert*, sondern auch, wie man nicht sollte, *unerörtert* gelassen hat. Wir haben ganz vortreffliche Versuche über das *Denken* und *Empfinden*, aber meines Wissens keinen einzigen, der das *Vorstellen im strengsten Sinne*, das, was dem Denken und Empfinden gemeinschaftlich ist, untersucht hätte. Ob jene Versuche nicht noch ungleich mehr geleistet hätten, als sie wirklich geleistet haben; wenn diese Untersuchung vorhergeschickt worden wäre, wird sich in der Folge bestimmter zeigen lassen. Itzt nur ein paar Worte hierüber, die, so sehr sie uns dem ersten Anblick nach von unsrem Pfade zu entfernen scheinen, gleichwohl in der Sache selbst uns um eine gute Strecke auf demselben weiter bringen dürften.

Man hat zwar das *Denken in weiterer Bedeutung*, in welcher es für eben so viel als *vorstellen* galt, vom *Denken in engerer Bedeutung*, in welcher es so viel als *urtheilen* und *schließen* heißt, unterschieden, obgleich nicht immer von diesem

Unter-

Unterschiede Gebrauch gemacht *). Aber jene weitere Bedeutung des Wortes *denken* war gewöhnlich ein leidiges Spiel der Gedankenlosigkeit und des Zufalls. Bald sollte sie dasjenige angeben, was man dem *Empfinden entgegensetzte*, bald etwas, worunter man das Empfinden zugleich *mitbegriffen* wissen wollte. Im ersten Sinne sollte denken so viel heissen, als Vorstellungen *hervorbringen*, die Handlung der vorstellenden Kraft, wobey sich das Gemüth bloß *thätig* verhalten sollte. Im zweyten sollte es eben so viel heissen als *Vorstellungen haben*, wobey das Empfinden, das sich leidend verhalten des Gemüthes keineswegs ausgeschlossen seyn sollte. *Denken* im weitesten Sinne des Wortes wurde daher ohne Unterschied bald für Vorstellungen *haben*, bald für *hervorbringen*, bald für *empfangen*, bald für dieß *alles zusammengenommen* gebraucht. So wie dieser unphilosophische Gebrauch des Wortes *denken* die Untersuchung des Vorstellungsvermögens einerseits erschwerte, so wurde er selbst auf der andern Seite durch die Unterlassung dieser Untersuchung erleichtert. Ob und in wie ferne zu eben derselben Veränderung des Gemüthes, die man Vorstellungen *empfangen* nannte, auch ein *hervorbringen;* ob zu dem was man Vorstellungen *hervorbringen* nannte, auch ein *Empfangen* gehörte, bekümmerte die meisten Philosophen sehr wenig, welche die unbestimmten Bedeutungen der Ausdrücke *Vorstellungen empfangen,*

---

*) Gerade dort nicht, wo man am meisten gesollt hätte, in der *Logik*, die man nicht etwa auf die Gesetze des *Denkens im strengsten Sinne* eingeschränkt, sondern auf die psychologischen Gesetze der Vorstellungen überhaupt ausgedehnt hat.

des Vorstellungsvermögens überhaupt. 227

gen, und *Vorstellungen hervorbringen*, in dem unbestimmten Ausdrucke *Vorstellen* zusammenfaßten, den sie, wenn es die Noth oder die Bequemlichkeit heischte, bald mit dem Worte *denken*, bald mit *Empfinden*, nahe genug bestimmt zu haben glaubten.

§. XIV.

Ungeachtet sich in keiner Definition angeben läßt, was die Vorstellung *an sich sey;* so können, und müssen sich doch die Merkmale angeben lassen, durch welche sie *gedacht* wird, und welche, in wie ferne sich ohne dieselben die Vorstellung nicht denken läßt, unter die innern Bedingungen der Vorstellung gehören.

Daß die Unmöglichkeit einer *Definition* keineswegs die Unmöglichkeit einer befriedigenden *Erörterung* nach sich ziehe, wissen die Logiker, und wird in der Naturwissenschaft durch tausend auffallende Beyspiele bestätiget. Man weiß nicht, was ein *Körper*, was die *Bewegung* u. s. w. an sich *sey*, aber man weiß doch was man sich bey diesen Worten zu *denken* habe, was den *Begriff* dieser Gegenstände ausmache, was in demselben *wesentlich* aufgenommen, und aus demselben wesentlich weggelassen werden müsse. Uns ist es hier gar nicht darum zu thun, was die Vorstellung *sey*, sondern nur darum, was in dem uns möglichen und nothwendigen Begriffe der Vorstellung gedacht werden müsse. Wir untersuchen die Vorstellung nicht um ihrer selbst willen, sondern um über den Begriff des *Vorstellungsvermögens*, d. h. desjenigen, was zu den innern Bedingungen der

P 2 bloßen

bloßen Vorstellung gehört, endlich einmal einig zu werden. Nun gehört aber (nicht die unerklärbare Vorstellung selbst, sondern) dasjenige ohne welches sich die bloße Vorstellung nicht denken läßt, und welches daher auch im Begriffe der bloßen Vorstellung wirklich gedacht wird, zu den *inneren Bedingungen* der Vorstellung, und macht diese innern Bedingungen, in wie ferne sie denkbar sind, aus. Bey aller Unmöglichkeit einer Definition der Vorstellung ist also gleichwohl eine Erörterung des Begriffes der Vorstellung möglich, die vollkommen hinreicht, um uns den gesuchten Aufschluß über das Vorstellungsvermögen zu geben.

„Aber ist denn nicht jeder Begriff von Vorstellung selbst wieder eine Vorstellung, und wird uns also die versprochene Erörterung nicht gleichwohl im *Cirkel* herumtreiben?" Der Begriff der Vorstellung (man muß hier hinzusetzen der Vorstellung im strengsten Sinne, κατ' εξοχην) ist freylich Vorstellung, aber er ist nicht selbst die Vorstellung im strengsten Sinne, κατ' εξοχην.; er ist Vorstellung, aber nicht *die* Vorstellung, er ist Vorstellung, die ein *Begriff* ist, und gehört folglich unter eine *Art* von Vorstellung, während sein Gegenstand, die Vorstellung im strengsten Sinne, *Gattung* ist. Die Vorstellung im letztern Sinne kommt Menschen und Thieren gemeinschaftlich zu; aber der *Begriff* von Vorstellung ist ein ausschließendes Vorrecht der Vernunft. Wie wenig hier Gefahr des Cirkels seyn könne, wird in der Folge noch mehr einleuchten.

Wenn die Erörterung dieses Begriffes allem Mißverständnisse vorbeugen und selbst gegen alles

Mißverständniß gesichert seyn, und wenn sie, wie von der allgemeinen Theorie des Vorstellungsvermögens, die dieses Namens werth seyn soll, gefordert wird, den Grund zu *allgemeingeltenden* Principien der Philosophie legen soll; so muß durch sie der Begriff der Vorstellung *völlig erschöpft*, das heißt, es muß *alles* was in diesem Begriffe vorstellbar ist, und *so weit* als es vorstellbar ist, angegeben seyn. Die Zergliederung des in ihm Vorstellbaren muß bis an die eigentliche Gränze der Vorstellbarkeit vorgenommen, und diese Gränze selbst deutlich bestimmt, allgemeingültig gezeigt werden. Man kann mit Grund behaupten, daß die *Philosophie* bisher noch keinen einzigen Begriff im eigentlichen Verstande erschöpft habe, und erschöpfen *konnte;* da bey jedem der bisher unentwickelte Begriff der Vorstellung vorausgesetzt werden mußte. Gleichwohl wird man die Erschöpfung des von mir im vorhergehenden bestimmten Begriffes der bloßen Vorstellung überhaupt nicht nur nicht unmöglich, sondern nicht einmal von besonderer Schwierigkeit finden, wenn man bedenkt: 1) Daß dieser Begriff seiner *Allgemeinheit* wegen nur sehr wenige Merkmale in sich fassen könne. Man weiß aus der Logik, daß der *Inhalt* eines Begriffes in eben dem Verhältnisse kleiner als sein *Umfang* größer ist. Der Begriff der Vorstellung aber wird selbst bey dem allgemeinsten, nämlich dem des Vorstellbaren oder des Dinges vorausgesetzt, und hat mit demselben wenigstens gleichen Umfang. 2) Daß beym Erschöpfen dieses Begriffes nur von wesentlichen Merkmalen, mit Ausschluß alles zufälligen, die Rede seyn könne und dürfe. 3) Daß diese wenigen wesentlichen Merkmale, so bald man sie gefunden hat,

hat, das Kriterium der Vorstellbarkeit abgeben, in dem dasjenige, was ihnen widerspricht, nicht vorstellbar seyn kann; ein Kriterium, durch welches sich zugleich bestimmt angeben läfst, was denn eigentlich an der *Vorstellung* selbst vorstellbar ist, und was an ihr als unvorstellbar *vorausgesetzt* werden muſs.

§. XV.

Zu jeder Vorstellung gehört als innere Bedingung (als wesentlicher Bestandtheil der bloſsen Vorstellung) etwas, welches dem *Vorgestellten* (dem von der Vorstellung durchs Bewuſstseyn unterschiedenen Gegenstande,) entspricht; und dieſs nenne ich den *Stoff* der Vorstellung.

Indem man bisher alles, was vorgestellt wird, und vorgestellt werden kann, *Stoff* einer Vorstellung nannte, lief dabey eine in ihren Folgen äuſserst wichtige *Zweydeutigkeit* mit unter, welche durch die Vieldeutigkeit des Wortes Vorstellung veranlaſset wurde, und die hier aus der eigentlichen Bedeutung des Ausdruckes *Stoff der Vorstellung* hinweggeschafft werden muſs. *Stoff einer Vorstellung seyn* kann zweyerley heiſsen, entweder in der bloſsen Vorstellung, als dem von ihr unterschiedenen Gegenstande entsprechend vorkommen, oder der von der bloſsen Vorstellung selbst verschiedene Gegenstand einer Vorstellung seyn. Eben dadurch, daſs ich durch mein Bewuſstseyn genöthiget bin, dem *Baum* den ich mir vorstelle, von der bloſsen Vorstellung desselben zu unterscheiden: bin ich genöthiget dasjenige, was *in* der bloſsen Vorstellung dem Baume entspricht, und wodurch sich

sich die Vorstellung des Baumes von anderen Vorstellungen unterscheidet, von dem *Baume* selbst, von dem Gegenstande, der nicht bloſse Vorstellung ist zu unterscheiden. Nur das erstere *ist der eigentliche Stoff* der Vorstellung; das letztere kann nur uneigentlich nur in weiterer Bedeutung Stoff heiſſen, und soll um der Verwirrung wesentlich verschiedener Begriffe vorzubeugen, von mir immer bey seinem eigentlichen Namen *Gegenstand* genannt werden. Wer sich den Unterschied zwischen Stoff und Gegenstand einer Vorstellung recht anschaulich machen will, denke sich einen Baum in einer Entfernung, die es ihm unmöglich macht die Gattung, Art, eigentliche Gröſse und nähere Beschaffenheit deſſelben gewahr zu werden. Er nähere sich dann allmälig dem Baume, so wird seine Vorstellung in eben dem Verhältniſſe mehreren *Stoff* erhalten; der Stoff seiner Vorstellung wird sich *verändern*, zunehmen, während der Gegenstand an sich immer *derselbe* bleibt.

Die nothwendige Folge der bisherigen Verwechslung des *Stoffes* einer Vorstellung mit dem *Gegenstande* war, daſs man die jedem eigenthümlichen Prädikate verwechselte; daſs man dasjenige, was dem Stoffe *in* der Vorstellung, und in wie ferne derselbe ein Bestandtheil der Vorstellung ist, (der Vorstellung selbst zukömmt,) dem Gegenstande auſſer der Vorstellung; und was diesem eigenthümlich ist, jenem zueignete, und in so ferne den Unterschied zwischen Vorstellung und Gegenstand aufhob. Der *Stoff*, oder dasjenige, was in der Vorstellung dem von der Vorstellung verschiedenen Gegenstände entspricht, wird zwar durch den letztern, deſſen Stelle er in der Vorstellung vertritt,

(den

(den er *repräsentirt*) bestimmt; aber er muß auch in der Vorstellung gewisse Modifikationen annehmen, durch die er aufhört bloßer Stoff einer Vorstellung zu seyn, und wirkliche Vorstellung und in so ferne Eigenthum des Vorstellenden wird; Modifikationen die er durch das Vorstellungsvermögen erhält, und die keineswegs auf den Gegenstand, der von der bloßen Vorstellung verschieden ist, und dem sie nicht angehören, übertragen werden dürfen; wenn der Philosoph nicht in einem weit ungereimtern und bedenklicheren Irrthum gerathen soll, als der Gelbsüchtige der allen Gegenständen die Farbe seines Gesichtswerkzeuges beylegt. Es wird in der Folge sichtbar genug werden, welchen Einfluß dieser Irrthum auf das Mißverständniß des Erkenntnißvermögens, das die philosophische Welt in streitende Partheyen trennte und getrennt erhielt, gehabt habe.

Jede Vorstellung ohne Ausnahme muß einen Stoff in der bisher bestimmten Bedeutung des Wortes haben; und die Vorstellung überhaupt läßt sich so wenig ohne einen solchen Stoff denken, als was immer für eine Form eines *wirklichen* Dinges ohne Stoff. Eine Vorstellung ohne Stoff wäre eine Vorstellung in der nichts vorgestellt wird, ein Cirkel der nicht rund ist. Der Stoff ist derjenige Bestandtheil der Vorstellung, von dem sich ihr Name (*repräsentatio*) eigentlich herschreibt, durch den die Sprache etwas im Bewußtseyn vorkommendes, bezeichnet, wodurch ein anderes außer dem Bewußtseyn, vertreten, repräsentiert, dem Bewußtseyn vorgehalten wird.

„Aber giebt es nicht *leere* Vorstellungen?“ O ja! wenn darunter Vorstellungen verstanden werden,

des Vorstellungsvermögens überhaupt. 233

den, deren Stoff durch einen Gegenstand bestimmt
ist, dem das Prädikat der Wirklichkeit mit Unrecht
beygelegt ist, weil er entweder nirgends vorhanden
ist, oder weil er gar einen Widerspruch in sich fasst.
Aber auch *diese* Vorstellungen, welche mit Recht
leer heißen, haben in wie ferne sie *wirkliche Vorstellungen* sind, auch wirklich einen Stoff, etwas das
in ihnen ihrem, für wirklich gehaltenen, Gegenstande entspricht, und ohne welches sie gar keine
Vorstellungen seyn würden. *Leere* Vorstellung
kann also nie Vorstellung ohne allen Stoff bedeuten; welches freylich in der bisherigen Philosophie
nicht immer der Fall gewesen ist.

Eine weit bedenklichere Zweydeutigkeit liegt
im Ausdrucke *bloße Vorstellung;* welche wohl
manchem meiner Leser zu folgendem Einwurfe gegen die Behauptung: *daß jede Vorstellung einen
Stoff haben müsse,* verleiten konnte. „Es giebt
bloße Vorstellungen, das heißt, solche die keine
Gegenstände haben. In Vorstellungen aber die
keine Gegenstände haben, kann nichts vorhanden
seyn, was einem außer der Vorstellung befindlichen Gegenstande entspräche, also giebt es auch
Vorstellungen ohne Stoff." Die Behauptung: „Es
giebt Vorstellungen die keine Gegenstände haben"
kann eben so viel heißen als: Es giebt Vorstellungen deren Gegenstände nichts *wirkliches* sind, oder
deren Gegenständen das Prädikat der Wirklichkeit
nur durch einen Irrthum beygelegt werden kann;
— und dann ist freylich nichts gegen diese Behauptung einzuwenden. Sie würde aber offenbaren Unsinn enthalten, wenn sie eben so viel heissen sollte, als: es giebt Vorstellungen die überhaupt gar keinen im Bewußtseyn vorkommenden
Gegen-

Gegenstand haben; denn dies hiefse eben so viel als es giebt Vorstellungen, in denen nichts vorgestellt wird, Vorstellungen die keine Vorstellungen sind. Diese Undinge können dann aber auch nicht *blosse* Vorstellungen heissen, so wenig ein Cirkel der nicht rund seyn soll, ein *blosser* Cirkel heissen kann. Wirkliche Vorstellungen hingegen, denen (folglich auch wirklich ein Gegenstand aber) kein *wirklicher* Gegenstand entspricht, und die man sehr oft mit dem Namen *blosser* Vorstellungen (Vorstellungen deren Wirklichkeit *blofs* im *Vorstellenden* allein gegründet ist) belegt, würden weit eigentlicher mit dem Ausdrucke *leerer* Vorstellungen bezeichnet werden, damit der Ausdruck *blosse Vorstellung*, der durch das Bewufstseyn von ihrem Gegenstande unterschiedenen, und für sich allein gedachten Vorstellung, für die er weit eigentlicher pafst, aufbehalten werden könne.

Eine Vorstellung hat *Realität*, (ist nicht leer) wenn ihrem Gegenstande das Prädikat der Wirklichkeit zukömmt, welches nur in der *Theorie des Erkenntnifsvermögens*, untersucht werden kann. Die Theorie des blossen Vorstellungsvermögens überhaupt würde ihre Gränzen überschreiten und ihren Zweck verfehlen, wenn sie etwas, das zu den *äussern* Bedingungen der Vorstellung gehört, zu ihrem Objekte machte. Sie hat ihr Amt verrichtet, wenn sie gezeigt hat, dafs eine Vorstellung nicht ohne Stoff, das heifst, ohne etwas *in* ihr enthaltenes seyn könne, dem ein von der Vorstellung unterschiedenes Etwas, welches Gegenstand heifst, (er sey *aufser* dem Bewufstseyn *wirklich* oder nicht) entspricht. Es steht also folgender Grundsatz als *Axiom* fest:

Das-

Dasjenige, dem kein Stoff in einer Vorstellung entsprechen kann, ist schlechterdings nicht vorstellbar.

§. XVI.

Zur Vorstellung überhaupt gehört als innere Bedingung (als wesentlicher Bestandtheil der bloſsen Vorstellung) etwas, wodurch der bloſse Stoff zur Vorstellung wird, und dieses Etwas nenne ich die *Form der Vorstellung*.

Dasjenige an der Bildsäule, durch welches die Materie derselben nicht mehr bloſse Materie, sondern Bildsäule ist, heiſst die *Form* der Bildsäule; und so nenne ich dasjenige, was in der Vorstellung überhaupt und folglich auch in jeder Vorstellung ohne Ausnahme vorhanden seyn muſs, und wodurch der Stoff derselben Vorstellung ist, die *Form der Vorstellung*, ohne zu befürchten, daſs ich meinen Lesern etwas unverständliches sage. Beydes Stoff und Form machen zwar nur durch ihre *Vereinigung* die Vorstellung aus, und laſsen sich nicht von einander trennen, ohne daſs die Vorstellung selbst dadurch aufgehoben würde. Gleichwohl sind sie *wesentlich verschiedene* Bestandtheile der Vorstellung, und können nicht miteinander verwechselt werden, ohne ein Miſsverständniſs zu verursachen, das in der Philosophie von äuſserst wichtigen Folgen seyn muſs, und bisher wirklich gewesen ist. Die logische Grundregel: Alles was einem wesentlichen Merkmale eines Dinges zukömmt, kömmt dem Dinge selbst zu, kann nur dann nicht irre führen, wenn der Begriff des Dinges, von dem die Rede ist, durch Unterscheidung seiner Merkmale bestimmt ist. So kann ich von einer

einer Statue, deren Stoff weißer falzburgifcher Marmor ift, ohne Gefahr mifsverftanden zu werden, behaupten; die Statue ift marmorn, und fie ift weiſs; weil ich von jedem, der mich hört, vorausſetzen kann, daſs er das Prädikat marmorn und weiſs der Statue nur in Rückficht des Stoffes beylegen werde. Aber ich kann nicht behaupten: die Statue ift aus Salzburg, wenn nur der Marmor (der Stoff) nicht die Statue (die Form) aus Salzburg ift; fondern, wenn ich nicht mifsverftanden werden will, muſs ich in meiner Behauptung den Unterfchied zwifchen Stoff und Form ausdrücklich angeben, und fagen, der Stoff der Statue ift aus Salzburg, oder auch: die Statue ift falzburgifcher *Marmor*; gleichwie ich nicht fagen kann, die *Statue* ift durch den Steinmetz von dem Felfen durch Pulver losgefprengt, u. f. w. Eben fo darf ich von der *Vorftellung überhaupt* keineswegs etwas behaupten, was von ihr nur in Rückficht auf die Form, oder nur in Rückficht auf den Stoff gilt, wenn ich nicht vorausfetzen kann, daſs meine Lefer oder Zuhörer über den Unterfchied zwifchen Stoff und Form mit mir einig find. Es läſst fich leicht begreifen, und es wird fich in der Folge deutlich genug zeigen, daſs gewiſſe Prädikate *der* Vorftellung nur in Rückficht ihres Stoffes, andere nur in Rückficht ihrer Form zukommen, und daſs die Verwechslung derfelben auf alle fpekulativen Streitigkeiten der Philofophie groſſen Einfluſs hatte. Folgende Betrachtungen werden dazu dienen, dem Begriffe der *Form* einer Vorftellung das *Fremde* und *Unbeftimmte* zu benehmen, das er für meine Lefer haben muſs.

1) Man ift hoffentlich mit mir darüber einig, daſs jede Vorftellung (1) aus etwas beſtehen müſ-
fe.

des Vorstellungsvermögens überhaupt.

se, was sich auf das von ihr im Bewufstseyn unterschiedene *Objekt* bezieht. Diefs habe ich den *Stoff* genannt; und es ist dasjenige, wodurch das Vorgestellte (der Gegenstand) *der* Vorstellung angehört, und welches in der Vorstellung dem Gegenstande angehört; (2) Aus etwas, was sich auf das von der Vorstellung im Bewufstseyn ebenfalls unterschiedene, *Subjekt* (das Vorstellen:) bezieht. Es ist dieses dasjenige, *wodurch* die Vorstellung dem Gemüth angehört; und *was* an der Vorstellung dem Gemüthe angehört; und kann nichts anderes seyn als dasjenige wodurch der sonst *blosse Stoff* einer Vorstellung, *wirkliche Vorstellung* ist; das heifst, die *Form* der Vorstellung, welche der Stoff *nur* im Gemüthe, und *nur* durch das Vorstellungsvermögen erhalten konnte. So lange noch nicht ausgemacht ist, *worin* diese Form bestehe; mufs bald dasjenige, was in der Vorstellung dem Gemüthe eigenthümlich ist, den Gegenständen; bald dasjenige, was in der Vorstellung den Gegenständen gehört, dem Gemüthe beygemessen werden.

„Was den Stoff einer Vorstellung zur Vorstellung macht, ist die Seele, oder das Gemüth selbst, und kann also nicht *Form* der Vorstellung heifsen *)." *Zur Vorstellung machen* kann zweyerley heissen;

---

*) So sophistisch und seicht in den Ohren mancher Leser dieser und andere in der Folge vorkommenden Einwürfe klingen werden: so natürlich müssen sie in der Vorstellungsart der *Meisten* aus dem bisherigen allgemeinem Mifsverständnisse des Vorstellungsvermögen erfolgen. Aber auch schärfern und konsequenteren Denkern, die sich selbst solche Einwürfe zu ersparen, oder zu beantworten wissen, dürfte die Auflösung wenigstens dazu dienen, um

ihnen

heißen; entweder, die von der Vorstellung selbst
unterschiedene Ursache der Vorstellung seyn; oder,
der in der Vorstellung selbst vorkommende konstitutive Bestandtheil, die innere Bedingung der Vorstellung selbst seyn, durch welche der bloße Stoff
Vorstellung ist. Das *erste* ist die (worin immer
bestehende) *vorstellende Kraft*, deren Unterfuchung nicht hieher gehört, — das *zweyte* aber ist
die *Form* der Vorstellung überhaupt, von der hier
die Rede ist, und die zwar auch dem Gemüthe angehört, aber nicht als Accidenz der Substanz, sondern als Wirkung der Ursache.

2) Die gegenwärtige Untersuchung betrifft die
Form der *Vorstellung überhaupt*, die *allgemeine*
Form aller Vorstellungen, der *Gattung* Vorstellung.
Die Arten der Vorstellungen. Z. B. die Empfindung, der Begriff, die Idee unterscheiden sich untereinander durch ihre eigenthümlichen Formen,
die in den Theorien der *Sinnlichkeit*, des *Verstandes* und der *Vernunft* betrachtet werden müssen.
Da sie in allen diesen Theorien als *Vorstellungen*
angenommen und vorausgesetzt werden müssen, so
wird auch die glücklichste Entwicklung, die von
ihren Eigenthümlichkeiten gegeben werden kann,
z. B. die *Kantische* so lange misverstanden werden müssen, bis man nicht über dasjenige, was
ihnen in der gemeinschaftlichen Eigenschaft, als
Vorstellungen überhaupt zukommt, einig geworden ist.

3) Die

ihnen eine *neue* Vorstellungsart geläufiger zu machen. In zwanzig Jahren wird sich eine *kürzere*
Theorie des Vorstellungsvermögens schreiben lassen.

des Vorstellungsvermögens überhaupt.

3) Die *Form der Vorstellung* muſs genau von der *Form des Vorgestellten*, oder des *Gegenstandes*, unterſchieden werden; und ungeachtet vom letztern eigentlich nur in der Theorie des *Erkenntniſsvermögens* die Rede ſeyn darf, ſo muſs hier doch eine Zweydeutigkeit in dem Ausdrucke *Form des Vorgestellten* angemerkt werden, welche dem richtigen Begriffe von der *Form der Vorstellung* nachtheilig ſeyn könnte. „Da jede Vorstellung" könnte mir ſonſt eingewendet werden „mit ihrem (wirklichen oder nicht wirklichen) Gegenſtand, dem *Vorgestellten* übereinſtimmen muſs; ſo muſs ja die Form der Vorſtellung von der *Form des Vorgestellten* abhängen, und von derſelben beſtimmt werden." — Ich antworte: In den beſonderen einzelnen Vorſtellungen (nicht in der Vorſtellung überhaupt die keinen beſtimmten Gegenſtand hat) muſs zwar die beſondere Beſchaffenheit, oder wenn man es ſo nennen will, die eigenthümliche Form des *bloſsen* Stoffes von dem Gegenſtande, den er in der Vorſtellung repräſentiert, beſtimmt ſeyn, und in dieſem Sinne wäre gegen die Behauptung, daſs die Form jeder einzelnen Vorſtellung von der Form des *Vorgestellten* abhänge, nichts anders einzuwenden, als daſs es, anſtatt Form der Vorſtellung, Form des Stoffes von jeder einzelnen Vorſtellung heiſſen ſollte. Die Form der *Vorstellung* aber kann dem vom Gegenſtande beſtimmten Stoffe nicht durch das *Vorgestellte*, ſondern nur durchs *vorstellende*, nicht durch das Objekt, ſondern nur durch das Subjekt ertheilt werden. Die eigenthümliche Form des *bloſsen Stoffes*, die man die *objektive* nennen könnte, um ſie von der Form der *Vorstellung*, die der durch den Gegenſtand beſtimmte Stoff *im* Gemüthe annehmen

men muß, und welche füglich die *subjektive* heiſſen kann, zu unterſcheiden, kann durchaus nicht von der letztern *getrennt*, d. h. ohne die Form der Vorſtellung, im *Bewuſtſeyn vorkommen.* Der Gegenſtand einer Vorſtellung gelangt nur durch die *Vorſtellung*, das heiſst, nur *dadurch* ins Bewuſtſeyn, daſs der ihm entſprechende Stoff aufhört, *bloſſer* Stoff zu ſeyn und die Form der Vorſtellung annimmt. Daher kann kein Vorgeſtelltes, kein Gegenſtand, in ſeiner von der Form der Vorſtellung unabhängigen Form, wie er an ſich iſt, ſondern nur durch die Form der Vorſtellung modificiert im Bewuſstſeyn vorkommen, vorgeſtellt werden. Es verdient aber dieſe Bemerkung eine beſtimmtere Ausführung; da ſie eines der älteſten, allgemeinſten, und am tiefſten eingewurzelten Vorurtheile betrifft, welche die Principien aller ſpekulativen Philoſophie bis auf dieſen Augenblick verwirrt haben; ein Vorurtheil, das ſich auch demjenigen, der ſich noch ſo ſorgfältig davon loszumachen ſucht, immer unvermerkt aufdringt, und welches an dem bisherigen Schickſale der *Kritik der Vernunft*, beynahe allgemein *miſsverſtanden* zu ſeyn, einen äuſſerſt beträchtlichen Antheil hat. Ich ſpreche hier von dem Vorurtheile, *daſs die Vorſtellungen Bilder der Dinge wären*, daſs zwiſchen den Vorſtellungen und den *Dingen an ſich Aehnlichkeit* ſtatt finden müſſe, und daſs die *Wahrheit*, oder die Uebereinſtimmung unſrer Vorſtellungen mit den Gegenſtänden in dieſer *Aehnlichkeit* beſtehen müſſe. Man ſieht, daſs dieſes Vorurtheil, wenn es wirklich Vorurtheil iſt, ſelbſt den Begriff von *Wahrheit* verfälſchen, und auf die Anwendung der *logiſchen* Geſetze den entſchiedenſten Einfluſs haben müſſe.

Schon

Schon in feinem Entstehungsgrunde zeigt es sich als *Vorurtheil*. Dieser liegt in der freylich unverkennbaren *Analogie*, die zwischen der Beschaffenheit der in unsren *Organen* hervorgebrachten *Eindrücke* und der Beschaffenheit der *Gegenstände* aufser uns, durch welche die Eindrücke hervorgebracht werden, wahrgenommen wird; eine Analogie, die bey dem vornehmsten Organe, dem wir den Stoff unsrer meisten und klaresten sinnlichen Vorstellungen verdanken, nämlich dem *Auge*, in der wirklichen Aehnlichkeit des Bildes auf der Netzhaut mit dem sichtbaren Gegenstande besteht. Es war schon sehr frühzeitig unter den Philosophen eine unbestimmte Analogie zwischen *Sehen* und *Vorstellen* angenommen, die immer weiter getrieben wurde, je mehr man bey zunehmender Kultur der *empirischen Psychologie* für die neuentdeckten Unterschiede unter den Verrichtungen des Vorstellungsvermögen mehrere Ausdrücke von den Verrichtungen des Auges zu entlehnen genöthiget war. Der innere Sinn wurde immer mehr als ein *Auge* des Geistes, und die sogenannte vorstellende Kraft als die *Sehkraft* desselben gedacht; und so wurde vieles, was nur vom Auge und von *Sehen* gelten konnte, auf das Gemüth, und das *Vorstellen* übertragen, und in den, bisher unbestimmt gebliebenen, Begriff der Vorstellung aufgenommen.

Die Unbestimmtheit dieses wichtigen Begriffes machte allein die Verwechslung des sinnlichen *Eindruckes* mit der sinnlichen *Vorstellung* möglich; welche eine zweyte Verwechslung der zwischen *Eindruck* und *Gegenstand* unstreitigen Aehnlichkeit mit einer offenbar unmöglichen Aehnlichkeit zwischen

zwischen *Vorstellung* und *Gegenstand* zur Folge haben mußte.

Der *Eindruck* auf das sinnliche Werkzeug ist keine Vorstellung, und seine Form keine *Form* der Vorstellung. Er kann, als bloſser Eindruck, so wenig die Vorstellung selbst seyn, als der durch ihn gelieferte Stoff ohne die Form der Vorstellung Vorstellung seyn kann. Der Eindruck kann nichts weiter als der Empfänglichkeit des Gemüthes (das Subjekt desselben mag Geist oder Körper seyn) den *Stoff* liefern, der dann erst im Gemüthe die Form der Vorstellung erhält, und durch dieselbe Vorstellung wird. Diese Vorstellung hält dem Subjekte des Bewuſstseyns den Gegenstand vor, auf den sie bezogen wird, aber nur unter der Form, die der dem Gegenstande entsprechende Stoff im Gemüthe erhalten hat, und die sich von ihm nicht trennen läſst, ohne die Vorstellung und mit ihr das Bewuſstseyn des Gegenstandes aufzuheben.

Man kann hieraus beurtheilen, mit welchem Rechte man bisher die in den Organen vorhandene Eindrücke *materielle Vorstellungen* genannt hat.

Keine unsrer Vorstellungen kann in irgend einem Verstande *Bild* ihres Gegenstandes heiſſen. Iedes *Bild* setzt Aehnlichkeit mit seinem Originale voraus, und ist nur in so ferne Bild, als diese Aehnlichkeit statt findet. Es muſs also, wenn wir berechtigt seyn sollen, unsre Vorstellungen für Bilder der Dinge zu halten, irgend eine Aehnlichkeit zwischen der Vorstellung und ihrem Gegenstande erweislich seyn. Allein dieſs ist schlechterdings unmöglich. Ich kann die Vorstellung der *Rose*

als

als *Bild*, mit der Rofe felbft als *Original* nie vergleichen. Denn wenn ich die Rofe als einen von meiner Vorftellung derfelben verfchiedenen *Gegenftand* denke, fo kann ich dies nur dadurch, dafs ich die *bloſſe Vorſtellung* der Rofe auf etwas auſſer mir beziehe, welches ich nur durch diefes *Beziehen* kenne; und das unabhängig von der Vorftellung in welcher alle feine Prädikate vorkommen, für mich ein bloſſes Subjekt = X ift. Ich kann alfo nicht von dem angeblichen Bilde zum Original übergehen, ohne daſs ich eben daſſelbe Bild zum Original mache, das heiſst: das Bild hat kein Original für mich; es ift alfo kein Bild, fondern felbft Original.

„Man giebt zu, daſs die Vorftellung in wie fer-
„ne fie Wirkung des Gemüthes ift, und durch das
„bloſſe Vorſtellungsvermögen beſtimmt wird, kei-
„ne Aehnlichkeit mit Dingen auſſer dem Gemüthe
„habe. Aber fie kann und muſs diefe Aehnlichkeit
„ihrem Inhalte nach haben, in wie ferne derfelbe
„von einem auſſer dem Gemüthe befindlichen Ge-
„genſtande abhängt, und durch denſelben beſtimmt
„wird." — Wenn dieſer Inhalt (Stoff der Vorſtellung) nicht mit dem Gegenſtande ſelbſt (das *in der*
Vorstellung vorkommende und fie ausmachende, nicht mit dem von ihr unterſchiedenen) verwechfelt werden foll; fo muſs bey aller vorausgeſetzten Aehnlichkeit zwifchen dem bloſſen Stoff und dem Gegenftande, doch zugegeben werden, daſs dieſer Stoff nicht der Gegenſtand ſelbſt ſey; und daſs nur der Stoff, nicht der *Gegenſtand an ſich* die Form der Vorſtellung erhalte. Der Stoff verliert alfo in fo ferne ſeine Aehnlichkeit mit dem Gegenſtande an ſich, als er die Form der Vorſtellung annimmt. Und da ſich bey der Beziehung der Vorſtellung

auf

auf den Gegenſtand, durch welche dieſer allein *vorgeſtellt* werden kann, der bloſſe Stoff von der Form der Vorſtellung nicht trennen läſst; da nicht der bloſſe Stoff, ſondern die Vorſtellung (Stoff und Form) in *Rückſicht* des Stoffes die vorſtellbaren Prädikate, die dem Gegenſtande beygelegt werden, dem Bewuſstſeyn vorhält; ſo mag der Inhalt einer Vorſtellung dem Gegenſtande noch ſo ähnlich ſeyn, und derſelbe wird gleichwohl dem Bewuſstſeyn kein *Bild* des Gegenſtandes vorhalten. Die Vorſtellung wird kein Bild ſeyn, weil dasjenige in ihr, was allenfalls *Bild* heiſſen könnte, dem Subjekte des Bewuſstſeyns nicht in ſeiner eigenthümlichen Form vorgehalten wird.

§. XVII.

Dem Begriffe einer Vorſtellung überhaupt widerſpricht die Vorſtellung eines Gegenſtandes in ſeiner eigenthümlichen von der Form der Vorſtellung unabhängigen Form, oder des ſogenannten *Dinges an ſich;* d. h. kein Ding an ſich iſt vorſtellbar.

Keine Vorſtellung iſt ohne Stoff und Form denkbar, welche beyde in der Vorſtellung unzertrennlich ſind, weil ſie nur durch ihre Vereinigung die Vorſtellung ausmachen. Nur durch dieſe unzertrennliche Vereinigung bey einem weſentlichen Unterſchied iſt die Natur einer Vorſtellung, d. h. die nothwendige Beziehung derſelben auf ein von ihr unterſchiedenes Subjekt und Objekt möglich. Dasjenige in der Vorſtellung, wodurch ſie ſich auf den von ihr unterſchiedenen Gegenſtand bezieht (der Stoff), kann unmöglich ebendaſſelbe ſeyn,

seyn, wodurch sie sich auf das von ihr unterschiedene Subjekt bezieht, die *Form*. Sie bezieht sich auf beyde dadurch, dafs sie von *beyden* etwas in sich aufzuweisen hat, welches unmöglich eben daſſelbe seyn kann, wenn nicht alle Möglichkeit aufhören soll, das vorstellende Subjekt und vorgestellte Objekt von der Vorstellung zu unterscheiden. Da der Stoff in ihr dem Gegenstande angehört, so würde sie ganz allein auf den Gegenstand bezogen werden müſſen, und nicht von demselben unterschieden werden können, wenn sie nicht die Form der Vorstellung erhalten hätte, die dem Gegenstande mangelt, wodurch sie sich vom Gegenstande auszeichnet, und die sie nicht dem Vorgestellten, sondern dem Vorstellenden verdankt. Ungeachtet aber einerseits nur durch diesen wesentlichen Unterschied zwischen Stoff und Form das Bewuſstseyn und die Vorstellung selbst möglich iſt, so iſt andererseits nur durch die Unzertrennlichkeit vom Stoff und Form eben dieses Bewuſstseyn, und die Vorstellung möglich; die sich nur dadurch denken läſst, dafs der Stoff aufhöre bloſſer Stoff zu seyn und die Form der Vorstellung erhalten habe, welche von ihm nicht abgesondert werden kann, ohne die *Vorstellung* und mit ihr das Bewuſstseyn und selbst die Unterscheidung zwischen Subjekt und Objekt aufzuheben. Daher läſst sich weder der bloſſe Stoff, abgesondert von der Form, noch die bloſſe Form abgesondert von allem Stoffe vors Bewuſstseyn bringen, sondern nur beydes zusammengenommen in seiner unzertrennlichen Vereinigung; und bey der Unterscheidung zwischen Objekt und Subjekt im Bewuſstseyn, wird nicht die Form der Vorstellung abgetrennt vom Stoffe, sondern die *ganze Vorstellung* durch ihre Form auf das Subjekt, und nicht der Stoff abgetrennt von der Form, sondern die *ganze Vorstellung* durch ihren Stoff auf den Gegenstand bezogen. Der von der Vorstellung unterschiedene Gegenstand kann daher nur unter der *Form der Vorstellung*, die der ihm entsprechende Stoff im Gemüthe annehmen mufste, im Bewufstseyn vorkommen, d. h. *vorgestellt* werden; und folglich keineswegs als *Ding an sich*, d. h. unter derjenigen Form, die ihm auſſer aller Vorstellung zukäme, durch den bloſſen Stoff der Vorstellung bezeichnet würde, und von der Form der Vorstellung verschieden seyn müfste.

„Aber ist denn der Begriff, der hier von dem *Dinge an sich* aufgestellt wird, nicht willkührlich; indem darunter ein Ding verstanden wird, deſſen Form von der Form der Vorstellung verschieden ist. Warum soll nicht dem Dinge an sich eben dieselbe Form zukommen, die daſſelbe in der bloſſen Vorstellung hat?" Nichts ist leichter als den von uns aufgestellten Begriff des *Dinges an sich* zu rechtfertigen. Die Form der Vorstellung ist dasjenige, wodurch sich die Vorstellung von allem was nicht Vorstellung ist, auszeichnet. Wenn also die Vertheidiger der Vorstellbarkeit des Dinges an sich zugeben, daſs das Ding an sich, keine Vorstellung ist, so müſſen sie auch zugeben, daſs ihm die Form der Vorstellung nicht zukomme. — „Aber so kömmt ihm doch dieselbe Form zu, die es *in* der Vorstellung hat?" — Ob auch diejenigen, die diese Sprache führen, sich selbst recht verstehen? Ihr vorstellbares Ding an sich ist doch der von der Vorstellung unterschiedene Gegenstand, der also weder selbst Vorstellung, noch ein Bestandtheil der bloſſen Vorstellung ist, und also

nicht

nicht selbst, sondern nur durch seinen *Repräsentanten*, den Stoff der Vorstellung, in der Vorstellung vorkömmt. Sey es, daß dieser Stoff in wie ferne er bloßer Stoff ist, das heißt, in wie ferne er bloß den Gegenstand vertritt, eben dieselbe Form habe, die dem Gegenstande zukömmt, so kann er ja *eben darum* in dieser Eigenschaft nicht die Form der bloßen Vorstellung haben; ja! diese seine *objektive* Form muß von der *subjektiven* der Vorstellung wesentlich verschieden seyn, weil er sonst zugleich Stoff und nicht Stoff wäre. Er muß aber die von ihm als bloßer Stoff unterschiedene, und dem Gegenstand nicht zukommende Form der Vorstellung annehmen, wenn er Vorstellung werden, und der Gegenstand durch ihn vorgestellt werden soll. Die Form unter welcher der *Gegenstand* durch den ihm entsprechenden Stoff im Bewußtseyn vorkömmt, ist also wesentlich von der Form verschieden, die ihm außer dem Gemüthe (an sich) zukommen muß; und diese letztere Form, durch welche er als Ding an sich gedacht wird, ist schlechterdings nicht anders vorstellbar, *als daß man von ihr die Form der Vorstellung läugnet.*

Und hieraus ergiebt sich die Antwort auf den sophistischen Einwurf: „Es müsse gleichwohl eine Vorstellung des *Dinges an sich* möglich seyn, da doch der hier von mir bestimmte *Begriff* des Dinges an sich eine Vorstellung sey, die das *Ding an sich* zum Gegenstand hätte." Dieser Einwurf spielt mit *Vorstellung des Dinges* an sich durch eine Zweydeutigkeit dieses Ausdruckes. Er nennt den Begriff des *Dinges an sich überhaupt* mit Unrecht Vorstellung des Dinges an sich (eines bestimmten Dinges). Jener Begriff ist freylich auch eine Vorstellung; aber eine Vorstellung, deren Gegenstand das Ding an sich nicht als *Sache*, sondern als der bloße Verstandesbegriff eines *Gegenstandes* überhaupt ist. Diese Vorstellung eines bloß *logischen Wesens* wird in jenem Einwurfe mit der Vorstellung einer *Sache* verwechselt. Denn die Vertheidiger der Vorstellbarkeit der Dinge an sich glauben dadurch allein unsrem Verstande *Sachkenntniß* einzuräumen, und zu retten, daß sie unter Vorstellung des Dinges an sich, Vorstellung der *Sache*, Vorstellung desjenigen außer dem Gemüthe befindlichen Dinges, dem der Stoff und die Form der Vorstellung zukomme, verstehen. Das was ich Begriff des Dinges an sich nenne, und dessen Möglichkeit und Ursprung in der Theorie des Erkenntnißvermögens entwickelt wird, ist die Vorstellung eines Dinges *überhaupt*, das keine Vorstellung ist; keines *bestimmten, individuellen, existirenden* Dinges. Das aber, was ich *Vorstellung des Dinges an sich* nenne, und dessen Unmöglichkeit ich hier gezeigt habe, ist Vorstellung eines bestimmten, individuellen, existierenden Dinges, das keine Vorstellung ist, aber gleichwohl die Form der Vorstellung hat, dem außer dem Gemüthe eben dieselbe Form zukömmt, die es durch den Stoff der Vorstellung im Gemüthe angenommen hat, und das folglich dem Subjekte des Bewußtseyns nicht unter einer dem Gemüthe eigenthümlichen Form erscheine, sondern sich demselben in seiner eigenen von der Beschaffenheit des Gemüthes unabhängigen Gestalt darstellt.

Die *Dinge an sich* können so wenig geläugnet werden, als die vorstellbaren Gegenstände selbst. Sie sind diese Gegenstände selbst, in wie ferne dieselben

ben nicht vorstellbar sind. Sie sind dasjenige Etwas, welches dem bloßen Stoffe einer Vorstellung außer der Vorstellung zum Grunde liegen muß, von dem aber, weil sein Repräsentant, der Stoff, die Form der Vorstellung annehmen muß, nichts was ihm von dieser Form unabhängig zukommt, vorstellbar ist, als die Negation der Form der Vorstellung, d. h. dem kein anderes Prädikat beygeleget werden kann, als daß es keine Vorstellung ist. Alle seine positiven Prädikate müssen in wie ferne sie vorstellbar seyn sollen, durch den ihnen in der Vorstellung entsprechenden Stoff die Form der Vorstellung, die ihnen an sich nicht zukommen kann, angenommen haben. Das Ding an sich und seine von der Form der Vorstellung verschiedenen Beschaffenheiten, sind nicht nur nichts unmögliches; sondern sogar etwas zur bloßen Vorstellung *unentbehrliches*, weil keine bloße Vorstellung ohne Stoff, und kein Stoff ohne etwas außer der Vorstellung, das nicht die Form der Vorstellung hat, d. h. ohne das Ding an sich denkbar ist. Aber in dieser Eigenschaft ist das Ding an sich selbst keineswegs als eine Sache, sondern nur als *Begriff* von einem Etwas, das nicht vorstellbar ist, *vorstellbar* *); und die Vorstellung davon ist nicht Vorstellung des wirklichen Dinges wie es an sich ist, sondern Vorstellung eines von allen seinen Prädikaten entblößten *Subjektes*, das doch wohl keine Sache, sondern der abgezogenste unter allen Begriffen ist. Der nothwendige und richtige Begriff des Dinges an sich ist also Vorstellung eines *Begriffes*, während

die

---

*) Ich sage nicht: In dieser Eigenschaft ist (existirt) das Ding an sich ein bloßer Begriff; sondern ist es nur als bloßer Begriff *vorstellbar*.

die unmögliche und unrichtige *Vorstellung* des Dinges an sich, Vorstellung einer *Sache* seyn würde, der aber alle vorstellbaren Prädikate vorher abgesprochen werden müsten, ehe man ihr den Namen eines *Dinges an sich* beylegen könnte. Denn wird das angeblich vorstellbare Ding an sich nicht als ein von allen *vorstellbaren* Prädikaten entblöstes Subjekt gedacht, wird ihm ein einziges in der Vorstellung vorkommendes Prädikat, ausser dem leeren Titel eines Subjektes, zugetheilt, so hört es auf Ding an sich zu seyn, so wird es nicht mehr als Ding an sich gedacht, sondern durch einen Stoff der Vorstellung, der die Form der Vorstellung angenommen, und folglich aufgehört hat dem Dinge an sich allein eigenthümlich zu seyn, vorgestellt. Es steht also folgender Grundsatz als Axiom fest.

Dasjenige, was sich nicht unter der Form der Vorstellung vorstellen läst, ist schlechterdings nicht vorstellbar.

Und hier zeigte sich ein neuer höchst wichtiger Grund, warum ich die Untersuchung des vorstellenden *Subjektes*, und der vorgestellten *Objekte* so sorgfältig von der Untersuchung des *Vorstellungsvermögens* ausgeschlossen habe. Von dem was sie *an sich* selbst sind, ist alle Vorstellung unmöglich, und von dem was sie in der von ihnen möglichen Vorstellung sind, ist nur dann ein völlig bestimmter Begriff möglich, wenn man sie von der blossen Vorstellung zu unterscheiden weiss, welches wieder unmöglich ist, wenn nicht allgemeingültig ausgemacht ist, was der blossen Vorstellung, in wie ferne sie nichts als blosse Vorstellung ist, zukömmt.

des Vorstellungsvermögens überhaupt. 251

Das *vorstellende Subjekt an sich*, unabhängig von der *Form* der von ihm selbst unterschiedenen Vorstellung, unter welcher es in seinem eigenen Bewußtseyn vorkömmt, ist also für sich selbst $= X$, (welches von $= 0$ wohl zu unterscheiden ist) ist sich nur als ein unbekanntes Etwas, als ein Subjekt ohne alle Prädikate vorstellbar. Nur das grosse *Prädikat* dieses an sich nicht vorstellbaren Subjektes, durch welches es wirklich vorstellbar ist, das heist, das *Vorstellungsvermögen* ist der Gegenstand unsrer Untersuchung.

Der Unterschied zwischen dem vorstellenden Subjekte, und den vorgestellten Objekten wurde auch von denjenigen, die ihn bisher zu erkennen glaubten, nur durch gewisse beyden zukommende verschiedene *Prädikate* für erkennbar gehalten. Die *Subjekte an sich* galten allen Selbstdenkern immer für natürliche Geheimnisse. Ich behaupte eben dasselbe, nur mit dem Unterschiede, daß ich die *Vorstellbarkeit* überhaupt, und durch sie die *Erkennbarkeit*, nur auf *solche Prädikate* einschränke, die der *Seele* und den *Dingen ausser uns*, nicht *an sich* d. h. unabhängig von der *blossen Vorstellung*, sondern nur in so ferne zukommen, als diese Prädikate die Form der Vorstellung, die den Dingen *an sich* nicht zukommen kann, annehmen können, d. h. in wie ferne diese Prädikate vorstellbar sind. Dadurch werden diese Prädikate keineswegs blosse Vorstellungen, denn der *Stoff*, der ihnen in der Vorstellung entspricht, gehört allerdings den *Dingen an sich* an; aber da dieser Stoff *Vorstellung* werden, die Form der Vorstellung im Gemüthe erhalten muß, wenn er zu unsrem Bewußtseyn gelangen soll, und diese *Form* von ihm

ihm nur durch die Vernichtung der Vorstellung trennbar wäre, so kann er jene Prädikate, nicht wie sie an sich selbst sind, sondern nur in wie ferne sie die Form der Vorstellung angenommen haben, dem Bewußtseyn vorhalten. Die *vorstellbaren* Prädikate sind also nicht Prädikate der Dinge an sich, sondern Prädikate der Dinge, welche die den Dingen an sich nicht angehörige Form der Vorstellung angenommen haben. Uebrigens ist die unmögliche Vorstellbarkeit der Seele und der Dinge außer uns als *Dinge an sich*, ganz entbehrlich, um die vorstellbaren Prädikate von beyden in unsrem Bewußtseyn von einander zu unterscheiden. Denn die Unterscheidung zwischen dem Subjekte und den Objekten unsrer Vorstellungen geschieht durch die zweyfache (objektive und subjektive) Beziehung der *ganzen Vorstellung*, durch ihre wesentlich verschiedenen aber auch wesentlich vereinigten Bestandtheile, welche die Natur der Vorstellung ausmachen. Durch diesen im Bewußtseyn gegründeten, und durch dasselbe jedem denkenden Kopfe einleuchtenden Unterschied, ist es, wie sich in der Folge zeigen wird, eben nicht schwer, den Inbegriff vorstellbarer Prädikate, die aufs vorstellende Subjekt bezogen werden müssen, und zusammengenommen das *Vorstellungsvermögen* ausmachen, von dem Inbegriffe der vorstellbaren Prädikate, die auf Gegenstände außer uns bezogen werden müssen, und welche zusammengenommen das Gebieth der Erfahrung ausmachen zu unterscheiden.

Der unrichtig aufgefaßte Begriff des *Dinges an sich*, der eine natürliche Folge des unentwickelten Begriffes vom Vorstellungsvermögen ist, kann als der Hauptsitz der Krankheit der bisherigen Philosophie

losophie angesehen werden. Von ihm geht aller Dogmatismus und aller dogmatische Skepticismus aus. Beyde setzen die Unentbehrlichkeit einer Vorstellung des Dinges an sich zur eigentlichen Erkenntnifs voraus; diefs ist ihr gemeinschaftlicher nur durch einen unrichtigen Begriff von dem Dinge an sich möglicher Irrthum. Die einen glauben sich im wirklichen Besitze von Vorstellungen der Dinge an sich, und bauen auf dieselben ihre einander widersprechenden Lehrgebäude über die *Natur der Dinge*, die andern sehen die Unmöglichkeit der Vorstellung vom Ding an sich ein, aber da sie sich den Grund dieser Unmöglichkeit aus der Natur des Vorstellungsvermögens und dem richtigen Begriffe *des Dinges an sich* nicht zu erklären wissen, schliefsen sie aus derselben auf die Unmöglichkeit jeder eigentlichen Erkenntnifs. Ich kann hier nur durch Winke anzeigen, was ich in der Folge deutlich entwickeln werde, *wie* jedes System der Dogmatiker durch die Uebertragung der Merkmale der blofsen Vorstellung auf das Ding an sich, und durch Verwechslung der *inneren Bedingung* der blofsen Vorstellung mit der innern Bedingung der Dinge an sich, (der Natur der Dinge) entstanden ist. Da es nämlich zwey verschiedene innere Bedingungen der blofsen Vorstellung giebt, wovon die eine zur *Materie*, die andere zur *Form* der Vorstellung gehört: so mufsten nothwendig drey verschiedene Meynungen über das *Wesen der Dinge* entstehen, je nachdem der Dogmatiker die eine oder die andere oder beyde, dem Dinge an sich beygelegte (realisierte) Bedingungen der blofsen Vorstellung, seinen Untersuchungen zum Grunde legte. Es wird sich in der *Theorie der Sinnlichkeit* ohne Mühe begreifen lassen, *wie* der *Materialist*

rialiſt ſein Lehrgebäude auf ein der bloßen ſinnlichen Vorſtellung eigenthümliches, aber von ihm auf das Ding an ſich übertragenes Merkmal; und in der *Theorie des Verſtandes*, — wie der *Spiritualiſt* das ſeinige auf ein dem bloßen Verſtandesbegriffe eigenthümliches, aber von ihm auf das Ding an ſich übertragenes Merkmal gründete; und [aus beyden Theorien *zuſammengenommen*, — wie das konſequenteſte aus allen dogmatiſchen Syſtemen, das *Spinoziſtiſche*, nur dadurch zu Stande kommen mußte, daſs der groſse Urheber deſſelben die Hauptmerkmale der ſinnlichen Vorſtellung und des Verſtandesbegriffes *zuſammengenommen* auf das Ding an ſich übertrug, und aus dem *Raume* und der *objektiven Einheit*, ſeine *einzige ausgedehnte Subſtanz* erſchuf.

Kant hat in der Kritik der Vernunft die Unmöglichkeit der *Erkenntniſs* der Dinge an ſich mit unerreichbarem Tiefſinne und höchſter Evidenz erwieſen, und gezeigt, daſs nur Dinge unter der *Form ſinnlicher Vorſtellungen*, oder wie er es nennt *Erſcheinungen* erkennbar wären. Allein noch ſind weder ſeine Nachbether, noch ſeine Widerleger unter ſich einig, was der groſse Denker damit gewollt haben mochte. Indeſſen wird er gemeiniglich von den dogmatiſchen *Kennern* der Dinge an ſich für einen *dogmatiſchen* Skeptiker, und von den dogmatiſch-ſkeptiſchen *Nichtkennern* der Dinge an ſich für einen *Idealiſten* erklärt. Wenn ich hoffen dürfte, von meinen Leſern verſtanden zu werden, (eine Hoffnung, die ich auf nichts als auf den Umſtand gründen kann, daſs *mein* Problem leichter aufzulöſen iſt, als das *Kantiſche*) ſo wird man die von *Kant* erwieſene Unmöglichkeit

lichkeit der Erkenntnifs des Dinges an fich auf einem kürzeren Wege zu begreifen anfangen. Das Ding an fich ift nicht *Vorstellbar;* wie follte es *Erkennbar* feyn?

Der ganze Beweis von der Unmöglichkeit einer Vorftellung des Dinges an fich würde zu nichts nützen als etwa den dogmatifchen Skepticismus zu begründen; wenn es mir nicht gelänge, die inneren Bedingungen der bloßen Vorftellung noch näher zu beftimmen, als es in diefer Theorie bis itzt gefchehen ift. Es müffen die der *bloßen Vorftellung* eigenthümlichen und diefelbe von dem, was nicht Vorftellung ift, auszeichnenden Merkmale beftimmt angegeben werden; wenn die Warnung, die Prädikate der Vorftellung nicht auf Dinge an fich zu übertragen, nicht ganz vergeblich feyn foll. Bisher wiffen wir aber von den der Vorftellung eigenthümlichen Merkmalen nur fo viel: dafs fie im Stoffe und in der Form beftehen, und dafs die Form der Vorftellung den Dingen an fich nicht beygelegt werden dürfe. Sie wird aber, wie bisher, den Dingen an fich beygelegt werden müffen, fo lange wir nicht wiffen, wodurch fie fich von demjenigen, was in der Vorftellung den Dingen an fich angehört, d. h. dem bloßen Stoffe der Vorftellung unterfcheide. Wir haben alfo hier das allgemeinfte Merkmal anzugeben, wodurch fich der *Stoff* der Vorftellung von der *Form* derfelben auszeichnet. Diefs gefchieht im

§. XVIII.

In jeder *Vorstellung* muſs der bloſſe Stoff *gegeben* ſeyn, und die bloſſe *Form* an demſelben *hervorgebracht* werden.

Die

Die Vorstellung *entsteht in* und *mit* dem Bewufstseyn. Das Bewufstseyn ist nur durch Vorstellung möglich; in wie ferne eine Vorstellung vorhanden seyn muss, wenn sie auf ein von ihr unterschiedenes Objekt und Subjekt bezogen werden soll. Aber die Vorstellung ist ebenfalls nicht ohne Bewufstseyn möglich, weil die Natur der Vorstellung eigentlich in jener Beziehung des Subjektes und Objektes auf einander vermittelst des in der Vorstellung vereinigten Stoffes und der Form besteht. Eine Vorstellung ohne alles Bewufstseyn müfste eine Vorstellung seyn, die *nichts*, und die *nicht* vorstellt — weder auf einen Gegenstand noch auf ein Subjekt bezogen wird — d. h. keine Vorstellung; wie in der nach der Theorie des Vorstellungsvermögens vorkommenden Erörterung des Bewufstseyns ausführlicher gezeigt werden soll. Hier verlange ich nichts weiter zugegeben, als dafs jede menschliche Vorstellung *entstanden*, nicht immer da gewesen, nicht immer in unsrem Bewufstseyn vorgekommen sey.

Die Vorstellung ist nur dadurch im Bewustseyn möglich, dafs in demselben ein Stoff unter der Form der Vorstellung, das heifst, dafs zwey verschiedene Etwas vereiniget vorkommen, wovon das eine dem von dem vereinigten selbst unterschiedenen Subjekte, und das andere dem von ihm unterschiedenen Objekte angehört. Die Vorstellung kann daher in Rücksicht auf diese zwey wesentlich verschiedenen Bestandtheile keineswegs auf eben dieselbe Art entstanden seyn, und diese Bestandtheile können unmöglich einerley Ursprung haben. Nur die blofse Form, d. h. dasjenige, wodurch sich die Vorstellung auf das Subjekt bezieht, was an

ihr

ihr dem Subjekte angehört, kann durch das *Vermögen* des Subjektes *entstanden* seyn; der Stoff hingegen, dasjenige wodurch sich die Vorstellung auf das Objekt bezieht, was an ihr dem Objekte eigenthümlich ist, kann nicht durch das Vermögen des Subjektes entstanden, muss demselben gegeben seyn. Wäre an der Vorstellung nicht nur die *Form*, sondern auch der *Stoff* durch das Gemüth hervorgebracht; so würde alles Bewusstseyn, alle Unterscheidung der blossen Vorstellung vom Subjekte und Objekte unmöglich seyn, die sich nur dadurch denken lässt, dass in der blossen Vorstellung etwas enthalten ist, das nicht durch die Handlung des Gemüthes entstanden, d. i. keine blosse Wirkung seiner Handlung ist, sondern etwas das bey der Handlung des Subjekts vorausgesetzt wird, und dem Objekte eigen ist. Die Vorstellung kann nur dadurch nicht ganz auf das Subjekt allein bezogen werden, weil und in wie ferne etwas in ihr vorkömmt, das nicht durch eine Handlung des Gemüthes entstanden, das *Gegeben* ist; und das Gegebenseyn des Stoffes, und das Hervorbringen der Form an dem gegebenen Stoffe müssen zusammengenommen die eigentliche Erzeugungsgeschichte jeder Vorstellung ausmachen.

„Aber wie? wenn das vorstellende Subjekt sich selbst vorstellt, und folglich zugleich Subjekt und Objekt seiner Vorstellung ist?" — Auch *diese* Vorstellung ist nur dadurch möglich, dass das vorstellende Subjekt sich, in wie ferne es *Subjekt* dieser Vorstellung ist, von sich selbst als *Objekt* unterscheidet; und in der einen Rücksicht sich als *vorstellend*, in der andern aber als *vorgestellt*, in beyder Rücksicht aber, als von der blossen Vorstellung *unterschieden* denkt. Als *vorstellend* kann es sich nur durch dasjenige denken, was in der Vorstellung *Wirkung* seiner Handlung, — als *vorgestellt* aber, nur durch dasjenige, was in der Vorstellung nicht Wirkung seiner Handlung, sondern *Gegeben* ist — denn sonst müsste es sich in seiner Vorstellung und durch seine Vorstellung selbst hervorgebracht haben.

Nachdem ich meinen Satz aus der in der Theorie des Vorstellungsvermögen einzig gültigen Prämisse, nämlich dem *Bewusstseyn*, erwiesen habe, mag folgendes zur Bestätigung und Erläuterung desselben gelten.

Iede *endliche* Vorstellung, jede Vorstellung die in und *mit* dem Bewusstseyn entsteht, muss *erzeugt* werden. Zu jeder Erzeugung gehört zweyerley; etwas, das durch sie erst zur Wirklichkeit kömmt, *hervorgebracht* wird; und etwas, das in der Erzeugung nicht hervorgebracht wird, sondern als *gegeben* vorhanden seyn muss. Dieses ist der *Stoff*, jenes die *Form* des Erzeugten. Das Gemüth müsste seine Vorstellungen erschaffen, d. h. aus Nichts hervorbringen, wenn es den Stoff derselben hervorzubringen hätte. Es würde ihm aber nicht bloss der Stoff, sondern auch die Form, und folglich die *Vorstellung* selbst *gegeben* werden müssen; wenn die Hervorbringung der Form an dem Gegebenen nicht sein eigenthümliches Geschäft wäre. Im letztern Falle würden die Vorstellungen ausser dem Gemüthe vorhanden seyn müssen, bevor sie dem Gemüthe gegeben würden, Vorstellungen seyn, bevor durch sie etwas vorgestellt wird; das Gemüth würde nicht das *Vorstellende* seyn, mit einem Wort! wäre die Form der Vorstellung an dem

dem gegebenen Stoffe nicht durch das Gemüth hervorgebracht: so müste daſſelbe als Gemüth *Nichts* ſeyn; so wie es *unendlich* ſeyn müſste; wenn es auch den Stoff ſeiner Vorſtellung hervorbringen ſollte.

„Allein in wie vielen Vorſtellungen iſt nicht der Stoff offenbar, etwas vom Gemüthe Hervorgebrachtes? Z. B. gleich in der Vorſtellung eines von uns gefällten Urtheils; einer jeden Wirkung unſres Gemüthes überhaupt? In ſolchen Vorſtellungen wenigſtens, iſt doch Stoff und Form vom Gemüthe hervorgebracht?" — Keineswegs! denn fürs erſte iſt eine ſolche vorgeſtellte Wirkung des Gemüthes in der Vorſtellung, zu der ſie den Stoff oder vielmehr den Gegenſtand abgibt, nicht hervorgebracht, ſondern muſs vor der Vorſtellung vorhanden ſeyn, und der ihr entſprechende Stoff, aus welchem die Vorſtellung entſteht, iſt folglich in derſelben Vorſtellung gegeben. Zweytens muſste die Wirkung ſelbſt, wie ſie im Gemüthe hervorgebracht war, etwas gegebenes enthalten, woran ſich die Handlung des Gemüthes äuſſerte. So kömmt z. B. in der Vorſtellung ein gefälltes Urtheil nicht als bloſſe Wirkung des Gemüthes, ſondern als Wirkung des Gemüthes an dem Stoffe eines Urtheils, der gegeben ſeyn muſs, vor. Drittens iſt die *Weiſe zu handeln*, wie ſich in der Folge zeigen wird, keineswegs vom Gemüthe hervorgebracht, ſondern demſelben *gegeben*, und nur in dieſer Eigenſchaft möglicher Stoff von beſondern Vorſtellungen.

Wir wüſsten alſo nun, was wir von den unter den Philoſophen ſo gewöhnlichen Redensarten, *dem Gemüthe Vorſtellungen geben, Vorſtellungen empfan-*

empfangen, und *Vorstellungen hervorbringen* zu denken haben; wiewohl der letztere Ausdruck viel weniger auffallend klingt, da er die Unentbehrlichkeit eines gegebenen Stoffes beym Erzeugen der Vorstellung nicht so offenbar ausschließt, als der Ausdruck *Vorstellung geben* das Hervorbringen der Form, durch welche eigentlich aus dem bloßen Stoff, der *allein* sich *geben* läßt, Vorstellung wird. Vorstellung kann weder gegeben, noch empfangen, noch hervorgebracht, sie muß erzeugt werden.

Sowohl der *Lockischen* als der *Leibnitzischen* Lehre vom Ursprung der Vorstellungen liegt der *verworrene* Begriff der Vorstellung, in welchem der wesentliche Unterschied zwischen Stoff und Form verkannt ist, zum Grunde; und das *Wahre* was die beyden großen Männer bey ihren einander entgegengesetzten Systemen vor Augen gehabt haben, kömmt erst durch die Entwicklung jenes Begriffes im vollen Lichte zum Vorschein und fließt in ein einziges System zusammen. *Locke* hatte die unstreitige Unentbehrlichkeit des *Gegebenseyns* beym Vorstellen überhaupt vor Augen; aber da er in seinem unbestimmten Begriffe von der Vorstellung überhaupt, den Stoff theils mit der Vorstellung selbst, theils mit den von der Vorstellung verschiedenen Gegenständen verwechselte: so ließ er seine *einfachen Vorstellungen*, unter denen er die letzten Bestandtheile, aus welchen alle übrigen (die zusammengesetzten) Vorstellungen entstünden, verstand, dem Gemüthe von den *Gegenständen* gegeben werden, und erklärte sich bey jeder Gelegenheit, daß sich das Gemüth in Rücksicht auf diese einfachen Vorstellungen schlechterdings leidend

ver-

verhielte *). *Leibnitz* hingegen hatte die eben so unstreitige Unentbehrlichkeit des *Hervorbringens* beym Vorstellen überhaupt vor Augen, und da er ebenfalls den Stoff theils mit der Vorstellung selbst, theils mit den Gegenständen verwechselte; so ließ er die Vorstellung überhaupt durch die vorstellende Kraft *hervorbringen*. Da er es aber eben so ungereimt finden mußte, daß eine endliche Kraft ihre Vorstellungen *aus nichts* hervorbringen, als daß sie ihr von außen und durch die von ihr verschiedenen Gegenstände gegeben seyn sollten, so suchte er sich durch die sinnreiche Hypothese der *prästabilierten Harmonie* zwischen diesen beyden Klippen durchzuhelfen.

Wir haben nun das Wesen der bloßen Vorstellung in so weit näher kennen gelernt, daß wir nicht nur überhaupt wissen, daß dasselbe aus zwey wesentlich verschiedenen Bestandtheilen nämlich Stoff und Form bestehe; sondern daß wir sogar die eigenthümlichen Merkmale, wodurch sich diese beyden Bestandtheile von einander unterscheiden, angeben können; und wir verstehen nunmehr unter der Vorstellung einen *gegebenen* Stoff, an dem die Form der Vorstellung *hervorgebracht* wird. Hieraus muß nun das Vermögen der Ursache der Vorstellung als aus einer bekannten Wirkung angegeben, das heißt, der oben angegebene Begriff des Vorstellungsvermögens bestimmt werden.

„So bestünde also das Vorstellungsvermögen zum Theil aus demjenigen, was zum Gegebenseyn des

---

*) The mind is wholly passive in respect of its simple Ideas. Essay. B. II. C. 30.

des Stoffes gehört; und folglich wo nicht gar aus dem Schöpfer des Stoffes (der Gottheit) doch wenigstens aus dem Vermögen der Objekte durch ihre Einwirkung auf das Subjekt demselben Stoff zu Vorstellungen zu geben?" Keineswegs! wenn man anders nicht die dem Begriffe des blossen Vorstellungsvermögens vorgezeichneten, und als richtig anerkannten Gränzlinien überschreiten, und durch unphilosophische Inkonsequenz von den innern Bedingungen der Vorstellung zu den äussern, von der Frage: worinn besteht das Vorstellungsvermögen? zur Frage: woraus entsteht dasselbe? hinübergehen will; eben da man im Begriffe ist die erstern zu beantworten. Nur dasjenige kann hier zum Vorstellungsvermögen gezählt werden, was zum Gegebenseyn des Stoffes, *in wie ferne dasselbe bloss innere Bedingung der blossen Vorstellung ist*, gehört. Es ist nicht meine Schuld, wenn die folgende kurze Erörterung subtil ausfällt; aber es würde meine Schuld seyn, wenn sie aufmerksamen des Denkens gewohnten Lesern unverständlich bliebe.

Der Stoff ist nur in so ferne Bestandtheil der blossen Vorstellung, in wie ferne er gegeben *ist*, nicht in wie ferne er gegeben *wird*; in wie ferne er *in* der Vorstellung vorkömmt, nicht in wie ferne er in etwas von der blossen Vorstellung verschiedenen, sey es was immer, gegründet ist. Das Gegeben *werden*, und das Geben des Stoffes, muss also von dem Gegeben *seyn* in der wirklichen blossen Vorstellung unterschieden, und aus dem Begriffe derselben als etwas das nicht *innere* Bedingung der Vorstellung ist, weggelassen werden. Das Gegeben werden, und Geben des Stoffes ist also (ob zwar eine ganz unumgängliche aber doch nur) äussere

äussere Bedingung, und alles was zu demselben gehört kann nur zum Vorstellungsvermögen in *weiterer* Bedeutung gezählt werden. Selbst das Gegebenseyn des Stoffes *in* der Vorstellung, muss in Rücksicht auf seine *Wirklichkeit*, die vom Gegebenwerden und Geben abhängt, aus dem Inbegriffe desjenigen, was *bloss allein innere* Bedingung der Vorstellung ist, ausgeschlossen werden,*). Hingegen ist dies Gegebenseyn *in* der Vorstellung seiner *Möglichkeit* nach eine innere Bedingung der Vorstellung: denn die blosse Vorstellung ist nur dadurch möglich (denkbar), dass der gegebene Stoff *in* der Vorstellung vorkommen *kann*. Dasjenige wodurch sich diese Möglichkeit des Gegebenseyns *in* der Vorstellung denken lässt, der *Grund* durch welchen das Gegebenseyn *in* der Vorstellung möglich wird, ist nun dasjenige was zum Stoff der Vorstellung, in wie ferne derselbe bloss innere Bedingung der Vorstellung ist, gehört; ist in so ferne Bestandtheil des *Vorstellungsvermögens;* und heisst in dieser Eigenschaft *Empfänglichkeit für den Stoff einer Vorstellung*, und mit einem einzigen Worte ausgedrückt: *Receptivität.*

Die Möglichkeit und Wirklichkeit des Stoffes *an sich*, und die Gründe von beyden, gehören durch-

---

*) In wie ferne keine endliche Kraft völlig unabhängig von äussern Bedingungen handeln, keine sich den Stoff ihrer Wirksamkeit erschaffen kann, *in so ferne* hängt die *Wirklichkeit* ihrer Produkte keineswegs von ihr selbst ab. So ist auch die *Wirklichkeit* der Vorstellung in wie ferne zu derselben Stoff gehört, der dem Gemüthe gegeben seyn muss, und den es sich nicht geben kann, ganz vom Vorstellungsvermögen unabhängig.

durchaus nicht in den Begriff des Vorstellungsvermögens. Desto wesentlicher aber ist diesem Begriffe der Grund, aus welchem sich die Möglichkeit des gegebenen Stoffes in der Vorstellung begreifen läst; die *Receptivität*, die sich zum Vorstellungsvermögen wie das *Empfangen* des Stoffes zum *Vorstellen* verhält. Diese Receptivität gehört zum *Stoffe* der Vorstellung, in wie ferne derselbe, innere Bedingung allein, *blosser Bestandtheil* der Vorstellung ist, nicht in wie ferne derselbe von einer äussern Bedingung abhängt; sie gehört zum Stoffe, der nur der Vorstellung angehört in wie ferne er *empfangen*, nicht in wie ferne er durch etwas ausser der Vorstellung und dem Vorstellungsvermögen *gegeben wird*. Das *Gebende* kann nie das Vorstellungsvermögen selbst seyn; weil in der Wirkung des Vorstellungsvermögens, in der Vorstellung, der Stoff nie als hervorgebracht, sondern immer als Gegeben allein vorkommen kann. *Vorstellen* heisst daher einen Stoff zur Vorstellung empfangen (nicht *geben*) und ihm die Form der Vorstellung ertheilen.

§. XIX.

Das Vorstellungsvermögen besteht *erstens* aus der *Receptivität*, oder der Empfänglichkeit für den Stoff einer Vorstellung, worunter ein blofs sich leidend verhaltendes Vermögen verstanden wird.

Es sollte wohl kaum einer besondern Erinnerung bedürfen, dafs unter Receptivität nur ein *sich leidend verhaltendes* Vermögen des Gemüthes verstanden werde. Denn der kurz vorher bestimmten

ten Bedeutung dieses Wortes zufolge, bezeichnet dasselbe nichts als den im Vorstellungsvermögen vorhandenen, und einen Bestandtheil desselben ausmachenden Grund des blossen Gegebenseyn-*können* in der Vorstellung; oder welches eben so viel heisst, das Vorstellungsvermögen selbst, in wie ferne dasselbe bey der Vorstellung nicht *selbst thätig* ist, ein Gegebenseyn, fremdes Wirken auf dasselbe voraussetzt, und folglich in wie ferne es sich beym wirklichen Vorstellen blos *leidend* verhält. Allein da man bey der bisherigen unbestimmten Vorstellungsart vom Gemüthe, wenn ja von einer Empfänglichkeit der sogenannten *Seele* die Rede war, alles ohne Unterschied in diesen Ausdruck zusammenfasste, was zur Vorstellung die man *Empfindung* nannte, oder zum sogenannten *Empfangen der Vorstellung* gehört, und folglich auch das zur Vorstellung überhaupt unentbehrliche *Hervorbringen* in den verworrenen Begriff der Empfänglichkeit mit aufnahm; so ist es keineswegs überflüssig hier auf die reine Bedeutung des Wortes Receptivität aufmerksam zu machen, und gegen die Einmischung alles Merkmals von Thätigkeit in dem Begriff von Receptivität zu warnen.

Diese Einmischung war bisher um so unvermeidlicher, da man sich noch über kein bestimmtes, der Empfänglichkeit des Vorstellungsvermögens eigenthümliches, und das *leidende* Vermögen von dem *thätigen* auszeichnendes Merkmal vereinigen konnte. Man gab wohl bey Gelegenheiten, wo man durchaus dazu genöthiget war, zu, dass dem Gemüthe Empfänglichkeit zukommen müsse, und selbst *Spiritualisten* konnten sich nicht ganz erwehren ihrer thätigen *Kraft* ein leidendes Vermögen

mögen beyzugesellen; so wenig sie auch in ihren *Theorien* über die Natur der *Seele* darauf Rücksicht nahmen; nur liesen sie die Frage unbeantwortet: *worinn denn dieses leidende Vermögen bestehe?* Es blieb ihnen, durch diese Unbekanntschaft mit einem wesentlichen Grundvermögen des Gemüthes unmöglich, die *Materialisten*, welche das leidende Vermögen des Gemüthes im organischen Körper entdeckt haben wollten, und dadurch den Körper zum Subjekt des Vorstellungsvermögens erheben zu müssen glaubten, zurecht zu weisen.

Materialisten und Spiritualisten bekümmerten sich bisher immer nur um den *Sitz* und die *Quelle* der Empfänglichkeit des Gemüthes; ohne sichs einfallen zu lassen, daſs vor allen untersucht werden müsse, was unter dieser Empfänglichkeit zu verstehen wäre, und worin sie in wie ferne sie zu einer der inneren Bedingungen (dem Stoffe) der bloßen Vorstellung unentbehrlich ist, *bestehe*, mit einem Worte, was das Vermögen, welches Empfänglichkeit heiſst, beym *bloſsen Vorstellen* für eine eigenthümliche Rolle habe. Durch die Beantwortung dieser Frage, wäre, wie sichs in der Folge zeigen wird, das ganze Miſsverständniſs, welches die Materialisten und Spiritualisten entzweyt, so wie der Materialismus und Spiritualismus selbst auf immer aufgehoben gewesen, ohne daſs die gewesenen Anhänger dieser beyden Sekten, wie bisher, in die leidige Nothwendigkeit versetzt worden wären, entweder den Supernaturalismus oder den dogmatischen Skepticismus zu ergreifen, wenn sie ihr voriges System gegen ein besseres vertauschen wollten.

§. XX.

§. XX.

Das Vorstellungsvermögen besteht *zweytens* aus der *Spontaneität*, oder dem thätigen Vermögen, welches an dem gegebenen Stoffe die Form der Vorstellung hervorbringt.

Die Vorstellung ist nur dadurch im Bewustseyn möglich, dafs der Stoff gegeben, die Form hervorgebracht werde, (§. XVIII.) und das *Hervorbringen* gehört schlechterdings zur inneren Bedingung (der Form) der blossen Vorstellung. Ich sage das *Hervorbringen*. Der Stoff mufs in der Vorstellung durchs *Gegebenseyn*, wobey sich das Gemüth leidend, die Form durchs *Hervorbringen*, wobey sich das Gemüth thätig verhält, entstehen. Gleichwie die Beziehung der Vorstellung auf den Gegenstand nur dadurch möglich ist, dafs der Stoff in der Vorstellung durch ein Gegebenseyn entsteht, wobey sich das Vorstellende leidend verhält; so ist die Beziehung der Vorstellung auf das *Vorstellende* nur dadurch möglich, dafs sich das Vorstellende bey der Entstehung der Form thätig verhält; dafs es die Form hervorbringe; die, dadurch, dafs sie das Werk des Vorstellenden ist, eben so ausschliefsend demselben angehört, als der Stoff dem Gegenstande, von dem er gegeben ist.

„Aber das vorstellende Subjekt gehört ja eben so wie das vorgestellte Objekt nur zu den *äussern* Bedingungen der Vorstellung, zu welchen sogar die *Wirklichkeit* des Stoffes in der blossen Vorstellung gezählt wurde, in wie ferne sie von einer äussern Bedingung abhängt. Nun hängt ja die Thätigkeit, das Hervorbringen der Form, vom Subjekte, und folglich ebenfalls von einer äussern Bedingung

"gung ab und gehört folglich auch zu den äussern Bedingungen." Die Thätigkeit des Gemüths muss aus zwey sehr verschiedenen Gesichtspunkten angesehen werden. Einmal wie ferne sie im *vorstellenden* gegründet ist, und das andere mal in wie ferne die *Vorstellung* durch sie gegründet wird. Freylich muss auch die Thätigkeit zu den äussern Bedingungen der Vorstellung gezählt werden; in wie ferne sie in dem von der blossen Vorstellung verschiedenen Subjekte vorhanden ist, und entweder allein oder mit anderen Eigenschaften verbunden, seine Natur ausmacht, mit einem Worte, in wie ferne sie dasjenige ist, was insgemein durch vorstellende *Kraft* ausgedrückt wird. In dieser Eigenschaft liegt die Thätigkeit des Vorstellungsvermögens freylich ausser dem Inbegriffe desjenigen, was bloss zu den inneren Bedingungen der blossen Vorstellung gehört; und es kann von ihr in dieser Rücksicht ohne Verwirrung wesentlich verschiedener Begriffe gar nicht die Rede seyn, wenn um das Vorstellungsvermögen im strengsten Sinne gefragt wird. Allein gleichwie diese Thätigkeit in wie ferne sie Eigenschaft des Subjektes ist, bloss unter dem Vorstellungsvermögen in weiterer Bedeutung begriffen seyn kann, so macht sie hingegen einen Bestandtheil des Vorstellungsvermögens im strengsten Sinne aus, in wie ferne sie Ursache der blossen Vorstellung, oder vielmehr der Form derselben ist. In diesem Sinne wird sie nicht als *Kraft*, sondern als blosses *Vermögen* betrachtet, in wie ferne sich dasselbe zunächst an einem Bestandtheile der blossen Vorstellung als an seiner Wirkung äussert. Sie gehört allein zur innern Bedingung, in wie ferne sie zur Form der vom vorstellenden Subjekte unterschiedenen blossen Vorstellung

stellung gehört. In dieser Rücksicht ist nicht die Frage: woher, und wie entsteht dieses Vermögen, durch welches die Form der Vorstellung entsteht, sondern worinn besteht es, welches ist sein eigenthümliches Merkmal? Die Antwort auf diese *letztere* Frage kann daher nie heißen, dieses Vermögen ist *einfach*, oder *zusammengesetzt;* sondern sie muß heißen — dieses Vermögen ist *hervorbringend* — ist *Thätigkeit;* es unterscheidet sich von dem Vermögen des Stoffes in der Vorstellung, dem sich leidend verhaltenden, dadurch, daß es sich nicht anders als thätig verhalten kann. Dasjenige also was zur *Einen* innern Bedingung der bloßen Vorstellung gehört, ist Thätigkeit, so wie das was zur *Andern* gehört Empfänglichkeit ist; beyde zusammengenommen machen das bloße Vorstellungsvermögen aus; in deßen Begriffe das Vermögen den Stoff zu empfangen, und an ihm die Form der Vorstellung hervorzubringen eben so wesentlich enthalten ist, als das Vermögen den Stoff zu geben, aus demselben ausgeschloßen bleiben muß.

Iedes thätige Vermögen hat *Spontaneität*, in wie ferne daßelbe den Grund seiner Thätigkeit in sich selbst hat, und derselbe nicht wieder in einem andern Vermögen aufgesucht werden muß. So kömmt sogar einer gespannten Uhrfeder Spontaneität zu, wie ferne der Grund warum sie der Spannung entgegenwirkt, in ihr selbst liegt. Das Vorstellungsvermögen besitzt in so ferne Spontaneität im strengsten Sinne, in wie ferne der Grund des bey der bloßen Vorstellung vorkommenden *Wirkens* nicht außer dem Vorstellungsvermögen aufgesucht werden darf. Das Hervorbringen der Form muß eben so nothwendig seinen Grund im Vor-

Vorſtellungsvermögen haben, als das Geben des
Stoffes *auſſer demſelben*; das eine muſs eben ſo
nothwendig Wirkung der bloſſen Spontaneität *im
Gemüthe*, als das andere eines wirkenden auſſer
dem Gemüthe ſeyn. Dieſe Spontaneität gehört
dem *Subjekte* nur mittelbar, d. h. nur in ſo ferne
an, in wie ferne daſſelbe ein Vorſtellungsvermögen hat. Sie gehört unmittelbar dem Vorſtellungsvermögen, und vermittelſt deſſelben, dem
Subjekte an, deſſen Prädikat das ganze Vorſtellungsvermögen iſt.

Ich bedarf wohl nach allem was bisher über
das Vorſtellungsvermögen von mir geſagt wurde,
keiner Rechtfertigung, warum ich die *Thätigkeit*,
in wie ferne ſie zum Vorſtellungsvermögen im
ſtrengſten Sinne gehört, durchaus nicht *Kraft* genannt wiſſen will. Das Merkmal des Subſtanziel-
len, des für ſich beſtehenden Subjektes, das in der
eigentlichen Bedeutung des Wortes *Kraft* enthalten
iſt, würde uns auf einmal, auf den alten Kampf-
platz der Demonſtrationen, und der Zänkereyen
über die Natur der *Seele* zurückſetzen, dem wir
bisher ſo ſorgfältig ausgewichen ſind. Man kann
(zumal geübtere Metaphyſiker) nicht zu oft, und
nicht unter zu mancherley Geſichtspunkten vor der
leidigen Verwechslung des vorſtellenden Subjektes
mit dem bloſſen Vorſtellungsvermögen warnen.
So fuhr z. B. Herr *Plattner* in der neuen Ausgabe ſeiner *Aphorismen* noch immer fort, die Einfachheit der vorſtellenden Subſtanz zu beweiſen,
und fand es ſogar für nöthig dieſelbe gegen die
von ihm miſsverſtandene Kritik der Vernunft zu
rechtfertigen. Gewarnt die *Kraft* ja nicht mit
dem *Vermögen* zu verwechſeln, widerlegte er
dieſe

diese Warnung dadurch, daß er sich diese Verwechslung wirklich erlaubte; und glaubte die Einfachheit der *Kraft* erwiesen zu haben, da er nichts weiter als die zum Vorstellungsvermögen gehörige, und in demselben gegründete *Einheit des Bewußtseyns*, wovon gar nicht die Rede seyn konnte, erwiesen hatten.

Der Begriff der Spontaneität des Vorstellungsvermögens hat bisher mit dem Begriffe der Receptivität völlig einerley Schicksal gehabt. Bald wurde er demselben entgegengesetzt, wo er mit ihm zusammengenommen; bald wurde er mit demselben zusammengenommen, wo er von ihm hätte getrennt werden sollen. So wurde das *Erzeugen* der Vorstellung, dieses Produktes der Receptivität und Spontaneität zusammengenommen, von den Spiritualisten gewöhnlich ganz auf Rechnung der Thätigkeit des Vorstellungsvermögens, oder wie sie es nannten, der *Kraft*, gesetzt; während diese Philosophen auf der andern Seite die Einheit *in*, und den Zusammenhang *unter* den Vorstellungen, das bloße Produkt der Spontaneität, (wie sich in der Folge ergeben wird) durch den Stoff *gegeben* seyn ließen, und folglich hier Receptivität und Spontaneität zur Unzeit zusammen nahmen. Von den Materialisten hingegen wurde die Spontaneität gänzlich verkannt, und das Vorstellungsvermögen für eine bloße *Receptivität* angesehen.

Worin besteht denn nun aber diese Receptivität und Spontaneität, welche das bloße Vorstellungsvermögen ausmachen? Wer die Antwort auf diese Frage in dem vorstellenden Subjekte aufsuchen wollte, würde abermal den eigentlichen Gegenstand unsrer Untersuchung, das *bloße Vorstellungs-*

vermögen, aus den Augen verloren haben, und sich aufser der Gränzlinie desjenigen, was allein zur bloßen Vorstellung gehört, und was allein sich aus dem Bewußtseyn allgemeingültig entwickeln läßt, auf den alten Tummelplatz der Metaphysik befinden. Er würde aber durch den Versuch einer *solchen* Antwort nicht nur beweisen, daß er den Sinn unsrer Frage gänzlich verfehlt habe, sondern er würde sich auch der unphilosophischen Arbeit unterziehen müssen, eine Vorstellung des Nichtvorstellbaren zu erkünsteln; denn

§. XXI.

In wie ferne die Receptivität und Spontaneität des Vorstellungsvermögens im vorstellenden Subjekte an sich gegründet sind, in so ferne sind sie schlechterdings nicht vorstellbar.

Die in der bisherigen Philosophie theils verkannte, theils vernachläßigte Gränze der Vorstellbarkeit*), darf wohl nie weniger aus dem Auge verloren werden, als wenn man sich derselben so nahe befindet, als wir bey der gegenwärtigen Untersuchung; und man folglich alle Augenblick Gefahr läuft, sich in den leeren Raum des Nichtvorstellba-

---

*) Der bisher für diese Gränzbestimmung angesehene *Satz des Widerspruchs* setzt, wenn er nicht mißverstanden und mißbraucht werden soll, den völlig bestimmten Begriff des *Denkens* und der *Vorstellung* überhaupt voraus. Man wird in der Folge einsehen, daß dieser logische, für metaphysisch gehaltene, Satz ganz verkannt wurde.

ſtellbaren zu verirren, und in demſelben mit zweck-
loſen Spitzfindigkeiten herum zu treiben. Dieſe
Gränzen müſſen vor allen Dingen für das *Vorſtellungsvermögen* ſelbſt beſtimmt, d. h. es muſs angegeben werden, was denn vom Vorſtellungsvermögen ſelbſt dieſſeits, und jenſeits der Gränze der
Vorſtellbarkeit liegt; wenn ſich aus dem Vorſtellungsvermögen die Vorſtellbarkeit anderer Dinge
in der Folge ergeben ſoll.

Von dem vorſtellenden *Subjekte an ſich*, d.
h. in ſeiner eigenthümlichen, von der Form der
bloſſen Vorſtellung verſchiedenen Form iſt alle
Vorſtellung unmöglich (§. XVII.). Die Vorſtellung
der *Receptivität* und *Spontaneität* in wie ferne ſie
im Subjekte *an ſich* gegründet ſind, ſetzt alſo etwas unmögliches voraus, und iſt folglich ſelbſt unmöglich.

Die Vorſtellung der im Subjekte gegründeten
Receptivität und *Spontaneität* iſt nur in ſoweit
möglich, als das Subjekt ſelbſt vorſtellbar iſt. In
wie ferne nun *Receptivität* und *Spontaneität* das
Vorſtellungsvermögen ausmachen, in ſo ferne ſind
ſie der Grund aller Vorſtellbarkeit und folglich
auch der Vorſtellbarkeit des *Subjektes* ſelbſt. In
wie ferne freylich auf der andern Seite jedes *Subjekt* der *Grund* des *Prädikates* iſt, *Receptivität* und
Spontaneität aber zuſammengenommen als Vorſtellungsvermögen, das *Prädikat* des vorſtellenden
Subjektes ſind; in ſo ferne muſs freylich das Subjekt als der Grund der Receptivität und Spontaneität angeſehen werden. Allein *vorſtellbar* bleibt
es darum gleichwohl immer nur als *logiſcher* Grund
des Vorſtellungsvermögens; d. h. als ein Subjekt,
das hier das bloſſe *logiſche Subſtratum* des Prädikates

kates abgiebt; und das, wenn es von seinem Prädikate getrennt wird, nichts als den leeren Begriff eines Subjektes überhaupt übrig behält. Das Subjekt wird *nur* durch das Prädikat: Vorstellungsvermögen zum *Vorstellenden*, und nur durchs Vorstellungsvermögen *vorstellbar*. Es kann also das vom Vorstellungsvermögen *unterschiedene* Subjekt, nie als *reeller* Grund des Vorstellungsvermögens vorgestellt werden.

Receptivität und *Spontaneität* in wie ferne sie in dem von der Vorstellung unterschiedenem Subjekte an sich vorhanden sind, müssen bey allem Empfangen des Stoffes und bey allem Hervorbringen der Form sich lediglich als das *Empfangende* und *Hervorbringende* verhalten; sie müssen bey jeder Vorstellung *Subjekt* seyn, und können in so ferne nie *Objekt* werden. Das Vorstellende in *wie ferne* es das *Subjekt* alles Vorstellens ist, kann nie das *vorgestellte* seyn; so wenig als ein Auge sich selbst zu sehen vermag.

Und dieß ist der eigentliche Grund der Vergeblichkeit aller bisherigen und künftigen Versuche die Natur der Seele in wie ferne unter derselben nicht das blosse Vorstellungsvermögen, sondern die Substanz verstanden wird, kennen zu lernen — einer Vergeblichkeit, die den Spiritualisten sowohl als den Materialisten unter meinen Lesern freylich noch so lange paradox scheinen muss, bis ihnen durch eine aus der Natur des Bewustseyns geschöpfte Erörterung der Vorstellung des *Ichs* gezeigt seyn wird, daß diese Vorstellung nichts weniger als die Vorstellung einer *Substanz* seyn könne.

Die

Die Frage: Worin besteht die Receptivität und Spontaneität des Vorstellungsvermögens?" auf welche uns der Gang unserer Untersuchung geführt hat, läſst sich also keineswegs durch was immer für eine Betrachtung des vorstellenden Subjektes beantworten. Wir müssen daher wiederum zu der *bloſſen Vorſtellung* zurückgehen, an der als an ihrer Wirkung sich das dabey beschäftigte *Vermögen* der Ursache, welches wir allein hier kennen lernen wollen, *äuſſern* muſs.

Wir müſſen alſo gegenwärtig an dem bisher bestimmten Begriffe der bloſſen Vorstellung, diejenigen Merkmale der *Receptivität* und *Spontaneität* ausfindig machen, wodurch ſich dieſe beyden Vermögen von einander unterſcheiden, worin ihre eigentliche Beſchaffenheit beſtehen muſs, und welche daher im ſtrengſten Sinne des Wortes die *Formen* dieſer Vermögen heiſſen können. Ich verſtehe alſo in der Folge jedesmal unter *Form der Receptivität* die im Vorſtellungsvermögen beſtimmte Beschaffenheit der Empfänglichkeit für den Stoff, und unter *Form der Spontaneität* die im Vorſtellungsvermögen beſtimmte Beschaffenheit derjenigen Thätigkeit, durch welche die bloſſe Form an dem Stoffe hervorgebracht wird.

In dem wir nun dieſe Formen, in welchen die geſuchte Beſchaffenheit des Vorſtellungsvermögens beſtehen, und an welchen dasjenige, was bey jeder Vorſtellung dem Gemüth *allein* angehört, ſich ergeben muſs, aus den Merkmalen des Begriffes der bloſſen Vorſtellung zu entwickeln haben; ſcheinen uns dieſe Merkmale ſelbſt ein unüberſteigliches Hinderniſs entgegen zu ſetzen: denn

§. XXII.

§. XXII.

Der bloſſe Stoff und die bloſſe Form der Vorſtellung überhaupt ſind ſchlechterdings nicht vorſtellbar.

1.

Dasjenige, was nicht unter der Form der Vorſtellung vorgeſtellt werden kann (das Ding an ſich), kann auch kein Gegenſtand einer möglichen Vorſtellung ſeyn; nun kann aber der bloſſe Stoff an ſich und als bloſſer Stoff nicht unter der Form der Vorſtellung vorgeſtellt werden: denn ſonſt würde er zugleich Stoff an ſich, und Stoff unter der Form der Vorſtellung ſeyn müſſen.

2.

Dasjenige, dem kein von der bloſſen Form verſchiedener Stoff in einer Vorſtellung entſprechen kann, iſt auch kein Gegenſtand einer möglichen Vorſtellung; nun kann aber der bloſſen Form der Vorſtellung in jeder möglichen Vorſtellung nichts anderes entſprechen, als die bloſſe Form; es kann ihr alſo in keiner Vorſtellung ein Stoff entſprechen, d. h. ſie kann nicht vorgeſtellt werden. Die Vorſtellung überhaupt iſt nur dadurch möglich, daſs in ihr das *Hervorgebrachte* von dem *Gegebenen*, durch welches ſich die Vorſtellung allein auf einen Gegenſtand beziehen kann, unterſchieden iſt. In wie ferne alſo unter der bloſſen Form lediglich das *Hervorgebrachte* verſtanden wird, in ſo ferne kann ihr in keiner möglichen Vorſtellung ein *Gegebenes*, ein Stoff entſprechen.

Mit einem Worte, dasjenige, was in *jeder möglichen* Vorſtellung bloſſer Stoff, und bloſſe Form iſt,

ift, kann kein Gegenftand einer möglichen Vorftellung feyn; weil es zugleich bloßer Stoff und nicht bloßer Stoff, bloße Form und nicht bloße Form feyn müßte, wenn es zugleich bloßer Stoff und Gegenftand, bloße Form und Gegenftand feyn follte.

So viel ift alfo hier ausgemacht, daß fich die aufzufuchenden Formen der Receptivität und Spontaneität aus den in den Begriffe der bloßen Vorftellung gehörigen Merkmalen des *bloßen Stoffes* und der *bloßen Form* an fich, von denen keine Vorftellung möglich ift, nicht ableiten laßen.

Allein wenn fich in dem Begriffe der bloßen Vorftellung andere vorftellbare Merkmale befinden, aus welchen die Befchaffenheiten jener Formen fich ableiten laßen; fo haben wir durch die entdeckte *Nichtvorftellbarkeit* des bloßen Stoffes und der bloßen Form nicht nur nichts verloren, fondern vielmehr an der Gränzbeftimmung der Vorftellbarkeit beträchtlich gewonnen.

Es ift uns hier nicht um Vorftellung von der bloßen Form und dem bloßen Stoff in Rückficht ihrer felbft zu thun, fondern wir wollen nur wißen, wodurch die an fich nicht vorftellbaren Beftandtheile der bloßen Vorftellung in dem Begriffe der Vorftellung *unterfchieden* feyn müßen, um aus diefem Unterfchiede den Unterfchied der *Formen* der Receptivität und Spontaneität, um den uns allein zu thun ift, beftimmen zu können. Wirklich haben wir bereits Prädikate gefunden, wodurch fich Stoff und Form im Begriffe der Vorftellung wefentlich auszeichnen müßen; für den Stoff nämlich das Prädikat des *Gegebenen*; oder vielmehr, da das *Geben* nicht in den Begriff der Vorstellung gehört, des *Empfangens*; und für die *Form* das Prädikat des *Hervorgebrachten*. Sey das, was in der Vorstellung *empfangen* wird, das, was in derselben *hervorgebracht* wird, einzeln und für sich allein, immer nicht vorstellbar, so wissen wir doch wenigstens so viel von ihnen, daß beydes zusammengenommen die bloße *Vorstellung* ausmacht; und wir wollen hier nur wissen: was wir unter demjenigen Empfangen und Hervorbringen, welches zur Vorstellung gehört, zu denken haben, worin beydes beym Vorstellen bestehe, wie sich beydes in der Vorstellung äussere, mit einem Worte, welche Formen der *Receptivität* und *Spontaneität* das Vorstellungsvermögen ausmachen.

Da der Receptivität aller Stoff *gegeben* werden muß, und sie ihn folglich nur *empfangen* kann, so entsteht keine Vorstellung durchs bloße Hervorbringen, sondern zu jeder gehört in Rücksicht ihres Stoffes ein wirkliches Empfangen; so gehört zu jeder Vorstellung ein Wirken *auf* die Receptivität, wobey sich diese bloß leidend verhält, und wodurch ihr der Stoff der Vorstellung gegeben wird. Ich nenne die Veränderung, welche in der *Receptivität* durch dieses auf sie gewirkt werden entsteht, das *Afficiertseyn*. Ohne dieses Afficiertseyn läßt sich die Vorstellung überhaupt nicht denken; man müßte denn die unbegreifliche Vorstellung eines Wesens denken wollen, dem der Stoff seiner Vorstellungen nicht gegeben werden darf, weil es sich denselben erschafft. Aber dieß würde auch keine Vorstellung in eigentlicher Bedeutung des Wortes seyn. Das wirkliche Afficiertwerden gehört freylich nur zur Wirklichkeit der Vorstellung;

lung; aber die im Vorstellungsvermögen gegründete, und von demselben unzertrennliche, *bestimmte Möglichkeit* des Afficiertwerdens gehört zur Vorstellung überhaupt, und ist wesentlicher Bestandtheil des Vorstellungsvermögens.

§. XXIII.

Unter der Receptivität des Vorstellungsvermögens muſs das Vermögen *afficiert zu werden* verstanden werden.

Das Vermögen Afficiert zu werden macht nur dann, und nur in so ferne einen wesentlichen Bestandtheil des Vorstellungsvermögens aus, wenn und in wie ferne daſſelbe zur Vorstellung überhaupt *unentbehrlich* ist. So lange der unbestimmte Begriff der Vorstellung alle spekulative Philosophie verwirren wird: so lange muſs auch dieses wesentliche Vermögen des Gemüthes verkannt werden. Es wird von den *Materialisten* mit der Reitzbarkeit der Organisation verwechselt, und von mehr als einer *spiritualistischen* Sekte dem mit der *Seele* verwechselten Vorstellungsvermögen nur in Rücksicht auf den von der vorstellenden Substanz verschiedenen, und mit derselben vereinigten Körper beygelegt werden; wodurch denn für die vorstellende Kraft nichts als das *thätige* Vermögen übrig bleibt, welches auch wirklich gewiſſe Vorstellungen (die Intellektuellen) ganz allein, und ohne Beyhülfe, der auf die Organisation übertragenen Empfänglichkeit, hervorbringen soll. Nur das Vorurtheil von der Entbehrlichkeit eines von der bloſſen Form der Vorstellung verschiedenen und durchs Afficiertwerden gegebenen Stoffs zur Vorstellung über-

überhaupt, oder vielmehr nur der gänzliche Mangel eines bestimmten Begriffes von Vorstellung konnte eine so unphilosophische Vorstellungsart begünstigen, die nur dann Wahrheit haben könnte, wenn das Vorstellungsvermögen auch seinen *Stoff* hervorbringen, erschaffen sollte.

„Aber es kann ja *im Vorstellungsvermögen* selbst ein gegebener Stoff gelegen seyn; wo dann wenigstens gewisse Vorstellungen lediglich dadurch entstünden, dafs die Spontaneität dem im Vorstellungsvermögen bereits vorhandenen Stoffe die Form gebe *)." — Wenn man nicht wieder das Vorstellungsvermögen mit der vorstellenden *Substanz* vermengen will, sondern unter demselben das *bloße Vermögen* versteht, so kann in demselben nichts anderes gegeben gedacht werden, als dasjenige, worin das bloße Vorstellungsvermögen stehet, nämlich die Art und Weise seiner Empfänglichkeit und Thätigkeit, die Formen der *Receptivität* und *Spontaneität*. Diese können freylich, wie sich in der Folge ergeben wird, vorgestellt werden; d. h. Gegenstände *besonderer* Vorstellung abgeben, in denen ihnen ein Stoff entsprechen muß, der, wie ebenfalls gezeigt werden wird, dem Vorstellungsvermögen nicht von außen gegeben seyn kann. Aber dieser Stoff ist *als Stoff nur* in den besonderen Vorstellungen, deren Gegenstände jene Formen sind, gegeben. In wie ferne aber diese Gegenstände im *bloßen* Vorstellungsvermögen vorhanden sind, sind sie in keiner wirklichen

---

*) So müßten sich z. B. die Leibnitzianer erklären, wenn sie ihren angebohrnen Vorstellungen eine einigermaßen scheinbare Bedeutung geben wollten.

des Vorstellungsvermögens überhaupt.

chen Vorstellung als Stoff derselben gegeben. Sie sind freylich dem vorstellenden Subjekte, das sich sein Vermögen nicht selbst erschaffen konnte, *in* und *durch* dieses *Vermögen* gegeben; aber nur als Beschaffenheiten dieses Vermögens, nicht als Stoff *in* einer wirklichen Vorstellung. Im *Vermögen* sind sie nur in so ferne *gegeben*, als sie in demselben vorhanden sind, ohne von dem Subjekte hervorgebracht zu seyn. Wenn sie aber *vorgestellt* werden, so ist es nicht genug, daß sie im bloßen Vermögen gegeben sind, sondern es muß der ihnen entsprechende *Stoff der Vorstellung* durch dasjenige Wirken auf die Empfänglichkeit gegeben seyn, welches derselben, die sich in Rücksicht auf jeden möglichen Stoff *gleichgültig* verhält, einen *gewissen* Stoff den sie sich nicht selbst geben kann, bestimmt; durch das *Afficiertwerden* der Receptivität.

Wir haben also nun zu untersuchen, worin dieses Vermögen, durch Afficiertwerden einen Stoff zu Vorstellungen zu erhalten, bestehe, und wie es sich von dem thätigen Vermögen, wodurch der Stoff die bloße Form der Vorstellung erhält, unterscheidet. Wir müssen die eigenthümlichen Formen dieser beyden Vermögen zu bestimmen suchen; wenn wir uns in Stand setzen wollen, das *Vorstellungsvermögen* von allem, was nur bloßer Gegenstand desselben seyn kann, zu unterscheiden. — Wie muß also (denn wir müssen wieder in dem Begriffe der bloßen Vorstellung unsre Antwort aufsuchen) wie muß der bloße Stoff, in wie ferne er durch ein Afficiertwerden gegeben seyn soll, *in der* Vorstellung beschaffen seyn? Ich antworte: Er muß in der Vorstellung *so* beschaffen seyn, daß durch ihn die Unterscheidung der bloßen Vorstellung

lung von dem Subjekte möglich fey. Gleichwie nämlich die Vorstellung nur durch ihre Form auf das vorstellende Subjekt, und nur durch ihren Stoff auf das vorgestellte Objekt bezogen wird, gleichwie sie dem Subjekte nur durch dasjenige angehört, was daselbe daran hervorgebracht hat, und dem Objekte durch das was von demselben gegeben, und im Subjekte empfangen ist: so kann auch die Vorstellung von ihrem Subjekte, dem vorstellenden, nur durch dasjenige unterschieden werden, was in ihr dem Objekte, dem Vorgestellten entspricht, d. h durch ihren Stoff, von dessen Gegebenseyn selbst die Realität der Form in der Vorstellung; die nur an dem Gegebenen hervorgebracht werden kann, abhängt. In der von dem Subjekte zu unterscheidenden Vorstellung also muſs sich etwas unterscheiden lassen, und dasjenige in ihr woran sich etwas unterscheiden läſst, kann nur der Stoff seyn, und alles was in der Vorstellung Stoff ist, muſs sich unterscheiden lassen, d. h. *Mannigfaltig* seyn. In wie ferne aber der Stoff in der Vorstellung nothwendig ein Mannigfaltiges seyn muſs, in so ferne kann die von allem Stoffe d. h. von allem Mannigfaltigen, unterschiedene *Form der Vorstellung* nichts anderes als *Einheit* seyn. Mannigfaltigkeit ist also das wesentliche Merkmal, das dem Stoffe, und *Einheit* das wesentliche Merkmal, das der *Form* in jeder Vorstellung zukommen muſs; sie müssen die Beschaffenheit des Stoffes und der Form ausmachen, wenn Bewuſstseyn und Vorstellung möglich seyn sollen; und es steht folgendes Naturgesetz der Vorstellung fest:

§. LXXIV.

§. XXIV.

Wenn das wirkliche Bewufstfeyn möglich feyn foll, fo mufs der Stoff, das Gegebene, in der Vorftellung ein *Mannigfaltiges*, und die Form, das Hervorgebrachte, *Einheit* feyn.

Das Gegebene unterfcheidet fich in der Vorftellung durch Mannigfaltigkeit, das Hervorgebrachte durch Einheit. Das gegebene Mannigfaltige wird dadurch Vorftellung, dafs an ihm Einheit hervorgebracht wird; und die Einheit wird dadurch Form einer Vorftellung, dafs ein Mannigfaltiges gegeben ift, an dem fie hervorgebracht wird. Das Gemüth, auf welches die Vorftellung nur in Rückficht ihrer Form bezogen werden kann, unterfcheidet die Vorftellung vom Gegenftande durch die Einheit, die es durch feine Handlung an dem *gegebenen* Mannigfaltigen hervorgebracht hat, und es unterfcheidet die Vorftellung von fich felbft nur durch das was es an derfelben nicht hervorgebracht hat, was nicht Einheit ift, das gegebene Mannigfaltige.

Wir haben fchon vor diefer näheren Beftimmung des Stoffes und der Form herausgebracht und erwiefen, dafs der bloſſe Stoff und die bloſſe Form der Vorftellung nicht vorftellbar find; und dafs fie nur in ihrer Beziehung auf einander, in der Vorftellung die fie ausmachen, dem Subjekte des Bewufstfeyns vorgehalten werden können. Diefs wird uns nun durch die gefundene Form, welche das Gegebene fowohl als das Hervorgebrachte in der Vorftellung haben müffen, noch einleuchtender. Die Einheit kann nur am Mannigfaltigen her-

hervorgebracht werden; und das gegebene Mannigfaltige kann nur durch hervorgebrachte Einheit Vorstellung werden, und so wie Einheit ohne Bezug auf ein Mannigfaltiges, und Mannigfaltiges ohne Bezug auf Einheit nicht denkbar ist; so ist auch der bloße Stoff, das Mannigfaltige an sich und ohne Bezug auf Einheit, und die bloße Form, die Einheit an sich und ohne Bezug aufs Mannigfaltige, nicht vorstellbar.

Alle Erkenntniß läst sich auf Unterscheidung der Gegenstände unsrer Vorstellung zurückführen. Wir erkennen eine bestimmte Tulpe auf dem Blumenbeete nur in so ferne als wir sie von den übrigen Arten von Blumen, und den übrigen Tulpen auf demselben Beete unterscheiden. Alle Unterschiede aber, die wir an den Gegenständen wahrnehmen, müssen auch in den Vorstellungen derselben vorkommen, und zwar als *gegeben* vorkommen, wenn sie ihren Grund in den *Gegenständen* haben, und nicht willkührlich seyn sollen. Das Unterscheiden ist freylich Handlung des Gemüthes; aber die Verschiedenheit an Objekten die nicht unser Werk sind, kann nicht Wirkung des Gemüthes, sie kann nicht hervorgebracht, sie muß gefunden werden, und folglich gegeben seyn. Das Mannigfaltige kann nur Stoff der Vorstellung seyn.

Wir sind uns einer Vorstellung nur in so ferne bewust, als durch sie etwas vorgestellt wird, d. h. als sie einen Gegenstand hat, und wir können also unsre Vorstellungen untereinander nur durch ihre Gegenstände, und folglich nur in wie ferne in ihnen etwas diesen Gegenständen entspricht, durch den *Stoff*, unterscheiden. Die Gegenstände sind nur

nur in fo ferne von einander unterfchieden, als jeder von ihnen mehrere Merkmale, ein *Mannigfaltiges* enthält, welchem in der Vorftellung Stoff entfprechen muſs, wenn es an den Gegenftänden wahrgenommen werden foll. Der Stoff muſs alfo ein Mannigfaltiges feyn.

„Aber werden nicht auch befondere Vorftellungen durch ihre Formen unterfchieden? Z. B. die Empfindung von dem Begriff, und diefer von der Idee?" Ja! wenn fie felbſt vorgeſtellt, d. h. Gegenſtände werden, wo die Verfchiedenheit ihrer Formen, die nicht von unfrem Gemüth hervorgebracht, fondern demfelben gegeben iſt, nur durch den ihnen entfprechenden Stoff in befondern Vorftellungen vorkömmt. In wie ferne aber die Empfindung, der Begriff etc. nicht felbft wieder vorgeftellt werden, fondern nichts als Vorftellungen find, in wie ferne fie dem Gemüth einen von ihnen verfchiedenen Gegenſtand vorhalten, können fie nur durch diefen Gegenſtand, und das was ihm in ihnen entfpricht, den Stoff, von einander unterfchieden werden.

§. XXV.

Die *Form der Receptivität* beſteht in der Mannigfaltigkeit überhaupt, in wie ferne diefelbe die im Vorftellungsvermögen gegründete und beſtimmte Bedingung des Stoffes in der Vorftellung iſt.

Bewuſstfeyn und Vorftellung find nur dadurch möglich, daſs das in der Vorftellung Gegebene ein Mannigfaltiges ſey. Die Receptivität oder das Vermögen einen Stoff zu empfangen, muſs alfo

das

das Vermögen ein Mannigfaltiges zu empfangen seyn; und ungeachtet die *Wirklichkeit* des Stoffes, und also des gegebenen Mannigfaltigen vom *Geben* desselben, und folglich von etwas auffer dem Vorstellungsvermögen abhängt; so muſs doch die Möglichkeit des Mannigfaltigen *in* der Vorstellung im Vorstellungsvermögen *bestimmt* vorhanden feyn, weil sich die Receptivität ohne für das Mannigfaltige bestimmt zu feyn, keineswegs als Vermögen den Stoff einer Vorstellung zu empfangen, denken läſst, und nur dadurch, daſs sie nicht Empfänglichkeit überhaupt, sondern Empfänglichkeit fürs Mannigfaltige ist, Bestandtheil des Vorstellungsvermögens feyn kann. Die Mannigfaltigkeit des Stoffes *in* der Vorstellung hat ihren Grund in der bestimmten Möglichkeit der Vorstellung, und man kann sich kein Vorstellungsvermögen denken, ohne nicht unter demfelben den Grund der Möglichkeit des Mannigfaltigen in der Vorstellung zu denken, welcher die Beschaffenheit der Empfänglichkeit deſſelben, die *Form* der *Receptivität* ausmacht.

Diese bestimmte Mannigfaltigkeit des in der Vorstellung möglichen Stoffes ist hier **nur** als Form der Receptivität erwiesen worden, und ist in der Theorie des Vorstellungsvermögens auch nur als solche erweislich. Wir erkennen sie nur als eine Beschaffenheit des bloſſen Vorstellungsvermögens; keineswegs als Eigenschaft der vorstellenden Substanz *an sich*, und unabhängig vom bloſſen Vorstellungsvermögen derselben. Die Seele, als *Substanz* gedacht, ist Gegenstand einer besondern Vorstellung, und folglich einer Vorstellung, die einen ihrem von ihr verſchiedenen Gegenstand entsprechenden Stoff enthält, welcher in derselben

gegeben

gegeben feyn mufs, und daher eben diefelbe Empfänglichkeit und ihre beftimmte Form als im Vermögen vorhanden, *vorausſetzt*, die erſt durch und mit dem Stoff einer beſondern Vorſtellung gegeben ſeyn müſste, wenn ſie nicht dem bloſſen Vorſtellungsvermögen, ſondern der vorgeſtellten, und vom bloſſen Vorſtellungsvermögen unterſchiedenen Subſtanz der Seele, beygelegt werden ſollte. Es kann alſo dieſe Form der Empfänglichkeit dem vorſtellenden Subjekte nur in ſo ferne beygelegt werden, als demſelben das bloſſe Vorſtellungsvermögen beygelegt werden muſs, zu deſſen Beſchaffenheit jene Form gehört. Der *Materialiſt* würde daher ſehr voreilig urtheilen, wenn er in der von uns aufgeſtellten Form der Empfänglichkeit einen Grund für die *Körperlichkeit* der Seele gefunden zu haben glaubte, indem er die beſtimmte Mannigfaltigkeit des in der Vorſtellung möglichen Stoffes in der *Ausdehnung* oder Zuſammenſetzung des vorſtellenden Subjektes antreffen, oder auch nur mit manchem *Spiritualiſten* behaupten wollte, das Vorſtellungsvermögen wäre durch die Organiſation auf bloſſe Mannigfaltigkeit ſeines Stoffes eingeſchränkt. Er würde dabey die von uns ſorgfältig unterſchiedenen Fragen über die Natur des Gemüthes und der Seele; die ſorgfältig unterſchiedenen Fragen: *worin beſteht* das Vorſtellungsvermögen, und *woraus entſteht* daſſelbe? wieder verwechſeln. Iene beſtimmte Mannigfaltigkeit kann nur Prädikat des bloſſen Vorſtellungsvermögen ſeyn, und nur in der Form ſeiner Empfänglichkeit beſtehn; denn wir haben ihre Unentbehrlichkeit nur im Begriffe der bloſſen Vorſtellung und in der Möglichkeit des Bewuſstſeyns gefunden; und wir kennen ſie nur als einen bloſſen Beſtandtheil des bloſſen Vorſtellungsvermögens. Die Fragen hingegen: wie sie auſſer dem bloſſen Vorſtellungsvermögen vorhanden ſey? was ſie ſey in wie ferne in ihr noch etwas anders als bloſſe Form der Empfänglichkeit gedacht werden müſste? in welcher Eigenſchaft der vorſtellenden Subſtanz ſie gegründet ſeyn, mit einem Worte: *woraus ſie entſtehe?* betreffen alle nicht das bloſſe Vorſtellungsvermögen, ſondern einen Gegenſtand, der das Vorſtellungsvermögen vorausſetzt, wenn er ſelbſt vorgeſtellt werden ſoll; betreffen nicht das bloſſe Vorſtellungsvermögen, ſondern von demſelben verſchiedene Gegenſtände; um deren Eigenſchaften dann erſt gefragt werden kann, wenn man in der Theorie des Erkenntniſsvermögens über den Begriff der *Erkennbarkeit* und die *Gränzbeſtimmung* des Erkenntniſsvermögens einig geworden iſt.

§. XXVI.

Die *Form der Spontaneität* beſteht in der *Verbindung* (der Syntheſis) des gegebenen Mannigfaltigen überhaupt.

Da die Form der Vorſtellung, in wie ferne ſie das an dem Stoffe hervorgebrachte iſt, nichts anders als Einheit ſeyn kann; ſo muſs das Hervorbringen dieſer Form im Hervorbringen der Einheit am Mannigfaltigen, im Verbinden deſſelben, und die Handlungsweiſe der Thätigkeit des Vorſtellungsvermögens, die *Form* der Spontaneität, in der Verbindung des Mannigfaltigen in der Vorſtellung überhaupt beſtehen, die man, um ſie mit einem einzigen Worte auszudrücken, *Syntheſis* nennen kann.

Die

des Vorstellungsvermögens überhaupt.

Die Mannigfaltigkeit setzt den gegebenen Stoff nur in Stand *Stoff* in einer Vorstellung zu seyn, ohne ihn zur wirklichen Vorstellung zu erheben. Es muss zu dieser Mannigfaltigkeit etwas von ihr verschiedenes hinzukommen, wenn aus dem blossen Stoffe Vorstellung werden soll; dieses Hinzukommende muss von aller Mannigfaltigkeit verschieden, folglich Einheit seyn, und durch die Thätigkeit des Gemüthes hervorgebracht werden, die daher im Vermögen dem Mannigfaltigen Einheit zu geben bestehen muss. Die Einheit also gehört nur der Spontaneität des Gemüthes allein an, durch welche sie in der Vorstellung allein möglich ist; sie kann nie dem Gemüthe als Stoff gegeben werden, weil alles was sich dem Gemüthe als Stoff geben lässt, Mannigfaltig seyn muss. Sie wird aber auch von dem Gemüthe nicht aus nichts, sondern aus einem Mannigfaltigen hervorgebracht, welches dem Gemüth immer nur gegeben seyn muss, nie von demselben hervorgebracht werden kann.

Verbindung kann sowohl die Handlung des Verbindens als die Wirkung dieser Handlung heissen. In der letztern Bedeutung ist die Verbindung des Mannigfaltigen so viel als Einheit des Mannigfaltigen, oder Form der Vorstellung selbst; in der ersten Bedeutung aber, wo sie so viel als *verbinden* sagen will, muss einer möglichen Zweydeutigkeit des Wortsinnes durch eine nähere Bestimmung desselben zuvorgekommen werden. Im Begriffe des Verbindens wird *erstens* eine blosse Handlung überhaupt, (thätige Veränderung) und *zweytens* die *Form* dieser Handlung, dasjenige wodurch sich die Handlung des Verbindens von anderen Handlungen unterscheidet, und um dessen willen sie *ver-*

binden

binden heifst, gedacht. Der Satz: die Form der Spontaneität besteht im Verbinden, heisst nicht: sie besteht in der thatigen *Veränderung*, welche beym Verbinden vorgeht; sondern: in *der Form* dieser thätigen Veränderung, in der Art und Weise der Handlung; nicht in der Handlung selbst. Man wird die Absicht dieser vielleicht zu *subtil* scheinenden Distinktion bald einsehen, wenn man bedenkt, dafs das Verbinden als blofse Handlung überhaupt lediglich vom handelnden *Subjekte*, oder der *Kraft*, abhängt, welche dem Verbinden die *Wirklichkeit* der Handlung, aber auch nur die blofse Wirklichkeit der Handlung, nicht die *Form* derselben, wodurch die Handlung verbinden heifst, giebt. Diese Form kann nicht vom handelnden Subjekte hervorgebracht, sondern sie mufs *demselben* selbst *gegeben* seyn; und sie ist ihm in dem *blofsen Vermögen*, das sich das Subjekt nicht selbst beylegen oder erschaffen konnte, gegeben. Die blofse Form der Vorstellung, die Einheit des Mannigfaltigen ist in wie ferne sie *Hervorgebracht*, zur Wirklichkeit gelangt ist, *Wirkung* des vorstellenden *Subjektes;* und folglich von der Kraft, dem Subjekte des thätigen Vermögens, hervorgebracht. Aber die *Form der Spontaneität*, die im Verbinden bestehende *Handlungsweise* der Spontaneität, in wie ferne sie den Grund enthält, dafs das in der Vorstellung Hervorgebrachte *Einheit* und nichts anderes als Einheit ist, ist nicht von der Spontaneität des Subjektes hervorgebracht, sondern mit und in derselben dem Subjekte gegeben.

Das Vorstellungsvermögen ist, seinen blofsen *Formen* nach, so wenig durch das *Daseyn* des vorstellenden Subjektes an sich bestimmt, als das Daseyn

seyn dieses Subjektes durch jene bloſſen Formen beſtimmt ſeyn kann. Gleichwohl will ich hier eben ſo wenig läugnen als behaupten, daſs ſich von der gegebenen Form des bloſſen Vorſtellungsvermögens mit Recht auf die Form des vorſtellenden Subjektes als Subſtanz ſchlieſſen laſſe; will hier nicht unterſuchen, ob daraus daſs die Spontaneität nichts als Einheit hervorbringen könne, gefolgert werden dürfe, daſs ſie nur als Einheit exiſtieren, nichts als Einheit ſeyn, und nicht bloſs als ein einziges, ſondern auch als ein einfaches, Subjekt gedacht werden müſſe. Ich begnüge mich nur die *Spiritualiſten* zu erinnern, daſs in der Theorie des Vorſtellungsvermögens nur von der *Form des Vermögens* der Thätigkeit nicht von der Form der *Kraft* des handelnden Subjektes die Rede ſey, von der Handlungsweiſe der Spontaneität, nicht von der Art zu ſeyn ihres Subjektes, von der in der bloſſen Form der Vorſtellung vorkommenden, ſich äuſſernden Beſchaffenheit des Wirkens, nicht von der Beſchaffenheit des von der Vorſtellung unterſchiedenen wirkenden Subjektes. Als Ding an ſich läſst ſich die Subſtanz der Seele ſchlechterdings nicht vorſtellen; ob aber als Ding unter der Form der Vorſtellung läſst ſich erſt dann ausmachen, wenn dasjenige, was zu den Bedingungen beſonderer Vorſtellungen gehört, entwickelt, und insbeſondere die Vorſtellung der Subſtanz aus der Natur des Erkenntniſsvermögens beſtimmt ſeyn wird.

§. XXVII.

Die Formen der Receptivität und Spontaneität ſind dem vorſtellenden Subjekte *in* und *mit* dem Vorſtellungsvermögen *gegeben*,

und

und in demselben *vor* aller Vorstellung *bestimmt* vorhanden.

Die Formen der Receptivität und Spontaneität sind die wesentlichen Beschaffenheiten des blossen Vorstellungsvermögens. In wie ferne also in dem vorstellenden Subjekte ein Vorstellungsvermögen vorhanden ist, in so ferne müssen in demselben auch die Formen der Receptivität und Spontaneität vorhanden seyn. Nun muß das Vermögen der Vorstellung aller wirklichen Vorstellung, von der es vorausgesetzt wird, vorhergehen; also müssen auch die Formen der Receptivität und Spontaneität vor aller Vorstellung im vorstellenden Subjekte bestimmt seyn. Diese Formen machen also die dem vorstellenden Subjekte eigenthümliche, demselben von aller Vorstellung zukommende *Natur* aus. Man ist in der philosophischen Welt bis auf diesen Augenblick über die Natur des vorstellenden Subjektes in wesentlich verschiedene Partheyen getheilt; weil man unter dieser Natur mehr die Substanzialität des vorstellenden Subjektes als das Vorstellungsvermögen verstanden hat, welches man vor allen Dingen hätte untersuchen müssen, um sich endlich auch über die Substanzialität verstehen zu können. Allein man hat die Natur des vorstellenden Subjektes in wie ferne dasselbe vorstellend ist, das blosse Vorstellungsvermögen, noch nie dort aufgesucht, wo sie allein anzutreffen war, in der *blossen Vorstellung*, an der als der Wirkung sich die Ursache allein offenbaren kann; und so wurden auch die eigenthümlichen Merkmale des blossen Vorstellungsvermögens, welche die Natur des *vorstellenden* ausmachen, bisher ganz verkannt. Da sich aber alle Gegenstände unsrer Vorstellungen,

und

und folglich auch die *Dinge auſſer uns* nicht als Dinge an sich, sondern nur unter der Form der Vorstellung vorstellen lassen; so ist die im gemeinen Leben ganz gleichgültige, aber alle Philosophie verwirrende Täuschung, welche uns wähnen macht, daſs wir uns an den Dingen auſſer uns unter der Form der Vorstellung, Dinge an sich vorstellen; und die uns nöthiget, dasjenige was in unsren Vorstellungen dem Vorstellungsvermögen eigenthümlich ist, mit dem was den Dingen auſſer uns angehört zu verwechseln, so lange unvermeidlich, bis nicht durch die entdeckten Formen der Receptivität und Spontaneität die eigenthümlichen Merkmale des bloſſen Vorstellungsvermögens gefunden sind, welche uns in Stand setzen, das dem vorstellenden Subjekte eigenthümlich angehörige von allem den Dingen auſſer uns eigenthümlichen zu unterscheiden.

„Diese Unterscheidung ist schlechterdings unmöglich; denn um das, was in unsren Vorstellungen den Dingen auſſer uns eigenthümlich ist, zu entdecken, müſste Vorstellung dieses Eigenthümlichen möglich seyn. Allein der von den Auſſendingen gegebene Stoff ist in keinem Bewuſstseyn von der bloſſen Form trennbar." — Zu dieser Unterscheidung wird freylich Vorstellung des den Dingen auſſer uns Eigenthümlichen erfordert; aber keineswegs Vorstellung dieses Eigenthümlichen *an ſich*, sondern es reicht die Vorstellung deſſelben unter der Form der Vorstellung vollkommen hin, sobald einmal die bloſſen Formen der Receptivität und Spontaneität bekannt sind. Sobald man von diesen Formen bestimmte Vorstellungen hat; so mag das den Auſſendingen angehörige immer nur unter der

der Form der Vorstellung vorgestellt werden; so wird gleichwohl der wesentliche Unterschied zwischen dem was Form der Receptivität und Spontaneität ist, und was sie nicht ist, in wirklichen Vorstellungen vorkommen. Denn die *reine* Vorstellung, diejenige die keinen andern Gegenstand als die Formen der Receptivität und Spontaneität hat, wird sich von den *nicht reinen*, die sich auf andere Gegenstände beziehen, bestimmt genug unterscheiden lassen. Alles kommt hierbey darauf an, dass die Formen der Receptivität und Spontaneität abgesondert von allem was nicht nothwendig in ihnen gedacht werden muss, d. h. *rein*, vorgestellt werden. Geschieht diess, so wird an ihnen schlechterdings nichts den von dem vorstellenden Subjekte verschiedenen Dingen, den Dingen ausser uns, angehöriges vorgestellt. Auch muss der Stoff, der den Vorstellungen der Formen der Receptivität und Spontaneität entspricht, von dem Stoffe, der den Vorstellungen der Dinge ausser uns entspricht, deutlich genug unterschieden werden können. Die Vorstellungen jener Form haben keinen vom Gemüthe verschiedenen ausser demselben befindlichen Gegenstand, ihr Stoff ist also etwas, dem nichts vom blossen Vorstellungsvermögen verschiedenes entspricht. Er ist in seinen Gegenständen, welche blosse Beschaffenheiten des Vorstellungsvermögens sind, dem vorstellenden Subjekte in und mit dem Vorstellungsvermögen und folglich vor aller Vorstellung gegeben, obwohl nur in seinen Gegenständen, d. h. nur als Form des Gemüthes. Wenn er also in besondern Vorstellungen, die keinen andern Gegenstand als jene Form haben *Stoff* der Vorstellung wird, so ist er wenigstens kein dem Vorstellungsvermögen von aussen her gegebener, sondern

sondern ein in demselben vor aller Vorstellung, durch seinen Gegenstand bestimmter *in* der Vorstellung aber durch Handlung des Gemühs gegebener Stoff. Wir wollen ihn daher den *subjektiven* Stoff nennen, um ihn von demjenigen, der dem Gemüthe schlechterdings nur als bloſſer Stoff, und von auſſen her gegeben seyn muſs, und den wir daher den *objektiven* Stoff nennen wollen, zu unterscheiden. Dieser objektive *Stoff* ist dasjenige, was den von aller Vorstellung nicht nur, sondern auch von dem vorstellenden Subjekte unterschiedenen Gegenständen angehört, und was in wie ferne es in unsren Vorstellungen vorkömmt, den Grund der Unterscheidung unsres Subjektes von Dingen auſſer uns, so wie den einzig möglichen Grund unsrer Ueberzeugung vom Daseyn der Dinge auſſer uns enthält. Wir wollen uns hier vor allen Dingen der Unentbehrlichkeit eines solchen objektiven Stoffes für jedes Vorstellungsvermögen überhaupt zu versichern suchen.

Zur Reinen, das heiſst, bestimmten, Vorstellung der Formen der Receptivität und Spontaneität als solcher läſst sich nur durch Zergliederung des Begriffes der bloſſen Vorstellung überhaupt gelangen. Allein der Begriff der Vorstellung überhaupt ist nur von besondern Vorstellungen *abgezogen*, und sein Gegenstand, die Vorstellung überhaupt, *existiert* als Gattung nur in den Arten, und durch diese nur in besondern einzelnen Vorstellungen. Nun können die Vorstellungen der Formen der Receptivität und Spontaneität keineswegs diejenigen besondern Vorstellungen seyn, aus welchen der Begriff der Vorstellung überhaupt abgezogen ist: denn sie sind nur durch die Zergliederung dieses Begriffes gefunden, und ihre Gegenstände sind nur von diesem Begriffe abgezogen; also muſs der *Begriff* der Vorſtellung überhaupt von ſolchen beſondern Vorſtellungen abgezogen ſeyn, welche von den bloſſen Formen der Receptivität und Spontaneität *verſchiedene* Gegenſtände haben, von Vorſtellungen, die einen anderen Stoff haben, als einen ſolchen, dem die Formen der Receptivität und Spontaneität entſprechen, mit einem Worte aus Vorſtellungen, die einen *objektiven* Stoff haben müſſen.

Ohne einem von dem bloſſen Vorſtellungsvermögen, von dem, was den Formen der Receptivität und Spontaneität in den Vorſtellungen derſelben entſpricht, d. h. von dem ſubjektiven Stoffe, verſchiedenen, und folglich dem Gemüthe von auſſen her gegebenen Stoff, würde keine Vorſtellung überhaupt zur *Wirklichkeit* gelangen können. Denn in dem bloſſen Vorſtellungsvermögen iſt dem Subjekte deſſelben nichts als die beſtimmte Möglichkeit ein Mannigfaltiges zu empfangen, und demſelben, vorausgeſetzt, daſs es gegeben ſey, durch Verbindung Einheit zu ertheilen gegeben. Dieſe Vermögen können ſich ihrer *Wirklichkeit* nach nur an *wirklichen* Vorſtellungen äuſsern; und ſie können ſich *zuerſt* nur an ſolchen wirklichen Vorſtellungen äuſsern, durch welche ſie nicht ſelbſt vorgeſtellt werden, deren Gegenſtände nicht ſie ſelbſt ſind, ſondern die vom Gemüthe und ſeiner Beſchaffenheit verſchiedene Dinge ſind. Denn ſie können *nur dann* vorgeſtellt werden, wenn ſie ſich als das was ſie ſind, in der Eigenſchaft *bloſſer Formen* vom Wirken und Leiden des Gemüthes an wirklichen Vorſtellungen wirklich bewieſen haben, welches nur an einem von ihnen ſelbſt verſchiedenen und von auſſen her gegebenen Stoff möglich
ſeyn

ſeyn konnte. Die Vorſtellungen, durch welche das vorſtellende Subjekt zum Bewuſstſeyn der Beſchaffenheiten ſeines Vermögens gelangt, können unmöglich die Vorſtellungen dieſes Vermögens ſelbſt ſeyn. Die Beſchaffenheiten des Vorſtellungsvermögens können nur aus der bloſſen Wirkung des Vorſtellungsvermögens erkannt werden, in wie ferne dieſes Vermögen ſeine Funktion an der Wirkung äuſſert. Nun kommt in der Vorſtellung überhaupt die Form der Receptivität nur in ſo ferne vor, als durch ſie die bloſſe Möglichkeit des Stoffes in der Vorſtellung; die Form der Spontaneität nur in ſo ferne als durch ſie die Einheit des gegebenen Mannigfaltigen beſtimmt iſt. Durch Sie beyde iſt alſo für die wirkliche Vorſtellung überhaupt noch kein Stoff gegeben, ſondern dieſer muſs, wenn eine Vorſtellung überhaupt zur Wirklichkeit gelangen ſoll, durch etwas vom vorſtellenden Subjekte und ſeinem Vermögen verſchiedenes gegeben werden."

§. XXVIII.

Zur *Wirklichkeit* der Vorſtellung überhaupt gehört ein von den Formen der Receptivität und Spontaneität verſchiedener, dem Subjekte nicht im Vorſtellungsvermögen, ſondern von auſſen her gegebener Stoff, welcher der *objektive* Stoff heiſst.

Zur Wirklichkeit der Vorſtellung überhaupt gehört ein objektiver Stoff, heiſst keineswegs eben ſo viel: als jede Vorſtellung muſs objektiven Stoff haben; ſo wenig als die Sätze: zur Vorſtellung überhaupt gehört ein vorſtellendes Weſen, und: in jeder Vorſtellung wird das vorſtellende Weſen vorge-

vorgestellt, einerley bedeuten. Es wird nicht behauptet, daſs der objektive Stoff in jeder Vorstellung als Inhalt derselben vorkommen müſse; sondern nur, daſs ohne ihn die Vorstellung überhaupt und folglich auch die reinen Vorstellungen von den Formen der Receptivität und Spontaneität selbst nicht zur Wirklichkeit gelangen konnten; weil in dem bloſsen Vorstellungsvermögen nur die Formen desselben bestimmt sind, die bevor sie an einem von ihnen selbst verschiedenen Stoff in einer wirklichen Vorstellung vorgekommen sind, eben so wenig sich vorstellen laſsen können, als die Form der Mediceischen Venus, wenn sie nicht an irgend einem Stoffe vorher vorgekommen wäre. Gleichwie aber die Form dieser Bildsäule nachdem sie einmal an einem Stoffe realisiert ist, sich auch abgesondert von diesem Stoffe denken und untersuchen läſst; weil sie zwar *an* dem Stoffe aber nicht *durch* den Stoff gegeben, und mit ihm zwar vereinzelt aber gleichwohl von ihm wesentlich verschieden ist; eben so können die Formen der Receptivität und Spontaneität, nachdem sie einmal an einem von ihnen verschiedenen Stoffe in wirklichen Vorstellungen vorgekommen sind, auch ohne diesen Stoff vorgestellt werden, mit dem sie zwar in jenen wirklichen Vorstellungen vereinigt vorkamen, durch den sie aber so wenig gegeben sind, daſs sie vielmehr von ihm als Bedingungen, unter denen er allein in einer Vorstellung vorkommen kann, und die im vorstellenden Subjekt, bevor er gegeben seyn kann, vorhanden seyn müſsen, vorausgesetzt werden.

§. XXIX.

§. XXIX.

Das *Daseyn* der Gegenstände auſſer uns ist also eben so gewiſs, als das Daseyn einer Vorstellung überhaupt.

Da der Stoff in einer Vorstellung dasjenige ist, was dem von der Vorstellung verschiedenen Gegenstande entspricht, so muſs die Vorstellung, die einen objektiven, einen von auſſen her gegebenen Stoff hat, auch einen auſſer dem Gemüthe befindlichen Gegenstand haben. In wie ferne nun der objektive Stoff zur Wirklichkeit der Vorstellung überhaupt unentbehrlich ist, in so ferne ist aus dem Daseyn einer Vorstellung überhaupt, das Daseyn der *Dinge auſſer uns* eben so erwiesen, als das Daseyn eines Vorstellungsvermögens, und eines von jenen Dingen verschiedenen Subjektes, dem das bloſſe Vorstellungsvermögen angehört, und das wir unser *Ich* nennen.

Nur das bisherige Verkennen des bloſſen Vorstellungsvermögens konnte in der philosophischen Welt Sekten veranlaſſen und erhalten, welche den im gegenwärtigen Paragraph aufgestellten Satz entweder läugneten, oder bezweifelten. Wird der Stoff der Vorstellungen mit den bloſſen Vorstellungen verwechselt, so entsteht ein *Idealism*, der auſſer den Vorstellungen, und dem vorstellenden Subjekte (oder aufs höchste mehreren vorstellenden Subjekten) alles Wirkliche geradezu läugnet. Wird hingegen der von der Vorstellung unterschiedene Gegenstand mit dem bloſſen Stoffe der Vorstellung verwechselt; so entsteht ein *Skepticism*, welcher die Uebereinstimmung der Vorstellungen mit ihren Gegenständen, und in so ferne auch das Daseyn

Daseyn der vorgestellten Dinge ausser uns bezweifelt. Allein hat bey der bisherigen allgemeinherrschenden Unbestimmtheit in dem Begriffe der Vorstellung der *Idealist* auch wohl bedacht, daß der bloße Stoff der Vorstellung keine Vorstellung seyn könne, und daß der Stoff, der nicht im bloßen Vermögen der Vorstellung gegeben ist, und folglich nicht die bloße Beschaffenheit des Vermögens zum Gegenstande hat, sich nothwendig auf Gegenstände ausser dem vorstellenden Subjekte beziehen müße? — Hat auch dem *Skeptiker* bisher wohl gezeigt werden können, daß seine Forderung, die *Dinge an sich* müßten den bloßen Vorstellungen *ähnlich* seyn, oder die Uebereinstimmung der Vorstellungen mit ihren Gegenständen müße in der *Aehnlichkeit* zwischen beyden bestehen, durchaus keinen Sinn habe, sobald er seinen Begriff von Vorstellung und Gegenstand berichtiget?

Aller Stoff in was immer für einer Vorstellung muß durch ein *Afficiertwerden* der Empfänglichkeit *gegeben* seyn, also auch der subjektive Stoff, der in den reinen Vorstellungen der Formen der Receptivität und Spontaneität enthalten ist. Die hierzu erforderliche Handlung des Afficierens kann hier unmöglich durch etwas ausser dem Gemüthe geschehen, sondern ist lediglich dadurch denkbar, daß die Spontaneität auf ihre eigene Receptivität jenen Formen gemäß wirkt, und dadurch dasjenige was vorher als bloße *Form* im bloßen Vorstellungsvermögen vor aller wirklichen Vorstellung bestimmt war, in einer wirklichen besondern Vorstellung *als Stoff* bestimmt. Der Stoff der reinen Vor-

Vorstellungen der Formen der Receptivität und Spontaneität ist also in Rücksicht auf seinen Gegenstand (von dem er seine Form als bestimmter Stoff hat) im bloßen Vorstellungsvermögen, und also im Gemüthe *vor* aller Vorstellung; in Rücksicht aber auf sein *wirkliches* Vorhandenseyn in besondern (den reinen) Vorstellungen, durch eine Handlung des vorstellenden Subjektes *bestimmt;* während aller *objektive* Stoff sowohl in Rücksicht auf seine eigenthümliche Form, die er als bestimmter Stoff hat, und die in einem außer dem Gemüth befindlichen von demselben verschiedenen Gegenstande gegründet ist, als auch in Rücksicht auf sein Vorhandenseyn in einer Vorstellung, durch die fremde Handlung auf die Receptivität, welche denselben vermittelst des Afficierens dem Gemüthe giebt, bestimmt werden muß.

Ich nenne den Stoff, in wie ferne er im bloßen Vorstellungsvermögen, und also im Gemüthe, vor aller Vorstellung bestimmt ist *Stoff a priori;* in wie ferne er aber erst in und mit einer wirklichen Vorstellung durchs afficiertwerden bestimmt werden muß, *Stoff à posteriori*, oder den *empirischen* Stoff. Der Stoff, der den reinen Vorstellungen der Formen der Receptivität und Spontaneität entspricht, kann allein ein solcher Stoff *à priori* heißen, weil außer diesen Formen im bloßen Vorstellungsvermögen nichts vorhanden seyn kann: und weil er seinem Gegenstande nach *vor* aller Vorstellung im Gemüthe bestimmt seyn muß. Man muß aber hier nicht vergessen, daß dieser Stoff nur in Rücksicht auf sein *Bestimmtseyn* im bloßen *Vermögen a priori* heißt, nicht in Rücksicht auf seine bloße Subjektivität; und daß man nicht ohne Unter-

Unterschied allen subjektiven Stoff *a priori* nennen dürfe. Denn auch der subjektive Stoff muſs *a posteriori* heiſſen *in wie ferne* er nicht durch das bloſſe Vorstellungsvermögen, sondern durch Handlung des vorstellenden Subjektes in besondern Vorstellungen bestimmt ist. So würde zum Beyspiel der Stoff, der in der Vorstellung einer bloſſen Veränderung, welche die Spontaneität in der Receptivität bewirkt hat, enthalten wäre, und der folglich nichts als die *Veränderung* selbſt zum Gegenstande hätte, ein subjektiver Stoff *a posteriori* seyn: denn er würde seinem *Gegenstande* nach nicht im bloſſen Vermögen vor aller Vorstellung, sondern erst *mit* und *in* der Vorstellung durch die Handlung des vorstellenden Subjektes bestimmt seyn. *Wie* aber Vorstellungen die einen Stoff *a priori* enthalten im Gemüthe zur Wirklichkeit gelangen, läſst sich in der Theorie des Vorstellungsvermögens überhaupt allein nicht bestimmen.

In Rücksicht auf den entweder *a priori* oder *a posteriori* gegebenen Stoff nenne ich die Vorstellungen, deren Inhalt er ausmacht, entweder *a priori* oder *a posteriori*, *reine* oder *empirische* Vorstellungen.

§. XXX.

Alle Vorstellungen, die einen objektiven Stoff enthalten, sind Vorstellungen *à posteriori* oder *empirische* Vorstellungen.

Aller objektive Stoff ist Stoff *à posteriori*, weil er keineswegs im bloſſen Vorstellungsvermögen und folglich nicht vor aller Vorstellung im Gemüthe bestimmt ist, sondern durch etwas von dem Vor-
stel-

stellenden Verschiedenes, dann erst im Gemüthe bestimmt wird, wenn das Gemüth afficiert wird, und *nur* dadurch auch seiner eigenthümlichen Beschaffenheit nach (als Stoff) *im* Gemuthe bestimmt wird, daſs das Gemüth von auſsen ſo und nicht anders afficiert wird. Er ist also nichts, was im Gemüthe nicht durch das bloſse Afficiertſeyn von auſsen her, und folglich nicht erst mit und in der Vorstellung, nicht erst dann entstunde, wenn im Gemüthe das Vorstellungsvermögen mit ſeinen Formen (der Stoff *a priori*) vorausgeſetzt würde. Aller Stoff jeder möglichen Vorstellung (ſie ſey *a priori* oder *a posteriori*) ist zwar in wie ferne er nicht vom Gemüth hervorgebracht werden kann, ſondern demselben gegeben werden muſs, ſchon vor aller Vorstellung in ſeinem Grunde bestimmt. Aber nicht aller Stoff kann als vor aller Vorstellung im Gemüthe bestimmt, gedacht werden, ſondern nur derjenige allein, dem kein anderer Gegenstand auſſer der *bloſſen Beschaffenheit* des Vorstellungsvermögens (die Form der Receptivität und Spontaneität) entſpricht. Der objektive Stoff ist zwar auch vor aller Vorstellung, aber nur in ſeinem vom Gemüthe verſchiedenen Grunde bestimmt. In wie ferne er *im Gemüthe* vorkommen ſoll, muſs er nicht nur in Rückſicht auf ſein wirkliches Vorhandenſeyn in der Vorstellung, ſondern auch in Rückſicht auf ſeine eigenthümliche dem Gegenstande entſprechende Form, durch das bloſse von auſsen afficiert ſeyn und folglich erst in und mit der Vorstellung ſelbst, d. h. *a posteriori* bestimmt ſeyn; während der Stoff der den reinen Vorstellungen der Formen der Receptivität und Spontaneität entſpricht, durch dieſe ſeine Gegenstände, die nicht auſſer dem Gemüth

müth vorhanden find, im Gemüthe *a priori* beſtimmt iſt.

§. XXXI.

Die Vorſtellungen der bloſſen Formen der Receptivität und der Spontaneität, enthalten einen im Vorſtellungsvermögen *a priori* beſtimmten Stoff, und heiſſen darum *Vorſtellungen a priori*.

Wir ſind ſchon genug gewarnt, um nicht aus dem von uns aufgeſtellten und erwieſenen Satze: Ohne objektiven Stoff (und folglich ohne die ſogenannten Gegenſtände der äuſſern Erfahrung) kann keine Vorſtellung überhaupt zur Wirklichkeit gelangen, etwa den übereilten Schluſs zu ziehen: alſo giebt es keinen andern Stoff der Vorſtellung überhaupt als den objektiven; und alle Vorſtellungen entſpringen aus der *äuſſern* Erfahrung. Dieſs hat wenigſtens *Locke*, auf den ſich die Anhänger dieſer Meynung berufen, nicht gemeynt, wenn er den *Stoff* aller Vorſtellungen aus der Erfahrung ableitete *). Denn er ſchlieſst die *Innere Erfahrung* (das Gegebenſeyn eines Stoffes in dem Gemüthe ſelbſt) ſo wenig aus, daſs er ſie vielmehr bey jeder Gelegenheit als eine beſondere Quelle der Vorſtellungen, die er freylich nicht genug vom *Stoffe* unterſcheidet, angiebt. „Diejenigen Ein-„drucke, ſagt er z. B., welche auf unſre Sinnen „durch

---

*) Whence has the mind all the *materials* of reaſon and Knowledge? To this I anſwer in one word: From *Experience*. In this all our Knowledge is founded, and from that it ultimately derives itſelf. Eſſay. B. II. Ch. 1.

„durch Gegenstände geschehen, die aufser dem
„Gemüthe vorhanden find; und die *eigenen Handlungen* des Gemüthes, welche aus der *inneren* und
„dem Gemüthe *eigenthümlichen* Kraft entspringen,
„und welche durch das Reflektieren über dieselben
„selbst Gegenstände seiner Betrachtungen werden,
„find, wie ich bereits gesagt habe, die *Urquellen*
„aller Erkenntnifs *)." — Wenn dem Gemüthe
ein Stoff, der einem vom Gemüthe verschiedenen
Gegenstande entspricht, gegeben ist: so entsteht
Vorstellung, aber nicht das *Gemüth* selbst, nicht
die bestimmte Empfänglichkeit, die vorhanden seyn
muss, wenn der gegebene Stoff vom Gemüthe
empfangen; nicht die Art und Weise der Thätigkeit, die im Gemüthe bestimmt gegeben seyn muss,
wenn dem Stoffe die Form der Vorstellung ertheilt
werden soll; nicht diese im Gemüth vor allem äufsern Stoff nothwendig bestimmten Formen, die,
wenn sie einmal vorgestellt werden, als Gegenstände besonderer Vorstellungen im Gemüthe durch
keinen von aussen gegebenen Stoff repräsentiert,
auf nichts aufser dem Gemüth befindliches, bezogen werden können.

Die Vorstellung *a priori* mufs keineswegs mit
dem Stoffe *à priori*, der blofs ihren Inhalt ausmacht,
verwechselt werden, wenn nicht Verwirrung und
Mifsverständnifs entstehen soll. Nur der Stoff *a
priori*, nicht die Vorstellung *a priori* ist im Gemüthe

---

*) Vorher hatte er sich folgendermafsen hierüber ausgedrückt: *External* objects furnish the mind with
Ideas of sensible qualities, and the *mind* furnishes
the understanding with Ideas *of its own operations.*

the vor aller Vorstellung vorhanden, und demselben im bloßen Vermögen gegeben. Die *Vorstellung à priori* kann dem Gemüthe nicht *gegeben* seyn, sondern muß von demselben *erzeugt* werden, und kann daher *dem Stoffe a posteriori* so wenig als dem *a priori* vorhergehen, sondern setzt beyde, den *a priori* in Rücksicht auf ihren Gegenstand, den *a posteriori* in Rücksicht auf die Unentbehrlichkeit desselben zur Wirklichkeit einer Vorstellung (von der sich die Formen der Receptivität und Spontaneität abstrahieren lassen), voraus. Man kann die Vorstellungen *à priori* als *anatomische Präparate* des menschlichen Gemüthes ansehen. Sie haben, so wie die wirklichen anatomischen Präparata, in so ferne nur ein künstliches Daseyn, als sie ihren Gegenständen nach nur zum Behufe der Wissenschaft von dem *Ganzen*, der Vorstellung *a posteriori*, woran die Formen der Receptivität und Spontaneität sich allein zuerst in ihrer natürlichen Bestimmung äussern, abgesondert vorhanden sind. Ihre Gegenstände sind freylich vor aller Zergliederung der Vorstellung *à posteriori* in derselben durch das Vorstellungsvermögen vorhanden; aber nur als subjektive Bestimmungen eines objektiven von aussen her gegebenen Stoffes; ohne den sie zur Wirklichkeit *in einer solchen Vorstellung* so wenig hätten gelangen können, als z. B. das Nervensystem, ohne Beine, Muskeln, und die übrigen wesentlichen Theile des menschlichen Körpers; obwohl sie durch jenen objektiven Stoff so wenig gegeben sind, als das Nervensystem durch die Beine, Muskeln u. s. w., nachdem sie aber mit dem objektiven Stoffe in Vorstellungen *à posteriori* zur Wirklichkeit gelangt sind, so gut wie die Nerven

abge-

abgesondert von Muskeln u. s. w. aufgehalten werden können.

Die Formen der Receptivität und Spontaneität sind keineswegs *Vorstellungen*, sondern in wie ferne sie im Gemüthe gegeben sind, Beschaffenheiten des Vorstellungsvermögens; in wie ferne sie sich aber an der blossen Vorstellung überhaupt äussern, Merkmale der Vorstellung überhaupt, und zwar *nothwendige* und *allgemeine* Merkmale derselben.

§. XXXII.

Die Vorstellungen *à priori* sind in wie ferne durch Sie *nothwendige* und *allgemeine* Merkmale der Vorstellung überhaupt vorgestellt werden, nothwendige und allgemeine und in dieser Rücksicht von aller *Erfahrung* unabhängige Vorstellungen.

Der Stoff der Vorstellungen *à priori* repräsentiert im Bewusstseyn *nothwendige* Merkmale der Vorstellung überhaupt, das heisst solche Merkmale, ohne welche sich keine Vorstellung überhaupt denken lässt. Denn ohne die bestimmte Empfänglichkeit, und zwar ohne die zur Mannigfaltigkeit bestimmte Empfänglichkeit ist kein Stoff in der Vorstellung, und ohne die durch Verbindung des Mannigfaltigen hervorgebrachte Einheit keine Form der Vorstellung, und folglich ohne beyde im Vorstellungsvermögen vorhandenen und dasselbe ausmachenden Bedingungen keine Vorstellung überhaupt möglich. *Mannigfaltigkeit des Gegebenen* und *hervorgebrachte Einheit* müssen daher in jeder Vorstellung vorkommen *), und die Vorstellungen dieser nothwendigen Merkmale jeder Vorstellung sind ihren Gegenständen nach schlechterdings nothwendig. Dieses *Müssen* würde von ihnen keineswegs behauptet werden können, wenn sie dem Gemüthe durch das blosse Afficieren der Empfänglichkeit erst in und mit der Vorstellung gegeben, und nicht vor aller Vorstellung im blossen Vorstellungsvermögen bestimmt, d. h. wenn sie aus der *Erfahrung* allein abgezogen wären. Denn könnte von den Formen der Receptivität und Spontaneität nur behauptet werden, das Gemüth habe sich bey den bisherigen Vorstellungen ihnen gemäß geäussert, keineswegs aber es habe sich ihnen gemäß äussern müssen; es habe sich nicht anders als so äussern können. Nichts wirkliches kann als nothwendig erkannt werden, wenn es sich nicht durch seine vor der Wirklichkeit bestimmte Möglichkeit als das *Einzig mögliche* erkennen läßt.

Der Stoff der Vorstellungen *à priori* repräsentiert *allgemeine*, das heißt allen wirklichen und möglichen Vorstellungen ohne Ausnahme zukommende Merkmale. Da sich die Vorstellung überhaupt nicht ohne die Formen der Receptivität und Spontaneität denken läßt; so sind diese Formen vor aller wirklichen Vorstellung durch die Natur des Vorstellungsvermögens vorhinein allen möglichen und wirklichen Vorstellungen bestimmt und zuge-

*) *Vorkommen* als subjektive Bestimmungen, nicht als *Stoff* jeder Vorstellung, daher sie auch nicht in jeder Vorstellung vorgestellt werden.

zugetheilt, und erhalten dadurch eine Allgemeinheit, die weiter reicht als alles mögliche Zeugnifs der Erfahrung, das fich nur auf die bisher wirklichen, nicht auf alle möglichen Fälle erstrecken kann, zu erhärten vermag. Ohne die *Periorität* der Formen der Receptivität und Spontaneität würde ihre Allgemeinheit fo wenig als ihre Möglichkeit aus der Erfahrung, der innern fo wenig als der äuffern, begreiflich und erweislich feyn.

Sie find alfo *von der Erfahrung unabhängig*; und diefes würde allein fchon aus ihrer Nothwendigkeit und Allgemeinheit erweislich feyn, ungeachtet wir es gegenwärtig keineswegs daraus zu erweifen begehren. Eine Vorftellung von der Erfahrung ableiten, kann doch wohl nichts anderes heiffen, als fie von einem äuffern oder inneren Eindrucke, dem von den afficierenden Dinge beftimmten Afficieren der Receptivität, ableiten. Der Stoff, der den Vorftellungen *à priori* entspricht, mufs freylich in diefen Vorftellungen durch ein Afficiertwerden der Receptivität gegeben und als Stoff *der* Vorftellungen, in denen er Stoff ift, beftimmt werden; und in fo ferne hängen auch die Vorftellungen *a priori* von der (inneren) Erfahrung ab. Allein diefes Afficiertwerden beftimmt von jenem Stoffe nichts als feine Wirklichkeit *in* jenen Vorftellungen, nicht aber feine eigenthümliche Beschaffenheit, dasjenige was ihn als beftimmten Stoff auszeichnet, was an ihm feinen Gegenftänden entspricht. Diefes kann nur in und mit feinen Gegenftänden, den Formen der Receptivität und Spontaneität beftimmt feyn; und wird

alfo

alſo nicht erſt durch das Wirken der Spontaneität, ſondern iſt vor demſelben im bloſſen Vorſtellungsvermögen als deſſen Beſchaffenheit *beſtimmt*. Wie ſich denn weder die Receptivität ihre Art afficiert zu werden, noch die Spontaneität ihre Art zu afficieren ſelbſt beſtimmen können, ſondern beyde als beſtimmt in ihrem Vermögen gegeben, bey jedem Afficiertwerden und Afficieren vorausſetzen. Die Formen der Receptivität und Spontaneität ſind alſo Gegenſtände, durch welche das Afficiertwerden der Receptivität von auſſen und von innen und folglich auch alle äuſſere und innere Erfahrung allein möglich iſt; ihre reinen Vorſtellungen hängen alſo ihren Gegenſtänden nach ſchlechterdings von keiner Erfahrung ab; obwohl ſie als wirkliche Vorſtellungen in Rückſicht auf das Afficiertwerden durch die Spontaneität, das zu ihrem Entſtehen als Vorſtellungen *a priori*, von der *inneren*, und in Rückſicht auf den objektiven Stoff, der zur Wirklichkeit der Vorſtellungen *a poſteriori*, die ihnen vorhergegangen ſeyn müſſen (S §. XXVIII.), unentbehrlich iſt, auch von der *äuſſern Erfahrung* abhängen.

Der ſcharfſinnige *Plattner* hat (ſ. §3 der 2. A. der *Aphor.*) über die Art wie ſich das *Leibnitziſche* und das *Lockiſche* Syſtem über den *Urſprung der Vorſtellungen* vereinigen lieſſe, etwas ſehr treffendes geſagt *). „*Locke* geſteht Grundbeſtimmungen

---

*) Aber in der neuen Ausgabe aus der Abhandlung, Von der Streitigkeit über die angebohrnen Begriffe, wir wiſſen nicht warum? weggelaſſen.

mungen in der Seele zu, welche die Seele fähig
machen, die nothwendigen Wahrheiten zu *empfinden*" (soll doch wohl heissen, sich der Nothwendigkeit gewisser Urtheile bewust zu werden?)
"*Leibnitz* will Ideen, aber doch ohne Ideenbilder.
— "Vielleicht sind Leibnitzens Ideen, ohne Ideen-
"bilder, nichts anderes als Lockes Grundbestim-
"mungen." Ich unterschreibe sehr gerne diese
Vermuthung, die für mich noch mehr als Vermuthung ist. Denn zuverlässig haben die beyden
genannten grossen Männer *Wahrheit* und nur aus
verschiedenen *Gesichtspunkten* gesehen. Aber eben
so gewiss haben beyde diese Wahrheit *jeder nur*
aus verschiedenen Gesichtspunkten, und folglich
jeder *einseitig* gesehen. Leibnitz bestand darauf,
dass jene *à priori* im Gemüthe vorhandenen
Grundbestimmungen *Vorstellungen* wären, weil
er in der Vorstellung überhaupt den Stoff nicht genug von der Form unterschied; und alles was im
Gemüth vorgeht, Vorstellung nannte. Locke hingegen bestand darauf, dass die Erkenntniss jener
Grundbestimmungen schlechterdings von der Erfahrung, dem äussern und inneren Afficiertseyn
abhienge, weil er den Stoff in der Vorstellung
nicht genug von den von der Vorstellung unterschiedenen Gegenständen unterschied, und sich
daher nicht denken konnte: wie der Stoff von den
Vorstellungen jener Grundbestimmungen, vor aller
Vorstellung, und folglich vor seinen in der wirklichen Vorstellung vorkommenden Gegenständen,
das heisst, bevor jene Grundbestimmungen die
Receptivität afficiert hätten, im Gemüthe bestimmt
vorhanden seyn konnte. Beyde Philosophen
konnten sich, da sie ihren Begriff von Vorstellung

nicht

nicht aufs reine gebracht haben, über die unſtreitige Wahrheit, die jeder von ihnen im Auge hatte, einander nicht verſtändigen. In der Vorſtellung überhaupt iſt etwas von aller Erfahrung unabhängiges, wofür *Leibnitz*, und etwas von derſelben abhängiges, wofür *Locke* ſich erklärte; aber wie hätten ſie darüber einig werden ſollen, worin das von der Erfahrung abhängige, und das unabhängige beſtünde, da ſie beyde zu unterſuchen vernachläſſigten, was zur *bloſſen Vorſtellung überhaupt*, von der ſie keinen beſtimmten Begriff hatten, gehörte. Aus dem von mir beſtimmten und bisher entwickelten Begriff der Vorſtellung und des Vorſtellungsvermögens ergiebt ſichs einleuchtend genug: *Daſs es weder angebohrne Vorſtellungen gebe, noch daſs alle Vorſtellungen ohne Unterſchied in dem Sinne Erfahrung vorausſetzen, als ob der Stoff von allen lediglich durchs Afficiertſeyn überhaupt, oder gar durch Afficiertſeyn von auſſen beſtimmt ſeyn müſste.*

So wie ſich die Beſchaffenheit des Vorſtellungsvermögens überhaupt nur durch den durchgängig beſtimmten Begriff der bloſſen Vorſtellung überhaupt entdecken läſst; ſo können das *ſinnliche*, das *verſtändige*, und das *vernünftige* Vorſtellungsvermögen, oder *Sinnlichkeit*, *Verſtand* und *Vernunft*, nur aus den bloſſen Vorſtellungen der Sinnlichkeit, des Verſtandes und der Vernunft erkannt werden. Wir werden alſo in den Theorien der beſondern Vorſtellungsvermögen, die Bedeutungen der

der Worte Empfindung, Gedanken, Anſchauung, Begriff und Idce im *ſtrengſten Sinne* zu beſtimmen haben. Da aber alle dieſe Benennungen auch der Vorſtellung überhaupt in gewiſſen Rückſichten, ob zwar nur in weiterer Bedeutung, beygelegt werden; ſo müſſen in der Theorie des Vorſtellungsvermögens überhaupt, dieſe Rückſichten angegeben, und durch eine beſtimmte Aufſtellung der weiteren Bedeutungen jener Worte, die Gründe ſowohl, als die Gränzen jenes Sprachgebrauches erörtert werden.

§. XXXIII.

In wie ferne in der Vorſtellung überhaupt ein Afficiertwerden der Receptivität vorkommen muſs, das Afficiertwerden überhaupt aber, (die Veränderung, bey der ſich das Gemüth leidend verhält,) *Empfindung* heiſst, in ſo ferne heiſst die Vorſtellung überhaupt *Empfindung* in weiterer Bedeutung des Wortes.

Bey dem unentwickelten Begriffe von der Vorſtellung überhaupt blieb zwar der Antheil des *Afficiertwerdens* an der Vorſtellung überhaupt nicht ganz verkannt, aber er wurde von den *Senſualphiloſophen*, welchen alle Vorſtellungen bloſſe Empfindungen waren viel zu groſs, und von den *Intellektualphiloſophen*, welche das Afficiertwerden für bloſſe Gelegenheitsurſache der von der *Kraft* der Seele hervorgebrachten Vorſtellungen anſahen, viel zu klein angegeben.

In wie ferne das Vermögen des Empfindens, (afficiert zu werden) *Sinnlichkeit* in weiterer Bedeutung des Wortes heißt, in so ferne kömmt jedem Vorstellungsvermögen überhaupt *Sinnlichkeit* zu; und die Sinnlichkeit in diesem Verstande erniedriget den Menschen so wenig zum Thiere herab, daß sie ihm vielmehr mit dem höchsten aller erschaffenen Geister gemein seyn muß.

§. XXXIV.

In wie ferne in der Vorstellung überhaupt eine Handlung der Spontaneität vorkommen muß, die Handlung des Gemüths aber ein *Denken*, und ihre Wirkung *Gedanke* in weiterer Bedeutung heißt, in so ferne heißt die Vorstellung überhaupt *Gedanke* in weiterer Bedeutung.

Bey dem unentwickelten Begriffe von der Vorstellung überhaupt, blieb zwar der Antheil der Spontaneität an der Vorstellung nicht ganz verkannt; aber er wurde von den *Intellektualphilosophen* zu groß, und von den *Sensualphilosophen* viel zu klein angegeben; indem die einen das ganze Vorstellungsvermögen in wie ferne es im Subjekte gegründet ist, in lauter Thätigkeit, die andern aber seine Thätigkeit in einer bloßen *Reaktion* auf den Eindruck bestehen ließen.

In wie ferne das thätige Vermögen, von dem sich leidend verhaltenden und mit dem Namen der *Sinnlichkeit* bezeichneten Vermögen unterschieden

schieden wird, heifst es auch das *intellektuelle Vermögen*, oder der *Verstand* in weiterer Bedeutung; der also in jedem Vorstellungsvermögen, auch dem Thierischen vorhanden seyn mufs. Der Stoff jeder Vorstellung wird *empfunden*, die Form *gedacht*.

§. XXXV.

In wie ferne die Vorstellung überhaupt ihrem Stoffe nach ein Mannigfaltiges enthalten mufs, und durch dieses Mannigfaltige in ihr das Objekt dem Subjekte repräsentiert wird, in so ferne heifst sie *Anschauung* in weiterer Bedeutung.

Das Auge schaut an, wenn es von der Gestalt eines sichtbaren Gegenstandes afficiert, dieselbe dem Gemüthe vergegenwärtiget. Auf ähnliche Weise wird durch das die Receptivität afficierende, und dem Gegenstande entsprechende Mannigfaltige der Vorstellung der Gegenstand, oder vielmehr dasjenige vom Gegenstande, was dem Gemüthe durchs Afficieren gegeben ist, und die Form der Vorstellung annehmen konnte, und durch dasselbe der Gegenstand vergegenwärtiget.

§. XXXVI.

In wie ferne die Vorstellung überhaupt ihrer Form nach ein Mannigfaltiges in sich *begriffen* (zusammengenommen, auf Einheit gebracht)

gebracht) enthält, in so ferne heifst sie *Begriff* in weiterer Bedeutung.

Das Wort *Begriff* charakterisiert die Veränderung im Gemüthe, wodurch eine Vorstellung ihrer Form nach entsteht, so bestimmt, dafs man dasselbe unter die auffallendsten Beyspiele der vielen lehrreichen, und von den Philosophen bisher vernachläfsigten Winke ansehen kann, welche der menschliche Geist über die wahre *Beschaffenheit* seines *Wirkens* auch schon an dem blossen Gepräge seiner Gedankenzeichen gegeben hat. Aber keiner der verschiedenen für die Vorstellung überhaupt (in wie ferne dieselbe aus verschiedenen Gesichtspunkten angesehen wird) durch den Sprachgebrauch bestimmten Worte, wurde zumal von den *Leibnitzianern* mehr gemifsbraucht, als das Wort *Begriff*; welches von ihnen gemeiniglich für Vorstellung überhaupt ohne alle Einschränkung gebraucht wurde, wie sich auch wohl nicht anders von Philosophen vermuthen läfst, welche das Vorstellen als eine blosse Handlung einer *Kraft* und die Vorstellung als *Wirkung* derselben anzusehen gewohnt waren.

§. XXXVII.

In wie ferne die Vorstellung überhaupt als blofse Vorstellung von allem was Gegenstand derselben ist, verschieden, und nicht aufser dem Vorstellenden vorhanden ist, in so so ferne heifst die Vorstellung überhaupt *Idee* in weiterer Bedeutung.

Das Wort *Idee* wird so sehr ohne alle Einschränkung für Vorstellung überhaupt gebraucht, dafs es mir wohl nicht an Lesern fehlen wird, welche die eben von mir angegebene Bestimmung seiner weitern Bedeutung für willkührlich erklären dürften. Allein diese belieben zu bedenken, dafs es für den Philosophen durchaus keine völlig gleichbedeutenden Worte (*Synonyma*) geben könne, und dafs sich der eigentliche Sinn, in welchem das Wort *Idee* die Vorstellung überhaupt zu bezeichnen durch den Sprachgebrauch bestimmt ist, bey aller Vernachläſsigung, die derselbe auch von unsren besten Schriftstellern erfahren hat, gleichwohl bis auf den heutigen Tag erhalten habe, und bey vielen Gelegenheiten sich deutlich genug offenbare. Das Wort *Idee* wird vorzugsweise dann gebraucht, wenn man die blosse Vorstellung den *Sachen* entgegensetzt, und damit etwas blofs im Gemüthe befindliches andeuten will. So sagt man: „Diefs ist nur noch Idee;" — „Eine Idee realisieren;" „Die Ideenwelt u. s. w." Endlich wird die von mir hier aufgestellte *weitere* Bedeutung des Wortes *Idee*, durch die in der Folge zu bestimmende *Engere* (mit welcher bey jedem Worte die Weitere übereinstimmen mufs) gegen alle Bedenklichkeiten gesichert werden.

Und so wäre dann der Sprachgebrauch, der die Worte *Empfindung*, *Gedanke*, *Anschauung*, *Begriff* und *Idee* nicht selten für die Vorstellung über-

überhaupt zu gebrauchen erlaubt, ja zuweilen dazu genöthiget ist, einerseits gerechtfertiget, andererseits aber in die Gränzen zurückgewiesen, die nicht überschritten werden dürfen, wenn nicht Verwirrung der Begriffe und Vieldeutigkeit des Ausdrucks entstehen soll. Wenn z. B. das Wort Idee in seiner weitern Bedeutung, die *bloße Vorstellung* überhaupt sehr richtig bezeichnet, so wird es nicht, ohne dem philosophischen Sprachgebrauch Gewalt anzuthun, bey einer sinnlichen Vorstellung z. B. der rothen Farbe gebraucht werden können.

DRITTES BUCH.

THEORIE
DES
ERKENNTNISSVERMÖGENS
ÜBERHAUPT.

> The extent of our Knowledge comes not only short of the *reality* of things, but even of the *extent* of our own *Ideas*; though our Knowledge be limited to our Ideas, and cannot exceed them either in extent or perfection.
> Locke's Essay B. IV. Ch. 3.

Drittes Buch.

Theorie
des
Erkenntnisvermögens
überhaupt.

§. XXXVIII.

Das *Bewusstseyn überhaupt* besteht aus dem Bezogenwerden der blossen Vorstellung auf das Objekt und Subjekt; und ist von jeder Vorstellung überhaupt unzertrennlich.

Wenn man aus dem bisher entwickelten Begriffe der *blossen Vorstellung* zu demjenigen herausgeht, was zwar nicht als innere Bedingung der blossen Vorstellung in ihm selbst enthalten, aber doch als äussere Bedingung der Vorstellung mit ihm nothwendig verknüpft ist; so gelangt man auf das von der Vorstellung unterschiedene *Objekt* und *Subjekt*, mit deren einem die Vorstellung durch ihren Stoff, und dem andern durch ihre Form in einem nothwendigen Verhältnisse steht. Gleichwie nun der blosse Stoff und die blosse Form zu-

sammengenommen die inneren Bedingungen der
blossen Vorstellung ausmachen; so machen die Beziehungen der blossen Vorstellung aufs Objekt
und Subjekt zusammengenommen die inneren Bedingungen des Bewufstseyns aus. Man kann die
blosse Vorstellung, das Objekt und das Subjekt —
den *Inhalt*; ihre Beziehung aber auf einander und
die Art und Weise, wie sie zusammen im Bewufstseyn vorkommen, und dasselbe ausmachen, — die
Form des *Bewufstseyns*, nennen. Ich habe hier
nur die *Form* des Bewufstseyns zu entwickeln.

Man hat bisher über das *Bewufstseyn überhaupt* eben so wenig und eben so schief philosophiert, als über die blosse Vorstellung überhaupt.
„Was das Bewufstseyn heisse, versteht sich von
selbst; mufs jeder von selbst wissen; lehrt das
Selbstgefühl" waren die Ausflüchte, womit sich
unsre *Empiriker* das Denken über das Bewufstseyn
zu erleichtern oder gar zu ersparen wufsten. Aus
ängstlicher Besorgnifs vor Spitzfindigkeit und Grübeley verschlossen andere bey der Untersuchung
dieses wichtigen Gegenstands das Auge des Geistes,
um ihn durch das Betasten mit dem Gefühle desto
besser kennen zu lernen. Auch die wenigen die
über das Bewufstseyn wirklich gedacht haben, blieben nur bey gewissen einzelnen *Arten* des Bewufstseyns stehen, deren Eigenthümlichkeiten sie nur
sehr schwankend und unbestimmt angeben konnten, da sie das Bewufstseyn überhaupt, die *Gattung*, bey ihren Untersuchungen ganz vorbeygegangen waren. So hat z. B. auch der schärfere
Blick eines *Plattners* keineswegs bis zum Bewufstseyn überhaupt durchgedrungen. Alles was
dieser Philosoph in den ersten Abschnitten seiner

Aphoris-

Aphorismen über das Bewußtseyn der *Existenz* und der *Personalität* sagt, ist zwar reichhaltig an psychologischen Aufschlüssen über diese Beyden Arten des Bewußtseyns, aber beantwortet so wenig die Frage: Worin besteht das Bewußtseyn überhaupt? daß es vielmehr dieselbe als schon beantwortet voraussetzt. Allein da diese Beantwortung nur eine Frucht einer vorhergegangenen, bisher ganz vernachläßigten Untersuchung seyn konnte; so ist es sehr natürlich, daß Hr. *Plattner*, so wie andere, einen sehr unrichtigen Begriff vom Bewußtseyn überhaupt voraussetzte.

Bey der bisher allgemeinherrschenden Verworrenheit des Begriffes der bloßen Vorstellung fand man nichts widersprechendes darin, daß man jede Veränderung des Gemüthes Vorstellung nannte, und folglich auch das Bewußtseyn für eine Vorstellung, und zwar für die Vorstellung der Vorstellung erklärte; oder wenn man ja tiefer in die Natur des Bewußtseyns eindrang, dasselbe für die Vorstellung der Beziehung einer Vorstellung aufs vorstellende Subjekt ausgab.

Allein das Bewußtseyn überhaupt ist von der Vorstellung überhaupt so wesentlich verschieden, daß keine Art des Bewußtseyns, als Bewußtseyn, Vorstellung seyn kann. Zu jedem Bewußtseyn *gehört* Vorstellung; aber auch noch mehr als Vorstellung, nämlich das Subjekt und Objekt, die von der Vorstellung im Bewußtseyn unterschieden sind. Das *Beziehen* der bloßen Vorstellung auf Objekt und Subjekt aber, Vorstellung nennen, wäre eine sehr unphilosophische Verwirrung des Sprachgebrauches, der dieses Wort demjenigen, was beym Bewußtseyn

wußtseyn auf das Subjekt und Objekt bezogen wird, bestimmt hat. Auch ist das doppelte Bezogenwerden der Vorstellung nicht nur keine Vorstellung, sondern wird auch in dem Bewußtseyn überhaupt, dessen Form dasselbe ist, keineswegs *vorgestellt.* Das *Vorstellen* dieses Bezogenwerdens ist nicht das Bezogenwerden selbst; nicht das Bewußtseyn, sondern ein Vorstellen des Bewußtseyns; und die Vorstellung dieses Bezogenwerdens ist nicht Bewußtseyn, sondern Vorstellung des Bewußtseyns, welche auf das Bewußtseyn als Gegenstand, und auf das Subjekt bezogen, das Bewußtseyn des Bewußtseyns abgiebt. Noch weniger endlich kann das Bewußtseyn Vorstellung des gegenseitigen Verhältnisses zwischen dem Subjekte an sich, und der bloßen Form, — dem Objekte an sich und dem bloßen Stoffe der Vorstellung seyn, da alle diese vier Dinge nicht vorstellbar sind.

Es kann also unter dem Bewußtseyn überhaupt keine Vorstellung, sondern nur diejenige Veränderung des Gemüthes verstanden werden, durch welche die bloße Vorstellung aufs Objekt und Subjekt bezogen wird; eine doppelte Handlung des Subjektes, durch welche die Vorstellung in Rücksicht ihres Stoffes dem Gegenstande, und in Rücksicht ihrer Form dem Subjekte zugeeignet wird; eine Handlung der Spontaneität, durch welche die Vorstellung mit dem von ihr verschiedenen Objekte und Subjekte *verbunden* wird. Dieses Verbinden (die eigenthümliche Handlungsweise der Spontaneität) äußert sich beym Bewußtseyn auch als ein Trennen; ein Unterscheiden, in wie ferne die Vorstellung dadurch, daß sie mit dem Objekte verbunden vom Subjekte getrennt, und dadurch,

dadurch, daß sie mit diesem verbunden, von jenem getrennt wird.

Das, *was* sich bewust ist, heifst das *Subjekt des Bewustseyns*; *wessen* es sich bewust ist, der *Gegenstand* des Bewustseyns. Durch das Beziehen der Vorstellung auf den Gegenstand ist sich das Subjekt *etwas* bewust, durch das Beziehen auf das Subjekt, ist es *sich* Etwas bewust. Dieses *Etwas* ist in jedem Bewustseyn der *Gegenstand des Bewustseyns*, aber auch zugleich in jedem der Gegenstand der *blossen Vorstellung*, die mit ihm und dem Subjekte den Inhalt des Bewustseyns ausmacht. Das Subjekt und Objekt sind in einem und eben demselben Bewustseyn so wesentlich verschieden, dafs keines für das andere substituiert werden kann, ohne nicht den Unterschied zwischen dem doppelten Beziehen der Vorstellung, und mit demselben das Bewustseyn selbst aufzuheben. Was also in einem Bewustseyn blosses Subjekt desselben ist, kann in so ferne in eben demselben Bewustseyn nicht ein Objekt des Bewustseyns, und folglich auch nicht der Vorstellung seyn; das heifst: das Subjekt des Bewustseyns kann als blosses Subjekt des Bewustseyns nicht vorgestellt werden.

Das Bewustseyn der Vorstellung, das Bewustseyn des Vorstellenden (das Selbstbewustseyn) und das Bewustseyn des Vorgestellten verhalten sich zum Bewustseyn überhaupt, wie Arten zur Gattung. Sie sind untereinander blofs durch ihre Gegenstände unterschieden; und was ihnen gemeinschaftlich zukömmt, heifst das Bewustseyn überhaupt. 1) *Das Bewustseyn der Vorstellung* hat die Vorstellung selbst zum Gegenstande, die also dabey vorgestellt, d. h. Gegenstand einer andern von ihr unterschiedenen bloßen Vorstellung werden muſs, deren doppeltes Bezogenwerden das Bewuſstseyn der Vorstellung ausmacht. Bey dieser *Art* des Bewuſstseyns kömmt also Vorstellung der Vorſtellung vor, die man bisher gemeiniglich auf das Bewuſstseyn überhaupt ausgedehnt hat. 2) Das *Bewuſstseyn des Vorstellenden* als eines solchen, das *Selbſtbewuſstseyn*, hat das Vorstellende selbſt zum Gegenſtande, das also dabey vorgestellt, das heiſst Objekt einer von ihm als Subjekt und als Objekt verschiedenen bloßen Vorstellung werden muſs, die durch ihr Bezogenwerden das Selbſtbewuſstseyn, dessen Gegenſtand durch das Wort *Ich* bezeichnet wird, ausmacht. 3) Das *Bewuſstseyn des Gegenſtandes* hat den von der Vorſtellung unterschiedenen Gegenſtand zum Objekte, der also mit dem ihn von der bloßen Vorstellung *unterscheidenden Merkmale* vorgeſtellt, das heiſst, in dieser Eigenschaft Objekt einer besondern (von derjenigen durch welche er zuerſt im Bewuſstseyn vorkam verschiedenen) Vorstellung werden muſs, deren doppeltes Bezogenwerden dann das Bewuſstseyn des Gegenſtandes ausmacht. Dieses Bewuſstseyn des Gegenſtandes muſs von dem *Bewuſstseyn überhaupt* sorgfältig unterschieden werden. Ungeachtet man sich in jedem Bewuſstseyn, und folglich im Bewuſstseyn überhaupt, nur des Gegenſtandes der bloßen Vorstellung bewuſst iſt; so iſt doch nicht jeder Gegenſtand jedes Bewuſstseyns, ein von seiner bloßen Vorstellung *als unterschieden vorgestellter*, durch eine besondere Vorstellung in diesem Unterschiede gedachter, Gegenſtand, d. h. nicht jedes Bewuſstseyn iſt Bewuſstseyn des Gegenſtandes κατ᾽ ἐξοχήν; obwohl man sich in jedem Bewuſstseyn überhaupt eines Gegenstandes bewuſst seyn

des Erkenntnisvermögens überhaupt.

seyn muss; der aber eben so gut auch eine Vorstellung, und das Vorstellende, als der von beyden unterschiedene *Gegenstand* (der Gegenstand im strengsten Sinne) seyn kann.

In allen diesen drey Arten des Bewusstseyns (die in der Folge näher erörtert werden) ist das was ihnen gemeinschaftlich ist, was das Bewusstseyn überhaupt ausmacht, und ihnen den Namen des Bewusstseyns zuwege bringt *das Bezogenwerden der blossen Vorstellung aufs Objekt und Subjekt*, welches wir daher für die eigentliche Natur des Bewusstseyns überhaupt annehmen müssen.

Dieses Bewusstseyn überhaupt ist von der Vorstellung überhaupt unzertrennlich, und *es giebt also keine Vorstellungen ohne Bewusstseyn*. Die blosse Vorstellung, d. h. das der Receptivität gegebene, und durch Spontaneität auf Einheit gebrachte Mannigfaltige führt nur darum, und nur in so ferne den Namen Vorstellung, *weil* und in wie ferne durch dasselbe *etwas vorgestellt wird*. Es wird aber durch dasselbe nur in so ferne *etwas* vorgestellt, als dieses Produkt der afficierten Receptivität und der handelnden Spontaneität auf dasjenige, dem sein *Stoff* entspricht, d. h. den *Gegenstand*, und auf dasjenige, dem seine Form angehört, d. h. das *Subjekt bezogen* wird. Der Stoff in der blossen Vorstellung tritt seine eigenthümliche Funktion als Repräsentant des Gegenstandes nur dann erst an, wenn er dem Subjekte das Objekt durch das Bezogenwerden der Vorstellung auf beyde vergegenwärtiger. Die blosse Vorstellung ist freylich nicht das Bewusstseyn selbst, aber sie stellt *nur im* Bewusstseyn etwas vor, und durch sie wird

wird nur im Bewußtseyn vorgestellt. Denn *durch sie* wird nur dann *etwas vorgestellt*, wenn sie mit diesem *Etwas*, dem Gegenstande, — *sie* stellt nur dann vor, wenn sie mit dem vorstellenden *Subjekte* verbunden wird. Unabhängig von dieser Verknüpfung (diesem wirklichen Zusammenhang mit Objekt und Subjekt) heißt sie nur in so ferne bloße Vorstellung, in wie ferne sie etwas vom Subjekt und Objekt verschiedenes ist, in welchem gleichwohl die Möglichkeit des doppelten Bezogenwerdens, durch welches eigentlich etwas vorgestellt wird, bestimmt vorhanden ist; ein Etwas das als bloße Vorstellung, das heißt, in wie ferne es von Objekt und Subjekt unterschieden wird, in der Theorie des Vorstellungsvermögens überhaupt; in wie ferne es aber mehr als bloße Vorstellung ist, in seiner Beziehung aufs Objekt und Subjekt, in der Theorie des Erkenntnißvermögens untersucht wird.

Ich will hier nicht die Gründe wiederholen, mit welchen *Locke* die bewußtseynlosen Vorstellungen so glücklich bestritten hat, und unter welchen freylich auch manche zu viel beweisen dürften. Allein ich gestehe, daß ich mir mit ihm so wenig eine Vorstellung ohne alles Bewußtseyn als einen Hungrigen ohne Empfindung des Hungers denken kann. Ich habe nur dann eine Vorstellung, wenn mir etwas vorgestellt wird, oder eigentlicher, wenn *Ich* mir *etwas* vorstelle, d. h. wenn *Ich* (das vorstellende Subjekt) eine Vorstellung (das Produkt einer Einwirkung auf mich und meiner Gegenwirkung auf etwas (den Gegenstand) und dieses Etwas durch jenes Produkt auf mich beziehe. Eine Vorstellung die *ich nicht* habe, und die *mir nichts* vorstellt ist keine Vorstellung.

Die

des Erkenntnifsvermögens überhaupt. 329

Die Gründe, die man bisher für die Möglichkeit und Wirklichkeit bewufstfeynlofer Vorstellungen anführte, sind alle aus dem unbestimmten Begriffe der Vorstellung überhaupt, und dem mit demselben zusammenhangenden unrichtigen Begriff der vorstellenden *Kraft* hergenommen. „Kraft, fagen z. B. die *Leibnitzianer* kann nie ohne Wirkung feyn, und die Wirkung der vorstellenden Kraft ist Vorstellung; nun ist die Seele öfters ohne Bewufstfeyn; sie mufs also Vorstellungen ohne Bewufstfeyn haben." Allein, wie schon öfter gezeigt worden, wird in dem Begriffe der *Kraft* das Subjekt des Vorstellungsvermögens, mit der Substanz diefes Subjektes verwechselt. Die *Thätigkeit* des vorstellenden Subjektes (worin auch immer die Substanz desselben bestehen mag) macht nur mit der *Empfänglichkeit* zusammengenommen das Wefen des Vorstellungsvermögens (nicht der Substanz welche vorstellt) aus. Die Thätigkeit des Vorstellungsvermögens aber, *die nicht unabhängig von der Empfänglichkeit* handeln kann, äuffert sich nur dann, wenn die Empfänglichkeit afficiert wird.

Wenn man, wie bisher fehr oft der Fall war, alles was im Gemüthe vorgeht ohne Unterfchied Vorstellung nennen will, fo giebt es freylich mehr Vorstellungen *ohne* als *mit* Bewufstfeyn. Man hat alles was im Gemüthe vor einer Vorstellung vorhergeht, alles was auf sie folgt, Vorstellung genannt. Als ob die Anstalten zu einem Werke, und die Folgen desselben das Werk selbst heissen könnten? Oder müssen die Anstalten und Wirkungen der Vorstellung darum Vorstellungen heissen, weil sie selbst wieder zum Theil vorgestellt werden? Aber ist dann das, was vorgestellt werden kann,

X 5

vorgeſtellt wird (der Gegenſtand einer Vorſtellung) darum eine Vorſtellung? Iſt das Afficiertwerden, das Verbinden des Mannigfaltigen bey der Vorſtellung überhaupt, beym Urtheile, beym Vernunftſchluſſe eine Vorſtellung, weil es auch vorgeſtellt werden kann? O, ſo iſt es nicht das Gemüth, ſondern die Vorſtellung iſt es, die aus Vorſtellungen, Vorſtellungen erzeugt.

Herr *Plattner*, welcher die bewuſtſeynloſen Vorſtellungen ausdrücklich behauptet*), findet hierin nichts ungereimtes: denn er lehrt ſogar nach *Leibnitzen*, „daſs die bewuſtſeynloſen Vorſtellungen auf der einen Seite Wirkungen, auf der andern Urſachen der bewuſten Vorſtellungen wären." §. 36. Meynt er zwar, daſs „bewuſtſeynloſe Vorſtellungen der gemeinſten Erfahrung entgegen ſcheinen." Allein §. 49. glaubt er, „daſs die allererſten ſinnlichen Ideen (Vorſtellungen) des neugebohrnen Kindes ohne Bewuſtſeyn wären," und §. 59. „das Bewuſtſeyn der Perſon verliere ſich öfters beym tiefen Nachdenken." In Rückſicht auf die letztere Erſcheinung glaube ich ſogar, daſs ſich auch das Bewuſtſeyn der *Exiſtenz* dabey verlieren könne. Aber ich kann aus den oben angegebenen Gründen weder das bewuſtſeynloſe Afficiertwerden des Kindes, noch das bewuſtſeynloſe Anſtrengen des in ſeinen Spekulationen ſich verlierenden Forſchers ein *Vorſtellen* nennen; ohne die Bedeutung eines ſo wichtigen Wortes zu verwirren. Aus den Afficiertwerden des Kindes, und aus der Anſtrengung des Denkers entſteht nur dann wirkliche Vorſtellung, wenn der der Receptivität

---

*) Philoſophiſche Aphorismen n. A. §. 63. 65.

tät des einen gegebene Stoff *aufgefaſst*, und der von dem andern zu einer neuen Vorſtellung aufgeſuchte Stoff *gefunden*, und die bloſſe Vorſtellung beyder auf ihren Gegenſtand bezogen wird.

Endlich müſsten ſich die bewuſstſeynloſen Vorſtellungen bey der bisherigen Art zu Philoſophieren auch darum ſo ſehr anhäufen, weil man das *Bewuſstſeyn überhaupt*, das man nie unterſucht hatte, mit dem *klaren*, oft auch ſogar mit dem *deutlichen* Bewuſstſeyn verwechſelte. Es giebt Vorſtellungen ohne klares Bewuſstſeyn. Iſt es nun nicht ausgemacht, wodurch ſich das klare Bewuſstſeyn von dem Bewuſstſeyn überhaupt unterſcheide, ſo iſt nichts natürlicher, als daſs man den Mangel des klaren Bewuſstſeyns für Mangel des Bewuſstſeyns überhaupt anſehe. Ein auffallender Beweis, daſs dieſe Verwechslung wirklich bisher gewöhnlich war, liegt in dem Umſtande, daſs man das Bewuſstſeyn entweder für nichts als eine bloſſe Vorſtellung der Vorſtellung hielt, oder doch wenigſtens die Vorſtellung der Vorſtellung für einen *jeden* Bewuſstſeyn weſentlichen Beſtandtheil anſah; welches, wie ſich bald genug ergeben wird, nur von dem klaren Bewuſstſeyn gelten kann.

§. XXXIX.

Das Bewuſstſeyn überhaupt iſt *klar*, in wie ferne daſſelbe Bewuſstſeyn der Vorſtellung iſt.

Die *drey* Arten des Bewuſstſeyns überhaupt ſind Bewuſstſeyn der Vorſtellung, des Subjektes, und des Objektes. Wir wollen alſo die Klarheit des

des Bewuſstſeyns überhaupt, in der Klarheit dieſer drey Arten aufſuchen. Das *Bewuſstſeyn der Vorſtellung* iſt klar; in wie ferne ſich das Gemüth bey demſelben keines andern Gegenſtandes als ſeiner eigenen Vorſtellung bewuſst iſt. Das Bewuſstſeyn des Subjektes (*das Selbſtbewuſstſeyn*) iſt klar, in wie ferne ſich das Gemüth auſſer ſeiner Selbſt auch noch der Vorſtellung bewuſst iſt, durch welche es ſich ſelbſt vorſtellt. Das Bewuſstſeyn *des Objektes* iſt klar, in wie ferne ſich das Gemüth auſſer dem Bewuſstſeyn des Gegenſtandes auch noch der bloſſen Vorſtellung deſſelben bewuſst iſt. In allen dieſen Fällen beſteht die Klarheit des Bewuſstſeyns überhaupt, lediglich im *Bewuſstſeyn der Vorſtellung*. Da nun jedes Bewuſstſeyn im Beziehen der bloſſen Vorſtellung aufs Objekt und Subjekt beſteht, ſo muſs beym klaren Bewuſstſeyn überhaupt, deſſen Objekt immer eine Vorſtellung iſt, dieſe Vorſtellung ſelbſt durch eine andere von ihr (als dem Gegenſtande) unterſchiedene Vorſtellung vorgeſtellt werden. Beym klaren Bewuſstſeyn kommt alſo nothwendig Vorſtellung der Vorſtellung vor. Dieſs iſt der Grund warum bey der Art von Bewuſstſeyn, die *klares Bewuſstſeyn des Gegenſtandes* heiſst, die Unterſcheidung zwiſchen bloſſer Vorſtellung und Objekt nicht bloſs vom Gemüthe vorgenommen (denn dieſs geſchieht bey jedem Bewuſstſeyn überhaupt), ſondern die bloſſe vom Gegenſtande *unterſchiedene* Vorſtellung auch *vorgeſtellt* wird, und man alſo bey dieſem Bewuſstſeyn nicht nur die Vorſtellung vom Gegenſtand unterſcheidet, ſondern auch beyde in beſondern Vorſtellungen *unterſchieden* vorſtellt.

In wie ferne eine Vorſtellung Objekt des Bewuſstſeyns, und folglich ſelbſt vorgeſtellt wird, d. h.

h. einer von ihr verschiedenen Vorstellung als bloſ- ser Gegenstand entsprechen muſs, in so ferne fällt ihr *Bezogenwerden* aufs Objekt, durch welches sie dem Gemüthe etwas von ihr verschiedenes, ihren Gegenstand, vorhielt, ganz weg; und es bleibt von ihr nichts übrig als das Afficiertseyn der Receptivität, und das Produkt der Spontaneität, d. h. dasjenige, was an ihr bloſse *Veränderung des Gemüthes* ist. Sie stellt nichts mehr dem Gemüthe vor, sondern wird nun selbst vorgestellt. Sie wird nicht mehr auf ihren Gegenstand bezogen, hört in so ferne auf wirkliche Vorstellung zu seyn, und ist bloſs diejenige Veränderung im Gemüthe, die den Namen der bloſsen Vorstellung, nur in Rücksicht auf die durch sie mögliche Vergegenwärtigung des Gegenstandes führt. Das Bewuſstseyn der bloſsen Vorstellung ist also im strengsten Sinne Bewuſstseyn der bey einer Vorstellung vorgehenden Veränderung des Gemüthes.

§. XL.

Das Bewuſstseyn überhaupt ist *deutlich* in wie ferne es Bewuſstseyn des vorstellenden Subjektes, als des vorstellenden, d. h. *Selbstbewuſstseyn*, ist.

Das Bewuſstseyn *der Vorstellung* ist deutlich, in wie ferne das Gemüth sich neben der Vorstellung auch noch seiner Selbst als des Vorstellenden, — das Bewuſstseyn des *Gegenstandes*, in wie ferne das Gemüth neben dem Gegenstand auch noch seiner selbst, — und das *Selbstbewuſstseyn* ist deutlich in wie ferne das Gemüth dabey sich keines andern Gegenstandes auſser seiner selbst bewuſst ist.

In allen diefen Fällen, unter welchen alle möglichen Arten des Bewußtseyns begriffen sind, besteht die Deutlichkeit des Bewußtseyns überhaupt im *Selbstbewußtseyn*.

Beym Selbstbewußtseyn wird das vorstellende Subjekt als das *Vorstellende* vorgestellt; das heißt, das Vorstellende wird *Objekt* einer Vorstellung, die in Rücksicht ihres Stoffes auf daßelbe als *Objekt*, in Rücksicht ihrer Form aber auf ebendaßelbe als *Subjekt* bezogen wird. Das Objekt dieses Bewußtseyns ist also zwar das vorstellende Subjekt, aber nur in der Eigenschaft des *Vorstellenden*. Das bloße, von dem Prädikat des vorstellenden unterschiedene, Subjekt, ist in diesem Bewußtseyn auch *nur Subjekt* deßelben, und es wird folglich zwar ihm vorgestellt, aber daßelbe *an sich* kann nicht vorgestellt, es kann nicht sich selbst *Objekt* werden. Alles was *von ihm* und wodurch es sich selbst *Objekt* werden kann, ist bloß *sein Vorstellen*, um deßentwillen es das Vorstellende heißt.

Das vorstellende Subjekt kann also nur in so ferne Objekt einer seiner Vorstellungen werden, als es sich als *vorstellend* vorstellen kann. Dieß ist ihm aber nur in so ferne möglich, als es sich das bloße *Vorstellen* selbst wieder vorzustellen vermag, d. h. als es sich die Merkmale wodurch sich das bloße Vorstellen, von allem was nicht Vorstellen ist, auszeichnet, als es sich dasjenige was dem bloßen Vorstellen eigenthümlich ist, die Prädikate des bloßen Vorstellungsvermögens, die Formen der Receptivität und der Spontaneität, *vorstellen* kann. Die Möglichkeit des Selbstbewußtseyns hängt also in so ferne von der Möglichkeit der Vorstellungen

jener

jener beyden Formen ab, deren Stoff *a priori* im Gemüthe bestimmt ist.

Allein das Selbstbewustseyn enthält nicht blofs die Vorstellung des *Vorstellenden*, sondern des Vorstellenden, *welches* in demselben vorstellt, d. h. beym Selbstbewustseyn wird das Objekt des Bewustseyns als Identisch mit dem Subjekte vorgestellt. Wie ist diese *Identität* bey dem Unterschiede zwischen Objekt und Subjekt, der dem Bewustseyn wesentlich ist, in einem und ebendemselben Bewustseyn möglich? Ich denke auf folgende Weise. Der *Stoff* der blossen Vorstellung, deren Objekt das Vorstellende ist, kann und mufs in zweyerley Rücksichten angesehen werden, *erstens* in wie ferne er (seiner eigenthümlichen Beschaffenheit nach) in seinen Gegenständen, den Formen der Receptivität und Spontaneität, *a priori* im *Vorstellungsvermögen* bestimmt ist; und *zweytens* in wie ferne er *in* der Vorstellung, deren Inhalt er ausmacht, durch das *Afficiertwerden* der Receptivität, welches zu jeder Vorstellung gehört, bestimmt werden mufs. Dieses Afficiertwerden kann bey einer Vorstellung, die nur die *a priori* im Gemüth vorhandnen Formen vorstellt, durch *nichts auffer* dem Vorstellungsvermögen, sondern mufs durch die Thätigkeit des Vorstellungsvermögens selbst geschehen. In wie ferne nun der Stoff zur Vorstellung des Vorstellenden in den Formen der Receptivität und Spontaneität *a priori* im Gemüthe bestimmt, und zwar demselben *gegeben*, und nicht von ihm hervorgebracht ist; in so ferne wird das Gemüth durch dieses *gegebene* (dem Stoff) sich selbst *Objekt*. In wie ferne aber dieser *a priori* im Vermögen bestimmte Stoff, durch *eine Handlung*

der

der Spontaneität als wirklicher Stoff in einer befondern Vorftellung beftimmt (die Wirklichkeit diefes Stoffes in der Vorftellung durch die Handlung des Subjektes hervorgebracht) wird; in fo ferne ftellt diefe Vorftellung an dem als vorftellend vorgeftellten Objekte, auch das Subjekt in der Eigenfchaft als Objekt vor; das Subjekt fage ich, dem der Stoff der Vorftellung, fowohl in wie ferne er *a priori* im *Vorftellungsvermögen*, als auch in wie ferne er *a pofteriori* in der *wirklichen Vorftellung* beftimmt ift, einzig angehört.

Und hier glaube ich die Grundlinien zur eigentlichen Entftehungsgefchichte der wichtigen Vorftellung des *Ichs* angegeben zu haben. Unter dem *Ich* wird das vorftellende Subjekt, in wie ferne es *Objekt des Bewufstfeyns* ift, verftanden. Der Weg vom dunkeln Bewufstfeyn eines Gegenftandes, von welchem alles Bewufstfeyn ausgeht, zum deutlichen Selbftbewufstfeyn geht durch das *klare* Bewufstfeyn *der Vorftellung*, die vorher in ihrem Unterfchiede vom Gegenftande vorgeftellt werden muss, bevor das Vorftellende in feinem Unterfchiede von der Vorftellung vorgeftellt werden kann. Das Gemüth muss fich vorher das *bloße Vorftellen* vorgeftellt haben, bevor es fich felbft unter dem Prädikate des *Vorftellenden* denken kann. Das Gemüth unterfcheidet fich als das Empfangende des Stoffes und das Hervorbringende der Form von der Vorftellung, d. h. von dem, woran fich diefes Empfangen und Hervorbringen äuffert, und aus welchem es die Prädikate entlehnt, unter welchem allein es fich felbft *Objekt* werden kann. Prädikate die ihm nur in feinem bloßen Vorftellungsvermögen gegeben feyn, und nur

nur *a priori* vorgestellt werden können. Folgender Paragraph bedarf also wohl keines weitern Beweises.

§. XLI.

Die Vorstellung des Ichs und das Selbstbewusstseyn ist nur durch die Vorstellungen *a priori* von den Formen der Receptivität und Spontaneität möglich.

Ich sollte wohl kaum den Einwurf von irgend einem meiner Leser vermuthen: „das Selbstbewusstseyn müsse dieser Behauptung zufolge *vor* meiner Theorie, die diese Vorstellungen zuerst bestimmt aufgestellt hat, unmöglich gewesen seyn." Allein von manchem unsrer berühmtesten Philosophen sind gegen manche weit weniger auffallende Behauptungen des Verf. der *Kritik der Vernunft* noch weit weniger zu erwartende Einwürfe vorgebracht worden. Ich frage also den Leser, der mir wirklich diese Bedenklichkeit entgegensetzen sollte: Ob er die Vorstellung von was immer für einem Individuum ohne das in ihr enthaltene und durch sie nebst andern vorgestellte Merkmal der *Substanz* für möglich halte? Gleichwohl streiten die Philosophen bis auf den heutigen Tag über den bestimmten Begriff dieses Merkmals, das der gemeine Mann und jeder Philosoph bey den wenigsten ihrer wirklichen Vorstellungen entbehren können. So haben die Lichtstrahlen immer den Grund der Farben enthalten, auch bevor sie *Newton* in seiner Theorie des Lichtes in dieser Eigenschaft aufgestellt hat. Oder begreift irgend einer meiner Leser, wie das Subjekt des Gemüthes sich als das *Vorstellende* vorstellen könne, ohne von dem demjenigen was zur bloſſen Vorſtellung als Vorſtellung gehört, was dem Subjekte bey jeder Vorſtellung allein eigenthümlich iſt, und daſſelbe von dem auſſer ihm befindlichen unterſcheidet, Vorſtellungen zu beſitzen?

Da das Subjekt ſich nicht als bloſſes Subjekt, ſondern nur als Objekt vorſtellen kann, und es hierzu kein anderes Prädikat als das des *Vorſtellenden* hat, ſo begreift es ſich leicht, daſs das Subjekt, in wie ferne es auſſer dem logiſchen Subſtratum des Prädikates *vorſtellend* noch etwas anders ſeyn ſoll (als Subſtanz) ſich ſelbſt ewig unbegreiflich bleiben müſſe. Das *Ich* iſt ſich, in wie ferne darunter mehr als das bloſſe Vorſtellende gedacht werden ſoll, in den Eigenſchaften, die ihm als Subſtanz zukommen, ein natürliches Geheimniſs. Aber deſto begreiflicher iſt es ſich, in ſeinem *groſſen Prädikate* dem *Vorſtellungsvermögen*, das den Schlüſſel zur ganzen Erkenntniſs ſeiner ſelbſt, und alles auſſer ihm Erkennbaren enthält; aber freylich bisher ſo viel als ganz verkannt war.

In wie ferne ſich in der *Theorie der Vernunft* zeigen wird, daſs jede reine Vorſtellung *a priori* als ſolche nur durch Vernunft möglich iſt, in ſo ferne wird ſichs dann deutlich begreifen laſſen, daſs, und warum die Vorſtellung des *Ichs* von der das Bewuſstſeyn der *Perſönlichkeit* abhängt, ein ausſchlieſsender Vorzug der vernünftigen Weſen iſt.

Man hat bisher das hier erörterte *deutliche* Bewuſstſeyn, ſo wie das *klare* mit dem *Bewuſstſeyn überhaupt* verwechſelt, und wo man das erſtere nicht antraf, auch das letztere nicht anerkennen wollen. Man läugnete die Unterſcheidung der Vorſtellung

vom

vom Objekte und Subjekte, so oft Objekt und Subjekt nicht in besondern Vorstellungen *vorgestellt* wurden; und damit auch für alle diese Fälle das Bewufstseyn. Als ob jene Unterscheidung nicht wirklich im Gemüthe vor sich gehen könnte, ohne immer *vorgestellt* zu werden? als ob sie nicht sogar jeder ihrer Vorstellungen vorhergehen müfste? als ob jedes Bewufstseyn klar, jedes deutlich seyn müfste, um den Namen Bewufstseyn zu verdienen? Gleichwohl wufste man so gut, und wiederholte sichs so oft, dafs im Gemüthe so manches vorgienge, wovon man keine Vorstellung hätte. Allein die bestellten Lehrer der Philosophie, waren einmal gewohnt die Seele für eine *Substanz* anzusehen, in der jede Veränderung eine Vorstellung heifsen müfste. Und man fand in diesem vieldeutenden Mifsbrauch dieses Wortes um so weniger etwas ungereimtes, je weniger man sich um den Begriff der blofsen Vorstellung bekümmerte. Fragte man sich: was ist Vorstellung? so hiefs es — Eine Veränderung im Gemüthe. Was ist das Gemüth? — Die vorstellende Substanz. — Was ist die vorstellende Substanz? — Ein einfaches vorstellendes Wesen? Und kam man endlich wieder auf die Vorstellung zurück; so wurde die *erste* Antwort wieder hervorgesucht. Ohne die wohlthätige Dazwischenkunft der *Materialisten* und *Skeptiker*, welche von Zeit zu Zeit darauf aufmerksam machten, dafs zu einer Vorstellung, wohl noch etwas von der unbekannten *vorstellenden Kraft* verschiedenes, gehören dürfte, würden die *Schulphilosophen* wohl nie aus dem unphilosophischen Cirkel, in welchem sich ihre Kenntnifs des Vorstellungsvermögens so bequem herumdrehte, herausgekommen seyn. Allein da man sich mit den

Materialisten und Skeptikern, weit entfernt von ihnen etwas lernen zu wollen, nur in so ferne abgab, als man sie *widerlegen* zu müssen glaubte; so blieb es im Ganzen genommen immer beym Alten; und man vertheidigte seine vorstellende *Substanz* in dem Besitze ihrer nicht vorstellbaren Substanzialität, und ihrer bewußtseynlosen Vorstellungen bis auf den heutigen Tag; in dem Besitze von Vorstellungen die nichts vorstellen; oder welche zwar vorstellen, aber nicht dem Gemüthe; vorstellen, aber keinen Gegenstand!!

§. XLI.

Das Bewußtseyn des Gegenstandes heißt *Erkenntniß überhaupt*, in wie ferne bey demselben die Vorstellung auf den bestimmten Gegenstand bezogen wird.

Alles Erkennen ist ein Vorstellen, aber nicht alles Vorstellen ist Erkennen; sondern nur dasjenige, bey welchem die Vorstellung auf den bestimmten Gegenstand *bezogen* wird. Ich sage *bezogen wird*; nicht: sich *bezieht*. Jede Vorstellung bezieht sich ihrem Inhalt nach auf einen durch diesen Inhalt bestimmten Gegenstand; aber sie wird nicht immer auf denselben, *in wie ferne er bestimmt ist*, bezogen. Dieß kann nur beym Bewußtseyn des Gegenstandes geschehen; und in so ferne ist Erkenntniß ohne Bewußtseyn unmöglich.

Der bereits oben angedeutete Unterschied zwischen dem Bewußtseyn überhaupt (als Gattung) und dem Bewußtseyn des Gegenstandes, (einer Art des Bewußtseyns) muß hier genau erwogen werden.

werden. Auch beym Bewufstseyn überhaupt wird der Gegenstand von der bloßen Vorstellung unterschieden. Aber die Handlung *dieses* Unterscheidens, die eigentlich in dem Verbinden der Vorstellung mit dem *Subjekte* besteht, ist keine Vorstellung. Aber beym Bewufstseyn des Gegenstandes wird der Gegenstand nicht nur von der bloßen Vorstellung unterschieden, sondern auch *als* unterschieden *vorgestellt*. Beym Bewufstseyn überhaupt wird die Vorstellung auf den Gegenstand bezogen, der noch nicht vorgestellt ist, aber eben dadurch vorgestellt wird; beym Bewufstseyn des Gegenstandes wird die Vorstellung auf den Gegenstand als Gegenstand bezogen, der eben darum schon vorher vorgestellt, das heißt Gegenstand seyn mußte, bevor er in dieser Eigenschaft vorgestellt werden konnte. Ich nenne den von der bloßen Vorstellung unterschiedenen, und in der Eigenschaft als Gegenstand vorgestellten (gedachten) Gegenstand, den *im Bewufstseyn bestimmten* Gegenstand; und das Bezogenwerden der Vorstellung auf den im Bewufstseyn bestimmten Gegenstand *Erkenntniß* *) überhaupt.

Der Ausdruck *bestimmter Gegenstand* führte bisher eine leidige Vieldeutigkeit mit sich, die nur durch den bestimmten Begriff der bloßen Vorstellung

---

*) Das Bewufstseyn des Gegenstandes heifst also auch nur in Rücksicht auf das Bezogenwerden der Vorstellung auf den *Gegenstand* Erkenntniß. In Rücksicht des Bezogenwerdens auf das Subjekt heifst das Erkenntniß Bewufstseyn. Das klare oder deutliche Bewufstseyn des Gegenstandes ist daher von der Klarheit und Deutlichkeit des Erkenntniß wohl zu unterscheiden.

342   *Drittes Buch. Theorie*

1) lung gehoben werden konnte. *Bestimmter Gegenstand* kann erstens das *Ding an sich* heißen, in wie ferne es ausser aller Vorstellung, und folglich weder durch das Afficiertwerden in der Vorstellung, noch durch eine Handlung des Gemüthes im Bewustseyn; sondern ganz unabhängig vom Vorstellungsvermögen an sich selbst durch seine Eigenschaften und Beschaffenheiten zu dem gemacht wird, was es ist. Da die Vorstellung des Dinges an sich unmöglich ist, so ist auch alle Vorstellung des bestimmten Dinges an sich unmöglich; ungeachtet sie bisher für die eigentliche Erkenntniß galt.
2) *Bestimmter Gegenstand* kann zweytens, der im Bewustseyn bestimmte Gegenstand heissen; und in dieser Bedeutung habe ich diesen Ausdruck in der von mir aufgestellten Erklärung der Erkenntniß genommen. Ich unterscheide diese Bedeutung, welche ich die *engere* nenne von einer weiteren, in welcher dieser Ausdruck, *drittens*, den durch das Afficiertseyn in der blossen Vorstellung bestimmten Gegenstand bezeichnet.

Das Wort *Gegenstand* ist wie alle Worte, welche allgemeine Begriffe bezeichnen, ursprünglich ein metaphorischer Ausdruck, und ist von der Analogie zwischen Vorstellen und Sehen abgeleitet. Er bedeutet eigentlich dasjenige, was dem Auge beym Sehen *gegen* (über) *steht*; was demselben vorgehalten werden, sich demselben vorwerfen muss, wenn es etwas sehen soll, den *Vorwurf*, das *Objectum*. In dem richtig bestimmten Begriffe der Vorstellung muss dieß Wort aufhören Metapher zu seyn, und folglich von seinen ursprünglichen Nebenbegriffen geläutert werden. Es bezeichnet dann dasjenige von der blossen Vorstellung verschiedene, dem der
Stoff

Stoff in der Vorstellung entspricht, und worauf die Vorstellung in Rücksicht auf ihren Stoff bezogen wird. Da nun der Stoff einer jeden Vorstellung nur durch das Afficiertwerden in der Vorstellung vorkommen kann; so kann auch nichts vorgestellt (d. h. Gegenstand einer Vorstellung) werden, dem nicht ein durchs Afficiertwerden gegebener Stoff entspricht; und jeder Gegenstand muſs in so ferne in der ihm entsprechenden Vorstellung durchs *Afficiertwerden bestimmt* seyn. Diese Bestimmung des Gegenstandes hängt also *erstens* von demjenigen ab, wodurch die Receptivität afficiert wird, von der Handlung des Afficierenden; und zwar in Rücksicht des *objektiven* Stoffes von den *Dingen auſſer uns*, in Rücklicht des *subjektiven* aber von der Handlung der Spontaneität, in wie ferne durch Sie auf die Receptivität gewirkt wird; *zweytens* von der *Beschaffenheit* des Stoffes in der Vorstellung, oder der Art und Weise *wie die Receptivität afficiert wird*, die beym objektiven Stoffe durch die Beschaffenheit der Dinge auſſer uns, beym subjektiven aber durch die Beschaffenheit des Vorstellungsvermögens, nämlich die Formen der Receptivität und Spontaneität bestimmt ist. In wie ferne nun der Stoff jeder Vorstellung auf eine dieser beyden Arten oder auf beyde zugleich bestimmt seyn, jede Vorstellung aber einen Stoff haben muſs, in so ferne kann jede Vorstellung in weiterer Bedeutung Vorstellung eines bestimmten Gegenstandes heiſsen.

Allein die Vorstellung, in welcher der Gegenstand *nur* durch den ihm entsprechenden Stoff bestimmt ist, wird dann erst Vorstellung des bestimmten Gegenstandes in *engerer* Bedeutung; wenn sie auf den als *beſtimmt vorgeſtellten* Gegenſtand bezogen wird; und dieſer, in wie ferne er Gegenſtand, d. h. das von der bloſſen Vorſtellung unterſchiedene *Vorgeſtellte* iſt, Gegenſtand des Bewuſstſeyns wird. Nur in dieſem Sinne heiſst er der im Bewuſstſeyn beſtimmte Gegenſtand, der Gegenſtand, deſſen man ſich als des *vorgeſtellten* bewuſst wird. Bey dieſem Bewuſstſeyn muſs eine beſondere Vorſtellung vorhanden ſeyn, durch die er als vorgeſtellte vorgeſtellt wird; d. h. die ſich auf ihn nicht unmittelbar, ſondern in wie ferne er bereits (durch eine andere Vorſtellung) vorgeſtellt iſt, beziehet.

Dieſe Vorſtellung des Gegenſtandes, in welcher derſelbe als das vorgeſtellte vorgeſtellt (*gedacht*) wird, ſetzt eine andere Vorſtellung voraus, in welcher er *zuerſt* vorgeſtellt wird, und die ſich auf ihn *unmittelbar* und nicht in wie ferne er bereits (in einer andern Vorſtellung) vorgeſtellt iſt, beziehet (durch welche er *angeſchaut* wird). Eine Vorſtellung, die zwar auch auf den von der bloſſen Vorſtellung unterſchiedenen, aber nicht als unterſchieden vorgeſtellten, Gegenſtand bezogen wird. Denn die bloſſe Vorſtellung, von welcher der vorgeſtellte Gegenſtand unterſchieden werden ſoll, muſs vorher im Gemüthe vorhanden ſeyn, wenn die Vorſtellung des Vorgeſtellten möglich ſeyn ſoll. Sie muſs als die bloſſe Vorſtellung des Gegenſtandes der Vorſtellung des von ihr unterſchiedenen, des beſtimmten, Gegenſtandes zum Grunde liegen. In ihr muſs der Gegenſtand *lediglich* durch den *gegebenen Stoff* beſtimmt ſeyn, ohne welchen keine Vorſtellung entſtehen, und keine ſich auf einen Gegenſtand beziehen kann. Sie muſs ſich *unmittelbar* auf den Gegenſtand beziehen

stehen und unmittelbar auf ihn bezogen werden, weil sie sich durch keine andere Vorstellung, sondern nur durch den gegebenen Stoff auf *ihn* bezieht, der nur durch sie erst das *Vorgestellte* werden konnte; und weil folglich der Gegenstand durch sie zwar im Bewußtseyn vorgestellt, aber nicht in wie ferne er von ihr unterschieden ist, sondern unmittelbar durch sie, vorgestellt wird. Sie muß daher auch durch die *Art und Weise wie die Receptivität afficiert worden ist, unmittelbar entstanden* seyn, so daß die Spontaneität an ihr keinen andern Antheil hatte, als daß durch sie an dem *gegebenen* die Form der Vorstellung hervorgebracht wurde. Denn da in dieser Vorstellung der Gegenstand lediglich durch den Stoff bestimmt seyn muß; so kann die Vorstellung selbst nur durch dasjenige entstehen, wodurch der Stoff in der Vorstellung bestimmt ist, das heißt durch die Art wie die Receptivität afficiert ist. Denn ein Stoff kann sich von dem andern in der Vorstellung nur dadurch unterscheiden, daß die Receptivität bey dem einen so, bey dem andern anders afficiert ist; das heißt durch die verschiedene Beschaffenheit des Afficiertseyns.

§. XLIII.

Zur Erkenntniß überhaupt gehört *Erstens* eine besondere Art von Vorstellung, die durch die Art wie die Receptivität afficiert ist, entsteht, sich unmittelbar auf den Gegenstand bezieht, und *Anschauung* in engerer Bedeutung heißt.

Die *Anschauung* in engerer Bedeutung verhält sich also zur Vorstellung überhaupt, wie eine Art zu ihrer Gattung; jede Anschauung ist Vorstellung, aber nicht jede Vorstellung ist Anschauung. Im Begriffe der bloſsen Vorstellung überhaupt ist zwar bestimmt, daſs zu jeder Vorstellung in Rücksicht auf ihren Stoff ein Afficiertwerden gehöre, aber nicht daſs jede Vorstellung unmittelbar durch die Art des Afficiertwerdens *entstehe*, wie im Begriffe der *Anschauung*. Im Begriffe der Vorstellung überhaupt ist zwar bestimmt, daſs jede Vorstellung sich auf den Gegenstand, aber nicht daſs sie sich unmittelbar, wie die Anschauung auf denselben beziehen müſse. Und so viel einstweilen von der einer jeden Erkenntniſs wesentlichen Art von Vorstellung, die Anschauung heiſst.

Bey der Anschauung wird der Gegenstand nicht von der Vorstellung unterschieden vorgestellt (nicht gedacht), daher auch jedes Bewuſstseyn überhaupt in wie ferne bey demselben keine andere Vorstellung als eine Anschauung vorkömmt mit Recht *dunkel* heiſsen kann. Denn beym bloſsen *Anschauen* wird nichts vorgestellt, als der Gegenstand, und zwar nur durch die unmittelbar auf ihn bezogene, und also nicht selbst wieder vorgestellte Vorstellung; in welchem Falle kein klares Bewuſstseyn (§. XXXIX.) statt finden kann. Man ist sich bey der bloſsen Anschauung weder der Vorstellung noch des Gegenstands *besonders* bewuſst. Es wird durch sie der Gegenstand vorgestellt, in wie ferne er im Stoffe der Vorstellung bestimmt, aber nicht der Gegenstand in wie ferne er als das Vorgestellte im Bewuſstseyn bestimmt (gedacht) wird. Man ist sich auch bey der Anschauung des Gegenstandes bewuſst, aber nicht in wie ferne er der von der Vorstellung unterschiedene Gegenstand ist. Zu diesem letztern

letztern Bewusstseyn gehört also aufser der Anschauung noch eine von der Anschauung verschiedene Vorstellung.

Diese Vorstellung muſs den von der bloſſen Anschauung unterschiedenen Gegenstand, und zwar in wie ferne er bereits *vorgestellt* ist, zum Gegenstand haben. Sie kann also nicht unmittelbar durchs Afficiertseyn, sie kann nicht aus den gegebenen Stoff, sondern sie muſs aus der *Anschauung entstanden* seyn. Ihr unmittelbarer Stoff ist nicht das Gegebene selbst, sondern das Gegebene, das die Form der Vorstellung erhalten hat. Sie kann also nur dadurch entstehen, daſs die *Spontaneität* das durch die Anschauung vorhandene, und folglich vorgestellte Mannigfaltige *abermal* verbindet, und dadurch eine neue Vorstellung erzeugt, die ihrem Stoffe nach ein vorgestelltes Mannigfaltige enthält, welches durch ihre Form *Einheit des Vorgestellten, objektive Einheit* erhalten hat; eine Vorstellung, die, weil sie das vorgestellte Mannigfaltige (die Merkmale des Gegenstandes) in einer von der Verbindung des bloſſen Stoffes, (der Einheit der Vorstellung) verschiedenen Einheit des Vorgestellten, (Einheit des Gegenstandes) zusammenfaſst, *Begriff* in engerer Bedeutung heiſst. Der Begriff bezieht sich nun nicht wie die Anschauung unmittelbar auf den Gegenstand, sondern nur vermittelst des nicht nur durchs Afficiertseyn gegebenen, sondern bereits zur Vorstellung gewordenen Stoffes, vermittelst der durch die Anschauung vorgestellten Merkmale des Gegenstandes, und also durch eine von ihm selbst verschiedene Vorstellung, *die Anschauung*. Und so ergiebt es sich, wie der Begriff Vorstellung des

bestimm-

bestimmten Gegenstandes in engerer Bedeutung ist. Er ist eine Vorstellung, welche das Mannigfaltige, wodurch der Gegenstand durch das Afficiertwerden in einer andern Vorstellung bestimmt war, und welches in dieser Vorstellung die Form der Vorstellung angenommen hat, das *vorgestellte Mannigfaltige*, in einer besondern von der Einheit der blossen Vorstellung, welche der Anschauung zukommt, unterschiedenen Einheit begreift, und dem Bewustseyn vorhält.

§. XLIV.

Zur Erkenntnifs überhaupt gehört *zweytens* eine besondere Art von Vorstellung die vermittelst einer Handlung der Spontaneität entsteht, sich nur mittelbar, durch eine andere Vorstellung, auf den Gegenstand bezieht, und *Begriff* in engerer Bedeutung heifst.

Auch der Begriff ist nur eine Art von der Vorstellung als Gattung. Jeder Begriff ist eine Vorstellung, aber nicht jede Vorstellung ist ein Begriff.

Der *Begriff* und die *Anschauung*, deren Natur in der Folge noch näher beleuchtet werden soll, müssen in *einem* Bewustseyn vorkommen, wenn Erkenntnifs entstehen soll. Sie machen die Erkenntnifs, das Bewustseyn des bestimmten Gegenstandes, aus, und sind folglich die *innern Bedingungen* jeder Erkenntnifs überhaupt. Soll ein Bewustseyn des bestimmten Gegenstandes vorhanden seyn, so muls der Gegenstand, *erstens* in der blossen Vorstellung, und *zweytens* im Bewustseyn bestimmt seyn. *In der blossen Vorstellung*, vermöge des

des durchs Afficiertseyn gegebenen Stoffes, der, in wie ferne er durch die Spontaneität die bloße Form der Vorstellung erhalten hat, eine Vorstellung geworden ist, die sich nicht auf eine andere Vorstellung, sondern unmittelbar auf den Gegenstand bezieht, und *Anschauung* heißt. Ohne diese Vorstellung würde nichts im Bewußtseyn vorhanden seyn, das sich auf etwas das *nicht Vorstellung ist*, auf den Gegenstand bezieht. Aber auch *durch* diese Vorstellung allein würde der Gegenstand zwar vorgestellt, (angeschaut) aber nicht als bestimmt vorgestellt (gedacht) werden. Es muß also zu dieser Vorstellung noch eine zweyte andere Art hinzukommen, in welcher der Gegenstand in seinem Unterschiede von der einen, und als bestimmt, als das Vorgestellte, vorgestellt wird, ein *Begriff*. Der Stoff dieser Vorstellung ist nicht der rohe Stoff, der Stoff der Anschauung, sondern der durch die Spontaneität bereits zur Vorstellung erhobene Stoff, oder die Vorstellung selbst, welche in Rücksicht des durch sie auf den Gegenstand bezogenen, des Vorgestellten, Mannigfaltigen, der Merkmale des Gegenstandes, durch ein Verbinden dieser Merkmale zu einer neuen Vorstellung erhoben wird, die das vorgestellte Mannigfaltige begreift, und sich vermittelst desselben auf den durch diese Merkmale bestimmten Gegenstand bezieht.

§. XLV.

Das *Erkenntnißvermögen überhaupt* besteht aus dem Vermögen der *Anschauungen* und der *Begriffe*.

Wir haben also hier den bestimmten Unterschied zwischen dem *Vorstellungsvermögen überhaupt*,

haupt, und dem Vorstellungsvermögen in wie ferne dasselbe *Erkenntnifsvermögen* ist, gefunden; und gleichwie wir das Vorstellungsvermögen in seinen beyden wesentlichen Bestandtheilen durch die in seiner Natur bestimmten *Formen der Receptivität* und *der Spontaneität* kennen gelernt haben: so werden wir gegenwärtig das Erkenntnifsvermögen durch die in seiner Natur bestimmte *Form* seiner Bestandtheile kennen lernen, nachdem wir diese Form aus den Wirkungen der beym Erkennen beschäftigten Vermögen, den *Anschauungen* und den *Begriffen*, werden entwickelt haben.

Nichts kann den Lesern, die mich bisher verstanden haben, begreiflicher seyn, als *dafs*, und *warum* das Erkenntnifsvermögen bisher so gut als ganz verkannt werden muste. Man hat bisher freylich allgemein eingesehen, dafs der Verstand (das Vermögen der Begriffe in engerer Bedeutung) zur Erkenntnifs nothwendig sey. Allein da man den Begriff der Vorstellung völlig unbestimmt gelassen hat, und folglich auch den Begriff des *Begriffes überhaupt* wohl unbestimmt lassen *muste*; so war es auch unmöglich bestimmt anzugeben, worin denn eigentlich das Geschäft des Verstandes beym Erkennen bestünde. Man verwechselte daher den *Verstand* mit dem *Erkenntnifsvermögen*, und schrieb das Erkennen ohne Unterschied dem Verstande zu; worin man um so weniger etwas ungereimtes finden konnte, da man den wesentlichen Unterschied zwischen Anschauung und Begriff ganz verkannte, und dem Verstande Anschauungen sowohl, als Begriffe zuschrieb. Die Täuschung war um so unvermeidlicher, da bey jeder Erkenntnifs zwey verschiedene Vorstellungen, vorkommen, die in einem Bewußtseyn verbunden werden, welches Verbinden zweyer Vorstellungen eine Handlung des Verstandes ist, und Urtheilen in weiterer Bedeutung heißt. Wir werden in der unmittelbar folgenden Untersuchung an dem *Vermögen der Anschauungen* ein besonderes vom Verstande wesentlich verschiedenes, aber mit ihm zur Erkenntniß überhaupt gleich unentbehrliches Vorstellungsvermögen kennen lernen, dem der Name *Sinnlichkeit* in der eigentlichsten Bedeutung zukömmt.

Theorie
der
Sinnlichkeit.

§. XLVI.

Der *Grundbegriff der Sinnlichkeit* mußte bisher nothwendig verfehlt werden, in wie ferne man in denselben Merkmale, die nicht dem bloßen Vorstellungsvermögen, sondern dem Subjekte desselben (als Substanz) angeblich oder wirklich zukommen, aufgenommen hat.

So verschieden die Fragen sind: Wie muß die vorstellende Substanz beschaffen seyn, wenn sie *sinnlicher* Vorstellungen fähig seyn soll? und: Wie muß das Vorstellungsvermögen beschaffen seyn, wenn es sinnlicher Vorstellungen fähig seyn soll? — Woraus *entsteht?* — und worin *besteht* die Sinnlichkeit des Vorstellungsvermögens? — so sehr

wurden

wurden sie bisher vermengt und verwechselt. So wie man z. B. durch die Unterscheidung des *Ichs* von der vorgestellten Organisation veranlasset wurde, das Ich für eine von der Organisation ganz verschiedene, für sich bestehende, Substanz zu halten: eben so glaubte man sich durch die Erfahrung, welche an den *fünf Werkzeugen* der Organisation eben so viele Kanäle gewahr werden läfst, durch welche das vorstellende Subjekt mit dem Stoffe der Vorstellungen von Dingen aufser uns versehen wird, berechtiget, die Empfänglichkeit des vorstellenden Subjektes ohne bestimmten Unterschied von der Organisation abhängen zu lassen. Man war daher auch mit der Antwort auf die Frage: Worin besteht die Sinnlichkeit? bald fertig. „Sie besteht, hiefs es, in dem Vermögen vermittelst der Organe afficiert zu werden" oder „In der Einschränkung der vorstellenden Kraft, durch die derselben beygesellte Organisation" und jede dieser Antworten nahm den organischen Körper mehr oder weniger unter die Erklärungsgründe der Sinnlichkeit, unter die Merkmale ihres Begriffes auf. Dadurch aber war nun keineswegs die vorgelegte, sondern eine von derselben ganz verschiedene Frage beantwortet; nämlich die Frage: Wie ist die Sinnlichkeit in dem vorstellenden *Subjekte* vorhanden? eine Frage, die, wenn sie überhaupt einer Antwort fähig ist, nur dann erst beantwortet werden kann, wenn die von ihr verschiedene: Was hat man sich denn unter der Sinnlichkeit zu denken? beantwortet ist. Denn wie kann davon, ob Eine, oder zwey Substanzen, ob Ein Geist allein oder ein Geist in Verbindung mit einem Körper das Subjekt der *Sinnlichkeit* ausmachen? die Rede seyn, wenn man noch nicht mit sich selbst, und mit seinen Gegnern

darüber

darüber einig ist, was man unter *Sinnlichkeit* zu verstehen habe.

„Jeder Schulknabe," höre ich hier einen unsrer Populärphilosophen mir in die Rede fallen, „weiß, was er sich unter Sinnlichkeit zu denken habe; und Philosophen sollen sich bisher darüber nicht verstanden haben?" — Ja freylich jeder Schulknabe; und vielleicht auch der Popularphilosoph, so lange er nur Schulknaben vor sich hat. Allein man lasse ihn auf dem Kampfplatze gegen die leidigen *Materialisten* auftreten; so wird er auf einmal vergessen haben, daſs er unter *Sinnlichkeit* nichts verstehen wolle, als was die ganze Welt darunter versteht. Es wird sich dem aufmerksamen Beobachter, der freylich kein Popularphilosoph seyn darf, bald genug zeigen, daſs der Spiritualist so wenig als der Materialist einen allen Menschen gemeinschaftlichen Begriff vom sinnlichen Vorstellungsvermögen habe. Denn der eine wird in seinen Begriff von der Sinnlichkeit neben dem Merkmale der Organisation auch noch die unkörperliche Substanz; der andere aber nur die Organisation allein aufnehmen; und es wird sichtbar genug werden, daſs beyde streitenden Parteyen gerade über dasjenige, worüber sie als etwas ausgemachtes nicht streiten, über den Begriff der *bloſsen* Sinnlichkeit, eben so sehr verschieden denken, als über den eigentlichen Streitpunkt selbst, (die Natur der Seele) den sie unvermerkt in ihre gemeinschaftlichen Prämissen aufgenommen haben.

Man ist in der philosophischen Welt über die Bedeutung des Wortes *Sinnlichkeit* nur so lange einig, als man nicht genöthiget ist, sich ausdrücklich über dieselbe zu erklären; so wie über die Bedeutungen der Worte: *Kraft*, *Natur*, *Gott*, u. d. m. So lange nun in dem entwickelten Begriffe der Sinnlichkeit ein Merkmal vorkömmt, worüber die philofophifche Welt uneinig ist, fo lange die vorftellende Subftanz, und der organifche Körper unter die Merkmale diefes Begriffes gezählt werden; fo lange ist zwifchen den Materialiften und Spiritualiften, ich will nicht fagen auf einen Frieden, fondern nicht einmal darauf zu rechnen, dafs fie felbft jemals recht wiffen, worüber fie ftreiten. Sie haben wefentlich verfchiedene Begriffe von der Natur des vorftellenden Subjektes in, wie ferne daffelbe Subftanz ift, indem es der Materialift für eine *zufammengefetzte*, der Spiritualift aber für eine *einfache* Subftanz hält. Sobald fie fich alfo die Sinnlichkeit als Befchaffenheit der vorftellenden Subftanz, und nicht als bloffe Befchaffenheit des Vorftellungsvermögens denken, fo denken fie von der Sinnlichkeit wefentlich verfchieden. Und doch müssten fie bey dem Worte Sinnlichkeit genau eben daffelbe denken, wenn fie fich über die Frage: Wie mufs das Subjekt der Sinnlichkeit befchaffen feyn, einander verftehen, das heifst, wenn fie auch nur wiffen follten, worüber fie denn eigentlich ftreiten.

Es mufs alfo einen Begriff der Sinnlichkeit geben, der eben derfelbe bleibt, man mag das Subjekt der Sinnlichkeit im Körper, oder in einem Geifte, oder in Geift und Körper zugleich auffuchen; und diefer ift der Begriff vom bloffen finnlichen Vorftellungsvermögen. Diefer Begriff wird *verfälfcht*, fobald man das *Subjekt* der Sinnlichkeit unter feine Merkmale aufnimmt: denn er hört dann fogleich auf Begriff des *bloffen Vermögens* zu feyn.

feyn. Alle Feftfetzung feiner eigenthümlichen Merkmale wird in dem Augenblicke unmöglich, wo man ihm ein fremdes Merkmal aufgedrungen hat. Ja, auch fogar die Frage: welches ift das Subjekt des Prädikates Sinnlichkeit? hat keinen Sinn mehr, fobald das gefuchte Subjekt unter die Merkmale des Prädikates aufgenommen wird. Die Frage: Ift der Geift allein, oder Geift und Körper zugleich, oder der Körper allein das Subjekt der Sinnlichkeit? wird baarer Unfinn; wenn man unter Sinnlichkeit fchon das Vermögen eines Körpers allein wie die Materialiften; oder eines mit einem Körper verbundenen Geiftes, wie die Spiritualiften, oder auch gar eines Geiftes allein, wie die Idealiften, verfteht.

Indeffen, fo lange die eigenthümlichen Merkmale des bloffen finnlichen Vorftellungsvermögens noch nicht gefunden waren, war auch nichts natürlicher, als diefe leidige Verwechslung der Befchaffenheit des Vermögens mit der Befchaffenheit der Subftanz. Denn man mufste doch gewiffe Merkmale haben, wenn man fich die Sinnlichkeit beftimmt denken wollte. Man nahm fie daher, wo man fie zu finden glaubte; und fie wurden jedem denkenden Kopfe durch dasjenige, was er (ohne Unterfuchung des Vorftellungsvermögens) von feinem vorftellenden Subjekte theils aus der Erfahrung, theils aus feinem metaphyfifchen Syfteme zu wiffen glaubte, aufgedrungen. Sie waren daher keine andern als die angeblichen Merkmale der Subftanz, oder der Subftanzen, welche vorftellen; und indem man *an ihnen* die Merkmale des finnlichen Vorftellungsvermögens bereits gefunden zu haben glaubte, wurde die Auffuchung und Entdeckung der eigentlichen Merkmale des bloffen

Vorstellungsvermögens dadurch eben so sehr gehindert, als die Unbekanntschaft mit den Wahren die Anhänglichkeit an den Falschen beförderte.

Indem ich aber hier erkläre, daß ich den organischen Körper und jede der ihm eigenthümlichen Beschaffenheiten für kein Merkmal des blossen sinnlichen Vorstellungsvermögen halten könne; so erkläre ich dadurch das Subjekt des Vorstellungsvermögens eben so wenig für einen Geist als für einen Körper, und glaube damit eben so wenig den Spiritualismus zu unterstützen, als den Materialismus zu widerlegen. Ich schränke meine Behauptung auf das blosse sinnliche Vorstellungsvermögen ein, aus welchem ich das durchaus nicht in ihm hineingehörige Merkmal der Organisation entfernt wissen will; das Subjekt des Vorstellungsvermögens mag an sich bloss Geist, oder bloss Körper, oder Geist und Körper zugleich seyn.

So wie wir den Begriff des blossen Vorstellungsvermögens überhaupt, nachdem wir die nicht in ihm gehörigen heterogenen Merkmale entfernt haben, aus dem Begriff der Vorstellung überhaupt, bestimmt haben, so muss sich auch der Begriff des blossen sinnlichen Vorstellungsvermögens, nachdem er von den ihn verwirrenden Merkmale der Organisation gereinigt ist, aus dem Begriffe der blossen sinnlichen Vorstellung bestimmen lassen.

§. XLVII.

Die blosse Vorstellung heisst *sinnlich* in wie ferne sie durch die Art wie die Receptivität afficiert wird, unmittelbar entstanden ist.

Dieser

Dieser Erklärung zufolge ist der Stoff der sinnlichen Vorstellung unmittelbar das durch das Afficiertwerden gegebene, und folglich nicht, wie beym Begriffe, das bereits durch eine andere Vorstellung vorgestellte. Die Form dieser Vorstellung kann daher nur in der Verbindung des gegebenen, in wie ferne es gegeben ist, bestehen; während die Form eines Begriffes in der Verbindung des Vorgestellten, und folglich bereits in einer Vorstellung verbundenen besteht. Bey der *sinnlichen Vorstellung* ist also die Spontaneität weniger beschäftiget, als beym *Begriffe*. Bey diesem erzeugt sie aus einer bereits vorhandenen Vorstellung eine neue, die ihre Entstehung unmittelbar der blossen Handlung der Spontaneität verdankt; bey der sinnlichen Vorstellung aber bringt sie nur die blosse Form an den gegebenen Stoffe einer Vorstellung hervor, die ihre Entstehung unmittelbar dem blossen Afficiertseyn der Receptivität verdankt. Bey der sinnlichen Vorstellung verbindet sie den blossen Stoff; wodurch nur eine *einzige* Vorstellung Einheit erhält. Beym Begriffe verbindet sie das schon vorgestellte Mannigfaltige, und giebt dadurch *zweyen Vorstellungen* Einheit. Ich will die Spontaneität, in wie ferne sie sich bey der sinnlichen Vorstellung thätig erzeigt, den *ersten Grad* der Spontaneität, und ihre Handlung die im blossen Zusammenfassen des Gegebenen besteht, die *Apprehension* nennen.

Bey der sinnlichen Vorstellung verhält sich das Vorstellungsvermögen mehr *leidend* als *thätig*. Die Spontaneität hat hier an dem Stoffe nicht den geringsten Antheil (wie beym Begriffe, dessen Stoff, die Anschauung, von der Spontaneität bearbeitet ist), und das Hervorbringen der Form ist hier keine ungezwungene Handlung, fondern ein durch Einwirkung auf die Receptivität abgedrungenes Entgegenwirken. Diefe Vorftellung entfteht alfo mehr durch ein Leiden als ein Wirken des Gemüthes.

Diefe Bemerkung ift fehr alt in der philofophifchen Welt; hat aber bey aller ihrer Richtigkeit zu manchem philofophifchen Vorurtheile Veranlaffung gegeben. Indem man nämlich die Thätigkeit des Vorftellungsvermögens mit dem *Verftande* verwechfelte, und nur dort Thätigkeit annahm, wo man den Verftand wirkfam glaubte, fo fchrieb man dem Verftande diejenigen Vorftellungen zu, an denen er durch Verbindung der zufammengehörigen und folglich Trennung der nichtzufammengehörigen Merkmale eines Gegenftandes feine Urtheilskraft beweifet — die *deutlichen*. Und fo blieben der Sinnlichkeit allein diejenigen übrig, die der Verftand nicht bearbeitet hatte, die *undeutlichen*; welche man auch ofs ohne Unterfchied die *Verworrenen* nannte. Man glaubte daher *Sinnlichkeit* und *Verftand* fehr richtig charakterifiert zu haben, wenn man die eine für das Vermögen undeutlicher, den andern für das Vermögen deutlicher Vorftellungen erklärte. Durch die Unbeftimmtheit des Begriffes der Vorftellung überhaupt war man gehindert wahrzunehmen, dafs alle Vorftellungen, die deutlichen fowohl, als die undeutlichen, in wie ferne fie einen gegebenen Stoff vorausfetzten, von dem fich leidend verhaltenden, und in Rückficht ihrer Form vom thätigen Vermögen abhiengen; und dafs das fich leidend verhaltende Vermögen, die Receptivität, keine Einfchränkung der Thätigkeit, kein verwirrendes Unvermögen, fondern ein wefentlicher Beftandtheil des Vorftellungslungsvermögen seyn müsse, ohne welche sich selbst die Spontaneität desselben nicht denken liefse. Man wird in der Folge einsehen, welche Verwirrungen aus jener misslungenen Erklärung der Sinnlichkeit in der Philosophie erfolgen mufsten.

§. XLVIII.

Die sinnliche Vorstellung heifst *Empfindung* im engeren Sinne, in wie ferne sie auf das Subjekt; *Anschauung*, in wie ferne sie auf das Objekt bezogen wird.

In wie ferne die sinnliche Vorstellung aufs Subjekt bezogen wird, ist sie nichts als eine durch's Afficiertwerden der Receptivität und die Gegenwirkung der Spontaneität bewirkte Veränderung im Zustande des Subjektes, bey der sich dasselbe mehr leidend als wirkend verhält; — dasjenige, was man mit dem Worte *Empfindung* in eigentlichster Bedeutung bezeichnet. Man hat oft, aber jedesmal sehr unrichtig die Empfindung für Bewufstseyn der Veränderung des Zustandes erklärt. Die Empfindung ist die Veränderung des Zustandes selbst, nicht das Bewufstseyn derselben. Dieses setzt Vorstellung der Veränderung des Zustandes, Vorstellung der Empfindung voraus, und ist dann Bewufstseyn der Empfindung, ein *klares* Bewufstseyn. Zu jeder Empfindung im engeren Sinne gehört freylich Bewufstseyn, in dem die Empfindung in der aufs Subjekt *bezogenen* sinnlichen Vorstellung besteht; aber nicht zu jeder Empfindung gehört Bewufstseyn der Empfindung, so wenig als zu jeder Vorstellung Bewufstseyn der Vorstellung. Die sinnliche Vorstellung ist nur in so fern blofse

Veränderung des Zustandes, als sie aufs Subjekt bezogen wird. Diels Bezogenwerden ist ihr also als *Empfindung* wesentlich. In wie ferne nun das Bezogenwerden einer blossen Vorstellung aufs Subjekt, ohne Bezogenwerden derselben aufs Objekt unmöglich ist, und in wie ferne das Bezogenwerden der sinnlichen Vorstellung aufs Objekt, *Anschauung* heisst; in so ferne ist keine Empfindung ohne Anschauung, und keine Anschauung ohne Empfindung möglich.

Das *Bezogenwerden* der sinnlichen Vorstellung aufs Objekt, eine der beyden *Handlungen*, woraus das Bewusstseyn besteht, macht die sinnliche Vorstellung zur *Anschauung*. Daher haben diejenigen, welche die Thätigkeit des Gemüthes mit dem Verstande verwechselten, dem Verstande das Vermögen der Anschauung eingeräumt. Allein nicht die blosse Thätigkeit, so wenig als die blosse Empfänglichkeit, sondern beyde zusammengenommen, sind beym Anschauen beschäftigt; obgleich weit mehr *diese*, als jene; da sich das Gemüth beym Anschauen mehr leidend als thätig verhält. Der Verstand, das Vermögen der Begriffe, denkt, und vermag nicht anzuschauen, diess kommt lediglich dem sinnlichen Vorstellungsvermögen zu, das aber freylich, so lange der Begriff der Vorstellung in seiner Unbestimmtheit blieb, nie genau genug vom Verstande unterschieden werden konnte.

In dem der Anschauung wesentlichen unmittelbaren *Bezogenwerden* der sinnlichen Vorstellung auf den Gegenstand, liegt auch zum Theil der Grund der *optischen Täuschung* des Gemüthes, durch welche wir die *Dinge an sich* vorzustellen meynen. Die Vorstellung, die unmittelbar

telbar durch das was dem Gegenstande entspricht,
den Stoff, entstanden ist, die unmittelbar dasjenige
enthält, was dem Gegenstande zukömmt, sich unmittelbar auf ihn bezieht, wird beym Anschauen
dem Gegenstande, der nur durch sie, nicht an sich
selbst dem Gemüthe gegenwärtig ist, *beygelegt.*
Die Anschauung wird also mit dem Gegenstande
verwechselt; und dieſs um so mehr, da beym *bloſsen Anschauen*, auf welches auch der Begriff und
alle diskursive Erkenntniſs zurückgeführt werden
muſs, der Gegenstand *keineswegs* als von der *Anschauung verschieden* vorgestellt wird. Wenn also
nicht eine vollständige Untersuchung desjenigen,
was der *bloſsen* Vorstellung in wie ferne sie von den
Gegenständen verschieden ist, und was der Anschauung *als bloſsen Vorstellung* ausschlieſsend zukömmt, vorhergegangen ist: so müssen *alle* Prädikate, die bey der Zergliederung der besondern Anschauungen, z. B. der Körper, entdeckt werden, den
Gegenständen an sich (z. B. Demjenigen, was der
Anschauung des Körpers auſser dem Gemüthe entspricht) ohne Unterschied beygelegt werden.

Man war bisher darüber einig die Vorstellungen individueller Dinge Anschauungen zu nennen,
und sie von den Vorstellungen der *Geschlechter*,
(mehreren Dingen gemeinschaftlicher *Merkmale*)
zu unterscheiden; ohne sich durch diese Unterscheidung auffordern zu lassen, der Sinnlichkeit
ihre ausschlieſsende Ansprüche auf die Anschauungen einzuräumen; da man doch die Vorstellungen
der Geschlechter dem Verstande zueignete. Gleich
wie aber jede Vorstellung eines abgesonderten
Merkmals aus der unmittelbaren Vorstellung des
Gegenstandes durch Handlung des Verstandes, und

nicht

nicht aus den unmittelbaren Afficiertwerden entstanden seyn muſs; so kann hingegen eine unmittelbare Vorstellung des Gegenstandes nur aus dem unmittelbaren Afficiertseyn, aus dem Eindrucke auf die Receptivität entstehen; indem sie dem Gemüthe den Gegenstand vorhält, wie er bloſs allein durch dasjenige, was unmittelbar ihm allein angehört, d. h. den Stoff der Vorstellung bestimmt ist; ohne daſs der Verstand die einzelnen Merkmale, welche den Inhalt der Anschauung ausmachen, nach seinen Gesetzen geordnet, verbunden und getrennt hätte.

Das unmittelbare Entstehen durch die Art des Afficiertseyns ist der gemeinschaftliche Charakter der Empfindung, der Anschauung und der sinnlichen Vorstellung überhaupt; und das Vorstellungsvermögen hat in so ferne Sinnlichkeit, als es das bestimmte Vermögen hat, durch die Art wie die Receptivität afficiert wird zu Vorstellungen zu gelangen.

§. XLIX.

Das Vermögen durch die Art und Weise wie die Receptivität afficiert wird zu Vorstellungen zu gelangen, heiſst *Sinnlichkeit* im engeren Verstande.

Ich sage im engeren Verstande, um dieses näher bestimmte Vermögen der *sinnlichen Vorstellungen* von der Receptivität in wie ferne dieselbe zum Vorstellungsvermögen überhaupt gehört, und die in wie ferne unter ihr das sich beym Vorstellen überhaupt leidend verhaltende Vermögen verstanden wird, *Sinnlichkeit in weiterer Bedeutung* heiſsen kann, zu unterscheiden. Unter der Receptivität

vität überhaupt wird ein wesentlicher Bestandtheil des Vorstellungsvermögens überhaupt, unter der Sinnlichkeit in engerer Bedeutung aber ein wesentlicher Bestandtheil des Erkenntnifsvermögens verstanden. Receptivität ist die bestimmte Empfänglichkeit für den Stoff zur Vorstellung überhaupt; Sinnlichkeit in engerer Bedeutung das bestimmte Vermögen für solche Vorstellungen, welche unmittelbar durch die Art des Afficiertwerdens [ent-]stehen.

In dieser Erklärung wird die Sinnlichkeit als eine bestimmte Beschaffenheit des Vorstellungsvermögen angegeben, die demselben in so ferne zukommt, als es Vorstellungen erzeugen kann, die unmittelbar durch die Art des Afficiertwerdens entstehen. Die Sinnlichkeit kommt also dem vorstellenden Subjekte zu, in wie ferne dasselbe ein auf diese Art bestimmtes *Vorstellungsvermögen*, nicht in wie ferne dasselbe einen organischen Körper hat, oder selbst organischer Körper ist. Ob, und wie die Sinnlichkeit durch die Organisation *entstehe*, wird hier weder behauptet noch geläugnet. Es wird hingegen behauptet, dafs sie in einem bestimmten Vermögen des vorstellenden Subjektes und zwar in einer bestimmten Beschaffenheit seines Vorstellungsvermögens — und folglich verneint, dafs sie in der *Organisation*, die kein blosses Vorstellungsvermögen ist, *bestehe*, ohne übrigens zu bestimmen, ob das Vorstellungsvermögen der Organisation, oder einem von ihm unterschiedenen Wesen angehöre.

„Aber sind nicht allen sinnlichen Vorstellungen gewisse Veränderungen in der Organisation wesentlich?" Es ist nicht zu läugnen, dafs gewisse Vorſtellungen, und zwar alle diejenigen, deren Stoff durch die ſogenannten fünf Sinne geliefert wird von den Veränderungen, in der Organiſation und in ſo ferne auch von der Beſchaffenheit der Organiſation abhängen, daſs dieſe Vorſtellungen die erſten in unſrem Gemüthe zur Wirklichkeit kommen, und daſs aller objektive Stoff in ihnen zuerſt vorkomme. Aber ſo unentbehrlich ſie zu den ſinnlichen empiriſchen Vorſtellungen, und in wie ferne ſinnliche empiriſche Vorſtellungen allen übrigen vorhergehen müſſen, zur Wirklichkeit jeder Vorſtellung überhaupt ſeyn mögen; ſo gehören ſie gleichwohl nur zu den *äuſſern* Bedingungen der ſinnlichen Vorſtellungen, nicht zu den *innern*, das heiſst zu denjenigen, welche Beſtandtheile der bloſſen ſinnlichen Vorſtellung überhaupt ſind. Sie machen keineswegs das ſinnliche Vorſtellungsvermögen aus. Die Organiſation kann ſelbſt nur dadurch Gegenſtand unſrer Vorſtellungen werden, daſs eine Anſchauung auf ſie bezogen wird, das heiſst eine Vorſtellung, welche durch die Art des Afficiertwerdens entſtanden iſt, und folglich Sinnlichkeit des Vorſtellungsvermögens vorausſetzt. Auch die Veränderungen in der Organiſation, in wie ferne ſie ſelbſt vorſtellbar ſind, ſetzen Sinnlichkeit im Vorſtellungsvermögen voraus, die folglich in ſo ferne unmöglich aus dem Vermögen dieſer Veränderungen *beſtehen* kann. In wie ferne ſie aber nicht vorſtellbar ſind, läſst ſich auch ihr Zuſammenhang mit dem, was im vorſtellenden Subjekte *an ſich*, das ebenfalls nicht vorſtellbar iſt, vorgehen mag, unmöglich angeben. Die Materialiſten und Spiritualiſten erklären alſo in wie ferne ſie den organiſchen Körper und ſeine Veränderungen in den Grundbegriff der Sinnlichkeit aufnehmen, die

Sinn-

Sinnlichkeit durch etwas was selbst Sinnlichkeit voraussetzt; in dem sie Objekte, die nur durch Sinnlichkeit vorstellbar sind zur innern Bedingung der blossen sinnlichen Vorstellung machen. Sie mögen selbst darüber urtheilen, ob sie dabey weiser zu Werke gehn, als wenn sie die Sichtbarkeit der Gegenstände lieber von den Gegenständen als vom Auge ableiten wollten.

Die Receptivität des Vorstellungsvermögens muſs auf zweyerley sehr verschiedene Arten afficiert werden: von *aussen*, d. h. durch etwas vom blossen Vorstellungsvermögen verschiedenes; und von *innen* durch ihre eigene Spontaneität.

§. L.

In wie ferne die sinnliche Vorstellung durch die Art wie die Receptivität von aussen afficiert wird, entsteht, heisst sie in ihrer Beziehung aufs Subjekt *äussere Empfindung*, in Beziehung aufs Objekt — *äussere Anschauung*; die bestimmte Fähigkeit der Receptivität aber von aussen afficirt zu werden — der *äussere Sinn*.

Dieser dem Gemüthe angehörige äussere Sinn wurde gewöhnlich mit der Reitzbarkeit oder Empfänglichkeit der Organisation verwechselt. Man müſste von dem vorstellenden Subjekte *an sich* und als *Substanz*, Vorstellung haben, wenn es ausgemacht werden sollte: *Wie* der äussere Sinn in demselben vorhanden sey, d. h. *ob* und *in wie ferne* derselbe aus der Organisation und ihren Beschaffenheiten entstehe, und ob das vorstellende Subjekt

ohne

ohne Organifation keinen äuffern Sinn haben würde. Aber um zu wiffen, dafs man unter dem äuffern Sinne nicht die Reitzbarkeit der Organifation denken dürfe, dazu braucht man nur einen beftimmten Begriff vom *Vorftellungsvermögen* zu haben, der ganz vom Subjekte abftrahiert, die blofse *Form* des Vorftellungsvermögens enthält, und nur, worin fie beftehe, nicht woraus fie entftehe, auslagt. Der äuffere Sinn, das ift die beftimmte Empfänglichkeit für den objektiven Stoff mufs felbft der Organifation und ihrer Reitzbarkeit, in wie ferne diefe empfindbar und anfchaulich feyn follen, im Gemüthe *vorhergehen*. Ich weifs aus der Erfahrung, dafs aller Stoff, der den Vorftellungen auffer mir befindlicher Gegenftände entfpricht, durch die fogenannten *fünf finnlichen Werkzeuge* modificiert werde; aber ich bin mir auch diefer fünf finnlichen Werkzeuge als Gegenftände bewufst, die ich in dem deutlichen Bewufstfeyn derfelben von *mir* als vorftellendem Subjekte unterfcheiden, und unter die Gegenftände auffer mir zählen mufs. Das Afficiertfeyn diefer Werkzeuge, in wie ferne mir daffelbe vorftellbar ift, mufs von dem zur bloffen Vorftellung gehörigen Afficiertfeyn der Receptivität unterfchieden feyn; und fetzt folglich felbft wieder Receptivität des Vorftellungsvermögens als *a priori* im Gemüthe vorhanden voraus. Die Empfänglichkeit alfo der fünf finnlichen Werkzeuge gehört zwar zu meinen finnlichen Vorftellungsvermögen; aber nicht als ein *a priori* in demfelben vorhandener Beftandtheil, fondern als eine *Modifikation* deffelben, die den äuffern Sinn als beftimmt gegeben vorausfetzt; mit einem Worte, die fünf Sinne gehören dem äuffern Sinne des Gemüthes blofs als fünf *empirifche*, nur

aus

aus der Erfahrung bekannte, durch äuſſeren Eindruck in der Vorſtellung gegebene, *Modifikationen* an. Sie gehören nicht zur Form der ſinnlichen Vorſtellung überhaupt, ſondern nur zu den Beſtimmungen des *Stoffes* gewiſſer ſinnlicher Vorſtellungen von Dingen auſſer uns. Sie ſelbſt können nur durch Vorſtellungen *a poſteriori*, in welchen ihnen ein dem Vorſtellungsvermögen von auſſen gegebener Stoff entſpricht, vorgeſtellt werden.

Aller Stoff, der durch und an dem organiſchen Körper gegeben iſt, iſt dem Gemüthe von auſſenher gegeben, und wird in ſo ferne auf einem auſſer dem Gemüthe befindlichen Gegenſtand, dergleichen die Organiſation, ſo weit wir dieſelbe vorſtellen können, ſelbſt iſt, bezogen. Die Vorſtellung, welche durch die Art des Afficiertwerdens und zwar vermittelſt eines der Beſchaffenheit der ſinnlichen Werkzeuge gemäſs modificierten Eindrucks entſteht, iſt in wie ferne ſie auf das Subjekt bezogen wird, nichts als eine Veränderung des vermittelſt der Organe afficierten Gemüthes, *äuſſere* Empfindung; und in wie ferne ſie auf ihren Gegenſtand bezogen wird, *äuſſere* Anſchauung. Bey den ſogenannten Vorſtellungen des Geſichtes iſt dieſs einleuchtend genug, wo der Gegenſtand, welcher dem durch die Veränderung des Organes erhaltnen Stoffe entſpricht, mit der gröſsten Beſtimmtheit als auſſer uns befindlich vorgeſtellt wird. Bey den Vorſtellungen der verworreneren, gröberen Sinne, zum Beyſpiel, bey den Empfindungen der durch keinen beſtimmten Gegenſtand gereizten Geſchlechtsluſt, wird freylich dem Gemüthe durch die Veränderungen im Organe kein von der Veränderung des Gemüthes unterſchiedener Gegenſtand

vorge-

vorgehalten; allein das Organ felbſt, in welchem der objektive Grund der Veränderung liegt, iſt wenigſtens im *deutlichen* Bewuſstſeyn ein auſſer dem Gemüthe vorgeſtellter Gegenſtand. Beſtünde nun die Sinnlichkeit jeder Vorſtellung überhaupt in den Veränderungen der Organiſation, ſo würde es keine anderen als äuſſere, das heiſst ſolche ſinnliche Vorſtellungen geben können, die auf etwas auſſer dem Gemüthe bezogen werden; und es würde keine ſinnlichen Vorſtellungen geben können, die im deutlichen Bewuſstſeyn derſelben auf nichts auſſer dem Gemüthe befindliches bezogen werden; keine *innere* Empfindungen und *innere* Anſchauungen.

§. LI.

In wie ferne die ſinnliche Vorſtellung durch die Art wie die Receptivität von innen afficiert wird, entſteht, heiſst ſie in ihrer Beziehung aufs Subjekt *innere Empfindung;* aufs Objekt — *innere Anſchauung;* die beſtimmte Fähigkeit der Receptivität aber von innen afficiert zu werden — der *innere Sinn.*

Dadurch daſs die Spontaneität das der Receptivität von auſſenher gegebene Mannigfaltige verbindet (ihm die Form der Vorſtellung giebt), wird die von auſſen afficierte Receptivität bey jeder Vorſtellung des äuſſern Sinnes auch von *innen* durch die Spontaneität afficiert; und jede äuſſere Empfindung heiſst nur in Rückſicht ihres von auſſenher gegebenen Stoffes eine äuſſere, iſt aber zugleich in wie ferne beym Auffaſſen dieſes Stoffes die Receptivität auch von innen afficiert werden muſste, wodurch

des Erkenntnifsvermögens überhaupt.

wodurch jener Stoff zu etwas dem Gemüthe angehörigen ward, *innere Empfindung.*

Auch giebt es *bloſſe* innere Empfindungen, das heiſst ſolche, die unmittelbar *bloſs* durch die von der Spontaneität afficierte Receptivität entſtanden ſind. Das deutliche Bewuſstſeyn der *Empfindung* iſt vom deutlichen Bewuſstſeyn des *Gedankens*, oder des Begriffes, weſentlich verſchieden. Bey dem letztern ſtellt das Gemüth ſich ſelbſt durch das Prädikat der vorſtellbaren Form der Spontaneität, als verbindend des Mannigfaltigen, als *denkend*; beym erſtern hingegen durch das Prädikat der vorſtellbaren Form der Receptivität, als empfangend des Mannigfaltigen, als *Empfindend* dadurch vor, daſs es die Art und Weiſe, die *Form* des Empfangens (die Form der Receptivität) als etwas ſeinem Vermögen eigenthümliches in einer Vorſtellung *a priori* vorſtellt. Dieſs iſt aber nur dadurch möglich, daſs die Spontaneität, die im bloſſen Vermögen *a priori* beſtimmte Form der Receptivität, in einer derſelben entſprechenden Vorſtellung durch ein jener Form gemäſſes Afficieren der Receptivität als bloſſen Stoff der Vorſtellung beſtimmt. Die durch dieſes Afficiertwerden entſtandene Vorſtellung iſt nun in Rückſicht ihrer Beziehung aufs Subjekt *bloſſe innere* Empfindung, in Rückſicht des Objektes aber (der Form der Receptivität) *innere Anſchauung.*

Der innere Sinn iſt zwar mit dem äuſſern in *einer* und *ebenderſelben* Receptivität vorhanden; aber als ein von dem äuſſern weſentlich verſchiedenes Vermögen. Der *äuſſere* Sinn iſt die beſtimmte Empfänglichkeit für Eindrücke von Gegenständen, die aufser dem vorstellenden Subjekte vorhanden sind; der *Innere* die bestimmte Empfänglichkeit für Eindrücke der dem vorstellenden Subjekte eigenthümlichen Spontaneität. Der dem äufseren Sinne gegebene Stoff bezieht sich auf Gegenstände aufser dem Vorstellenden; der dem innern Sinne gegebene Stoff hingegen theils auf blofse Veränderungen im vorstellenden Subjekte, theils (in der Vorstellung *a priori*) auf die Formen des Vorstellungsvermögens, und folglich auf eigenthümliche Beschaffenheiten des vorstellenden Subjektes, in wie ferne es vorstellend ist.

Da die Sinnlichkeit wesentlich aus dem inneren und äufseren Sinne besteht, die Organisation aber und die fünf Sinne, in wie ferne sie vorstellbar sind, zum Vorstellungsvermögen nur als empirische Modifikationen des *äufsern* Sinnes gehören; so raubt jede Definition der Sinnlichkeit überhaupt, welche die Organisation unter die Merkmale der Sinnlichkeit aufnimmt, der Sinnlichkeit die eine wesentliche Hälfte ihres Vermögens, nämlich den inneren Sinn, und ist folglich für den Grundbegriff der Sinnlichkeit zu enge.

Eine Folge dieser unrichtigen Definition der Sinnlichkeit war, dafs man den *inneren Sinn* gewöhnlich mit dem *Bewufstseyn* verwechselte, und die demselben eigenthümlichen Vorstellungen theils dem *äufsern Sinne*, theils dem *Verstande* zueignete. Diefs letztere gilt insonderheit von den *Spiritualisten*, welche die deutlichen Vorstellungen ohne Unterschied dem Verstande zuschrieben, und denselben für das Vermögen hielten, das was an den Sinnlichen (ihrem Systeme zufolge durch die Organi-

Organifation modificierten Vorstellungen) reel, den *Dingen an sich* angemessen wäre, anzuschauen.

Es ist schwer im Allgemeinen anzugeben, was irgend eine ganze philosophische Sekte, selbst in Rücksicht auf ihre Hauptsätze, über welche sie gegen andere Sekten gemeine Sache macht, eigentlich festgesetzt habe. Denn meistens besteht die Uebereinstimmung der einzelnen Köpfe einer Sekte mehr in gemeinschaftlichen Ausdrücken und Formeln, die jeder denkende Kopf auf seine eigene Weise bestimmt, als in allgemeingültig bestimmten Grundbegriffen und Grundsätzen. Mancher Spiritualist wird mir daher widersprechen, wenn ich behaupte, seine Sekte schränke die sinnlichen Vorstellungen auf diejenigen ein, die von der Organisation abhängen. Er wird mich vielleicht auf *Baumgartens Metaphysik* verweisen, in welcher es S. 182. der neusten von Hrn. *Eberhard* veranstalteten Ausgabe heifst: „Ich habe ein *Vermögen zu empfinden*, das ist, den *Sinn*, welcher entweder ein *innerlicher* ist, das Vermögen innerlicher Empfindungen, oder der Vorstellungen des gegenwärtigen Zustandes meiner Seele; oder ein *äusserlicher*, das Vermögen äusserlicher Empfindungen, oder der Vorstellungen von dem gegenwärtigen Zustande meines Körpers." — „Und Baumgarten sollte also keinen Unterschied zwischen den inneren und äusseren Sinn zulassen? sollte die ganze Sinnlichkeit auf den äusseren Sinn eingeschränkt haben?" — Alles wird hier darauf ankommen, was Baumgarten unter dem Vermögen *zu empfinden*, oder unter dem *Sinne*, verstehe; und das ist freylich schwer auszumachen. Versteht er unter diesem *Sinne* die *Sinnlichkeit*, das Vermögen sinnlicher

Vorstellungen? So kann er den *Sinn*, und folglich den inneren und äusseren Sinn für nichts als für das Vermögen *undeutlicher* oder *verworrener* Vorstellungen gelten lassen; denn so werden von ihm §. 383. die sinnlichen Vorstellungen definiert. Er muss dann dasjenige, ohne welches er sich die undeutlichen Vorstellungen nicht denken kann, als einen wesentlichen Bestandtheil seines sogenannten Sinnes annehmen. Nun lehrt er §. 376: „Aus der Stellung meines *Körpers* in dieser Welt kann, erkannt werden, warum ich mir diese Dinge dunkler, jene klärer, und andere deutlicher vorstelle." Indem er aber unter *Verstand* das Vermögen *deutlicher* Begriffe versteht; so kann diese Stelle doch wohl keinen andern Sinn haben, als: dass der Grund der Undeutlichkeit in der *Lage des Körpers*, welche den Verstand in gewissen Fällen in seiner Ausübung, der Hervorbringung deutlicher Begriffe, hindert; und der Grund der Deutlichkeit im *Verstande*, der in andern Fällen von der Lage des Körpers nicht gehindert ist, aufzusuchen sey. — Oder versteht Baumgarten unter dem, was er Vermögen zu Empfinden oder Sinn nennt, nicht die Sinnlichkeit? Freylich versteht er auch oft mehr als die Sinnlichkeit darunter. So sagt er z. B. „die Vorstellungen meines gegenwärtigen Zustandes *oder die Empfindungen* sind Vorstellungen des gegenwärtigen Zustandes der Welt, und sie werden durch die Kraft der Seele *gewirkt*, wodurch sie sich die Welt nach der Lage ihres Körpers vorstellt," — denn (§. 377) „die Seele ist die Kraft diese Welt nach der Stellung des Körpers vorzustellen." Und hier wäre also *Sinn* (das Vermögen zu empfinden) und *Seele* ein und ebendasselbe Ding, und die Vorstellung meines Zustandes (innerliche

Empfin-

des Erkenntnifsvermögens überhaupt.

Empfindung) zugleich Vorstellung des Zustandes der Welt (oder wie es oben hiefs des Körpers) äufserliche Empfindung!!! *Bilfinger*, ein gewifs nicht weniger scharfsinniger und glücklicher Commentator des grossen *Leibnitz*, spricht von dem Vermögen zu empfinden etwas bestimmter. Ihm ist dasselbe: „Ein Vermögen der Seele sich die Dinge *auffer ihr* als auffer ihr befindlich, denjenigen Veränderungen gemäfs vorzustellen, welche von diesen Dingen in einem gewissen Theile des organischen Körpers verursacht werden *)." Wenn man nun bedenkt, dafs sowohl Bilfinger als Baumgarten **) und wer sonst nicht? den innern Sinn mit dem *Bewufstseyn* verwechseln, das doch wohl für keinen blossen Bestandtheil des Vermögens aficiert zu werden gelten kann; so kann man es nur der Inkonsequenz, die in unsrer bisherigen Philosophie so natürlich war, der Spiritualisten zuschreiben; wenn sie entweder dem vorstellenden Subjekte nicht alles Vermögen afficiert zu werden geradezu abstreiten (wie sie unter dem Schutze der Hypothese von der *Präsabilierten Harmonie* wohl gekonnt haben); oder dieses Vermögen für etwas mehr als den blossen *äussern Sinn* halten.

Unsere neueren Spiritualisten, von denen der gröfste Theil das hyperhypothetische System der vorher bestimmten Harmonie bereits für das anerkennt,

---

*) *Potentia animae repraesentandi res ut extra se positas secundum mutationes, quas in certa corporis parte organica faciunt.* V. *Dilucidationes De Deo Mundo et Anima* §. 252.

**) Iene sind die innerlichen Empfindungen (sensatio interna *Conscientia* strictius dicta) Baumgarten. (§. 369.)

kennt, was es wirklich ist, haben sich freylich über ihren Begriff von der *Sinnlichkeit* noch weniger strenge Rechenschaft abgefordert. Aber darüber sind sie noch immer ziemlich unter sich einig, daſs sie den äuſseren Sinn für das Vermögen vermittelſt der Organe afficiert zu werden, und den innern Sinn für das Bewuſstſeyn erklären. Da alſo, ihrer Meynung nach, die Sinnlichkeit auf den äuſseren Sinn und deſſen Modifikationen eingeſchränkt iſt, ſo bleibt ihnen nichts anderes übrig, als denjenigen Stoff zu Vorſtellungen, der dem äuſſern Sinne nicht gegeben werden kann, durch den Verſtand empfangen zu laſſen, und ſo mit dem *Ariſtoteles* dem Verſtande auch ein *leidendes Vermögen* zuzuſchreiben. In wie ferne ſie nun den Verſtand ſo wie die Sinnlichkeit für ein Vermögen halten, dem der Inhalt zu Vorſtellungen *gegeben* werden muſs; in ſo ferne müſſen ſie freylich die Art wie dem Verſtande gegeben wird von der Art wie der Sinnlichkeit gegeben wird, verſchieden ſeyn laſſen. Sie meynen daher, noch immer nach *Leibnitzens* Anleitung, daſs dem Verſtande die Gegenſtände genau ſo und nicht anders gegeben wären, wie er ſie nach vorhergegangener von ihm unternommener Zergliederung der Merkmale, das heiſst in der deutlichen Vorſtellung fände; daſs aber eben dieſe Gegenſtände der Sinnlichkeit in einer gänzlichen Verwirrung der Merkmale, das heiſst genau ſo gegeben wären, wie ſie in der undeutlichen Vorſtellung, die ſie daher die *ſinnliche* nennen, vorkommen. In beyden Vorſtellungsarten wähnen ſie die Vorſtellung eines und ebendeſſelben *Dinges an ſich* zu beſitzen; nur mit dem Unterſchied, daſs ſie durch den Verſtand das Ding an ſich *wie es an ſich ſelbſt beſchaffen iſt*, durch die Sinnlichkeit aber

wie

wie es durch das *Medium der* (der Seele fremden Organifation) *erfcheint*, zu erkennen glauben.

Für diefe Herabwürdigung wäre die Sinnlichkeit durch die *Materialiften* genugfam gerächt, wenn der Grundbegriff, den diefe Sekte von der Sinnlichkeit vorausfetzt, richtiger wäre. Während die Spiritualiften die Sinnlichkeit für eine bloße durch Organifation bewirkte Modifikation der vorftellenden, mit dem Verftande verwechfelten, unkörperlichen Kraft anfehen, erklären die Materialiften den Verftand felbft für eine bloße Modifikation der Sinnlichkeit, und die Sinnlichkeit für eine der thierifchen Organifation eigenthümliche Reitzbarkeit, die in der vollkommnern Organifation der Menfchen fich auch als Verftand äuffert. Allerdings hat der Hauptartikel ihres philofophifchen Glaubensbekenntniffes, „dafs das Wefen aller Dinge in der *Körperlichkeit* beftünde" an ihrer Erklärungsart der Sinnlichkeit, und des Vorftellungsvermögens überhaupt, beträchtlichen Antheil. Allein ihr ganzes Syftem ift gewifs nicht weniger eine fehr natürliche Folge des unbeftimmten Begriffes von Sinnlichkeit, und von der Unentbehrlichkeit der Organifation zum Vorftellungsvermögen; und muſs durch die bloße Berichtigung jenes Begriffes auf immer einftürzen.

Aus den von mir bisher angeftellten Betrachtungen über die Sinnlichkeit ergiebt fich 1) dafs die bisher ganz verkannten eigenthümlichen Merkmale, durch welche der §. XLIX. aufgeftellte Grundbegriff der Sinnlichkeit überhaupt näher beftimmt werden mufs, fchlechterdings aus keinen Befchaffenheiten des vorftellenden *Subjektes*, daffelbe mag

Geist oder Körper, oder Geist und Körper zugleich, seyn, sondern aus blossen Beschaffenheiten des blossen Vorstellungsvermögens bestehen, und die Sinnlichkeit, nur wie sie im Vorstellungsvermögen bestimmt ist, angeben dürfen. 2) Dafs die Sinnlichkeit durch diese Merkmale auf das genauste sowohl von der Receptivität des Vorstellungsvermögens überhaupt, als auch von dem Verstande ausgezeichnet seyn müsse. 3) Dafs sich aus diesen Merkmalen bestimmt erklären lassen müsse, wie die Sinnlichkeit überhaupt als Gattung den äusseren und inneren Sinn als Arten unter sich begreife, und wodurch diese beyden Arten im sinnlichen Vorstellungsvermögen von einander unterschieden sind. Diesen Bedingungen gemäfs dürfen also die aufzusuchenden Merkmale nichts anderes bezeichnen, als die Art und Weise, *wie* die Sinnlichkeit *a priori* im blossen Vorstellungsvermögen und zwar als *innerer* und *äusserer Sinn* bestimmt ist. Sie müssen die im Vorstellungsvermögen, oder vielmehr in der Receptivität desselben, bestimmte Art enthalten, wie diese Receptivität afficirt werden muls, wenn Vorstellungen des äussern und inneren Sinnes möglich seyn sollen.

Ich sage, die *im* Vorstellungsvermögen bestimmte Art des Afficirtseyns; und unterscheide dieselbe von der *ausser* dem Vorstellungsvermögen in den *Dingen an sich* bestimmten Art, wie diese Dinge durch den objektiven Stoff die Receptivität afficieren. Durch diese in den Beschaffenheiten der Dinge ausser uns gegründeten Art des Afficiertwerdens wird aber in den sinnlichen Vorstellungen nichts als der Stoff, durch den sie gewissen Dingen ausser dem Gemüthe entsprechen, bestimmt; nicht aber

aber die Form derselben als bloſſer ſinnlicher Vorſtellungen überhaupt, noch auch als Vorſtellungen des äuſſeren Sinnes. Dieſe letztere kann nur in demjenigen beſtimmt ſeyn, wodurch ſie ſinnliche Vorſtellungen überhaupt und ſinnliche Vorſtellungen des äuſſern Sinnes werden, d. h. im ſinnlichen Vorſtellungsvermögen; in wie ferne in demſelben die Möglichkeit von auſſen afficiert zu werden, beſtimmt vorhanden iſt.

Die *Sinnlichkeit* des Vorſtellungsvermögens muſs ſich von der bloſſen Receptivität des Vorſtellungsvermögens dadurch unterſcheiden, daſs während dieſe letztere nichts als die beſtimmte Möglichkeit des Afficiertwerdens überhaupt in Rückſicht auf die Vorſtellung überhaupt enthält, die erſtere die beſtimmte Möglichkeit von auſſen und von innen afficiert zu werden in Rückſicht auf die ſinnlichen Vorſtellungen begreift. So, wie ich das der Receptivität eigenthümliche Merkmal darum die Form der Receptivität nannte, weil es die Art und Weiſe, *wie* die Empfänglichkeit des Gemüths überhaupt afficiert werden muſs, darſtellt; ſo werde ich die der Sinnlichkeit eigenthümliche Merkmale die *Formen* des *äuſſern* und *inneren Sinnes* nennen, weil ſie die Art und Weiſe angeben müſſen, *wie* die Empfänglichkeit bey den ſinnlichen Vorſtellungen, die entweder dem äuſſern, oder dem innern Sinne oder beyden zugleich angehören, afficiert werden muſs. Wir können alſo folgendes ohne weitere Erörterung feſtſetzen:

§. LII.

Die eigenthümlichen Merkmale der Sinnlichkeit des bloſſen Vorſtellungsvermögens beſte-

beſtehen in der *a priori* beſtimmten Art und Weiſe, wie die Receptivität afficiert werden muſs, wenn bloſse Vorſtellung des äuſsern und des inneren Sinnes möglich ſeyn ſoll; oder in den *Formen des äuſsern und inneren Sinnes*.

Die Form der Receptivität beſteht in der *a priori* beſtimmten Mannigfaltigkeit des Stoffes überhaupt, oder in der nur für ein Mannigfaltiges überhaupt beſtimmten Empfänglichkeit des Vorſtellungsvermögens; die Formen des äuſsern und innern Sinnes müſsen alſo in der beſtimmten Mannigfaltigkeit, des äuſsern und inneren Stoffes beſtehen, in der für ein von auſsen, und von innen gegebenes Mannigfaltige beſtimmten Empfänglichkeit, in der im Gemüth beſtimmten Art und Weiſe, wie das Mannigfaltige von auſsen und von innen gegeben ſeyn muſs, wenn ſinnliche Vorſtellung möglich ſeyn ſoll.

§. LIII.

Die *a priori* beſtimmte Form des äuſseren Sinnes beſteht in der an der Receptivität beſtimmten Möglichkeit des *Auſsereinanderſeyns des Mannigfaltigen* in der Vorſtellung; und der äuſsere Sinn beſteht in dem Vermögen durch ein Mannigfaltiges in wie ferne daſselbe als ein bloſses Mannigfaltige, in auſsereinander befindlichen Theilen, gegeben iſt, zu Vorſtellungen zu gelangen.

Die Receptivität des Vorſtellungsvermögens beſteht in einer doppelten und folglich auch verſchiedenen Empfänglichkeit, deren Unterſchied in der

der Natur des Gemüthes gegründet ist; aus der Empfänglichkeit für den objektiven Stoff, ohne welchen keine Vorstellung eines Gegenstandes auffer uns, ja, nicht einmal die Wirklichkeit der Vorstellung überhaupt möglich ist; und aus der Empfänglichkeit für den subjektiven Stoff, der nur durch das Afficiertwerden von der Spontaneität des Gemüthes in der Vorstellung gegeben werden kann. Die eine ist Empfänglichkeit für ein Afficiertwerden von auſſen durch die Handlung eines von dem vorstellenden verschiedenen Gegenstandes; die andere Empfänglichkeit für ein Afficiertwerden von innen, durch Handlung des Vorstellenden. Da nun jede Handlung der Spontaneität im *Verbinden* besteht, so muſs die Empfänglichkeit für das Afficiertwerden von innen, Empfänglichkeit für ein Mannigfaltiges überhaupt seyn, in wie ferne daſſelbe durch Spontaneität, d. h. als *Verbunden* gegeben wird; und folglich muſs die Empfänglichkeit für das Afficiertwerden von auſſen Empfänglichkeit für ein Mannigfaltiges seyn, in wie ferne daſſelbe der Receptivität ohne Mitwirkung der Spontaneität, und also nicht verbunden, sondern schlechterdings als ein Mannigfaltiges, in seinen auſſer einander befindlichen Theilen gegeben werden kann. Die Receptivität des äuſſeren Sinnes besteht also in der bestimmten Möglichkeit durch ein Mannigfaltiges, in wie ferne daſſelbe bloſſes Mannigfaltiges ist, in nichts als auſſer einander befindlichen Theilen besteht, afficiert zu werden, und der äuſſere Sinn selbst ist das Vermögen durch ein auſſer einander gegebenes Mannigfaltige zu Vorstellungen zu gelangen. Die bloſſe Vorstellung des äuſſern Sinnes entsteht dann durch diejenige im Gemüthe bestimmte Art des Afficiertwerdens, vermöge welcher der objektive

tive Stoff als Stoff d. i. in Rückficht auf seine Mannigfaltigkeit in der bloſſen Vorſtellung nur als ein auſſer einander befindliches Mannigfaltige beſtimmt ſeyn kann; und die *Form des äuſſeren Sinnes*, d. h. dasjenige worin die *äuſſere Sinnlichkeit* des Vorſtellungsvermögens beſteht, iſt nichts anders, als die in der Receptivität vor aller Vorſtellung beſtimmt vorhandene Möglichkeit des Auſſereinanderſeyns des Mannigfaltigen *in* der Vorſtellung.

§. LIV.

Die *à priori* beſtimmte Form der Vorſtellung des äuſſeren Sinnes beſteht in der Einheit des auſſereinander befindlichen Mannigfaltigen, die, in wie ferne ſie mit der Vorſtellung auf den Gegenſtand bezogen wird, *Form der äuſſern Anſchauung* heiſst.

Sinnlich iſt eine Vorſtellung, in wie ferne ſie durch die Art des Afficiertwerdens entſteht; und eine *ſinnlich-äuſſere* iſt ſie, in wie ferne ſie durch diejenige Art des Afficiertwerdens entſteht, welche in dem *a priori* beſtimmten auſſereinander-gegebenſeyn des Mannigfaltigen beſteht. So wie der Stoff überhaupt nur als ein *a priori* beſtimmtes Mannigfaltige überhaupt in der Vorſtellung vorkommen kann: ſo kann der Stoff der Vorſtellung des äuſſeren Sinnes nur als ein *a priori* beſtimmtes auſſereinander befindliches Mannigfaltige in derſelben Vorſtellung vorkommen. Die in der Receptivität des Vorſtellungsvermögens überhaupt beſtimmte Form des bloſſen Stoffes als Stoff iſt Mannigfaltigkeit überhaupt; die in der ſinnlichen Receptivität beſtimmte Form des bloſſen äuſſeren Stoffes

des Erkenntnifsvermögens überhaupt.

Stoffes als äufserer Stoff ift das bloffe Auffereinanderfeyn des Mannigfaltigen überhaupt. So wie alfo die durch das Vorftellungsvermögen überhaupt (Receptivität und Spontaneität zufammengenommen) beftimmte Form jeder Vorftellung überhaupt Einheit des Mannigfaltigen ift: fo ift die durch das Vorftellungsvermögen das einen äuffern Sinn hat, beftimmte Form der Vorftellung Einheit des auffer einander befindlichen Mannigfaltigen; die in wie ferne die Vorftellung auf den Gegenftand bezogen wird, und Anfchauung heifst, *Form der Anfchauung* heiffen mufs.

§. LV.

Die *à priori* beftimmte Form des inneren Sinnes befteht in der an der Receptivität beftimmten Möglichkeit des *Nacheinanderfeyns* des Mannigfaltigen in der Vorftellung, und der innere Sinn befteht in dem Vermögen durch ein Mannigfaltiges in wie ferne daffelbe in verbundenen, nacheinander folgenden Theilen gegeben ift, zu Vorftellungen zu gelangen.

Als Receptivität überhaupt kann die Empfänglichkeit des inneren Sinnes nur unter der Form des Mannigfaltigen, — als Empfänglichkeit des inneren Sinnes aber kann fie nur durch die Spontaneität, deren Handlungsweife im Verbinden befteht, afficiert werden. Das Mannigfaltige kann alfo den inneren Sinn nur in fo ferne afficieren, als es *in feiner Mannigfaltigkeit* durch die Synthefis aufgefaffet wird, das heifst durch fuccellive Apprehenfion der Theile des Mannigfaltigen; oder welches eben fo viel ift, als es durch die Spontaneität, die beym

Ver-

Verbinden *jeden Theil* des Mannigfaltigen auffaſſen muſs, *nacheinander* gegeben wird. Die Verbindung des Mannigfaltigen muſs beym Afficiertwerden der inneren Empfänglichkeit *in* der Receptivität vorgehen, und dieſe muſs durch die Handlung der Syntheſis afficiert werden, um zu ihren Mannigfaltigen (den Stoff) zu gelangen. Dieſes kann ihr alſo nur in ſo ferne gegeben werden, als die Spontaneität durch eine Handlung, die durch die Mannigfaltigkeit des Aufzufaſſenden beſtimmt wird, dem Mannigfaltigen durch ein jedem Theile deſſelben korreſpondirendes Afficieren der Receptivität, (ſucceſſive) Einheit giebt.

§. LVI.

Die *a priori* beſtimmte Form der Vorſtellung des inneren Sinnes beſteht in der Einheit des nacheinander gegebenen Mannigfaltigen, die in wie ferne ſie mit der Vorſtellung auf den Gegenſtand bezogen wird, Form der inneren *Anſchauung* heiſst.

Da die Erörterung dieſes Paragraphs den §. LIV. wiederholen muſste; ſo will ich mich bey derſelben nicht aufhalten.

Es iſt der Vorſtellung des inneren Sinnes weſentlich, daſs ihr Gegenſtand nichts auſſer dem Gemüthe befindliches, ſondern entweder eine bloſſe Veränderung des Gemüthes, oder eine Beſchaffenheit des Vorſtellungsvermögens ſey. Hiezu iſt eine im Gemüthe gegründete Verſchiedenheit zwiſchen dem Empfangen des von auſſenher gegebenen Stoffes, durch welchen Vorſtellungen auf Dinge auſſer dem Gemüthe bezogen werden, und

und dem Empfangen des von innen gegebenen Stoffes, durch den sie auf etwas im Gemüthe bezogen werden, schlechterdings nothwendig. Die Art wie das Gemüth von auſſen afficiert wird, muſs von der Art wie es von innen afficiert wird, oder sich selbst afficiert, wesentlich verschieden seyn. In wie ferne die Receptivität von auſſen afficiert wird, verhält sie sich bloſs leidend, verbindet sie nichts, ist ihr der Stoff in seiner bloſsen in der Natur der Receptivität gegründeten Mannigfaltigkeit gegeben. Ihr bestimmtes Vermögen von auſſen afficiert zu werden muſs also in dem bestimmten Auſſereinanderseyn des *nicht* nacheinander, und folglich (in Rücksicht auf die innere Empfänglichkeit) *zugleich* gegebenen Mannigfaltigen bestehen. In wie ferne sie aber von innen afficiert wird, und ihr bestimmtes Mannigfaltige durch Handlung der Spontaneität empfängt; ist sie nur in so ferne für das Mannigfaltige empfänglich als ihr dasselbe durch Auffassen seiner Theile, und folglich *nicht* zugleich, sondern nacheinander gegeben wird. Das Merkmal des *Zugleich*gegebenen kömmt dem objektiven Stoffe nur in so ferne zu, als er nicht durch inneres Afficieren, welches nacheinander geschieht, gegeben ist.

§. LVII.

In wie ferne auch zur Vorstellung des äuſseren Sinnes ein Afficiertwerden *von innen* wesentlich gehört, in so ferne ist die Einheit des nacheinander gegebenen Mannigfaltigen die *allgemeine Form* jeder sinnlichen Vorstellung, und folglich auch jeder Anschauung überhaupt, und die *Sinnlichkeit* überhaupt besteht in dem *a priori* bestimmten Vermögen
durch

durch ein der Receptivität nacheinander gegebenes Mannigfaltige zu Vorstellungen zu gelangen.

Der von außenher gegebene Stoff kann nur in so ferne Vorstellung werden, als sein Mannigfaltiges in der Receptivität verbunden, und folglich die von außen afficierte Receptivität auch von innen, durch die Synthesis der Spontaneität afficiert wird. Dadurch wird das von außen gegebene Mannigfaltige in den inneren Sinn aufgenommen, und zu einem in der Receptivität des Vorstellungsvermögens verbundenen Mannigfaltigen, zur bloßen Vorstellung. Auch die Vorstellung des *äußern* Sinnes muß also in wie ferne sie zugleich dem inneren Sinne angehört, aus einem nacheinander gegebenen und durch Spontaneität verbundenen Mannigfaltigen bestehen; und die Form der Vorstellung des innern Sinnes ist zugleich die *allgemeine Form* aller sinnlichen Vorstellungen; die *unmittelbare* Form der Vorstellungen des innern Sinnes und die *mittelbare* der Vorstellungen des äußern. Die *a priori* bestimmte Art wie die Receptivität von innen afficiert werden muß, oder das im Gemüthe bestimmte nacheinander gegebenseyn des Mannigfaltigen, ist also in so ferne die Form der Sinnlichkeit überhaupt, d. h. nicht nur des innern, sondern vermittelst des innern auch des äußern Sinnes; die unmittelbare Form des innern Sinnes, und durch diesen die mittelbare des äußern.

Das charakteristische Merkmal der sinnlichen Vorstellung überhaupt, das jeder Vorstellung in wie ferne sie sinnlich seyn soll *a priori* bestimmte Kennzeichen, besteht aus dem Entstehen der Vorstellung durch das nacheinander gegeben seyn des Man-

Mannigfaltigen. Jede finnliche Vorftellung, in wie ferne fie auf das Subjekt bezogen wird und Empfindung heifst, ift alfo ein Afficiertwerden der Receptivität durch die bloße Spontaneität bey der blofsen inneren Empfindung; ein Afficiertwerden von auſsen her, durch etwas vom Vorftellungsvermögen verfchiedenes, bey der äufseren Empfindung. Bey der letztern mufs das von aufsen Afficiertwerden immer durch ein Afficiertfeyn von innen, das Einwirken immer von einem Entgegenwirken auf die Receptivität begleitet feyn, wenn Empfindung, d. h. eine Vorftellung, die Veränderung des Gemüthes, und nicht bloſser Eindruck auf die Receptivität allein ift, entftehen foll.

§. LVIII.

Die Vorftellungen von den *a priori* beftimmten Formen der finnlichen Vorftellung, der äuſsern und der innern Anſchauung, find *Vorſtellungen à priori*.

Der Stoff aller Vorftellungen *a pofteriori* (aller empirifchen) Vorftellungen fetzt im Vorftellungsvermögen, in wie ferne er objektiv, von auſsenher gegeben feyn und Gegenftänden aufser dem Gemüthe entfprechen foll, die beftimmte Empfänglichkeit für ein aufsereinander gegebenes Mannigfaltige; und in wie ferne er durch Handlung der Spontaneität in der Receptivität beftimmt werden foll, beftimmte Empfänglichkeit für ein nacheinander gegebenes Mannigfaltige voraus. Dasjenige aber, was von allem empirifchem Stoffe zur Möglichkeit der Vorftellung, als im Vorftellungsvermögen vorhanden, vorausgefetzt wird, kann dem Gemüthe

Gemüthe nicht mit und durch den empirischen Stoff, und das Afficiertwerden von aussen gegeben seyn. Wenn es also vorgestellt wird, so wird es durch einen Stoff vorgestellt, der *nur seiner Wirklichkeit* nach in der Vorstellung durch die Handlung der Spontaneität bestimmt, seiner eigenthümlichen *Beschaffenheiten* nach aber durch seinen im Vorstellungsvermögen vorhandenen Gegenstand (der bestimmten Art des äussern und innern Afficiertwerdens) vor aller Vorstellung im Gemüthe bestimmt ist, d. h. es wird durch eine Vorstellung *a priori* vorgestellt.

Was zur blossen sinnlichen Vorstellung allein gehört, nicht zur sinnlichen Vorstellung dieses oder jenes durch einen objektiven Stoff bestimmten Gegenstandes, kann allein durch das vorstellende Subjekt und zwar durch das blosse Vorstellungsvermögen desselben in der Vorstellung vorhanden seyn. Man müsste die Unterscheidung zwischen dem Gemüthe und den als ausser dem Gemüthe befindlich vorgestellten Gegenständen, und mit demselben das *deutliche Bewusstseyn dieser Gegenstände* ganz aufheben, wenn man dasjenige, was zur blossen Vorstellung gehört, und folglich durchs Vorstellungsvermögen in die Vorstellung kommt, von den Dingen ausser uns ableiten wollte. Denn der Grund der Möglichkeit der Unterscheidung des Gemüthes von den sogenannten Aussendingen kann nur darin liegen, dass in der Vorstellung der Aussendinge etwas dem Gemüthe und etwas den Aussendingen eigenthümlich angehört, welches das Gemüth im deutlichen Bewusstseyn sich vorstellt, indem es nämlich durch die Prädikate der Formen des äussern und innern Sinnes sich als das vorstellende;

lende; durch die Prädikate des objektiven Stoffes (der die Form der finnlichen Vorftellung angenommen hat), aber das vom Vorftellenden unterfchiedene, aufser ihm vorhandene, vorftellt. Bey diefen Bewufstfeyn, wobey fowohl das *Ich*, als auch das *Auffending* befonders vorgeftellt wird, mufs das Gemüth dasjenige, was *an* ihm *afficiert* ift, den äuſſern und innern Sinn befonders vorftellen, und zwar lediglich als fein Eigenthum vorftellen, um es von demjenigen, *wodurch* es *afficiert* ift, dem Aufsendinge, das in einer befondern Vorftellung dabey vorgeftellt wird, zu unterfcheiden. Wenn alfo die Formen der Sinnlichkeit nicht *a priori* beftimmt, und die Vorftellungen derfelben nicht Vorftellungen *a priori* wären, fo müfste auch diefs deutliche Bewufstfeyn fchlechterdings unmöglich feyn.

„Wenn die beyden Formen der Sinnlichkeit nichts als Befchaffenheit des bloſsen Vorftellungsvermögens find, die *a priori* vor aller Erfahrung im Gemüthe vorhanden feyn müſſen; fo ift nicht abzufehen, warum nicht auch noch viele andere Befchaffenheiten der bloſsen finnlichen Vorftellungen z. B. Gerüche, Farben, Töne u. f. w. in der bloſsen Befchaffenheit des Gemüthes gegründet und folglich nicht auch *a priori* vorgeftellt feyn follen." Diefem Einwurfe, der dem Verfaſſer der Kritik der Vernunft öfters gemacht worden ift, liegt eine Zweydeutigkeit im Begriffe eines *Vermögens* zum Grunde. Man denkt fich unter Vermögen zuweilen nichts als eine *unbeftimmte* Möglichkeit (die bloſse Nichtunmöglichkeit). In diefem Verftande ift in meinem Gemüthe *a priori* das Vermögen vorhanden zu einer anfchauenden Vorftellung vom Chineſiſchen Kaifer zu gelangen.

Wer diese unbestimmte Möglichkeit durchaus ein *Vorstellungsvermögen* nennen will, dem muß freylich eingeräumt werden, daß wir so viele verschiedene Vorstellungsvermögen besitzen, als einzelne sinnliche Vorstellungen möglich sind. Die *bestimmte* Möglichkeit aber, die das Vermögen eines Subjektes ausmacht, ist entweder durch die Beschaffenheit des Subjektes selbst oder durch etwas vom Subjekte verschiedenes, bestimmt; d. h. ist im Subjekte entweder ein *ursprüngliches* oder *abgeleitetes* Vermögen. Das Vorstellungsvermögen nun, welches dem vorstellenden Subjekte allein eigenthümlich ist, kann unmöglich aus einer im Subjekte bloß unbestimmten, und in demselben nur durch etwas außer demselben bestimmten, abgeleiteten, Fähigkeit bestehen, wenn deutliches Bewußtseyn von Außendingen möglich seyn soll. Wie sollte überhaupt eine Vorstellung in Rücksicht ihres Stoffes auf etwas vom Gemüthe verschiedenes auf ein Ding außer dem Gemüthe bezogen werden können, wenn nicht alles, was in dieser Vorstellung Stoff ist, dem Dinge außer dem Gemüthe, und alles was nicht Stoff ist, sondern zur Form der Vorstellung als Vorstellung gehört, dem Gemüthe angehörte, und folglich nicht durch den Stoff, sondern in der Form des Vorstellungsvermögens bestimmt wäre, und dem von außen gegebenen Stoff nicht durch das Gemüth erst ertheilt würde. Alles also, was nur zur Form der *bloßen Vorstellung*, sie mag sinnlich seyn oder nicht gehört, muß in der Beschaffenheit des Gemüthes gegründet, *a priori* im Vorstellungsvermögen bestimmt seyn; und die im Subjekte bestimmte Möglichkeit vorzustellen, das eigentliche Vorstellungsvermögen, ausmachen. Aber auch *nur allein alles*, was zur bloßen

bloſſen Form der bloſſen Vorſtellung allein gehört. Denn alles was dem von auſſen gegebenen Stoffe eigenthümlich, und dem Vorſtellungsvermögen durch dieſen Stoff gegeben iſt, gehört nicht zum vorſtellenden Subjekte, deſſen Prädikat das bloſſe Vorſtellungsvermögen iſt; ſeine Möglichkeit iſt nicht beſtimmt im bloſſen Vorſtellungsvermögen vorhanden, ſondern wird erſt in dem von ihm vorausgeſetzten Vorſtellungsvermögen von auſſenher beſtimmt, und kann folglich nur ein abgeleitetes, empiriſches Vermögen ausmachen; wie z. B. das Vermögen durchs Aug, Ohr, etc. zu Vorſtellungen zu gelangen. Auch zeichnen ſich die das urſprüngliche Vermögen der Vorſtellungen ausmachenden Prädikate, von denen des abgeleiteten und empiriſchen genugſam durch die ihnen allein zukommenden Merkmale der *Nothwendigkeit* und *Allgemeinheit* aus.

§. LIX.

Durch die Form des äuſſeren Sinnes iſt der Stoff der Vorſtellung des *bloſſen Raumes* im Gemüthe *à priori* beſtimmt; und der bloſſe Raum, in wie ferne er vorgeſtellt werden kann, iſt nichts als die *a priori* beſtimmte *Form der äuſſeren Anſchauung*.

Ich unterſcheide die Vorſtellung des *bloſſen* Raumes von den Vorſtellungen des *erfüllten* und des *leeren* Raumes. Dieſe letztern ſind gemiſchte und abgeleitete Vorſtellungen, jene iſt die reine und urſprüngliche Vorſtellung vom Raume. Die Vorſtellungen des leeren ſowohl als des erfüllten Raumes enthalten Merkmale, die keineswegs dem bloſſen Raume weſentlich ſind: denn der Raum muſs

muſs Raum bleiben, er mag erfüllt oder leer ſeyn. — „Aber iſt ihm denn nicht wenigſtens eines dieſer Merkmale weſentlich? Iſt nicht der Raum eben dadurch, daſs er nicht erfüllt iſt, leer; und daſs er nicht leer iſt, erfüllt?" — Das Leerſeyn folgt freylich nothwendig aus dem Nichterfülltſeyn; und das Erfülltſeyn aus dem Nichtleerſeyn; aber keines von beyden erfolgt aus dem bloſsen Raume; ſo wenig als das Gelehrtſeyn und Nichtgelehrtſeyn aus der bloſsen Menſchheit erfolgt, ungeachtet eines dieſer beyden Prädikate jedem Menſchen zukommen muſs. Das weſentliche Merkmal des Raumes muſs dem Raume unveränderlich zukommen; nun iſt aber das Erfüllt- und Leerſeyn des Raumes etwas ſehr veränderliches, und alſo im Begriffe des bloſsen Raumes ein bloſs zufälliges Merkmal. Die Vorſtellung des erfüllten Raumes hat den Raum, *und* nebſt dem Raume das Erfülltſeyn des Raumes, zum Gegenſtande; die Vorſtellung des *leeren* hat den Raum und die Leerheit deſſelben zum Gegenſtande, entſteht daraus, daſs man aus dem erfüllten Raume, das was ihn erfüllt, wegdenkt; und hat folglich auſser dem Merkmal des bloſsen Raumes auch noch das Merkmal der Negation des Erfüllten zum Inhalt, welches keineswegs in den Begriff des bloſsen Raumes gehört. Allein nicht bloſs die *gemeine* Vorſtellungsart verwechſelt den leeren Raum mit dem bloſsen. Auch *berühmte* Philoſophen haben ſich bey der Beurtheilung der *kantiſchen Theorie des Raumes* faſt immer dieſer Verwechslung ſchuldig gemacht; und dadurch, daſs ſie den empiriſchen Urſprung der Vorſtellung des *leeren* Raumes gezeigt haben, den ſchlechterdings empiriſchen Urſprung der Vorſtellung des *bloſsen* Raumes erwieſen zu haben, geglaubt.

Auch

des Erkenntnißvermögens überhaupt.

Auch sind die Vorstellungen des erfüllten und leeren Raumes keineswegs die *ursprüngliche* Vorstellung des Raumes, das heißt, diejenige, die sich unmittelbar auf den bloßen Raum allein als ihren Gegenstand bezieht, und aus dem bloßen Stoff, der dem Raum als dem von der Vorstellung desselben verschiedenen Gegenstande entspricht, entstanden ist. Denn sowohl das Prädikat des erfüllten als des leeren Raumes setzt die Vorstellung des Raumes als Subjekt dieser Prädikate voraus. Man muß die so eben bestimmte *ursprüngliche* Vorstellung des bloßen Raumes, nicht mit der *empirisch ursprünglichen Vorstellung* des Raumes überhaupt, das heißt mit derjenigen Vorstellung verwechseln in welcher der Raum zuerst unter den Merkmalen empirischer Vorstellungen im Bewußtseyn vorgekommen ist. Jeder Vorstellung *a priori* muß eine empirische Vorstellung vorhergehen, in welcher der Gegenstand der erstern, sich als Form der bloßen Vorstellung an einem objektiven Stoffe bewiesen hat. Die empirisch ursprüngliche Vorstellung des Raumes ist offenbar die des *erfüllten* Raumes, aus welcher sich nach und nach die Vorstellung des *leeren* ergab; wo dann endlich durch Absonderung dessen, was beyden gemeinschaftlich ist, die Vorstellung des *bloßen* Raumes zum Bewußtseyn gelangte. Dieser unläugbar empirische Ursprung der Vorstellung des Raumes hat die Einwürfe gegen die Priorität des Stoffes dieser Vorstellung veranlasset, die unter allerley Wendungen den von *Kant* nie angestrittenen Satz vertheidigten, daß die *wirkliche* Vorstellung des Raumes empirischen Ursprungs sey. Allein die empirische Ableitung des Raums kann uns den Ursprung der Vorstellung desselben nur in so ferne erläutern, als der

Stoff

Stoff dieser Vorstellung, als *gegeben* vorausgesetzt wird. *Woher* er gegeben sey, kann durch die Erfahrung, in welcher dieser Stoff als bereits gegeben vorkommen muss, nicht ausgemacht werden. Die Frage: woher ist der *Stoff* aus welchem die Vorstellung des Raums entsteht, dasjenige, was in der blossen Vorstellung des Raums, dem von ihr unterschiedenen Gegenstande entspricht, gegeben? gehört es zum objektiven oder zum subjektiven Stoffe? ist es im Gemüthe *a priori*, oder *a posteriori* bestimmt? kann nur aus dem bestimmten Begriffe des Vorstellungsvermögens beantwortet werden.

Von der Vorstellung des *blossen Raumes* behaupte ich nun: dass der ihr eigenthümliche *Stoff* seiner Beschaffenheit nach durch die Form des äussern Sinnes *a priori* im Gemüthe bestimmt sey. Durch diese Form nämlich, die in der bestimmten Art durch ein aussereinander gegebenes Mannigfaltige afficiert zu werden, besteht, ist allem objektiven Stoffe im Gemüthe die Form bestimmt, unter welcher allein er in einer Vorstellung des äusseren Sinnes als Stoff vorkommen kann, nämlich das Aussereinanderseyn seines Mannigfaltigen. Nun kann aber dem *blossen Raume* in der Vorstellung desselben kein anderer Stoff entsprechen, als das *Mannigfaltige überhaupt unter der blossen Form des Aussereinanderseyns*. Denn an dem blossen Raume kann 1) nur ein Mannigfaltiges *überhaupt*, nicht dieses oder jenes Mannigfaltige, nichts das einem bestimmten Eindruck entspräche, keine Sache *im* Raume, gedacht werden. 2) Das Aussereinanderseyn des Mannigfaltigen, das *dem blossen Raume* als Gegenstand wesentlich ist, muss in der Vorstellung desselben nur *an* dem Stoff, und *durch* den

den Stoff beſtimmt ſeyn, weil es eine bloſſe Form des bloſſen Mannigfaltigen, das heiſst des Stoffes, allein iſt. In dem nun aber an dem unter der Form des Auſſereinanderſeyns beſtimmten Mannigfaltigen überhaupt, durch die Spontaneität mit der Form der Vorſtellung *Einheit* hervorgebracht wird (durch das Verbinden nämlich dieſes als auſſereinander beſtimmten Mannigfaltigen) entſteht eine Vorſtellung, die unmittelbar auf ihren Gegenſtand bezogen, *Anſchauung des bloſſen Raumes* iſt.

Der *vorgeſtellte* bloſſe Raum iſt alſo nichts anders als die *Form der äuſſeren Anſchauung* ſelbſt; und alle Merkmale des bloſſen Raumes müſſen ſich von der Form der äuſſern Anſchauung und ihrer unmittelbaren Vorſtellung ableiten laſſen. Die Form der äuſſeren Anſchauung beſteht *erſtens* aus der beſtimmten Form, die der *objektive*, d. i. durch ein Afficiertſeyn von auſſen gegebene, Stoff als ein ſolcher in der bloſſen Vorſtellung des äuſſern Sinnes annehmen muſs, im *Auſſereinanderſeyn des Mannigfaltigen*. *Zweytens* aus der *Einheit*, durch welche dieſe Form des bloſſen Stoffes zur Form der bloſſen Vorſtellung wird. Dieſe beyden Beſtandtheile der *Form der äuſſern Anſchauung* ſind die weſentlichen Merkmale des bloſſen Raumes der im bloſſen Auſſereinanderſeyn des Mannigfaltigen überhaupt, und zwar im verbundenen, zuſammenhängenden, einzigen Auſſereinanderſeyn beſteht. Aus der Form der Vorſtellung des äuſſern Sinnes läſst ſich daher vollkommen begreifen, warum der Raum aus lauter *verbundenen* Theilen beſtehe, wovon jeder *wieder als Raum*, als ein auſſereinander befindliches Mannigfaltige, gedacht werden muſs; die *Kontinuität* des Raumes, und die *Theilbarkeit deſſelben*

deſſelben ins Unendliche. — Hieraus begreift sich auch das *Nebeneinanderseyn* der Theile im Raume, und das *Zugleichseyn* derselben, das eine nothwendige Folge des Unterschiedes zwischen der Form der äussern und der innern Anschauung ist. Letztere besteht *allein* im *nacheinanderseyn*; die erstern also im *nicht* nacheinanderseyn — im *Zugleichseyn*.

Die Vorstellung, die unmittelbar aus dem der Form der äussern Anschauung entsprechenden Stoffe entsteht, ist eine wirkliche *Anschauung*: denn sie entsteht unmittelbar aus der (*a priori*) bestimmten Art des Afficiertwerdens, indem ihr Stoff selbst nichts anderes als die Art des Afficiertwerdens von *aussen* ist. In wie ferne nun jede Anschauung Vorstellung eines *individuellen* Gegenstandes ist, und es nur eine einzige Form der äussern Anschauung giebt; in so ferne läſst sich auch die Eigenthümlichkeit des Raumes, daſs er nur ein *einziger* ist, und alle verschiedenen Räume nur Theile eines und ebendesselben Raumes sind, befriedigend erklären.

So wie der bloſse Raum nur durch eine *Anschauung* sich vorstellen läſst, so können die Theile des Raumes nur durch *Begriffe* vorgestellt werden. Da durch das bloſse Anschauen allein an einem Gegenstande nichts unterschieden werden kann: so wird auch am Raume, in wie ferne er bloſs angeschaut wird, kein besonderer Theil unterschieden. Theile des Raumes müssen entweder durch den im Raum gegebenen Stoff, oder durch bloſse Handlung der Spontaneität bestimmt werden. In beyden Fällen aber setzen sie in wie ferne sie als Theile des Raumes *vorgestellt* werden sollen, *Begriffe* voraus, d. h. von der Anschauung verschiedene

schiedene Vorstellungen, die sich nur mittelbar, d. h. durch die Anschauung auf den Raum beziehen.

Die unmittelbare Vorstellung der Form der äussern Anschauung, oder des blossen Raumes, ist Vorstellung des *äussern Sinnes* und zwar *äussere Anschauung*. Sie entsteht durch die bestimmte Art des von aussen Afficiertwerdens; und obwohl ihr Stoff nicht durch ein Afficiertwerden durch einen Gegenstand ausser uns, sondern seiner *Beschaffenheit* nach im blossen Vorstellungsvermögen, seiner Wirklichkeit nach, in der Vorstellung aber durch die Handlung der Spontaneität, welche ihre eigene Receptivität der Form des äussern Sinnes gemäss afficiert, bestimmt wird; so ist doch dieser Stoff selbst nichts anderes als das *Mannigfaltige*, welches der Form, unter welcher Gegenstände *ausser uns* angeschaut werden, entspricht. Die Vorstellung der Form der äusseren Anschauung ist in so ferne die Vorstellung des allgemeinsten Merkmals, welches allen Gegenständen in wie ferne sie ausser uns angeschaut werden können, zukommen muss; und eben darum selbst eine Vorstellung, die sich auf etwas ausser uns bezieht. Die Form der äusseren Anschauung ist die im Gemüthe bestimmte Bedingung, unter welcher allein der objektive Stoff in einer Vorstellung vorkommen und durch ihn ein Gegenstand ausser uns vorgestellt werden *kann*. Die Anschauung dieser Form bezieht sich also zwar auf keinen wirklichen, aber doch auf den *im* Gemüthe *möglichen* objektiven Stoff und durch ihn auf den möglichen Gegenstand ausser uns. Der blosse Raum enthält daher auch nichts ausser uns Wirkliches; und ist in so ferne ein blosses *Nichts*, verglichen mit den in ihm befindlichen Dingen, und

und abgesondert von der Form ihrer Anschauung. Allein nichts desto weniger begreift er in der letztern Eigenschaft die Möglichkeit des in ihm Wirklichen, des *Ausgedehnten* in sich. Man nehme dem Raume das Ausgedehnte, und er wird Raum bleiben; aber man nehme dann dem Ausgedehnten den Raum und es wird dadurch unmöglich werden. Die Form der äussern Anschauung bezieht sich nothwendig vermittelst des objektiven Stoffes, den sie zur Vorstellung macht, auf Gegenstände ausser uns, und der Raum bezieht sich so nothwendig aufs Ausgedehnte, dass er sich gar nicht anders als nur mit der Möglichkeit der Ausdehnung denken lässt. Die Vorstellung des Raums ist die anschauende Vorstellung von der Möglichkeit der Ausdehnung.

Der Schein der Paradoxie, den die Behauptung, dass die Vorstellung der Form der äussern Anschauung, und folglich die Vorstellung eines nicht ausser dem Gemüthe vorhandenen Gegenstandes gleichwohl selbst eine äussere Anschauung sey, mit sich führt, verliert sich vollends, wenn man bedenkt, dass diese im Gemüthe vorhandene Form gerade dasjenige ist, *wodurch* sich das Gemüth, oder *was* sich im Gemüthe vor aller Vorstellung auf Dinge ausser demselben bezieht. Wird also diese Form vorgestellt: so wird etwas, was sich im Gemüthe auf etwas ausser dem Gemüthe bezieht, vorgestellt. Die Form der äusseren Anschauung hat eine doppelte Beziehung: auf das Gemüth nämlich, in wie ferne sie in der Beschaffenheit der Receptivität des Vorstellungsvermögens gegründet ist; und auf etwas ausser dem Gemüthe, in wie ferne sie die Form ist, die aller objektive (von aussenher gegebene) Stoff im Gemüthe annehmen

nehmen muſs. Sie iſt hiedurch gleichſam das Medium der Communikation zwiſchen dem Gemüthe und den Dingen auſſer dem Gemüthe. Der von dieſen letztern gelieferte objektive Stoff, und die vom Gemüthe gelieferte Form der äuſſern Anſchauung in der Vorſtellung, welche ſie ausmachen, vereiniget, und auf den Gegenſtand bezogen, machen jede (empiriſche) Anſchauung der Dinge auſſer uns aus. Die vorgeſtellte bloſſe Form der äuſſern Anſchauung muſs alſo dahin bezogen werden, wohin die Vorſtellung, deren Form ſie iſt, bezogen werden muſs: auf *etwas auſſer uns*; und eben darum muſs ſie auch als etwas auſſer uns befindliches, und zwar als dasjenige, *worin* alles auſſer uns befindliche vorkommen muſs, vorgeſtellt werden. Hierdurch wird es völlig begreiflich, warum der Raum, ungeachtet wir ihn weder für eine Subſtanz, noch für ein Accidenz einer Subſtanz, noch für ein Verhältniſs zwiſchen mehreren Körpern (denn auch dort muſs Raum gedacht werden wo kein Körper iſt) halten können; ungeachtet wir ihn unmöglich in die Reihe der wirklichen Dinge und ihrer Beſchaffenheiten verſetzen können; gleichwohl für kein bloſſes *Nichts* angeſehen werden kann, ja allen Einwendungen der Spekulation zum Trotze ſich uns gleichwohl als etwas auſſer uns ohne alle Eigenſchaften wirklicher Dinge aufdringt.

Endlich iſt, welches wohl keines weiteren Beweiſes bedarf, die Form der äuſſern Anſchauung kein auſſer unſrem Gemüthe befindlicher Gegenſtand. Ihre Vorſtellung iſt daher auch keine Vorſtellung eines auſſer uns befindlichen Gegenſtandes, ſondern die Anſchauung der Form, welche *alle* Gegenſtängenſtände auſſer uns durch den ihnen in der Vorſtellung entſprechenden objektiven Stoff annehmen müſſen, in wie ferne ſie *anſchaulich* ſeyn ſollen. Die Vorſtellung dieſer bloſſen Form iſt Vorſtellung des bloſſen Mannigfaltigen unter der Form des Auſſereinanderſeyns auf Einheit gebracht; und folglich keines, weder durch einen objektiven Stoff in einer empiriſchen Anſchauung, noch durch den Verſtand in einem Begriffe beſtimmten, und damit *begränzten* Auſſereinanderſeyns. Daher kann auch in der Anſchauung dieſer bloſſen Form keine beſtimmte Gränze des auſſereinander befindlichen Mannigfaltigen vorkommen; und es begreift ſich, warum und in wie ferne der bloſſe Raum *unendlich* iſt.

§. LX.

Die unmittelbare Vorſtellung der Form der äuſſern Anſchauung oder des bloſſen Raumes, iſt *Anſchauung a priori*, der Raum iſt in ſo ferne ein *nothwendiger* Gegenſtand für uns, und durch ihn iſt die *Ausdehnung* ein *allgemeines* Merkmal aller anſchaulichen Gegenſtände auſſer uns.

Nach dem, was in der *Theorie des Vorſtellungsvermögens überhaupt* über die *Vorſtellungen a priori*, und in den vorigen Paragraphen über die Vorſtellung von der Form der äuſſeren Anſchauung oder dem bloſſen Raume, geſagt iſt, bedarf die Behauptung, daß dieſe Vorſtellung in wie ferne ſie unmittelbar auf ihren Gegenſtand bezogen wird, Anſchauung *a priori* ſey, weder eines Beweiſes noch einer Erörterung. Aber das bisherige Schickſal der *Kritik der Vernunft*, die gerade

über

des Erkenntnifsvermögens überhaupt.

über diese freylich auf einem anderen Wege erwiesene Behauptung so gar jämmerlich mifsverstanden wurde, nöthigt mir die ausdrückliche, obwohl sonst überflüssige, Erklärung ab; dafs ich *nicht* den *Raum* selbst, sondern nur die *Vorstellung* desselben Anschauung *a priori* nenne; und dafs ich auch diese Anschauung keineswegs in dem Sinne *a priori* nenne, als ob sie der *empirischen* vorhergienge, oder als ob sie nicht von der *empirischen* des erfüllten, und der *abstrakten* des leeren Raumes abgezogen wäre, sondern lediglich in so ferne, als ihr Stoff, der keinem andern Gegenstande als der Form der äussern Anschauung entspricht, seiner Beschaffenheit nach nur durch die Form des äussern Sinnes bestimmt ist, die doch wohl nicht durch den empirischen Eindruck gegeben seyn kann; sondern als Bedingung alles äussern Afficiertwerdens *a priori* im Gemüthe vorhanden seyn mufs.

Als Gegenstand einer Vorstellung *a priori* ist der Raum ein *nothwendiger Gegenstand* für unser Gemüth. Da die bestimmte Möglichkeit durch etwas ausser uns befindliches afficiert zu werden nothwendig zu unsrem Vorstellungsvermögen gehört, einen wesentlichen Bestandtheil desselben ausmacht, der von unsrer Receptivität unzertrennliche äussere Sinn ist; und da die durch denselben bestimmte Form der äussern Anschauung die Form ist, welche aller objektive Stoff, wenn durch ihn Vorstellung von Dingen ausser uns möglich seyn soll, annehmen mufs; so ist diese Form unsrem Gemüth eben so nothwendig, als die Möglichkeit der Vorstellung äusserer Dinge; und der blosse Raum ist von unsrem Gemüthe unzertrennlich. Daher kommt es, dafs wir zwar alle Gegenstände

aus

aus dem Raume, aber nie den Raume selbst wegzudenken vermögen, daß wir allezeit, wenn wir etwas aufser uns vorstellen wollen, auch den Raum vorstellen müssen; daß wir nicht einmal *vom aufser uns vorhanden seyn* eine Vorstellung haben können, ohne den Raum dabey zu Hülfe zu nehmen.

Als einem Gegenstande einer Vorstellung *a priori*, kömmt dem Raume bey seiner Nothwendigkeit auch *Allgemeinheit* zu; in wie ferne er nämlich in der Eigenschaft der *a priori* bestimmten Form jeder empirischen äußern Anschauung ein *allgemeines Merkmal* aller anschaulichen *Dinge aufser uns* ist, auf die er zugleich mit der Vorstellung bezogen wird. Daher kömmt es, daß alle Dinge aufser uns nicht nur im Raume vorhanden seyn, sondern auch einen Theil des Raumes *erfüllen*, ausgedehnt seyn, müssen. Der dem Gegenstande aufser uns in der Vorstellung entsprechende, durch afficirtwerden von aussen gegebene, Stoff kann nur durch die Form der äußern Anschauung, die er im Gemüthe annimmt, Vorstellung werden; und nur in seiner unzertrennlichen Vereinigung mit dieser Form auf seinen Gegenstand bezogen werden, der daher auch nur unter dieser Form, und folglich nur als etwas den *Raum erfüllendes*, *Ausgedehntes* vorgestellt werden kann.

Als Gegenstand einer Vorstellung *a priori* ist der Raum von der *Erfahrung unabhängig*, in wie ferne die Erfahrung in dem Gegebenseyn eines Stoffes *a posteriori* besteht. Denn er ist die Bedingung, die im Gemüthe bestimmt seyn muß, wenn der objektive Stoff, der nicht anders als *a posteriori* gegeben seyn kann, im Gemüthe vorkommen

kommen und zur Vorstellung werden soll. In *dieser Rücksicht* ist auch die Vorstellung des Raumes von der Erfahrung unabhängig; nämlich in Rücksicht ihres *a priori* im Gemüthe bestimmten Stoffes; obwohl sie in Rücksicht auf ihre Entstehung als eine wirkliche Vorstellung von dem Gegebenseyn eines objektiven Stoffes in einer empirischen Vorstellung abhängt. Denn ohne diesen letztern würde der äussere, *a priori* bestimmte Sinn, keine Veranlassung haben, die Form der äusseren Anschauung an einem Stoffe zu bestimmen; und diese würde so wenig auch als blosse Form vorgestellt werden können, als jede andere Form die nicht vorher in konkreto an einem Stoffe vorgekommen ist, ungeachtet dieselbe weder mit noch durch den Stoff gegeben ist. — Nichts ist daher begreiflicher als wie alle bisherige Versuche den Raum ohne diese Einschränkung von der Erfahrung abzuleiten, nothwendig mißlingen mussten; und warum derjenige Theil der Philosophen, der den blossen Raum für etwas Wirkliches, und von den Dingen unabhängiges, hielt, an demselben ein nothwendiges, unendliches, und selbstständiges — Unding zugeben musste; der andere Theil aber, der ihn für ein blosses Verhältniss der Dinge gegeneinander ansah, weder erklären konnte, warum der Raum als etwas unendliches; warum er auch dort wo keine Dinge sind, gedacht werden müsse; und wie es zugienge, daß die Eigenschaften des blossen Raumes auch den Dingen, welche den Raum erfüllen, *nothwendig* zukommen müssten.

Aus der *Nothwendigkeit* des Raumes, die von seiner im Gemüthe bestimmten Natur abhängt, ergiebt sich die sonst unerklärbare *apodiktische*

Gewißheit der Geometrie, die nichts als eine Wissenschaft der nothwendigen Eigenschaften des Raumes ist, welche in derselben nicht durch bloße, sondern auf Anschauungen sich unmittelbar beziehende Begriffe dargestellt werden. Wenn das Substratum der Geometrie, der bloße Raum, nothwendig ist, so muß auch jede seiner Eigenschaften nothwendig seyn; der Raum kann aber nur in so ferne in meinem Bewußtseyn als nothwendig vorgestellt werden, in wie ferne er eine Bedingung des Wirklichen ist. Da der bloße Raum als Form meiner äußern Anschauung kein außer mir befindlicher Gegenstand ist, so weiß ich, daß diejenige Eigenschaft des Raumes, welche z. B. *Dreyeck* heißt, und alle Eigenschaften dieses Dreyeckes, die dem Raume in meiner Vorstellung zukommen, dem Raume, und dem Dreyecke auch *an sich* zukommen müssen, daß alle möglichen Dreyecke, die mir meine Einbildungskraft vorzeichnen kann, und alle wirklichen, die mir in der Sinnenwelt vorkommen können, eben dieselben Eigenschaften haben *müssen;* welches ich nicht wissen könnte, wenn mir das Substratum des Dreyeckes nur aus der Erfahrung bekannt wäre, deren Zeugniß nicht weiter, als die gegebenen Fälle, reicht.

§. LXI.

Durch die Form des inneren Sinnes ist der Stoff der Vorstellung der *bloßen Zeit* im Gemüthe *a priori* bestimmt, und die bloße Zeit in wie ferne sie vorgestellt werden kann, ist nichts als die *a priori* bestimmte Form der inneren Anschauung.

Auch hier unterscheide ich die *erfüllte* und die *leere* von der *bloßen Zeit*, die allein der Gegenstand der reinen (unvermischten) und ursprünglichen (durch ihren bloßen Stoff und folglich unmittelbar auf die Zeit sich beziehenden) Vorstellung der Zeit seyn kann. Das Wesen der Zeit kann weder im Erfüllt- noch im Leerseyn bestehen; und beydes sind Prädikate der Zeit, die keineswegs dem Begriff der Zeit als Subjekt ausmachen, sondern denselben voraussetzen. Unter der bloßen Zeit kann also weder die Succession der wirklichen Dinge, noch die Succession unsrer Vorstellungen, noch die Ordnung in den Bewegungen der Planeten, noch irgend etwas anderes verstanden werden, wodurch etwas, das die Zeit erfülle, als ein Bestandtheil der Zeit selbst, als innere Bedingung, und wesentlicher Inhalt des Begriffes der *bloßen* Zeit angegeben wird. Ich gebe zu, ja, ich behaupte sogar meiner Theorie zufolge, daß die Vorstellung der bloßen Zeit *nicht ohne* die empirische Vorstellung der erfüllten Zeit, nur *nach* derselben, und in wie ferne bey der allmähligen Entwicklung unsrer Begriffe das abstrakte vorher im Konkreten vorkommen muß, *durch* dieselbe entstehen müsse. Aber ich behaupte auch daß der Stoff, der der bloßen Zeit in der Vorstellung derselben entspricht, keineswegs durch das Afficiertwerden von außen (das ich selbst zur Wirklichkeit der Vorstellung der bloßen Zeit für unentbehrlich halte) gegeben, sondern seiner Beschaffenheit, seiner eigenthümlichen Form nach durch die bloße Form des inneren Sinnes *a priori* im Gemüth bestimmt sey.

Durch die Form des inneren Sinnes, die in der bestimmten Art durch ein nacheinander gegebenes

benes Mannigfaltige afficiert zu werden befteht, ift allein Stoffe überhaupt die Form beftimmt, unter welcher er allein in einer Vorftellung des innern Sinnes als Stoff vorkommen kann, nämlich das Nacheinanderfeyn feines Mannigfaltigen. Nun kann aber der bloſſen Zeit in der Vorſtellung derfelben kein anderer Stoff entſprechen als *das Mannigfaltige überhaupt unter der bloſſen Form des Nacheinanderſeyns*. Denn an der bloſſen Zeit kann 1) nur ein Mannigfaltiges überhaupt, nicht dieſes oder jenes Mannigfaltige, nichts das einem beſtimmten Eindrucke entſpräche, kein Etwas in der Zeit gedacht werden. 2) Das Nacheinanderfeyn des Mannigfaltigen, das der bloſſen Zeit, als Gegenſtand gedacht, weſentlich iſt, muſs in der bloſſen Vorſtellung derfelben nur an dem Stoffe und durch den Stoff beſtimmt ſeyn, weil es eine bloſſe Form des bloſſen Mannigfaltigen, d. h. des Stoffes allein iſt. Indem nun aber an dem unter der Form des Nacheinanderfeyns beſtimmten Mannigfaltigen überhaupt durch die Spontaneität mit der Form der Vorſtellung *Einheit* hervorgebracht wird, entſteht eine Vorſtellung, die unmittelbar auf ihren Gegenſtand (dasjenige welchem ihr Stoff entſpricht) bezogen, Anſchauung der bloſſen Zeit iſt.

Die *vorgeſtellte* bloſſe Zeit iſt alſo nichts anderes als die Form der *inneren Anſchauung* ſelbſt, und alle Merkmale der bloſſen Zeit müſſen ſich von der Form der inneren Anſchauung und ihrer unmittelbaren Vorſtellung ableiten laſſen. Die Form der innern Anſchauung beſteht *Erſtens* aus der beſtimmten Form, die jeder der inneren Receptivität gegebene Stoff als Stoff der innern Anſchauung in der bloſſen Vorſtellung annehmen muſs,

muſs, in Nacheinanderſeyn des Mannigfaltigen. *Zweytens* aus der Einheit, durch welche dieſe Form des bloſſen Stoffes zur Form der bloſſen Vorſtellung wird. Dieſe beyden Beſtandtheile der Form der innern Anſchauung ſind aber die weſentlichen Merkmale der *bloſſen Zeit*, die im bloſſen Nacheinanderſeyn des Mannigfaltigen überhaupt, und zwar im verbundenen, zuſammenhängenden, einzigen Nacheinanderſeyn beſteht. Aus der Form der inneren Anſchauung läſst ſich daher auch vollkommen begreifen, warum die bloſſe Zeit aus lauter *verbundenen* Theilen beſtehe, wovon jeder wieder als Zeit, als ein nacheinander vorkommendes Mannigfaltige, gedacht werden muſs, die *Kontinuität* der Zeit ſowohl als ihre *Theilbarkeit ins Unendliche*. Hieraus begreift ſich auch, warum in der bloſſen Zeit allein nichts *zugleich* vorkommen kann. Das Zugleichvorkommen ſetzt die Form des *Auſſereinanderſeyns* den bloſſen Raum voraus, und kann nur durch die *Verbindung* von Raum und Zeit gedacht werden.

Die Vorſtellung, die unmittelbar aus dem der bloſſen Form der inneren Anſchauung entſprechenden Stoffe beſteht, iſt eine wirkliche Anſchauung; denn ſie entſteht unmittelbar aus der (*à priori* beſtimmten) Art des Afficiertwerdens, indem ihr Stoff ſelbſt nichts anders als die Art des Afficiertwerdens von *innen* iſt. In wie ferne nun jede Anſchauung Vorſtellung eines individuellen Gegenſtandes iſt und es nur eine einzige Form der inneren Anſchauung giebt, in ſo ferne läſst ſich auch die Eigenthümlichkeit der Zeit, daſs ſie nur eine *einzige* iſt, und alle verſchiedenen Zeiten nur Theile einer und ebenderſelben Zeit ſind, befriedigend erklären.

So wie die bloſſe Zeit nur durch eine Anſchauung ſich vorſtellen läſst: ſo können die Theile der Zeit nur durch Begriffe vorgeſtellt werden. Sie müſſen entweder durch den in der Zeit aufgefaſsten Stoff, oder durch bloſſe Handlung der Spontaneität beſtimmt werden. In beyden Fällen ſetzen ſie, in wie ferne ſie als Theile der Zeit vorgeſtellt werden ſollen, *Begriffe* voraus, d. h. von der Anſchauung verſchiedene Vorſtellungen, die ſich nur durch Anſchauung auf die Zeit beziehen.

Die unmittelbare Vorſtellung der Form des inneren Sinnes, iſt ſelbſt eine Vorſtellung des inneren Sinnes und zwar *innere Anſchauung*. Sie entſteht durch die beſtimmte Art von innen afficiert zu werden; und obwohl ihr Stoff nicht in einem von auſſen gegebenen und in den inneren Sinn aufgenommenen Mannigfaltigen beſteht; ſondern ſeiner Beſchaffenheit nach im bloſſen Vorſtellungsvermögen, ſeiner Wirklichkeit nach in der bloſſen Vorſtellung durch die ihre eigene Receptivität nach der Form des innern Sinnes afficierende Spontaneität beſtimmt wird, ſo iſt doch dieſer Stoff gleichwohl ein wirkliches und im Gemüthe beſtimmtes Mannigfaltige, das in der Form unter welchen *etwas a poſteriori* in uns angeſchaut werden kann, keinen beſtimmten Gegenſtand hat; aber ſo wie alles was ſich *a poſteriori in uns* anſchauen läſst, nämlich die *Veränderung* in uns, nur als in uns ſelbſt angeſchaut, nur Gegenſtand einer *innern* Anſchauung ſeyn kann. Die Vorſtellung der Form des innern Sinnes iſt in ſo ferne Vorſtellung des allgemeinſten Merkmals, welches allem, was *a poſteriori* in uns als in uns befindlich, vorgeſtellt werden kann, zukommen muſs. Alles was

was als in dem vorstellenden Subjekte befindlich vorgestellt werden kann; ist entweder *à priori* vorgestellte Form des bloßen Vorstellungsvermögens, worunter auch die Form des innern Sinnes selbst gehört, oder die wirkliche Vorstellung selbst, in wie ferne sie als etwas *à posteriori* im Gemüthe befindliches vorgestellt werden kann, welches letztere nur der Form der innern Anschauung gemäß, d. h. in der bloßen Zeit geschehen kann; daher auch die Vorstellungen unter dem allgemeinen Prädikate, der in uns *erfüllten* Zeit, der Veränderungen in uns, vorgestellt werden müssen.

Die Form der inneren Anschauung ist die im Gemüthe bestimmte Bedingung, unter welcher allein ein Mannigfaltiges (als subjektiver Stoff) in einer Vorstellung vorkommen, und durch dasselbe ein empirischer Gegenstand in uns, d. h. die Veränderung des Gemüthes, vorgestellt werden kann. Die Anschauung dieser bloßen Form allein bezieht sich also zwar auf kein wirkliches, aber doch auf alles mögliche von innen Afficiertseyn, und durch dasselbe auf die mögliche Veränderung in uns. Die *bloße Zeit* enthält daher auch keine wirkliche Veränderung, und ist in so ferne ein bloßes Nichts verglichen mit den in der erfüllten Zeit vorkommenden Veränderungen und abgesondert von der Form der Anschauung derselben. Allein nichts destoweniger begreift sie in der letztern Eigenschaft die Möglichkeit des in ihr Wirklichen, d. h. der Veränderung in sich. Man nehme die Veränderung aus der Zeit, und es wird immer die bloße Zeit übrig bleiben; aber man nehme dann die Zeit von der Veränderung hinweg, und die Veränderung wird unmöglich werden. Die Form der inneren

Anschauung bezieht sich nothwendig vermittelst des ihr gemäßen Afficiertseyns von innen, das durch sie anschaulich wird, auf die Veränderung in uns als einen vorstellbaren Gegenstand; und die Zeit bezieht sich so nothwendig auf Veränderung, daß sie sich gar nicht anders als nur mit der Möglichkeit der Veränderung denken läfst. Die Vorstellung der Zeit ist die anschauende Vorstellung von der Möglichkeit der Veränderung.

Die Anschauung der blossen Form des inneren Sinnes ist Anschauung eines blossen Mannigfaltigen überhaupt, in wie ferne dasselbe unter der Form des Nacheinanderseyns auf Einheit gebracht ist. Das Mannigfaltige überhaupt, das in dieser Anschauung vorkommt, kann eben darum weder durch einen empirischen Stoff, noch durch eine Handlung der Spontaneität bestimmt, und folglich auch nicht *begränzt* seyn. Es kann in der Anschauung der blossen Zeit keine Gränze des Nacheinanderseyns vorkommen, und es begreift sich, wie und in wie ferne die blosse Zeit *unendlich* ist.

§. LXII.

Die unmittelbare Vorstellung der Form der inneren Anschauung, oder der blossen Zeit, ist *Anschauung a priori;* die blosse Zeit ist in so ferne ein *nothwendiger* Gegenstand für uns, und durch sie ist *Veränderung in uns* das allgemeine Merkmal aller unsrer Vorstellungen in wie ferne sie Gegenstände des innern Sinnes sind.

Dieser Paragraph kann nach dem bisher gesagten keine Schwierigkeit haben, wenn man nicht etwa

etwa die Zeit mit der bloſſen Vorſtellung der Zeit verwechſelt. Der *Stoff* der Vorſtellung der Zeit iſt ſeiner *Beſchaffenheit* nach unmittelbar *a priori* im Gemüthe beſtimmt, nicht die Vorſtellung der Zeit, auch nicht die Zeit ſelbſt. Die Zeit iſt nicht Form des inneren *Sinnes*, ſondern Form der inneren *Anſchauung*; und entſteht blos aus der Form des inneren Sinnes (dem bloſſen Nacheinanderſeyn), in wie ferne daſſelbe durch die Spontaneität die Form der Vorſtellung, Einheit des Mannigfaltigen, erhalten hat.

Als Gegenſtand einer Vorſtellung *à priori* iſt die Zeit ein *nothwendiger* Gegenſtand für unſer Gemüth. Da die beſtimmte Möglichkeit durch die Spontaneität afficiert zu werden nothwendig zu unſrem Vorſtellungsvermögen gehört, einen weſentlichen Beſtandtheil deſſelben ausmacht, und der von unſrer Receptivität unzertrennliche innere Sinn iſt; und da die durch denſelben beſtimmte Form der inneren Anſchauung die Form iſt, welche aller Stoff in wie ferne durch ihn der innere Sinn afficiert ſeyn ſoll, annehmen muſs, ſo iſt dieſe Form unſrem Gemüthe ſo weſentlich, als die Möglichkeit der Vorſtellung überhaupt, und insbeſondere die Möglichkeit der inneren Anſchauung. Die Zeit iſt daher von unſrem Gemüthe unzertrennlich. Daher kömmt es, daſs wir zwar alle Gegenſtände aus der Zeit, aber nie die Zeit ſelbſt wegzudenken vermögen, daſs wir allzeit, wenn wir uns unſre eigenen Vorſtellungen als etwas in uns wirkliches vorſtellen, auch die Zeit vorſtellen müſſen, und daſs wir von einem Vorhandenſeyn *in uns* keine Vorſtellung haben können, ohne die Zeit dabey zu Hülfe zu nehmen, und ein *Entſtehen* in uns zu denken.

Als einem Gegenstande einer Vorstellung à priori kömmt der Zeit bey ihrer Nothwendigkeit auch *Allgemeinheit* zu; in wie ferne sie nämlich in der Eigenschaft der *a priori* bestimmten Form jeder empirischen inneren Anschauung ein allgemeines und unmittelbares Merkmal aller Gegenstände in uns, jeder *Veränderung* in uns ist. Hieraus begreift sichs, warum alles, was Gegenstand einer Vorstellung des inneren Sinnes, einer durch die Art des Afficiertseyns von innen entstandenen Vorstellung ist, nicht nur in der Zeit vorhanden, sondern auch einen Theil der Zeit erfüllen, ein der Zeit entsprechendes Mannigfaltige, *Veränderung* seyn muls.

Als Gegenstand einer Vorstellung *à priori* ist die blosse Zeit von der Erfahrung unabhängig; in wie ferne die Erfahrung im Gegebenseyn eines Stoffes *à posteriori* besteht. Denn sie ist die Bedingung die im Gemüthe bestimmt vorhanden seyn muls, wenn der Stoff *à posteriori* in den inneren Sinn aufgefasset werden, und Vorstellung aus ihn entstehen soll. In *dieser Rücksicht* ist auch die Vorstellung der Zeit von der Erfahrung unabhängig, obwohl sie in Rücksicht auf ihre Entstehung als besondere Vorstellung von dem Gegebenseyn eines objektiven Stoffes sowohl, als vom Afficiertseyn durch die Spontaneität abhängt. — Jede Ableitung der Vorstellung Zeit aus der Erfahrung, bey welcher der Umstand, dafs die Beschaffenheit des Stoffes welcher der blossen Zeit in der Vorstellung entspricht, im Gemüthe *a priori* bestimmt seyn müsse, übersehen ist, muls nothwendig misslingen, und der Zeit entweder ihre *Nothwendigkeit* absprechen, oder sie zu einem selbstständigen, ewigen Undinge machen.

§. LXIII.

§. LXIII.

Die Zeit ist die *allgemeine Form aller Anschauungen* überhaupt, und daher ein wesentliches Merkmal aller Gegenstände, in wie ferne sie anschaulich sind.

Die Form der inneren Anschauung ist die allgemeine Form aller Anschauung überhaupt, in wie ferne der Stoff aller sinnlichen Vorstellung durch die Spontaneität nur unter der Form des inneren Sinnes in der Receptivität verbunden, oder welches eben so viel heißt nur unter der Form eines nacheinanderseyenden Mannigfaltigen in den inneren Sinn aufgenommen werden kann. Die Zeit ist also in so ferne auch Form der äussern Anschauung; aber nur mittelbar, vermittelst des innern Sinnes, der auch bey der äusseren Anschauung afficirt seyn muß, und die Zeit muß mit der sinnlichen Vorstellung des äussern Sinnes auf den (ausser uns befindlichen) Gegenstand bezogen werden, und unter den Merkmalen desselben vorkommen. Jeder anschauliche Gegenstand muß also in der Zeit angeschaut werden.

Allein die Zeit kann kein *unmittelbares* Merkmal der Gegenstände ausser uns, der Gegenstände im Raume, seyn. Das Mannigfaltige das dem Gegenstande ausser uns entspricht, in wie ferne er durch den Verstand als etwas für sich bestehendes gedacht werden muß, kann nur der Form des äusseren Sinnes gemäß im bloßen Raume, in dem es allein gegeben seyn kann, angeschaut werden, und die Zeit kann von demselben nur mittelbar, und zwar nur als ein negatives Merkmal behauptet werden, das heißt, der Gegenstand kann in wie ferne

ferne er als *auſſer uns* beſtehend gedacht wird, nur als ein nicht die bloſſe Zeit erfüllendes und mit derſelben fortlaufendes, ſondern als ein *Beharrliches im Raume* angeſchaut werden; ſo wie die beharrlichen Merkmale ihm nur im Raume allein, und folglich nicht unter der Form des Nacheinanderſeyns; ſondern als *zugleichſeyende* Theile zukommen können.

Allein es kommen auch an den Gegenſtänden *auſſer uns Veränderungen* vor. Merkmale die an den Gegenſtänden ſelbſt nur in der Zeit wirklich werden, und die alſo offenbare Beweiſe ſind, daſs die Zeit auch als etwas auſſer uns, und nicht als die bloſſe Form unſrer Anſchauungen gedacht werden müſſe." Ich antworte: *Fürs erſte* werden dieſe Veränderungen keineswegs in der bloſſen Zeit, ſondern im Raume *und* in der Zeit zuſammengenommen angeſchaut, und ihr allgemeinſtes weſentliches Prädikat iſt *Bewegung*, Veränderung im Raum und in der Zeit. Wäre alſo die Zeit, in der dieſe Veränderungen angeſchaut werden, nicht die bloſſe Form unſrer Anſchauung, ſo könnte es der Raum ebenfalls nicht ſeyn. *Fürs zweyte* können dieſe Veränderungen an den von unſren Vorſtellungen verſchiedenen Gegenſtänden nur in ſo ferne *vorgeſtellt* werden, als ſie in der bloſſen Vorſtellung vorkommen, und mit und durch dieſelbe auf den Gegenſtand bezogen werden. Die Veränderung auſſer uns kann nur durch eine Veränderung in uns vorgeſtellt werden; die Vorſtellung derſelben hängt alſo von der im Vorſtellungsvermögen beſtimmten Form ab, unter welcher allein Veränderung *in uns* vorgehen kann; das heiſst von der in der Receptivität beſtimmten Empfänglichkeit

für

für ein nacheinander gegebenes Mannigfaltige, von
der in unsrem Gemüthe bestimmten *bloßen Zeit*.

Alles Nacheinanderseyn in der Receptivität ist
in derselben nur in wie ferne sie innerer, — so
wie alles Aussereinanderseyn nur in wie ferne sie
äusserer Sinn ist, möglich. Alles wirkliche Nacheinanderseyn kann in der Receptivität nur durch
die Spontaneität des Vorstellungsvermögens, so wie
alles wirkliche Aussereinanderseyn nur durch fremden Eindruck bestimmt werden. Denn in wie ferne das Mannigfaltige der Receptivität *nacheinander*
gegeben ist, kann es nur in *verbundenen* Theilen,
nur durch Synthesis, nur durch Handlung der auf-
fassenden, oder apprehendirenden Spontaneität gegeben seyn. Das Nacheinanderseyn, das bey der
Anschauung der Bewegung mit dem Aussereinanderseyn vorgestellt wird, kann in der bloßen Vorstellung nur in so ferne vorkommen, als die Spontaneität etwas zugleich mit dem objektiven Stoff
gegebenes nacheinander d. h. der Form des innern
Sinnes gemäs auffasst. — „Worin bestünde denn
aber der Unterschied zwischen Veränderung in uns
und ausser uns, wenn beyde das Werk der Spontaneität wären?" —. Darin, daß beyde auf eine
verschiedene Art das Werk der Spontaneität sind.
Die Veränderung in uns ist als bloße Vorstellung
des inneren Sinnes ganz Wirkung der Spontaneität.
Nicht so die Veränderung ausser uns, die keineswegs eine bloße Vorstellung ist. Die Spontaneität
afficiert hier den innern Sinn zwar nach der ihm
eigenen Form, aber nicht durch sich selbst, sondern
durch dasjenige wovon der äussere Sinn afficiert wird,
zu dieser Handlung bestimmt. Ich versuche es diese
dunkele

dunkele Gegend des menschlichen Gemüthes durch einige Winke in etwas aufzuhellen.

Das Afficiertseyn, das im Gemüthe unter der Form des nacheinander gegebenen Mannigfaltigen vorgeht, wird entweder nur auf das vorstellende Subjekt, oder auch auf ein vorgestelltes Objekt, ein Ding ausser uns, bezogen. Das erste geschieht bey der Vorstellung des inneren Sinnes; das zweyte bey der Vorstellung der Bewegung. In beyden Fällen muſs die Möglichkeit des Nacheinandergegebenseyns im bloſsen Vorstellungsvermögen bestimmt, das *Auffaſsen* aber des Mannigfaltigen, in wie ferne daſselbe zum Nacheinandervorkommen in der Vorstellung gehört, das Werk der Spontaneität seyn, und folglich nur im *inneren Sinne* vorgehen. Im ersten Falle ist das wirkliche Nacheinandervorkommen Wirkung von der Handlung der bloſsen Spontaneität; heiſst daher auch Veränderung *in uns*, und ist die Form jeder wirklichen sinnlichen Vorstellung in wie ferne dieselbe auf das Subjekt bezogen wird, Empfindung ist. Im zweyten Falle aber ist das wirkliche Nacheinandervorkommen Wirkung nicht der bloſsen Spontaneität allein, sondern der durch eine Handlung eines Dinges ausser uns zum Nacheinanderauffassen bestimmten Spontaneität, heiſst in Rücksicht auf dieses von auſsen bestimmt seyn, Veränderung ausser uns, und ist Stoff der Vorstellung der wirklichen Bewegung. In wie ferne das Nacheinanderauffassen des Stoffes die bloſse Wirkung der Spontaneität ist, kömmt es zwar bey jeder sinnlichen Vorstellung, und folglich auch bey der äuſseren Anschauung vor, wird aber nicht vorgestellt, nicht mit dem objektiven Stoff unmittelbar auf den Gegenstand bezogen,

bezogen, und dieser wird daher auch nur unter der Form des objektiven Stoffes, nur im Raume allein, und folglich unter der Form des Zugleichseyns seiner Merkmale, und des Beharrlichen vorgestellt. Ist aber der Grund, warum ein Mannigfaltiges in der Vorstellung nacheinander aufgefaßt wird, in der Vorstellung von aussen her bestimmt, wird die Receptivität zwar von aussen aber nicht nach der blossen Form des äussern Sinnes allein afficiert, wird an dem objektiven Stoffe selbst etwas der Form des inneren Sinnes gemäß, das heißt *so* gegeben, daß es zwar im Raume aber nicht im blossen Raume aufgefaßt werden kann; so wird die Spontaneität nicht durch sich selbst, sondern durch das Afficiertseyn von aussen zum Nacheinanderauffassen bestimmt, und dieses Nacheinanderauffassen bey dem sich das Gemüth mehr leidend als wirkend verhält, und zu welchem das Gemüth durch einen von ihm selbst verschiedenen Gegenstand bestimmt wurde, wird zugleich mit dem objektiven Stoffe auf das Ding ausser uns bezogen, und in so ferne als im Raume und folglich als ausser uns befindlich, als Veränderung ausser uns, vorgestellt. Es wäre also freylich ungereimt die blosse Zeit, die Form des inneren Sinnes, als die Form der Veränderungen ausser uns angeben wollen, da Raum und Zeit in wesentlicher Verbindung die Form der Bewegung, der Veränderung ausser uns sind. Aber es wäre eben so ungereimt die blosse Zeit, die blosse im Nacheinanderseyn des Mannigfaltigen überhaupt, (das blossen Stoffes einer Vorstellung) bestehende Form den *Dingen an sich* beyzulegen; da sie nur in Verbindung mit der Form des Aussereinanderseyns, und nur durch dieselbe, und folglich

lich nur durch die Form der äussern Anschauung auf Dinge ausser uns bezogen werden kann.

Wenn wir dem Begriffe, den die *Theorie des Vorstellungsvermögens überhaupt* von dem *Dinge an sich* festgesetzt hat, getreu bleiben, so kann dieser Begriff der Behauptung, daſs die bloſse Zeit eine bloſse Form der Anschauung ist, so wenig widersprechen, daſs er sie vielmehr bestätigen muſs. Denn wenn alle Vorstellung eines *Dinges an sich* unmöglich ist, so kann dem Dinge an sich kein einziges vorstellbares Prädikat, und folglich weder Raum noch Zeit und überhaupt nichts beygelegt werden; auſser dem allgemeinen Prädikate eines bloſsen Subjektes ohne alle Prädikate. Und selbst durch dieses wird es noch nicht als Ding an sich, sondern durch ein in unsrem Verstande gegründetes Prädikat gedacht. Der vorgestellte bloſse Raum und die vorgestellte bloſse Zeit können also unmöglich dem Dinge an sich beygelegt werden. Auch der Stoff, der ihnen in ihren reinen Vorstellungen entspricht, kann kein objektiver, durch Afficiertseyn von auſſen gegebener, und in so ferne den Dingen an sich angehöriger Stoff seyn; da er seiner *Beschaffenheit* nach nur durch die wesentliche im Gemüthe *a priori* bestimmte Form gegeben seyn kann, unter welcher die Receptivität von auſſen und von innen aficiert werden muſs, und als Beschaffenheit des bloſsen Vorstellungsvermögens im Gemüth von allem objektiven Stoffe vorausgesetzt wird, nicht durch ihn gegeben seyn kann.

§. LXIV.

§. LXIV.

Das Bezogenwerden einer empirischen Vorstellung auf ihren beſtimmten Gegenſtand heiſst Erkenntniſs *à poſteriori*; einer Vorſtellung *a priori* aber — Erkenntniſs *à priori*; und von allen (vom bloſsen Vorſtellungsvermögen verſchiedenen) Gegenſtänden iſt nur Erkenntniſs *a poſteriori* oder empiriſche Erkenntniſs möglich.

Empiriſch heißt jede Vorſtellung in wie ferne ihr Stoff nicht im bloſsen Vorſtellungsvermögen, ſondern durch ein Afficiertſeyn im Gemüthe beſtimmt iſt. Alle vom bloſsen Vorſtellungsvermögen verſchiedene Gegenſtände können nur empiriſch erkannt werden: denn im bloſsen Vorſtellungsvermögen kann nichts als die bloſse Form deſselben beſtimmt vorhanden ſeyn. Die vom bloſsen Vorſtellungsvermögen verſchiedenen Gegenſtände des *inneren* Sinnes ſind die Veränderungen in uns, oder die Vorſtellungen ſelbſt in wie ferne ſie Empfindungen ſind, und als *innere* Empfindungen durch ein Afficiertwerden von der Spontaneität allein, als *äuſsere* zugleich durch ein Afficiertwerden *von auſsen* beſtimmt werden. Die vom bloſsen Vorſtellungsvermögen verſchiedenen Gegenſtände des *äuſseren* Sinnes hingegen ſind die *Gegenſtände auſſer uns*, denen ein durch ein Afficiertwerden von auſsen gegebener Stoff entſprechen muſs. Von beyden Arten der von unſrem Vorſtellungsvermögen verſchiedenen Gegenſtänden ſind alſo nur empiriſche Vorſtellungen und folglich auch nur *empiriſche Erkenntniſſe* möglich; und unſre Erkenntniſs *a priori* iſt lediglich auf das bloſse Vorſtellungs- und Erkenntniſsvermögen ſelbſt eingeſchränkt; in welchem die Formen der Receptivität und Spontaneität, die Formen der Sinnlichkeit und wie sich in der Folge bestimmter zeigen wird, auch des Verstandes und der Vernunft als Gegenstände von Vorstellungen *a priori* vor allem Afficiertseyn bestimmt seyn müssen.

§. LXV.

Der Gegenstand einer empirischen Anschauung in wie ferne er nur unter den *a priori* im Gemüth bestimmten und folglich dem Gemüthe und nicht dem *Dinge an sich* eigenthümlichen Formen der Anschauung vorgestellt werden kann, heisst *Erscheinung*. Es sind uns daher nichts als *Erscheinungen* empirisch erkennbar.

Der wesentliche Unterschied zwischen der hier festgesetzten Bedeutung des Wortes Erscheinung, und allem demjenigen, was man sonst gewöhnlich unter *Schein* denkt, darf wohl hier nicht erst auseinandergesetzt werden.

Anschauung ist ein wesentlicher Bestandtheil jeder Erkenntnifs; und empirische Anschauung — jeder empirischen Erkenntnifs. Mit der sinnlichen Vorstellung mufs die von dem *à posteriori* bestimmten Stoffe im Bewufstseyn unzertrennliche aber dem Gemüthe *a priori* angehörige Form der sinnlichen Vorstellung auf den Gegenstand bezogen werden, wenn Anschauung entstehen, der Gegenstand angeschaut werden soll; er wird also nicht wie er an sich ist, sondern unter der dem Gemüthe angehörigen Form angeschaut — er erscheint, und ist in so ferne Erscheinung; und da er nur in

wie

wie ferne von ihm Anschauung möglich ist, erkannt werden kann; so kann er nur als *Erscheinung* erkannt werden.

§. LXVI.

Raum und *Zeit* sind wesentliche Bedingungen aller Erscheinungen, aber nicht der Dinge an sich; wesentliche Merkmale alles von unserm Vorstellungsvermögen verschiedenen Erkennbaren, aber nicht aller denkbaren Dinge; die Grenzen unsres Erkenntnisvermögens, aber nicht der Natur der Dinge an sich.

Erscheinung ist der Gegenstand der empirischen Anschauung; die empirische Anschauung ist nur durch die im Gemüthe bestimmte Form der Anschauung, d. h. durch den bloßen Raum und die bloße Zeit möglich; also ist auch die Erscheinung in Rücksicht auf das was an ihr subjektiv ist, (dem Gemüthe allein angehören muß) nur durch Raum und Zeit möglich — die äussere durch Raum und Zeit, die innere durch Zeit allein. Aber eben darum können Raum und Zeit keine Bedingungen des Dinges an sich, das heißt, desjenigen seyn was dem bloßen Stoffe einer Vorstellung allein, ausser der Vorstellung entspricht, und daher von aller Vorstellung wesentlich verschieden seyn muß. Dem bloßen Raume und der bloßen Zeit kann in ihrer Vorstellung kein objektiver, den Dingen ausser uns an sich angehöriger Stoff entsprechen, weil sie vor allem objektiven Stoff als Bedingungen der Möglichkeit denselben zu empfangen im Gemüthe bestimmt seyn müssen.

Sie sind wesentliche Merkmale alles *Erkennbaren*. In wie ferne einem Gegenstande das Prädikat des Raumes widerspricht, in so ferne kann er unmöglich als ein vom bloſſen Vorstellungsvermögen und unſren Vorstellungen verschiedener Gegenstand erkannt werden, oder welches eben so viel heiſst: wenn ein von unſrem bloſſen Vorstellungsvermögen und unſren Vorstellungen verschiedener Gegenstand erkennbar ſeyn ſoll, muſs ihm in der Vorstellung ein Stoff unter der Form der äuſſern Anſchauung entſprechen, und folglich er ſelbſt unter dem Prädikate des erfüllten Raumes oder der Ausdehnung vorgeſtellt werden. Unſre *Vorstellungen* ſelbſt aber können nur in ſo ferne als etwas *in uns wirkliches* erkannt werden, als ihnen das Prädikat der erfüllten Zeit zukommt, als ſie *Veränderungen* in uns ſind. Raum und Zeit aber ſind nur Merkmale des empiriſch Erkennbaren in wie ferne es Erkennbar iſt. Sie zu Merkmalen der Dinge an ſich machen wollen, würde eben ſo viel ſeyn als nicht nur das Nichtvorſtellbare vorſtellen, ſondern auch allen Unterschied zwiſchen dem Gemüthe und den Gegenſtänden auſſer dem Gemüthe aufheben, welcher eigentlich nur darin beſtehen kann, daſs die Formen des Vorstellungs- und Erkenntniſsvermögens, nicht die Formen der Dinge an ſich ſind; ſo wie das deutliche Bewuſstſeyn von Gegenſtänden auſſer uns nur dadurch möglich iſt, daſs das Gemüth das ihm eigenthümliche (durch die Anſchauungen *a priori*,) von dem den Dingen auſſer ihm eigenthümlichen (durch die empiriſchen Anſchauungen) zu unterſcheiden vermag.

Durch die am bloſſen Raume und an der bloſſen Zeit entdeckten Bedingungen und Merkmale der *Erkennbarkeit*, ſind nun die eigentlichen *Gränzen unſres Erkenntniſsvermögens* allgemeingültig angegeben,

gegeben, und wir vermögen durch sie das Gebieth der erkennbaren Dinge von dem der Nichterkennbaren genau zu unterscheiden. Wir wissen daher zum Beyspiel, daſs die Seele (als *Substanz*) in wie ferne sie nicht das bloſse (*a priori* erkennbare) Vorstellungsvermögen, sondern das Subjekt desselben ist, durchaus nicht erkennbar sey; weil alle vom bloſsen Vorstellungsvermögen verschiedene Gegenstände, die nicht bloſse Vorstellungen seyn sollen, im Raume, d. h. *auſser uns* vorgestellt werden müssen, wenn sie erkennbar seyn sollen. Aber das Gebieth des Erkennbaren, welches nicht weiter als die Sinnlichkeit reicht, ist noch nicht das Gebieth des Denkbaren; vielweniger der uns gar nicht vorstellbaren Dinge an sich, welches von Beyden genau unterschieden werden muſs.

Das Gebieth des *Denkbaren* läſst sich dann erst genau bestimmen, nachdem die Natur des *Denkens* angegeben ist, wozu uns folgende Untersuchung des *Verstandes*, oder des zweyten wesentlichen Bestandtheils des Erkenntniſsvermögens, vorher den Weg bereiten muſs.

Theorie

des

Verstandes.

§. LXVII.

Die Vorstellung, welche durch die Art wie die Spontaneität thätig ist, unmittelbar entsteht, heißt *Begriff in engerer Bedeutung*, und das Vermögen durch die Art wie die Spontaneität thätig ist zu Vorstellungen zu gelangen, heißt *Verstand in engerer Bedeutung.*

Wir haben die Vorstellung überhaupt, in wie ferne sie durch ein Verbinden des Mannigfaltigen entstehen muß, *Begriff*, und die Spontaneität, in wie ferne sie bey dieser allgemeinsten Handlung des Verbindens geschäftig ist, *Verstand* in weiterer Bedeutung genannt. In dieser Bedeutung kann auch die Anschauung in wie ferne sie eine *Art der Gattung* Vorstellung überhaupt ist, und nicht ohne Verbinden des Mannigfaltigen entstehen kann, ein Begriff heißen. Allein die Anschauung ist eine Vorstellung, die unmittelbar durch die Art des Afücirtseyns, und nur *mittelbar* durch die Handlung der Spontaneität entsteht, in wie ferne diese nämlich aufgefordert durch ein Afficirtseyn der Receptivität, verbindet, was gegeben ist, und nur in wie ferne es gegeben ist, d. h. der Art des Afficirtseyns gemäß. Der unmittelbare Entstehungsgrund der Vorstellung liegt hier im bloßen Afficirtseyn und der Beschaffenheit desselben. — Allein

wir

wir haben bereits oben (S. 347.) eine andere Art von Vorstellung kennen gelernt, die jeder Erkenntniß, so wie die Anschauung, unentbehrlich, aber von ganz entgegengesetzter Beschaffenheit ist; eine Vorstellung nämlich, die keineswegs unmittelbar durch die Art wie die Receptivität afficiert wird, sondern — unmittelbar durch die Art wie die Spontaneität handelt, d. h. durch *Verbinden* entsteht. Der Stoff dieser Vorstellung ist nicht der rohe Stoff, das unmittelbar durchs Afficiertseyn Gegebene, sondern ein Stoff, der bereits die Form einer Vorstellung erhalten hat, bereits Vorstellung, und folglich durch die Spontaneität schon bearbeitet ist. Durch das nochmalige Verbinden dieses schon verbundenen Mannigfaltigen entsteht nun die neue Vorstellung, welche kein durchs Afficiertseyn unmittelbar gegebenes, sondern ein bereits vorgestelltes Mannigfaltige begreift, der *Begriff* in *engerer Bedeutung*. Der unmittelbare Entstehungsgrund dieser Vorstellung liegt nicht im Afficiertseyn, sondern in der Handlung der Spontaneität, und zwar in der ihr eigenthümlichen Handlungsweise, im Verbinden, durch welche in dem vorgestellten Mannigfaltigen eine neue Einheit, Einheit des Vorgestellten, hervorgebracht ist. Die Spontaneität handelt hier in einem weit höheren Grade; ihre Handlung ist keine bloße Entgegenwirkung, ist keine unmittelbare Folge der Einwirkung; sie ist durch kein Afficiertseyn erzwungen, sie ist die Handlung des *Verstandes in engerer Bedeutung*, welche ich *denken* in ebenderselben Bedeutung nenne.

In jedem Begriffe überhaupt müssen zwey verbundene Vorstellungen vorkommen; die eine, aus welcher

welcher der Begriff entstanden ist, und der Begriff selbst. Die eine vertritt die Stelle des Gegenstandes selbst, und heißt in so ferne das *Subjekt*, oder der Gegenstand; die andere ist Vorstellung des durch die eine vorgestellten, und heißt *Prädikat*, oder das Merkmal des Gegenstandes; und der Begriff ist in so ferne eine Vorstellung, die sich durch das Merkmal auf den Gegenstand bezieht. Ein Merkmal auf einen Gegenstand beziehen, ein Prädikat (positiv oder negativ) mit einem Subjekte verbinden, heißt *urtheilen* in weiterer Bedeutung, und das Produkt der Handlung, welche urtheilen heißt, ist eine Vorstellung, die aus zwey verbundenen Vorstellungen besteht; und durchs Verbinden entstanden ist, ein *Begriff*. Der Sprachgebrauch, welcher das Wort *Verstand* in engerer Bedeutung für das Vermögen zu urtheilen bestimmt hat, bestätiget unsre Erklärung; welche den Verstand in engerer Bedeutung als das Vermögen durch die Handlungsweise der Spontaneität zu Vorstellungen zu gelangen, angiebt.

Allein es wird sich in der Folge zeigen, daß nicht jede Vorstellung, aus welcher durch die Handlungsweise der Spontaneität eine neue Vorstellung entsteht, eine Anschauung seyn darf, und daß die Spontaneität auch aus Begriffen durch ihre Handlungsweise eine neue Art von Vorstellung erzeugt, die wir *Idee* nennen werden. Wenn also Begriff in engerer Bedeutung jede Vorstellung heißt, die durch die Handlungsweise der Spontaneität entsteht, so ist der Begriff in dieser Bedeutung eine *Gattung*, welche die *Idee* oder die Vorstellung die durch Spontaneität aus Begriffen, und den *Begriff* oder die Vorstellung welche durch Spontaneität

aus

aus Anschauung erzeugt wird, den Begriff in engster Bedeutung als *Arten* unter sich enthält. Diesem zufolge muſs auch die Bedeutung des Wortes
Verstand noch näher bestimmt werden.

§. LXVIII.

Die Vorstellung, welche aus einer *Anschauung* durch die Handlungsweise der *Spontaneität* entsteht, heiſst *Begriff*, — und das Vermögen der Spontaneität durch ihre Handlungsweise aus Anschauungen Begriffe zu
erzeugen, heiſst *Verstand in engster Bedeutung*.

Auch dieser Erklärung wird durch den Sprachgebrauch das Wort geredet, welcher zwar oft genug das Wort *Verstand* in einer Bedeutung nimmt,
in welcher auch die *Vernunft* mit begriffen ist;
noch weit öfter aber und am eigentlichsten nur in
der Bedeutung, in welcher der Verstand ein von
der *Vernunft* verschiedenes Vermögen ist. Oft
nämlich heiſst dem Sprachgebrauche *Verstand* in
einem weniger strengen Sinne so viel als das Vermögen zu *denken*, in wie ferne unter denken Ur-
theilen und *Schlieſsen* zusammengenommen wird.
Im strengsten Sinne aber bezeichnet er damit das
Vermögen des eigentlichen *Urtheilens*. Ich sage
des *eigentlichen Urtheilens*. Denn auch das *Schlieſsen* wird nicht selten uneigentlich urtheilen genannt; theils weil der Vernunftschluſs aus lauter
verbundenen Urtheilen besteht, theils weil das Resultat des Vernunftschluſses, die Verbindung des
Prädikates mit dem Subjekte, im Schluſssatze, ein
Urtheil ist, *das* sich von anderen Urtheilen nur
dadurch unterscheidet, daſs das Prädikat in den

Vordersätzen nur vermittelst eines anderen Prädikates auf das Subjekt bezogen werden konnte, während beym Urtheile im strengsten Sinne das Prädikat unmittelbar auf das Subjekt bezogen wird. Das Urtheil ist vom Vernunftschlusse, wie das unmittelbare Urtheil von dem mittelbaren unterschieden; und wenn das Vermögen zu schliefsen, mittelbar zu urtheilen, *Vernunft* ist, so kann der eigentliche Verstand nur im Vermögen unmittelbar zu urtheilen bestehen. Ein unmittelbares Urtheil heifst ein *anschauendes* (*Iudicium intuitivum*) nicht als ob dasselbe in einer blossen *Anschauung* bestünde: denn beym blossen Anschauen wird nicht geurtheilt, sondern weil bey diesem Urtheile das Prädikat auf eine blosse Anschauung bezogen wird; auf eine Vorstellung, die sich unmittelbar auf den Gegenstand bezieht, der im Bewufstseyn nicht von ihr unterschieden vorgestellt wird, und dessen Stelle sie folglich beym Urtheile vertritt. Beym anschauenden Urtheile wird das Subjekt nicht gedacht, sondern angeschaut, und das Prädikat wird folglich nicht auf das Gedachte, durch ein Merkmal mittelbar Vorgestellte, sondern auf das unmittelbar Vorgestellte, auf den Gegenstand selbst bezogen. Das Prädikat kann daher auch nur eine Vorstellung seyn, die aus der blossen Anschauung durch die Handlungsweise der Spontaneität entstanden ist; ein Begriff in engster Bedeutung.

Wenn man bedenkt, dafs aller Stoff aller Vorstellungen, selbst derjenige der seiner Beschaffenheit nach im blossen Vorstellungsvermögen bestimmt ist, und keinem andern Gegenstande als den blossen Formen des Vorstellungsvermögens entspricht, durch ein Afficiertseyn in der wirklichen

Vor-

Vorstellung entstehen, gegeben seyn muss; so wird es noch einleuchtender, dass jedem eigentlichen Begriffe eine Anschauung vorhergehen muss, eine Vorstellung, in welcher der blosse Stoff durchs Afficiertseyn gegeben ist; und dass der eigentliche Verstand das Vermögen sey, welches zwischen der Sinnlichkeit und der Vernunft das Mittel hält, dem seine Materialien von der Sinnlichkeit geliefert werden, und der sie für die Bearbeitung durch Vernunft vorbereitet. Die Sinnlichkeit liefert *Anschauungen*, d. i. Vorstellungen, die sich unmittelbar auf einen Gegenstand beziehen; der Verstand *Begriffe*, d. i. Vorstellungen, die sich durch ein Merkmal auf den Gegenstand beziehen; die Vernunft *Ideen*, d. i. Vorstellungen, die sich durch ein Merkmal des Merkmals (den Mittelbegriff) auf Gegenstände beziehen. Wenn man das in der Vorstellung Wirkliche, die *Realität* der Vorstellung, das in der Vorstellung durch Vorstellungsvermögen Wirkliche, die *subjektive*, das durch Afficiertseyn vermittelst des objektiven Stoffes Wirkliche, die *objektive Realität* der Vorstellung nennt; so kömmt in Rücksicht auf objektive Realität der *erste* Rang der *äusseren Anschauung* zu, die sich unmittelbar auf das, was nicht Vorstellung und nicht Gemüth ist, auf den unabhängig von unsrem Gemüth reellen Gegenstand bezieht; der *zweyte* dem *Begriffe*, einer Vorstellung, die sich unmittelbar nicht auf die Sache selbst, sondern nur auf die Anschauung bezieht; der *dritte* endlich der *Idee*, die sich durch ein Merkmal des Begriffes auf die Anschauung, also unmittelbar auf den Begriff, bezieht; und folglich weder die Sache, noch die Anschauung, sondern nur einen Begriff zum *nächsten* Gegenstand hat. In Rücksicht auf die subjektive Realität ist diese

diese Rangordnung umgekehrt; und man kann als ein Axiom annehmen; *je grösser die subjektive Realität unsrer Vorstellungen, desto kleiner die objektive, und umgekehrt.*

Iemehr die Spontaneität an einer Vorstellung Antheil hat, desto mehr ist an derselben Vorstellung subjektive Realität, je kleiner der Antheil der Spontaneität ist, je grösser aber der Antheil des von aussen Afficiertseyns, desto mehr hat die Vorstellung objektive Realität. Diefs letztere ist bey der *äussern empirischen Anschauung* der Fall. Der Grund der subjektiven Realität einer Vorstellung liegt eigentlich in der *Handlung* der Spontaneität; so wie der Grund der objektiven in der *Handlung des Dinges ausser uns* liegt. Aber da die Vorstellung nur in der Zeit, nur unter der Form der *Veränderung in uns*; das Ding ausser uns aber nur im Raume, nur unter der Form des *Ausgedehnten angeschaut*, und folglich auch nur unter diesen Formen *erkannt* werden können: so sind *Veränderung* in uns, und *Ausdehnung* zugleich wesentliche Merkmale des subjektiven und objektiven Reellen, oder Wirklichen, in wie ferne dasselbe Empirisch-Erkennbar seyn soll; jene für alles, was in uns; diese für alles was ausser uns, als etwas im strengsten Sinne *wirkliches*, und von unserm blossen Vorstellungsvermögen verschiedenes erkannt werden soll. Diefs hat man auch schon lange her in der philosophischen Welt dunkel geahndet; nur dafs der mifsverstandene Begriff des *Dinges an sich* die Philosophen weder untereinander, noch mit sich selbst einig werden liefs. Den *Materialisten* war die *Ausdehnung* von jeher wesentliche Eigenschaft alles *Wirklichen*, für sich bestehenden, im Raume beharrlichen, wofür
sie

sie freylich die Vorstellungen nicht anerkennen konnten. Den *Spiritualisten* hingegen war die *Veränderung in uns*, die Vorstellung, das erste Kriterium aller Wirklichkeit (das *Cogito; ergo sum*). Sie war ihnen das unmittelbare Merkmal alles Wirklichen, wodurch nur *mittelbar* auf etwas auffer dem Vorstellenden Wirkliches geschlossen werden konnte. *Leibnitz*, der Spiritualisten gröfster und der Vollender ihres Lehrgebäudes, hielt die Vorstellung für ein so ausschliefsendes Merkmal des *Wirklichen*, dafs er alles für sich bestehende Wirkliche, alle *Substanzen* als vorstellende Subjekte (Monaden) angab, von der *Gottheit* bis zum Elemente der Materie, und die *Ausdehnung* für einen bloſsen Schein erklärte. *Spinoza* hingegen machte die *Vorstellung* und die *Ausdehnung* zu gleich wesentlichen nothwendigen Eigenschaften des für sich bestehenden, der Substanz; offenbar weil er nicht mit Unrecht Vorstellung und Ausdehnung für wesentliche Merkmale des eigentlich *Wirklichen* ansah.

§. LXIX.

Die durch das Verbinden des durch die Anschauung vorgestellten Mannigfaltigen hervorgebrachte Einheit, heiſst die *objektive Einheit*, und ist die allgemeinste Form, unter welcher der Gegenstand (einer Anschauung) *gedacht* wird, und das allgemeinste Merkmal aller erkennbaren Gegenstände in wie ferne sie denkbar sind.

Der Sprachgebrauch bezeichnet durch das Wort: *Gegenstand* κατ' ἐξοχήν den Inbegriff von Eigenschaften

schaften und Beschaffenheiten, die zusammengedacht werden, und Merkmale einer und ebenderselben Vorstellung sind, ein Ganzes verknüpfter Bestimmungen, ein *Individuum*. Das *Verbundenseyn* der Merkmale macht also das Wesen desjenigen aus, was hier unter dem Worte Gegenstand gedacht wird; und welches aufhören würde ein Inbegriff und ein Individuum zu seyn, wenn ihm die Verbindung genommen würde.

Ich nenne die durch die Verbindung des in der Anschauung vorgestellten Mannigfaltigen hervorgebrachte Einheit die *Objektive*, theils um sie von der Einheit der blossen Vorstellung, welche der sinnlichen Vorstellung, der Anschauung selbst, angehört, zu unterscheiden; theils weil sie wirklich Einheit des Vorgestellten, d. h. des Gegenstandes ist. In ihr ist nämlich nur dasjenige zusammengefasst, was durch die sinnliche Vorstellung vorgestellt ist, - was in der sinnlichen auf den Gegenstand bezogenen Vorstellung, der Anschauung, Mannigfaltiges enthalten ist.

Ich nenne die *objektive Einheit* die Form, unter welcher der *Gegenstand* gedacht wird, um sie von der Form, unter welcher der Gegenstand angeschaut wird, der Form der blossen Anschauung, der Einheit des *gegebenen* Mannigfaltigen zu unterscheiden, die aus der Verbindung des Mannigfaltigen, das noch nicht vorgestellt ist, noch nicht die Form der Vorstellung erhalten hat, sondern blosser Stoff ist, besteht. Durch das Verbinden dieses blossen Stoffes entsteht blosse Vorstellung des von der blossen Vorstellung *nicht unterschieden vorgestellten* Gegenstandes, blosse Anschauung; während durch die Verbindung des in der Anschauung

vorge-

vorgeſtellten, Vorſtellung des von der bloſſen Vorſtellung verſchiedenen, *Begriff* des Gegenſtandes
entſteht.

Ich nenne die *objektive Einheit* die Form, unter welcher der Gegenſtand *gedacht* wird. Der
Gegenſtand wird *gedacht*, in wie ferne er durch
eine Vorſtellung, die von der Anſchauung, (d. i
der ſinnlichen Vorſtellung, die auf ihn unmittelbar
bezogen wird) verſchieden iſt, vorgeſtellt wird.
Durch die ſinnliche Vorſtellung wird er angeſchaut, das heiſst unter der Form vorgeſtellt, die
er durch den ihm entſprechenden Stoff, und durch
die Form der Anſchauung im Gemüthe erhält.
Durch den Begriff wird er gedacht, d. h. unter
der Form vorgeſtellt, die ihm der Verſtand giebt;
nämlich als eine von der bloſſen Vorſtellung verſchiedene Einheit, in welche die Merkmale, die in
der Anſchauung vorkommen, durch eine beſondere
Handlung des Gemüthes zuſammengefaſſet ſind.

Die *objektive Einheit* iſt die Form des Gegenſtandes überhaupt, in wie ferne er *denkbar* iſt. Dasjenige, worauf die Anſchauung in Rückſicht ihres
Stoffes bezogen wird, und das folglich nur durch
das Mannigfaltige, das ihm in der Vorſtellung entſpricht, im Bewuſstſeyn vorkömmt, wird erſt dann
im Bewuſstſeyn zum *Gegenſtande*, wenn und in
wie ferne dieſes Mannigfaltige in einer von der bloſſen Vorſtellung verſchiedenen Einheit verbunden
wird. Das Verbinden des in der Anſchauung vorkommenden Mannigfaltigen iſt der Entſtehungs-
grund der Vorſtellung des Gegenſtandes als Gegenſtand; und er iſt in dieſer Eigenſchaft ſelbſt nichts
anderes, als die Einheit des vorgeſtellten Mannigfaltigen.

Dieſe

Diese Einheit ist eben darum das eigenthümliche *Merkmal* des *denkbaren* Gegenstandes überhaupt, und folglich aller Gegenstände in wie ferne sie als Gegenstände denkbar sind. Sie ist das Prädikat, welches dem *Angeschauten* beygelegt werden muſs, wenn daſſelbe als Gegenstand *gedacht* werden soll, welches nur dadurch möglich ist, daſs objektive Einheit als Prädikat mit dem Angeschauten als Subjekt im Bewuſstseyn verbunden wird. Auch läſst sich ein *Gegenstand überhaupt* nur dadurch denken, daſs man einem Etwas das nicht Vorstellung, aber doch vorstellbar ist, das Prädikat der objektiven Einheit, der Einheit des in einer Vorstellung. vorgestellten Mannigfaltigen, beylegt.

Da diese Einheit Wirkung der Spontaneität ist, in wie ferne dieselbe Verstand heiſst, da sie vom Gemüthe 'hervorgebracht, und folglich nicht mit dem objektiven Stoffe, durch ein afficierendes Ding auſser uns gegeben seyn kann; so kann sie unmöglich dem *Dinge an sich* angehören, in wie ferne daſſelbe Ding an sich ist. Sie ist daher auch nur die Form des Gegenstandes, in wie ferne er *denkbar* ist, nicht die Form des *Dinges an sich;* welches man bisher gewöhnlich mit dem bloſs *denkbaren* Dinge (dem Intellektuellen) zum Nachtheil alles Philosophierens verwechselt hat. Auch der Verstand vermag den Gegenstand nicht als *Ding an sich,* sondern nur unter der Form zu denken, die in seiner Natur für die ihm eigenthümliche Vorstellung (den Begriff) *a priori* bestimmt ist, d. h. als objektive, durch Verbindung der anschaulichen Merkmale hervorgebrachte Einheit. Aber wer anders sich selbst recht versteht (welches bey der bisherigen Art zu Philosophieren selbst Philosophen

nicht

nicht immer möglich war); der wird sich mit der Form des Gegenstandes in wie ferne derselbe sich denken läfst, mit der denkbaren Form, begnügen, ohne die Form des Gegenstandes, in wie ferne dieser sich nicht denken lafst, das nicht denkbare Ding, denken zu wollen. Das *Ding an sich* ist dasjenige auſſer uns, dem der bloſſe Stoff unsrer Vorstellung allein ohne die Form derselben zukömmt; worauf also keine Form unsrer Vorstellung, weder einer Anschauung, noch eines Begriffes bezogen werden darf, und das sich folglich weder anschauen noch denken läſst. Wer aber unter dem Dinge an sich nichts als die objektive Einheit selbst versteht, (wie denn diefs allezeit der Fall ist, wenn man unter Ding an sich wirklich etwas denken will,) dem ist das Ding an sich freylich denkbar, aber nicht als eine von seiner Vorstellung verschiedene und von seinem Vorstellungsvermögen unabhängige Sache; sondern als ein bloſſer Begriff, der nur dann mehr als ein bloſſer Begriff seyn kann, wenn er sich auf eine Anschauung bezieht, in welcher ein Stoff durchs Afficiertseyn bestimmt ist. Dasjenige, dem dieser Stoff auſſer der Vorstellung entspricht, heifst mit Recht der Gegenstand; kann aber nur dadurch als etwas von der Anschauung verschiedenes vorgestellt werden, daſs die Form, unter der allein ein Gegenstand denkbar ist, die objektive Einheit, darauf bezogen wird; also nicht als *Ding an sich*, sondern als Ding unter der allgemeinsten Form eines Begriffes: Denn

§. LXX.

Die Einheit des vorgestellten Mannigfaltigen, oder die objektive Einheit, ist die allgemeinste

meinſte in der Natur des Verſtandes *a priori* beſtimmte Form des *Begriffes überhaupt*, und die Vorſtellung der objektiven Einheit iſt Vorſtellung und zwar *Begriff à priori*.

Der Begriff iſt die Vorſtellung, die durch die Handlungsweiſe der Spontaneität aus einer Anſchauung entſteht. Seine Form als Begriff muſs alſo in der Einheit des angeſchauten Mannigfaltigen beſtehen, wie ſeine Form als Vorſtellung überhaupt in der Einheit des Mannigfaltigen überhaupt, und die der Anſchauung überhaupt in der Einheit des nacheinander aufgefaſsten gegebenen Mannigfaltigen beſteht. Als Einheit überhaupt iſt dieſe Form des Begriffes in der Handlungsweiſe der Spontaneität überhaupt (im Verbinden) und als Einheit des angeſchauten Mannigfaltigen in dem *Verſtande* oder demjenigen Vermögen der Spontaneität gegründet, durch welches ſie nicht wie im erſten Grade ihrer Handlungsweiſe (in ihrer erſten Potenz) den bloſſen, ſondern den bereits zur Vorſtellung gewordnen Stoff neuerdings zu verbinden, und an demſelben eine Einheit höherer Art, *Verſtandes-Einheit*, hervorzubringen vermag.

In wie ferne nun die Form des Begriffes durch die bloſse Handlungsweiſe der Spontaneität, welche Verſtand heiſst, vor aller wirklichen Vorſtellung beſtimmt iſt, in ſo ferne iſt die Vorſtellung dieſer Form eine Vorſtellung, der kein *a poſteriori* beſtimmter Stoff entſpricht, eine Vorſtellung *à priori*. Sie iſt aber eine Vorſtellung, die nicht unmittelbar aus der *a priori* beſtimmten Art des Afficiertwerdens, ſondern aus der *a priori* beſtimmten Handlungsweiſe der Spontaneität entſteht, folglich

keine

keine Anschauung, sondern ein *Begriff à priori*. Wirklich bezieht sich die Vorstellung der Form des Begriffes nicht unmittelbar auf diesen ihren Gegenstand, (denn der Einheit kann in der Vorstellung kein Mannigfaltiges entsprechen) sondern nur vermittelst der vorgestellten Form der Anschauung, deren Mannigfaltiges durch den Verstand verbunden, *gedacht* wird. Die Form des Begriffes läſst sich nicht anschauen, sondern bloſs denken; die Vorstellung derselben ist also auch keine Anschauung, sondern ein bloſser *Begriff*.

Es erhellt hieraus die *Nothwendigkeit* und *Allgemeinheit* die der objektiven Einheit als dem Gegenstande eines Begriffes *a priori* zukömmt.

Nichts kann begreiflicher seyn als wie es zugieng, daſs die objektive Einheit von den *Spiritualisten* zur *Einfachheit* der Substanz umgeschaffen wurde; da sie dieſs nothwendige und allgemeine Merkmal aller denkbaren Gegenstände, für eine Eigenschaft der Dinge an sich ansahen; so wie die *Materialisten* an der *Ausdehnung*, dem nothwendigen und allgemeinen Merkmale aller ausser uns anschaulichen Gegenstände, die wesentliche Eigenschaft desjenigen, was mehr als bloſse Vorstellung ist, der Dinge an sich, entdeckt zu haben glaubten.

§. LXXI.

Das Mannigfaltige einer Anschauung in eine objektive Einheit zusammenfassen, heiſst *Urtheilen*; die objektive Einheit aus der Anschauung hervorbringen, heiſst *synthetisch-*, die hervorgebrachte objektive Einheit mit

der

der Anschauung verbinden, *analytisch-urtheilen.*

Man versteht unter einem Urtheile diejenige Handlung des Verstandes, durch welche zwey Vorstellungen verbunden werden *), wovon man die eine *Subjekt*, die andere aber, die mit der einen verbunden wird, *Prädikat* nennt. Diese Verbindung muſs aber *unmittelbar* zwischen Prädikat und Subjekt geschehen, das heiſst, das Prädikat muſs mit dem Subjekte nicht vermittelst eines anderen Prädikates verbunden werden, wenn das Urtheil kein Vernunftschluſs, sondern ein eigenthümliches Urtheil seyn soll. Das Subjekt, mit welchem ein Prädikat durch ein bloſses Urtheil verbunden werden soll, muſs *vor* dieser Verbindung nicht *gedacht*, (d. h. nicht durch ein Merkmal) sondern unmittelbar vorgestellt, *angeschaut* seyn. Die Vorstellung also, welche bey einem eigentlichen Urtheile Subjekt ist, muſs eine *Anschauung* seyn. Das Prädikat hingegen, welches ein Merkmal des Subjektes ist, muſs aus der Anschauung entstanden, und eine Vorstellung seyn, die sich nicht unmittelbar, sondern nur vermittelst der Anschauung, auf das was nicht Vorstellung ist, den Gegenstand, bezieht, ein Begriff. Man hat die Entstehung des Prädikates dadurch genugsam erklärt zu haben geglaubt, daſs man dem verworren gedachten Verstande ein besonderes vom Vermögen zu verbinden unabhängiges, Vermögen zu *trennen*, Abstraktionsvermögen, beylegte, durch welches

---

*) Auch negative Urtheile entstehen nur durch Verbindung negativer Merkmale. Ueberhaupt trennt der Verstand nur durch Verbindung des zusammengehörigen Mannigfaltigen.

welches er eine Anschauung, Totalvorstellung, in ihre Merkmale, die Partialvorstellungen, trennte, welche dann als Prädikate mit der Totalvorstellung als dem Subjekte verbinden *urtheilen* hieſſe. Allein auch dieſes eingeräumt: ſo entſtünde gleich wohl die Vorſtellung des Prädikates vor demjenigen Urtheile, wodurch ſie mit dem Subjekte verknüpft wird, nur durch ein anderes Urtheil, wodurch es von dem Subjekte als verſchieden vorgeſtellt, getrennt würde; und folglich gienge die Abſtraktion nicht *jedem Urtheile* vorher, ſondern wäre ja ſelbſt eine Art von Urtheil, und die Vorſtellung des Prädikates entſtünde auch jener Erklärung zufolge aus einem Urtheile, nicht das Urtheil aus einer vorhergegangenen Vorſtellung des Prädikates. Und wie? wenn das Prädikat aus der Anſchauung durch Abſonderung hervorgeholt wird, muſs es nicht vorher durch Verbindung in der Anſchauung vorhanden geweſen ſeyn; und ſetzt alſo nicht ſelbſt jenes Trennen ein vorhergegangenes Verbinden, die Analyſis eine Syntheſis voraus?

Die Vorſtellung, welche im Urtheile Prädikat heiſst, iſt ein Begriff, und entſteht folglich *urſprünglich* aus der Anſchauung, nicht durch Trennen, ſondern durch Verbinden des in der Anſchauung vorgeſtellten Mannigfaltigen; wie dann das allgemeinſte aller Prädikate, die objektive Einheit oder das Merkmal des denkbaren Gegenſtandes überhaupt, nur durch die Verbindung des in der vorgeſtellten Form der Anſchauung überhaupt vorgeſtellten Mannigfaltigen überhaupt entſteht. Durch eben dieſelbe Handlung, durch welche das durch die Anſchauung Vorgeſtellte verbunden wird, und Einheit des Vorgeſtellten im Bewuſstſeyn entſteht,

steht, wird die Einheit des Vorgestellten von der bloßen Vorstellung, der Begriff von der Anschauung, das Prädikat vom Subjekte getrennt vorgestellt. Wenn also die Handlung, durch welche das Prädikat als vom Subjekte unterschieden vorgestellt wird, ein Urtheilen heißt, so muß auch das Zusammenfassen des Mannigfaltigen der Anschauung in eine objektive Einheit *urtheilen* heißen.

Durch dieses Zusammenfassen des Mannigfaltigen einer Anschauung in eine objektive Einheit wird die Verbindung eines Subjektes (der Anschauung) mit einem Prädikate (dem Begriffe) bestimmt, d. h. es wird geurtheilt. Aber dieses Zusammenfassen kann auf *zweyerley* Arten geschehen. Entweder wird dadurch die objektive Einheit erst aus der Anschauung hervorgebracht; oder die schon hervorgebrachte objektive Einheit wird dadurch mit der Anschauung verbunden. In dem ersten Falle wird das Merkmal des Gegenstandes erst aus der Anschauung erzeugt, das Prädikat vom Subjekte durch die Erzeugung aus demselben abgesondert, durch das Zusammenfassen des vorgestellten Mannigfaltigen eine von der Anschauung verschiedene Vorstellung des bestimmten Gegenstandes hervorgebracht; im zweyten Falle wird das von der Anschauung unterschiedene Merkmal mit der Anschauung wieder verbunden. Ich nenne die erste Verstandeshandlung ein *synthetisches* Urtheil, weil die Handlung, durch welche das Prädikat aus dem Subjekte erzeugt, oder die von der Anschauung verschiedene Vorstellung des Gegenstandes hervorgebracht wird, in der bloßen *Synthesis*, dem Verbinden des angeschauten Mannigfaltigen besteht; und die zweyte ein *analytisches* [Urtheil,

Urtheil, weil die Verbindung des schon erzeugten Prädikates mit dem Subjekte, die durch die Erzeugung bewirkte Absonderung des Prädikates vom Subjekte voraussetzt. Beyde, das synthetische und das analytische Urtheil, haben unter sich das Gemeinschaftliche, daß sie Urtheile, Handlungen des Verstandes sind, durch welche die Beziehung eines Begriffes auf eine Anschauung bestimmt wird; aber sie unterscheiden sich dadurch von einander, daß beym *Synthetischen*, das *Bestimmen der Beziehung* im Erzeugen der beziehenden Vorstellung; beym *analytischen* aber im Verbinden der beziehenden Vorstellung mit der Anschauung besteht; daß das letztere eben dasselbe Prädikat mit dem Subjekte verbindet, welches von dem erstern durch Zusammenfassung des angeschauten Mannigfaltigen, aus dem Subjekte, erzeugt wurde.

Jeder Analysis muß eine Synthesis vorhergehen; und jedem analytischen Urtheile muß ein vorhergegangenes Synthetisches zum Grunde liegen. Wenn durch das analytische Urtheil herausgebracht werden soll, daß ein gegebenes Prädikat und Subjekt unter eine objektive Einheit begriffen sind, so müssen diese vorher in eine objektive Einheit begriffen worden seyn. Wenn beym Erkennen die Vorstellung auf den bestimmten Gegenstand durch ein analytisches Urtheil bezogen werden soll; so muß der Gegenstand vorher durch ein synthetisches Urtheil bestimmt worden seyn. Wenn man sich der Verknüpfung zweyer Vorstellungen bewußt werden soll, so muß diese Verknüpfung vorhergegangen seyn, und was der Verstand als verbunden vorstellt, muß er vorher verbunden haben.

Die allgemeinſte Form aller Urtheile der analytiſchen und ſynthetiſchen beſteht im Zuſammenfaſſen des Mannigfaltigen der Anſchauung in objektive Einheit; und eben dieſs Zuſammenfaſſen iſt zugleich die allgemeinſte Form des Vorſtellens durch einen Begriff. Die Form des ſynthetiſchen Urtheilens iſt die Form der Handlung, durch welche ein Begriff erzeugt, die Form des analytiſchen — die Form der Handlung, durch welche vermittelſt eines erzeugten Begriffes *vorgeſtellt* wird. Einen Begriff erzeugen heiſst durch Zuſammenfaſſung des Mannigfaltigen der Anſchauung objektive Einheit *erzeugen*, *ſynthetiſch* urtheilen. — Durch einen Begriff *vorſtellen*, heiſst eine Vorſtellung haben, die ſich durch ein Merkmal (objektive Einheit) auf den Gegenſtand (die Anſchauung) beziehet, *analytiſch* urtheilen. Die allgemeinſte Form des *Begriffes*, als Produkt des Verſtandes, iſt alſo durch die allgemeinſte Form des Urtheils als die Handlungsweiſe des Verſtandes beſtimmt, welche für die analytiſchen und ſynthetiſchen Urtheile eben dieſelbe iſt; nur mit dem Unterſchiede, daſs das analytiſche Urtheil nur durch ein Vorhergegangenes ſynthetiſches, nicht dieſes durch jenes möglich iſt, und daſs folglich alle dem Verſtande angehörigen näheren Beſtimmungen eines analytiſchen Urtheils, im ſynthetiſchen vorhergegangen ſeyn müſſen. Wie es denn begreiflich genug iſt, daſs dasjenige, was nach Geſetzen des Verſtandes als verbunden vorgeſtellt werden ſoll, nach Geſetzen des Verſtandes verbunden ſeyn müſſe.

§. LXXII.

Durch die beſonderen, in der Natur des Verſtandes beſtimmten, Formen der Urtheile ſind

sind gewisse Modifikationen der objektiven Einheit als eben so viele besondere Formen, unter welchen die Gegenstände gedacht werden müssen, a priori bestimmt, und diese bestimmten Formen der denkbaren Gegenstände heißen *Kategorien*.

Ich nenne *Modifikation der objektiven Einheit* die näher bestimmte Art und Weise, wie das vorgestellte Mannigfaltige in der Einheit verbunden ist. Durch die Natur des Verstandes muß nämlich nicht nur das Verbundenwerden des vorgestellten Mannigfaltigen, sondern auch die Art und Weise des Verbundenwerdens bestimmt seyn; nicht nur die bloße Gattung der objektiven Einheit, sondern auch die Arten derselben; nicht nur die Möglichkeit und die Form des Urtheilens überhaupt, sondern auch die Möglichkeit und die Formen besonderer Weisen des Urtheilens; nicht nur die Möglichkeit und die Form des Begriffes überhaupt, sondern auch die Möglichkeit und die Formen besonderer Arten von Begriffen. Die Natur des Verstandes kann unmöglich in der allgemeinsten Form der Urtheile und Begriffe erschöpft seyn, sondern in ihr muß alles, was zu jeder Art des Urtheils und des Begriffes, in wie ferne dieselbe von der Handlungsweise der Spontaneität abhängt, bestimmt seyn.

Die durch die Natur des Verstandes bestimmten Modifikationen der allgemeinsten Form des Urtheilens, oder des Zusammenfassens in die objektive Einheit, sind die besonderen logischen Formen der Urtheile; und so wie sich aus der allgemeinsten Form des Urtheilens die allgemeinste Form Gegenstände

genſtände zu denken ergiebt; ſo müſſen ſich aus
den beſondern logiſchen Formen der Urtheile eben
ſo viele beſondere durch die Natur des Verſtandes
beſtimmte Formen Gegenſtände zu denken, oder
eben ſo viele vom Verſtande abhängige Merkmale
der Gegenſtände überhaupt ergeben. Wir müſſen
alſo die *logiſchen Formen der Urtheile* aufſuchen.

Ungeachtet dieſe Formen zuerſt an ſynthetiſchen Urtheilen, welche allen analytiſchen zum
Grunde liegen, vorkommen müſſen: ſo können
ſie gleichwohl *im Bewuſtſeyn* zuerſt nur an den
analytiſchen Urtheilen erkannt werden. Denn die
Vorſtellungen der *beſtimmten* Gegenſtände kommen
nur bey der *Erkenntniſs* (oder dem *Bewuſtſeyn*
der beſtimmten Gegenſtände) vor, wobey die Gegenſtände nicht wie ſie der Verſtand erſt beſtimmt,
ſondern wie er ſie bereits beſtimmt hat; nicht wie
die Begriffe derſelben aus der Anſchauung erzeugt
werden, ſondern wie ſie bereits erzeugt ſind, und
auf die Anſchauungen bezogen werden, vorkommen müſſen. Erkenntniſs iſt das Bezogenwerden
der Vorſtellung auf den beſtimmten Gegenſtand,
und zwar ein Bezogenwerden, bey dem man ſich
des Gegenſtandes als bereits beſtimmt bewuſt iſt;
das Urtheil alſo, welches bey der Erkenntniſs das
Prädikat (oder den beſtimmten Begriff) auf das
Subjekt (den in der Anſchauung vorkommenden
Gegenſtand) bezieht, iſt ein *analytiſches* Urtheil,
ein Urtheil, wobey der bereits *erzeugte* Begriff mit
der Anſchauung verbunden wird. An den analytiſchen Urtheilen alſo, welche bey der wirklichen
Erkenntniſs im Bewuſtſeyn vorkommen, und an
ihren verſchiedenen Formen, müſſen ſich auch die
Formen der ſyntheſiſchen Urtheile, die von jenen

nicht

nicht verfchieden feyn können, oder die Formen des Urtheilens, in wie ferne fie urfprünglich in der Natur des Verftandes beftimmt find, an Tag legen.

Beym analytifchen Urtheilen kommen ein (bereits fynthetifch erzeugtes) *Prädikat* und ein *Subjekt*, folglich zwey Vorftellungen vor, deren vorher fynthetifch beftimmtes Verhälmifs zur objektiven Einheit *im Bewufstfeyn* beftimmt wird; und man kann den Unterfchied zwifchen dem analytifchen und fynthetifchen Urtheile auch damit erklären, dafs beym analytifchen Urtheile mit dem Gegenftande daffelbe Merkmal *im Bewufstfeyn* verbunden wird, welches durch das fynthetifche Urtheil vermittelft der Zufammenfaffung des Mannigfaltigen der Anfchauung *vor dem Bewufstfeyn* erzeugt wurde.

Wir wollen das jedem Urtheile wefentliche *Prädikat* und *Subjekt* die *logifche Materie*, die *fynthetifch beftimmte Beziehung* derfelben aber zur objektiven Einheit, die Art und Weife wie das vorgeftellte Mannigfaltige in der objektiven Einheit zufammengefafst ift, die *logifche Form der Urtheile* nennen. Die verfchiedenen Verhältniffe, welche die logifche Materie und die logifche Form der Urtheile zur objektiven Einheit haben können, müffen von der in der Natur des Verftandes beftimmten Möglichkeit des Zufammenfaffens in die objektive Einheit abhängen, oder welches eben fo viel heifst, die verfchiedenen Arten diefer Verhältniffe, find nur durch eben fo viele verfchiedene Arten des dem Verftande eigenthümlichen Zufammenfaffens, oder durch eben fo vielerley *Funktionen* des Verftandes beym Urtheilen möglich.

Durch

Durch jene Verhältniſſe alſo müſſen ſich die verſchiedenen *logiſchen Formen* der Urtheile angeben und erſchöpfen laſſen. Wir wollen alſo hier die möglichen Verhältniſſe der logiſchen Materie und Form zur objektiven Einheit aufſuchen.

Die logiſche Materie des Urtheils

Beſteht *erſtens* aus dem *Subjekte;* und dieſes verhält ſich zur *objektiven Einheit* des Prädikates, oder zum Merkmale entweder wie *Einheit*, oder wie *Vielheit* *), oder wie *Vielheit* und *Einheit* zugleich. Im erſten Falle wird *Ein* Subjekt, im zweyten werden *mehrere*, im dritten *alle* in die objektive Einheit des Prädikates zuſammengefaſt; und das Prädikat gilt entweder von *Einem* Subjekte, oder von *vielen*, oder von *allen* Subjekten; und das Urtheil iſt entweder ein *Einzelnes*, oder ein *Partikuläres* oder ein *Allgemeines* Urtheil.

Die logiſche Materie beſteht *zweytens* aus dem *Prädikate*, und dieſes verhält ſich zur objektiven Einheit des Subjektes oder zum *Gegenſtande* wie *Einheit* oder wie *Vielheit* oder wie *Einheit* und *Vielheit* zugleich. Im erſten Falle iſt das Prädikat in die objektive Einheit des Subjektes aufgenommen, im zweyten von derſelben ausgeſchloſſen, im dritten wird eben dadurch, daſs das Prädikat in die objektive Einheit des Subjekts aufgenommen wird, etwas vom Subjekte ausgeſchloſſen, durch das Prädikat wird etwas im Subjekte *geſetzt*, oder etwas vom

---

*) *Vielheit* ſoll hier nur ſo viel als *Mannigfaltigkeit überhaupt* bezeichnen, in wie ferne ſie der *Einheit* entgegengeſetzt iſt.

vom Subjekte *genommen*, oder *zugleich* etwas gesetzt und *genommen*, und das Urtheil ist entweder *Bejahend*, oder *Verneinend*, oder unendlich (*Indefinitum*).

Die logische Form des Urtheils

Besteht aus dem Zusammenfassen in die objektive Einheit, und ist bestimmt *erstens* in Rücksicht des Zusammenzufassenden, *zweytens* in Rücksicht des Zusammenfassenden selbst; das heisst, in Rücksicht auf das Prädikat und Subjekt in wie ferne *beyde zusammengenommen* sich auf die Einheit des Objektes beziehen, und in Rücksicht auf das zusammenfassende Subjekt (das Denkende), in wie ferne das *Zusammenfassen* auf dasselbe bezogen wird.

In der *ersten* Rücksicht verhält sich das Subjekt und Prädikat in der objektiven Einheit zusammengefasst wie *Einheit*, oder wie *Vielheit*, oder wie *Einheit* und *Vielheit* zugleich.

Verhält sich Subjekt und Prädikat zusammengefasst zur objektiven Einheit wie Einheit, so machen sie zusammen nur ein *Einziges* Objekt aus, das Prädikat ist mit dem Subjekte *innerlich* verknüpft als *Merkmal* mit dem *Gegenstande*, und das Urtheil ist *Categorisch*.

Verhält sich Subjekt und Prädikat zusammengefasst zur objektiven Einheit wie Vielheit, so machen sie zusammen zwey verknüpfte Objekte aus, das Prädikat ist mit dem Subjekte *äusserlich* verknüpft, als *Folge* mit dem *Grunde*, und das Urtheil ist *Hypothetisch*.

Verhält

Verhält sich endlich Subjekt und Prädikat zusammengefaßt zur objektiven Einheit wie *Vielheit* und *Einheit zugleich;* so machen sie zusammengenommen Ein aus mehreren Objekten bestehendes Objekt, eine *Gemeinschaft* aus, und das Prädikat ist mit dem Subjekte innerlich und äusserlich verknüpft als ein Glied das mit dem andern zusammengenommen ein System ausmacht, und folglich das andere, mit dem es zusammengenommen Merkmal des *Ganzen* ist, von sich als den anderen *Theil* ausschließt, und das Urtheil ist *Disjunktiv.*

In der *zweyten* Rücksicht ist das Verhältniß des Zusammenfassenden zum Zusammenfassen in die objektive Einheit bestimmt. Da das zusammenfassende, das vorstellende *Ich* als Subjekt des Verstandes, nur durch das Bewußtseyn des Zusammenfassens vorstellbar ist, oder durch das Bezogenwerden des Zusammenfassens auf das Subjekt, so kann das Verhältniß zwischen der Handlung des Zusammenfassens und dem Zusammenfassenden, in wie ferne dieses vorstellbar ist, nur aus dem Verhältnisse des Zusammenfassens zu dem Bezogenwerden eben dieses Zusammenfassens aufs Subjekt, oder welches eben so viel heißt, aus dem Verhältnisse zwischen dem *Bewußtseyn* und dem *Zusammenfassen* bestehen.

Das Bewußtseyn verhält sich nun zum Zusammenfassen entweder wie *Einheit* oder wie *Vielheit* oder wie *Einheit* und *Vielheit* zugleich.

Im ersten Falle ist das Zusammenfassen mit dem Bewußtseyn *innerlich* verknüpft, geht im Bewußtseyn selbst vor; es wird wirklich zusammengefaßt, und das Urtheil ist *assertorisch.*

Im zweyten Falle ist das Zusammenfassen mit dem Bewustseyn *äusserlich* verknüpft, geht nicht selbst im Bewustseyn vor, sondern wird als etwas vom Bewustseyn verschiedenes vorgestellt, kommt im Bewustseyn nicht als Handlung, sondern als Handlungsweise, nicht als wirkliche, sondern als blos mögliche Handlung vor; und das Urtheil ist *problematisch*.

Im dritten Falle ist das Zusammenfassen mit dem Bewustseyn *innerlich* und *äusserlich* verknüpft, die blosse Vorstellung des Zusammenfassens ist vom wirklichen Zusammenfassen unzertrennlich, das im Bewustseyn vorgestellte Zusammenfassen, wird eben darum auch im Bewustseyn vorgenommen; die wirkliche Handlung des Zusammenfassens wird im Bewustseyn durch ihre Möglichkeit bestimmt, und das Urtheil ist *apodiktisch*.

Es müssen also bey *jedem Urtheile viererley* Arten des Verhältnisses durch die Natur des Verstandes bestimmt seyn; und es sind auch nicht mehr und nicht weniger *innere*, im Urtheile selbst gegründete, Verhältnisse möglich. 1) Das Verhältniß des Subjektes zur objektiven Einheit, oder die *Quantität* des Urtheils. 2) Das Verhältniß des Prädikates zur objektiven Einheit, oder die *Qualität* des Urtheils. 3) Das Verhältniß des Subjektes und Prädikates zusammengenommen zur objektiven Einheit, oder die *Relation* des Urtheils; und endlich das Verhältniß der in allen drey Rücksichten bestimmten objektiven Einheit, oder des Urtheils selbst, zum Bewustseyn, oder die *Modalität* des Urtheiles.

Quantität

Quantität, *Qualität*, *Relation* und *Modalität* sind also logische, durch die Natur des Verstandes bestimmte, Modifikationen *jedes* Urtheils überhaupt. Da aber von jeder derselben drey verschiedene untergeordnete Modifikationen möglich sind; entstehen durch sie *zwölf besondere Formen der Urtheile*, von denen *vier*, nämlich aus jedem der vier Arten von Modifikationen *eine* der unter ihr enthaltenen *drey* Formen, jedem Urtheile zukommen müssen.

Ich nenne diese Formen der Urtheile die *ursprünglichen*, weil sie jedem Urtheile für sich allein betrachtet, zukommen müssen, und die innere Natur desselben ausmachen; während alle anderen Beschaffenheiten der Urtheile, die einem Urtheile nur in Vergleichung mit einem anderen zukommen, blos *äussere* Verhältnisse und *abgeleitete* Formen sind; z. B. die *enunciationes Identicae, compositae, comparativae, exceptivae, exclusivae* u. s. w., die daher von einigen Gegnern der kritischen Philosophie sehr mit Unrecht an der von *Kant* zuerst aufgestellten, aber freylich noch nicht so ganz bestimmt deducierten, Tafel der *ursprünglichen Formen der Urtheile* vermisst worden sind.

Die *Vorstellungen* aller zwölf Formen der Urtheile bestehen 1) aus den in der Theorie des Vorstellungsvermögens überhaupt aufgestellten Vorstellungen *à priori*, nämlich des *Mannigfaltigen* (oder Vielen in weiterer Bedeutung) und der *Einheit des Mannigfaltigen*; 2) aus den verschiedenen *Verbindungsarten* des Mannigfaltigen. — Ihr ganzer Inhalt kann also nur im *Vorstellungsvermögen, in wie ferne dasselbe Verstand hat*, und folglich nur *à priori* bestimmt seyn.

Wie

Wie sich die allgemeine Form des Urtheilens zu der allgemeinen Form der Begriffe, oder der Form Gegenstände zu denken verhält: so verhalten sich die besondern Formen des Urtheilens zu den besonderen Formen der Begriffe, oder den Formen Gegenstände zu denken, den *Kategorien.*

A priori bestimmte Handlungsweise des Verstandes.

In den Formen der Urtheile.   *In den Kategorien.*

I.
Quantität.

Einzelne   *Einheit*
Partikuläre   *Vielheit*
Allgemeine Urtheile   *Allheit* der Gegenstände.

II.
Qualität.

Bejahende   *Realität*
Verneinende   *Negation*
Unbestimmte Urtheile   *Limitation* der Gegenstände.

III.
Relation.

Kategorische   *Substanzialität*
Hypothetische   *Kausalität*
Disjunktive Urtheile   *Konkurrenz* der Gegenstände.

IV.
Modalität.

Assertorische   *Wirklichkeit*
Problematische   *Möglichkeit*
Apodiktische Urtheile   *Nothwendigkeit* der Gegenst.

Wie die Formen der Urtheile in *zwey Hauptklassen* zerfallen, in derer einen das Verhältniß zwischen dem *logischen Stoffe* (dem Subjekte und dem Prädikate) und der objektiven Einheit, und in der anderen das Verhältniß zwischen der *logischen Form* der Urtheile und der objektiven Einheit bestimmt ist: so bestehen die durch die Formen der Urtheile bestimmten *Kategorien* aus zwey korrespondirenden Hauptklassen, wovon die eine mit gutem Fuge die *Mathematische*, die andere die *Dynamische* heissen kann. Die Erste betrifft nämlich lauter solche Prädikate, die in der Anschauung, und in so ferne *mathematisch* bestimmbar sind; indem nämlich durch sie entweder vermittelst der *Quantität* bestimmt ist, wie *vielmal* ein Subjekt in Rücksicht auf ein Prädikat als objektive Einheit; — vermittelst der *Qualität* aber, ob das Prädikat in der objektiven Einheit des Subjektes *positiv* oder *negativ*, oder *begränzt* gesetzt sey. Die zweyte hingegen betrifft lauter solche Prädikate, die den Gegenständen in Rücksicht auf die *Existenz* derselben beygelegt werden, und die nicht an der Materie des Urtheilens, sondern an der bloßen Form selbst, nicht an der Anschauung, sondern an bloßen Begriffe, an dem Zusammenfassen, der *Kraftäusserung* des Gemüthes bestimmt sind.

Die mathematischen Kategorien.

1) Einem Gegenstande kömmt das Merkmal der *Quantität* zu, in wie ferne sein Verhältnifs als *Subjekt* zur objektiven Einheit eines *Prädikates* bestimmt ist. Verhält sich das Subjekt wie *Einheit*, so kommt dem Gegenstande das Prädikat der *quantitativen* Einheit zu, die von der *objektiven* Einheit wohl unterschieden werden mufs; verhält es sich wie Vielheit, so kömmt dem Gegenstande das Prädikat der *quantitativen Vielheit* zu, die von dem Mannigfaltigen überhaupt, als der Form des Stoffes genau zu unterscheiden ist; verhält er sich aber wie Einheit und Vielheit zugleich, so kommt dem Gegenstande das Prädikat der *quantitativen Allheit* zu, die ich von der *Totalität* überhaupt, von der in der Folge die Rede seyn wird, nicht weniger sorgfältig unterschieden wünsche. *Einheit des Prädikates* ist in dem Begriff der Gröfse ein eben so wesentliches Merkmal, als die Vielheit des Subjektes, und ihr zufolge wird die Gröfse als *Vielheit* des Gleichartigen, dessen was *Ein* und *ebendasselbe* Prädikat hat; die numerische Einheit aber als Einheit des Gleichartigen, gedacht. Die Quantität kann *nur durch alle drey* ihr untergeordnete Kategorien als *bestimmte Gröfse* gedacht werden; und jede bestimmte Gröfse hat quantitative Einheit, Vielheit und Allheit.

2) Einem Gegenstande kömmt das Merkmal der *Qualität* zu, in wie ferne das Verhältnifs seines Prädikates zur objektiven Einheit, die ihm als Subjekt zukömmt, bestimmt ist. Verhält sich das Prädikat zur objektiven Einheit des Subjektes wie Einheit; so ist es etwas, das durch die Zusammenfassung, wodurch die objektive Einheit des Subjek-

tes entsteht, in den Inbegriff des Mannigfaltigen aufgenommen, d. h. im Subjekte *positiv* gesetzt wird; und dem Gegenstande kommt dadurch das Prädikat der *Realität* zu. Verhält sich das Prädikat zur objektiven Einheit des Subjektes wie Vielheit, so ist es etwas das durch die Zusammenfassung, wodurch die objektive Einheit entsteht, aus dem Inbegriff des Mannigfaltigen ausgeschlossen, d. h. im Subjekte *negativ* gesetzt wird, und dem Gegenstande kömmt in so ferne das Merkmal der *Negation* zu. Verhält es sich endlich zur objektiven Einheit des Subjektes wie Einheit und Vielheit zugleich: so ist es etwas, das durch die Zusammenfassung, wodurch die objektive Einheit entsteht, in den Inbegriff des Mannigfaltigen so aufgenommen wird, daß das Aufnehmen zugleich ausschließt; im Subjekte wird durch das Positive zugleich etwas negativ gesetzt, und dem Gegenstande kömmt das Merkmal der *Limitation* zu. Vielheit, d. i. Mannigfaltigkeit des Zusammenzufassenden im Subjekte (qualitative Vielheit) ist dem Begriffe der *Qualität* eben so wesentlich, als die Einheit jedes dieser Prädikate (qualitative Einheit) und dem zufolge wird die *Qualität eines Gegenstandes*, als der Inbegriff, der in einem Subjekte zusammengefaßten positiven und negativen Merkmale, des *qualitativen Vielen*, und jedes dieser Merkmale (*eine* Qualität des Gegenstandes) entweder als eine positive oder negative, *qualitative* Einheit, oder als beydes zugleich gedacht. Die *bestimmte Qualität* des Gegenstandes selbst (nicht die Qualität überhaupt) kann nur durch *alle drey* dem Begriffe der Qualität untergeordnete Kategorien, Realität, Negation und Limitation gedacht werden.

Die

Die dynamischen Kategorien.

3) Einem Gegenstande kömmt das Merkmal der *Relation* zu, in wie ferne das Verhältniſs, das er als Subjekt mit einem gewiſſen Prädikate *zuſammengenommen* zu der (gemeinſchaftlichen) objektiven Einheit hat, *gegenſeitig* beſtimmt iſt.

Verhalten ſich Subjekt und Prädikat zuſammengenommen zur objektiven Einheit, wie Einheit: ſo ſind ſie in der objektiven Einheit *innerlich* verknüpft; ſie *gehören* dann nicht nur zu *Einem* Objekte, ſondern *machen* ſelbſt zuſammen nur *Ein* Objekt *aus*, in welchem das Subjekt als das Objekt ſelbſt, das Prädikat aber als etwas *im* Subjekte, ein *Merkmal*, gedacht werden muſs. Das Subjekt erhält durch dieſe Beſtimmung in Rückſicht auf das Prädikat den Rang des Subjektes im ſtrengſten Sinne; nämlich des Subjektes, das nicht Prädikat, nicht Merkmal eines Objektes, ſondern Objekt iſt; und das Prädikat iſt in Rückſicht auf daſſelbe Subjekt als Prädikat im ſtrengſten Sinne beſtimmt, d. h. als etwas, das nur durchs Verknüpftſeyn mit einem andern (dem Subjekte) als Prädikat, objektive Einheit hat, in einem Objekte vorhanden iſt. Dem Gegenſtande kömmt dadurch in Rückſicht auf das, was an ihm Subjekt iſt, das Merkmal des für ſich beſtehenden; der *Subſtanz* — auf das aber was an ihm Prädikat iſt, das Merkmal des in einem andern beſtehenden, des *Accidenz* zu.

Verhalten ſich Subjekt und Prädikat zuſammengenommen zur objektiven Einheit wie Vielheit; ſo ſind ſie in der objektiven Einheit *äuſſerlich* verknüpft; das Prädikat macht dann nicht mit dem Subjekt *Ein* Objekt, ſondern ein beſonders Objekt, das aber nur *durch* das *Aeufserlichverknüpftſeyn* mit dem Subjekte als ein Objekt gedacht werden kann, aus. Das Subjekt erhält durch diese Beſtimmung den Rang eines Objektes, das wenn es geſetzt wird ein anderes Objekt als mit ihm verknüpft, ſetzt, welches, obſchon es ſelbſt ein Objekt iſt, gleichwohl von jenem abhängt, und durch daſſelbe beſtimmt wird. Das eine heiſst in dieſer Rückſicht *Grund*, das andere *Folge*; und dem Gegenſtande, in wie ferne er als Grund eines andern beſtimmt iſt, kömmt das Prädikat der *Urſache*; ſo wie dem andern, der durch jenen als Folge beſtimmt gedacht wird, das Prädikat der *Wirkung* zu.

Verhalten ſich Subjekt und Prädikat zuſammengenommen zur objektiven Einheit wie Einheit und Vielheit zugleich; ſo ſind ſie in der objektiven Einheit *äuſserlich* und *innerlich* verknüpft, und machen Ein aus zwey Objekten beſtehendes Objekt aus. Das Subjekt erhält durch dieſe Beſtimmung völlig gleichen Rang mit dem Prädikate, das ohne Unterſchied auch die Stelle des Subjektes erhalten kann; *beyde zuſammen* erhalten den Rang eines Gegenſtandes, der aus mehreren Gegenſtänden beſteht, die als Prädikate gedacht, *innerlich*, als Subjekte aber, mit einander *äuſserlich* verknüpft ſind, einander ausſchlieſsen und *wechſelſeitig* beſtimmen. Dem Gegenſtande kömmt in dieſer Rückſicht das Prädikat der *Gemeinſchaft*, ſeinen Merkmalen aber das Prädikat der *Glieder*, und ihrem gegenſeitigen Verhältniſſe zur objektiven Einheit das Prädikat der *Konkurrenz* zu.

4) Einem Gegenſtande kömmt das Merkmal der *Modalität* zu, in wie ferne ſein Verhältniſs als objektive

objektive Einheit (als Gegenstand) zum Bewußtseyn des Vorstellenden bestimmt ist.

Verhält sich dasjenige, wodurch er als objektive Einheit gedacht wird, die Handlung des Zusammenfassens, zum Bewußtseyn wie Einheit; so kommt das Zusammenfassen im Bewußtseyn als nichts vom Bewußtseyn verschiedenes vor, so wird es im Bewußtseyn nicht vorgestellt, sondern vorgenommen, die Zusammenfassung in objektive Einheit geht wirklich vor, und dem Gegenstande kömmt das Prädikat des *Wirklichen* zu.

Verhält sich die Handlung des Zusammenfassens zum Bewußtseyn wie *Vielheit*; so kömmt das Zusammenfassen im Bewußtseyn als etwas von demselben verschiedenes vor, das heißt wird in demselben blos vorgestellt, nicht vorgenommen; die Zusammenfassung in objektive Einheit geht nicht wirklich vor, sondern es wird nur ihre Form gedacht; und dem Gegenstand kömmt das Prädikat des *Möglichen* (des *blos denkbaren* aber nicht gedachten) zu.

Verhält sich die Handlung des Zusammenfassens zum Bewußtseyn wie Einheit und Vielheit zugleich; so wird das Zusammenfassen eben dadurch, daß es im Bewußtseyn vorgestellt wird, auch im Bewußtseyn vorgenommen; der Gegenstand wird dadurch, daß er als denkbar vorgestellt wird, wirklich gedacht; seine Möglichkeit enthält den Grund seiner Wirklichkeit; und in dieser Rücksicht kömmt ihm das Prädikat der *Nothwendigkeit* zu.

Die Prädikate der *Modalität* bestimmen durchaus nichts an dem Gegenstande, als sein *Verhältniß*

niſs zum Bewuſstſeyn, während die Prädikate der *Quantität*, *Qualität* und *Relation* nähere Bestimmungen der objektiven Einheit ſelbſt ſind, und in ſo ferne als *innerliche* Prädikate des Gegenſtandes gedacht werden müſſen. Man urtheile mit welchem Rechte man dieſe Prädikate den *Dingen an ſich* bisher beygelegt hat.

„So hinge alſo auch die *Wirklichkeit eines Gegenſtandes* bloſs vom wirklichen Gedachtwerden deſſelben, und folglich vom bloſſen Denken ab? und dieſs wäre kein offenbarer grober Idealismus?" — Die Wirklichkeit des Gegenſtandes, in wie ferne er *bloſs gedacht* wird, nicht als objektive Einheit iſt, hängt in der That auch nur vom wirklichen Zuſammenfaſſen, vom Denken ab; und es iſt hier nur von den Prädikaten die Rede, die durch die Form des Denkens beſtimmt ſind, und deren Wirklichkeit folglich ſchlechterdings davon abhängt, daſs wirklich gedacht werde, daſs ſich die Form des Denkens wirklich äuſſere. Aber auch nur die Wirklichkeit des *gedachten* Gegenſtandes hängt vom bloſſen Denken ab; die Wirklichkeit des (nicht bloſs durch einen Begriff gedachten ſondern angeſchauten) Gegenſtandes hängt von dem *Afficiertſeyn* durch den gegebenen Stoff ab. — Von der Wirklichkeit des *Dinges an ſich* aber iſt keine andere als eine widerſprechende Vorſtellung, ein bloſſes Blendwerk, möglich. Der Ausdruck *wirklich*, der von *Wirken* abſtammt, bezeichnet dasjenige was an der Vorſtellung Produkt eines *Wirkens* iſt. Alle *Realität*, alle Wirklichkeit in unſren Vorſtellungen, muſs ein Produkt eines *Wirkens* ſeyn. — Die *Subjektive*, eines *Wirkens* unſrer Spontaneität, die *Objektive* eines *Wirkens* von Dingen auſſer uns auf unsere Receptivität. In wie ferne ein Gegenstand bloß gedacht wird, in so ferne ist seine Vorstellung, die Vorstellung der objektiven Einheit, ein bloßes Produkt des Verstandes; eine Vorstellung, die in so ferne bloß *subjektive* Realität hat, und die Wirklichkeit, die dem Gegenstande beygelegt wird, ist bloß *logische* Wirklichkeit, die vom Wirken der Spontaneität abhängt. In wie ferne aber der gedachte Gegenstand *auch* angeschaut wird, die objektive Einheit sich auf ein durch von außen afficiert seyn gegebenes Mannigfaltige, woraus sie hervorgebracht ist, bezieht, in so ferne hat die Vorstellung *objektive* Realität, und die Wirklichkeit, die ihrem angeschauten Gegenstande beygelegt wird, ist nicht bloß logische Wirklichkeit, sondern *Reale*, die von einem *Wirken* des Dinges außer uns, das unsre Receptivität afficiert hat, abhängt, ungeachtet sie nur durch das *Denken*, das Zusammenfassen desjenigen, was in der Anschauung durch fremdes Wirken gegeben ist, als *Wirklichkeit* gedacht werden kann.

Die drey angeführten und bisher nur positiv bestimmten Prädikate der *Modalität* können aber auch *negativ* bestimmt seyn. Wird nämlich das Prädikat, durch dessen Zusammenfassen mit dem Subjekte die objektive Einheit erzeugt würde, nicht mit dem Subjekte zusammengefaßt, so wird auch das Subjekt nicht als Gegenstand gedacht, und es kömmt ihm in so ferne das Prädikat des Nichtwirklichen zu. Läßt sich aber das Prädikat, durch dessen Zusammenfassen mit dem Subjekte die objektive Einheit entstehen müßte, nicht mit demselben zusammenfassen, so wird das Subjekt als etwas Nichtdenkbares gedacht; und es kömmt ihm in so ferne das Prädikat des *Unmöglichen* zu. Wird endlich das Prädikat mit dem Subjekte zwar in objektive Einheit zusammengefaſst, doch ſo, daſs dieſs Zuſammenfaſſen nicht durch die bloſſe Vorſtellung deſſelben, das wirkliche Denken, nicht durch die Denkbarkeit; die Wirklichkeit, nicht durch die bloſſe Möglichkeit beſtimmt wird; ſo kömmt dem Subjekte das Prädikat des *Zufälligen* zu.

Es haben alſo beyde *dynamiſchen* Klaſſen der Kategorien *Korrelata*, das heiſst ſie beſtehen jede aus zweyen ſich auf einander beziehenden Begriffen: *Subſtanz* und *Accidenz*, *Urſache* und *Wirkung*, ſyſtematiſches *Ganzes* und *Theile*, *Wirklichkeit* und *Nichtwirklichkeit*, *Möglichkeit* und *Unmöglichkeit*, *Nothwendigkeit* und *Zufälligkeit*. Die mathematiſchen hingegen haben keine Korrelata, und der Grund davon iſt, daſs die letztern aus dem einſeitigen Verhältniſſe entweder des Subjektes oder des Prädikates allein zur objektiven Einheit, die erſtern aber aus dem Verhältniſſe des in die objektive Einheit zuſammengenommenen Subjektes und Prädikates — beſtehen, welches in Rückſicht auf die *objektive* Einheit *wechſelſeitig* durch *Relation*, in Rückſicht auf das *Bewuſstſeyn* aber durch ein poſitives oder negatives Zuſammenfaſſen als poſitive oder negative *Modalität* beſtimmt ſeyn muſs.

Die Kategorien ſind alſo urſprünglich nichts anderes als beſtimmte Formen der Zuſammenfaſſung in objektive Einheit, beſtimmte Handlungsweiſen des Verſtandes, und in wie ferne in der Handlungsweiſe des Verſtandes ſeine Natur beſteht, eigenthümliche Merkmale der Natur des Verſtandes in wie ferne dieſelbe begreiflich iſt. Wer nun weiter

ter fragen wollte: *wie* der Verstand zu dieser bestimmten Handlungsweise gelange, würde sehr ungereimt fragen. Die in den von mir entwickelten Kategorien auf die einfachsten *vorstellbaren* Elemente zurückgeführte Handlungsweise des Verstandes ist die Gränze alles dessen, was vom Verstande begreiflich, ja auch nur vorstellbar ist, eine Gränze, die man nicht überschreiten kann, ohne sich ins gränzenlose Gebieth des Nichtvorstellbaren zu verlieren. Der Verstand, der zu aller Erklärung vorausgesetzt werden muss, kann in so ferne nicht selbst erklärt werden; und seine einmal erkannte Handlungsweise, durch welche das Denken bestimmt ist, läfst sich keineswegs ihren äussern Gründen nach durchs Denken bestimmen.

Der Versuch, die Handlungsweise des Verstandes von den vorgestellten Gegenständen, und zwar von den als *Dings an sich* gedachten Gegenständen, ableiten zu wollen, war freylich bey dem bisher allgemeinen Verkennen des Vorstellungsvermögens unvermeidlich; muss aber wohl mit dem missverstandenen Begriffe des *Dinges an sich* von selbst wegfallen. Da die Vorstellung des Gegenstandes als Gegenstand eine Wirkung des Verstandes ist, so müsste die Handlung, durch welche diese Wirkung hervorgebracht wird, eine Wirkung ihrer Wirkung (des Gegenstandes in wie ferne er als Gegenstand gedacht wird) seyn, wenn sie durch den gedachten Gegenstand bestimmt würde. Da uns von den Dingen ausser uns nicht die Vorstellung selbst, sondern nur Stoff der Vorstellung gegeben seyn kann; so kann uns auch nicht die Vorstellung des bestimmten Gegenstandes, sondern nur der rohe Stoff derselben, das blosse empirische

Mannigfaltige gegeben feyn, welches aber erft im Gemüthe auf Einheit gebracht, vorgeftellt werden mufs, bevor es durch den Verftand in eine Einheit des *Vorgeftellten* zufammengefafst werden kann. Dasjenige nun worin diefes bloffe Zufammenfaffen befteht, oder vielmehr die beftimmte Weife diefes bloffen Zufammenfaffens, gehört dem Zufammenfaffenden, d. i. der Spontaneität, an, die dadurch ihren Rang als *Verftand* erhält. Ob und in wie ferne die der Spontaneität eigenthümliche Handlungsweife in den Dingen an fich gegründet fey? oder wie fie überhaupt mit denfelben zufammenhänge? gehört unter die Fragen, die niemand aufwerfen wird, der ihren Sinn verfteht und die Gränzen der Vorftellbarkeit kennt.

§. LXXIII.

Die reinen Vorftellungen der Kategorien find Vorftellungen und zwar *Begriffe à priori*, und in fo ferne Vorftellungen *nothwendiger* und *allgemeiner* Merkmale der durch den Verftand beftimmten Gegenftände.

Die Kategorien felbft find keine Vorftellungen, und folglich auch keine Begriffe; aber fie find *Formen* der Begriffe, und in wie ferne fie vorftellbar find, Gegenftände von Vorftellungen, und zwar folche Gegenftände, die nicht unmittelbar durch Anfchauung, fondern nur durch Begriffe vorgeftellt werden können, deren Vorftellungen alfo Begriffe find. Wirklich können die Formen der objektiven Einheit, nur durch ihre Beziehung auf ein *vorgeftelltes* Mannigfaltige, vorgeftellt, d. h. gedacht werden. In wie ferne nun die Formen

der

der objektiven Einheit durch die Handlungsweise des Verstandes bestimmt sind, in so ferne sind die *Kategorien* Gegenstände, die vor aller Vorstellung im bloßen Gemüthe bestimmt sind, und denen in ihren Vorstellungen kein durchs Afficiertwerden bestimmter Stoff, sondern lediglich die *a priori* gedachte, das heißt, auf eine Vorstellung *a priori* (das vorgestellte Mannigfaltige überhaupt) bezogene Handlungsweise der Spontaneität, entspricht. Die Kategorien werden *rein* vorgestellt, wenn man sie von allem Empirischen, durchs Afficiertseyn Gegebenen, und von den Formen der Anschauung dem bloßen Raume und der bloßen Zeit abgesondert vorstellt. Als Gegenstände dieser reinen Vorstellungen sind sie durch den *bloßen Verstand* und das bloße *Vorstellungsvermögen überhaupt*, unabhängig von der *Sinnlichkeit, à priori* bestimmt; obwohl sie sich auf Anschauungen beziehen, und folglich auch durch die Sinnlichkeit bestimmt seyn müssen, wenn sie Merkmale nicht bloß denkbarer, sondern Erkennbarer (d. h. denkbarer und anschaulicher) Gegenstände werden sollen, wie weiter unten bestimmter gezeigt wird. Man kann die reinen Vorstellungen der Kategorien mit Recht die *Stammbegriffe* des reinen Verstandes nennen, vorausgesetzt, daß man unter diesem Ausdrucke keine angebohrnen Vorstellungen, sondern Begriffe verstehe, die unmittelbar aus dem reinen Verstande abstammen, obwohl sie nicht vor der Erfahrung, im Bewußtseyn entstehen können.

Durch objektive Einheit wird der Gegenstand als *Gegenstand überhaupt*, und durch die *Kategorien* als *bestimmter Gegenstand* gedacht. Jedes Urtheil muß Quantität, Qualität, Relation und Modalität

Drittes Buch. *Theorie*

dalität haben, das heifst, es ist keine eigentliche Verstandeshandlung möglich, die nicht durch die Handlungsweise des Verstandes aus diesen vier Gesichtspunkten bestimmt seyn müsste. Es ist also auch kein Begriff eines bestimmten Gegenstandes, der nur durch ein synthetisches Urtheil erzeugt werden kann, möglich, aufser dafs seine Form aus eben diesen vier Gesichtspunkten bestimmt sey. Ieder *bestimmt gedachte* Gegenstand mufs, in wie ferne er bestimmt gedacht wird, durch die Merkmale der Quantität, Qualität, Relation und Modalität gedacht werden. Die Kategorien *müssen* also allen bestimmten Gegenständen beygelegt werden, weil diese *nur* durch jene bestimmt gedacht werden *können*, d. h. die Kategorien sind *nothwendige* und *allgemeine* Merkmale der bestimmten Gegenstände.

Durch diese einleuchtende bey jeder anderen Ableitung der Kategorien aber unerweisliche *Nothwendigkeit* und *Allgemeinheit* der allgemeinsten Prädikate der erkennbaren Dinge, sollte doch die *Kritik der Vernunft*, die den Ursprung der Kategorien im reinen Verstande zuerst und nur auf einem anderen Wege gezeigt hat, gegen den Einwurf, *dafs sie die Gewifsheit des menschlichen Wissens aufhebe*, gesichert gewesen seyn. Wie? bestünde die Gewifsheit unsres Wissens nicht im Bewufstseyn der Nothwendigkeit gewisser Urtheile? Und wie soll diese Nothwendigkeit einleuchtender erwiesen werden können, aufser wenn gezeigt wird, dafs sie ihren Grund in der Natur des Verstandes selbst haben. Oder ist ein Urtheil nicht nothwendig, in wie ferne es der Form gemäfs ist, unter welcher der Verstand allein urtheilen kann? Ist nicht das Merkmal eines Gegenstandes nothwendig und allgemein,

mein, wenn es an sich nichts anderes als die Form
ist, unter welcher allein ein bestimmter Gegenstand
sich denken läſst? Ist nicht jede Nothwendigkeit
nur als Bedingung des Wirklichen erweislich; aber ist
sie auch wenn sie als Bedingung des Wirklichen aufgestellt ist, wirklich erwiesen? Wenn man sich
also nur eines einzigen wirklich als bestimmt vorgestellten Gegenstandes bewuſst ist, so muſs man sich
auch der Nothwendigkeit und Allgemeinheit der
Kategorien bewuſst seyn, weil durch sie die wirkliche Vorstellung des bestimmten Gegenstandes
allein möglich ist. Woher hingegen diese Nothwendigkeit und Allgemeinheit, wenn die Kategorien *a posteriori* durch ein bloſses Afficiertseyn bestimmt wären, und als empirische Merkmale den
Dingen an sich angehörten? Könnte dann ihre
Nothwendigkeit im Bewuſstseyn anders als durch
Gewohnheit erklärt, und ihre Allgemeinheit für *weiter reichend als die Zahl* der in der Erfahrung vorgekommenen Fälle angenommen werden?

§. LXXIV.

Die Kategorien gehören in Beziehung auf
das Vorstellungsvermögen überhaupt dem
Verstande in *engerer*, in Beziehung auf die
Sinnlichkeit aber dem Verstande in *engster Bedeutung* an.

Die *Kategorien* sind *a priori* bestimmte Handlungsweisen der Spontaneität des Vorstellungsvermögens, bestimmte Verbindungsarten des vorgestellten Mannigfaltigen. Sie lassen sich daher ohne
ein *vorgestelltes* Mannigfaltige so wenig denken,
als die Form der Vorstellung, die durch Verbindung

dung eines Mannigfaltigen hervorgebrachte Einheit ohne ein Mannigfaltiges überhaupt. Aber das vorgestellte Mannigfaltige, das den Kategorien als Stoff untergelegt werden *muſs*, wenn sie vorgestellt werden sollen, ist nur dann ein *unter der allgemeinen Form der Anschauung* vorgestelltes Mannigfaltige, wenn sie auf ein durch die Art des Afficiertwerdens gegebenes Mannigfaltige bezogen, und folglich als Formen der Erkennbarkeit gedacht werden sollen. Werden sie hingegen ihrer ursprünglichen Beschaffenheit nach als Formen der bloſsen *Denkbarkeit* vorgestellt, so darf das Mannigfaltige, das ihnen als Stoff untergelegt wird, nicht das durch die Anschauung *a priori* in der Zeit, sondern nur das durch die Vorstellung des Mannigfaltigen *a priori* überhaupt vorgestellte Mannigfaltige seyn, welches in der Theorie des Vorstellungsvermögens überhaupt aufgestellt ist. Denn in wie ferne die Kategorien in der bloſsen Spontaneität bestimmt sind, betreffen sie bloſs die Handlung der Spontaneität, nicht den Stoff dieser Handlungen, sind sie bloſse Merkmale der objektiven Einheit, nicht eines gewissen Stoffes, bloſse Formen des Verbindens, nicht Formen des zu verbindenden Mannigfaltigen. Die besondere, durch die Natur der Sinnlichkeit bestimmte Form des Mannigfaltigen gehört also keineswegs unter die Merkmale der bloſsen Kategorien, sondern nur das vorgestellte Mannigfaltige überhaupt, oder die Vorstellung der allgemeinen Form des Stoffes überhaupt. Die Kategorien sind also nicht bloſs unabhängig von der Sinnlichkeit, ohne Beziehung auf die allgemeine Form der Anschauungen, d. h. ohne die bloſse Zeit, denkbar, sondern müssen auch, wenn sie ohne Beymischung alles fremdartigen in

ihrer

ihrer urſprünglichen Reinheit und ihrem eigentlichen Weſen nach, gedacht werden ſollen, unabhängig von der Sinnlichkeit und abgeſondert von der Zeit gedacht werden. Daher die *Ewigkeit* der logiſchen Weſen.

Die rein - vorgeſtellten Kategorien beziehen ſich alſo durch das *a priori* vorgeſtellte Mannigfaltige überhaupt, deſſen durch den Verſtand beſtimmte Verbindungsarten ſie ſind, nicht auf die Sinnlichkeit, ſondern auf das Vorſtellungsvermögen überhaupt. Sie ſind Verbindungsarten des vorgeſtellten Mannigfaltigen überhaupt, ohne Rückſicht, ob dieſs Mannigfaltige durch Sinnlichkeit vorgeſtellt ſey oder nicht; folglich eigenthümliche Handlungsweiſen desjenigen Vermögens, welches durch die Verbindung des Vorgeſtellten Vorſtellungen erzeugt, oder welches eben ſo viel heiſst, ſie gehören dem *Verſtande in engerer Bedeutung*, an.

Der Verſtand in engſter iſt vom Verſtande in engerer Bedeutung in nichts unterſchieden, als daſs dieſer nur auf das Vorſtellungsvermögen *überhaupt*, jener aber auf das *ſinnliche* Vorſtellungsvermögen ſich bezieht. Es iſt eine und ebendieſelbe Spontaneität, welche nach ebendenſelben in ihrer Natur beſtimmten Handlungsweiſen (den reinvorgeſtellten *Kategorien*) als Verſtand in engerer Bedeutung das vorgeſtellte Mannigfaltige überhaupt, als Verſtand in engſter aber das durch Anſchauung vorgeſtellte Mannigfaltige verknüpft. Ebendieſelben Kategorien alſo, welche in ihrer Beziehung auf das Vorſtellungsvermögen überhaupt, dem Verſtande in engerer Bedeutung angehören, gehören in ihrer Beziehung auf die Sinnlichkeit dem Verſtande in engſter Bedeutung an, der ſich von jenem nur durch ſeine beſtimmte Beziehung auf die Sinnlichkeit unterſcheidet.

Wird alſo den *Kategorien* die Vorſtellung *à priori* des Mannigfaltigen überhaupt als Stoff untergelegt, ſo gehören ſie dem Verſtand in engerer — wird ihnen die vorgeſtellte allgemeine Form der Anſchauung überhaupt untergelegt, ſo gehören ſie dem Verſtande in engſter Bedeutung an, deſſen Natur in der Beziehung der Handlungsweiſe der Spontaneität auf die Form der Anſchauung beſtehen muſs.

§. LXXV.

Die Kategorien in ihrer beſtimmten Beziehung auf die allgemeine Form der Anſchauungen (die bloſſe Zeit) vorgeſtellt, heiſſen *Schemate* und ſind in folgender Tafel erſchöpft.

(1)
Quantität in der Zeit, oder Zeitreihe
Z a h l.

(2)
Qualität in der Zeit, oder Zeitinhalt
G r a d.

(3)
Relation in der Zeit oder Zeitordnung
B e h a r r l i c h k e i t.
B e ſ t i m m t e S u c c e ſ ſ i o n.
B e ſ t i m m t e s Z u g l e i c h ſ e y n.

(4)

(4)

Modalität in der Zeit, oder Zeitbegriff

Seyn zu irgend einer
Seyn in einer beſtimmten } *Zeit.*
Seyn zu aller

---

(1) Um ſich zu überzeugen, daſs die reine Vorſtellung der *Zahl* aus der auf die Vorſtellung der *bloſſen Zeit* bezogenen Vorſtellung der *beſtimmten Quantität* beſtehe, darf man nur den Begriff des *Zählens* beſtimmt genug zergliedern. Zählen heiſst nämlich: gleichartige Einheiten nach einander zu einander hinzuthun (ſucceſſiv, d. h. in der Zeit verbinden), und das Produkt dieſer Operation, die *Zahl*, iſt eine Quantität, welche aus einer in der Zeit vollendeten Zuſammenfaſſung vieler Einheiten beſteht; Quantität, welche durch alle drey untergeordnete Kategorien beſtimmt iſt, und in deren Vorſtellung Einheit, Vielheit und Allheit, *in wie ferne* ſie ſich in der Zeit beſtimmen laſſen, als weſentliche Merkmale enthalten ſind.

Es iſt nur ein *einziges* Schema der Quantität, nämlich die *Zahl*, möglich. Da die bloſſe Zeit nur als ein *Mannigfaltiges* vorgeſtellt werden kann, ſo kann die Kategorie der *quantitativen Einheit* allein unmöglich ein unmittelbares Merkmal der bloſſen Zeit ſeyn; und da die bloſſe Zeit als ein *unbegränztes* Nacheinanderſeyn gedacht werden muſs, ſo laſst ſich ohne Widerſpruch eben ſo wenig die Kategorie der *quantitativen Allheit* auf ſie beziehen, wodurch ſie als *alle Zeit*, d. h. als ein vollen-

vollendetes Ganze, und folglich ohne weitere *Folge*, und folglich begränzt, gedacht werden müſste. Die Zeit läſst ſich alſo eigentlich nur durch die Kategorie *der Vielheit* beſtimmen. In wie ferne aber unter quantitativen Vielheit, Vielheit der Subjekte ebendeſſelben Prädikates, gleichartiger Einheiten und unter beſtimmter Vielheit nur Einheit dieſes gleichartigen Vielen gedacht werden muſs, in ſo ferne kann die Vielheit in der Zeit nur als Einheit des nacheinander beſtimmten gleichartigen Vielen, d. h. *als Zahl*, und durch alle drey Kategorien der Quantität beſtimmt, vorgeſtellt werden.

Die Quantität iſt nur in ihrer beſtimmten Beziehung auf die Zeit, d. i. als *Zahl* erkennbar. Wie denn auch die Quantität im Raume nur durch *Meſſen* vermittelſt eines als *numeriſche Einheit* angenommenen Theiles ſich beſtimmt erkennen läſst.

(2) Um ſich zu überzeugen, daſs die *reine* Vorſtellung *des Grades* aus der Vorſtellung der in der Zeit beſtimmten Qualität beſtehe, darf man ſich nur über den beſtimmten Begriff eines Grades überhaupt genaue Rechenſchaft abfordern. Grad heiſst nach der allgemeinſten Uebereinſtimmung die *Quantität der Qualität*, Gröſse der Beſchaffenheit, intenſive Gröſse, Vielheit ohne Extenſion; eine Vielheit alſo die nicht im Auſſereinanderſeyn des Mannigfaltigen beſteht, nicht im Raume, ſondern in der bloſſen Zeit beſtimmt iſt; nicht durch den äuſſeren, ſondern lediglich durch den inneren Sinn angeſchaut werden kann. Was in der Zeit angeſchaut werden ſoll, muſs in der Zeit gegeben ſeyn, oder in dem inneren Sinne durch ein Afficiertſeyn vorkommen, es muſs ihm eine *Empfindung* ent-

des Erkenntnifsvermögens überhaupt. 469

entsprechen. Wenn nun dasjenige, dem eine Empfindung entspricht, bestimmt gedacht werden soll, so kann dieß nur dadurch geschehen, daß das Mannigfaltige, welches durch den inneren Sinn angeschaut wird (die Veränderung in uns) durch den Verstand den Kategorien der bestimmten Qualität gemäß zusammengefaßt, und folglich als eine mit Negation verbundene (limitirte) Realität gedacht, d. h. daß ihm das Prädikat des *Grades* beygelegt werde.

Da nämlich alle Empfindung unter der allgemeinen Form aller sinnlichen Vorstellung, der bloßen Zeit, steht; so muß die *Realität*, die mehr als bloße Kategorie, mehr als leere Gedankenform, mehr als logische Bejahung seyn soll, einen durchs Afficiertseyn gegebenen Stoff haben; es muß ihr ein Gegebenes durch Empfindung eine Veränderung in uns, ein Erfüllen der Zeit entsprechen. Die erkennbare (nicht bloß denkbare, logische) Realität muß also als *erfüllte Zeit*, als ein *Seyn in der Zeit*, so wie die *Negation*, die mehr als eine logische Funktion der Verneinens seyn soll, als Negation in der Zeit, *leere Zeit*, *Nichtseyn in der Zeit* gedacht werden. Der Unterschied zwischen diesem mehr als logischem *Etwas* und *Nichts* besteht dann in dem Unterschiede zwischen der erfüllten und der leeren Zeit. Ein und ebenderselbe Zeittheil kann nämlich durch Empfindung mehr oder weniger erfüllt seyn, das Etwas in der Zeit kann sich mehr oder weniger dem *Nichts* in der Zeit nähern, die Realität kann mehr oder weniger durch Negation bestimmt, limitirt seyn; sie kann einen größeren oder kleineren Grad haben, aber sie muß jederzeit einen Grad haben, wenn sie in ihrem *Unterschiede* von bloßer Negation, als *bestimmte Realität*, fität, erkennbar seyn soll. Die Qualität in 'der Zeit, die erkennbare Qualität, kann daher weder als lauter Realität ohne Negation, noch als lauter Negation ohne Realität, sondern sie muß als Realität mit Negation verbunden, als *limitirt* gedacht werden. Es giebt daher nur ein *Einziges* Schema der Qualität, nämlich des Grades. Die Qualität ist nur in ihrer bestimmten Beziehung auf die Zeit, d. h. nur als Grad erkennbar.

Zahl und *Grad* sind also die *Schemate*, welche sich aus der bestimmten Beziehung der *mathematischen* Kategorien auf die allgemeine Form der Anschauung, nämlich die *bloße Zeit* ergeben, und daher selbst die *mathematischen Schemate* heissen können.

(3) Durch die Schemate der Relation ist die Beziehung der Kategorien der Relation auf die Form der Anschauung überhaupt bestimmt, und durch die Vorstellungen dieser Schemate werden die drey Arten gegenseitiger Verhältnisse zusammengenommener Subjekte und Prädikate zur objektiven Einheit als in der Zeit bestimmbar vorgestellt.

a) *Substanz in der Zeit* ist das Subjekt, in wie ferne es als Subjekt im strengsten Sinne als für sich bestehend in der Zeit bestimmt ist, das bleibende Subjekt, das *Beharrliche*. *Accidenz* in der Zeit hingegen ist das Prädikat, in wie ferne es als Prädikat im strengsten Sinne, als Prädikat, das nicht die Stelle seines Subjektes vertreten kann, als nur im Subjekte bestehend, bestimmt ist; und folglich das nicht bleibende in der Zeit, das *Veränderliche*.

De

des Erkenntnifsvermögens überhaupt.

Da dasjenige was in der bloſsen *Zeit allein* gegeben iſt, und angeſchaut werden kann, nothwendig *Veränderung* iſt, ſo muſs dasjenige, was in der Zeit als beharrlich, und folglich als keine Veränderung, gedacht werden ſoll, wenn es mehr als denkbar, wenn es auch anſchaulich ſeyn ſoll, im *Raume* angeſchaut werden können; der Stoff, der dem Beharrlichen in der Zeit entſpricht, muſs dem äuſſern Sinne gegeben ſeyn, und das Beharrliche iſt nur im Raume und in der Zeit erkennbar. Was alſo als Subſtanz, als beharrlich in der Zeit, *erkannt* werden ſoll, muſs als etwas auſſer uns, den Raum erfüllendes, angeſchaut werden; es muſs ihm das Prädikat *der Ausdehnung* zukommen können. Das Subjekt unſres Vorſtellungsvermögens, das nicht als *etwas auſſer uns* anſchaulich iſt, kann und muſs daher zwar als Subſtanz, als beharrlich in der Zeit *gedacht* — aber es kann durchaus nicht als Subſtanz *erkannt* werden; die Seele gehört nur in das Gebieth der bloſs denkbaren nicht (der Denkbaren und Anſchaulichen) der *Erkennbaren* Subſtanzen.

b) Die Succeſſion oder die Reihe des in der Zeit anſchaulichen durch die Kategorie der Urſache und Wirkung beſtimmt, giebt das Schema der beſtimmten Succeſſion, d. h. derjenigen Succeſſion bey welcher *nothwendig* das eine Glied der Reihe als folgend das andere als vorhergehend gedacht werden muſs. In wie ferne nämlich etwas in der Zeit gegebenes als Grund eines anderen in der Zeit gegebenen beſtimmt iſt; in ſo ferne hängt das Seyn in der Zeit dieſes letztern vom Seyn in der Zeit des erſtern als Folge vom Grunde, aber nicht umgekehrt (der Grund von der Folge) ab. Wenn die

die Prädikate der Ursache und Wirkung *erkennbaren* Gegenständen beygelegt werden follen, fo müffen fie durch das Schema der beftimmten Succeffion als *Zeitbeftimmung* vorgeftellt werden können, oder welches eben fo viel heifst, der erkennbaren *Urfache* und *Wirkung* mufs ein in der bloffen Zeit angefchautes Mannigfaltige entfprechen.

Die *erkennbare Wirkung* ift daher dasjenige, deffen Entftehen in der Zeit durch etwas anderes, worauf es *nothwendig* folgt (die Urfache) beftimmt ift, und die *erkennbare Urfache* ift dasjenige, was in *der Zeit* Grund der Entftehung eines andern ift. Dasjenige, was *an* einem Dinge Grund der Entftehung eines andern ift, heifst die *Kauffalität*. Iede erkennbare *Kauffalität* mufs daher felbft entftehen, weil fie nur als Grund *in der Zeit* erkannt werden kann. In wie ferne die Kauffalität in der Zeit entfteht, heifst fie *Veränderung*, und in wie ferne diefe Veränderung Grund des Entftehens der Wirkung (einer anderen Veränderung) ift, heifst fie *Handlung*; während die Veränderung, welche bloffe Wirkung ift, ein *Leiden* heifst.

Da die *Kauffalität*, fo wohl an der Urfache als an der Wirkung nur als *Veränderung*, die *Subftanz* aber nur als das *Beharrliche*, Unveränderliche in der Zeit, erkennbar ift, fo ift es einleuchtend, dafs die Subftanz nicht als Subftanz, fondern nur in ihren *Accidenzen* erkennbare Kauffalität und erkennbare Wirkung feyn könne. In wie ferne jedes *Accidenz* nur Prädikat der Subftanz feyn kann, in fo ferne mufs freylich die Subftanz, deren Accidenz eine Kauffalität ift, als die Urfache gedacht werden, aber fie kann nur durch ihr Accidenz (nicht als *Subftanz*)

des Erkenntnifsvermögens überhaupt. 473

ſtanz). als erkennbare Urſache gedacht werden; wie dann die *Handlung*, worin die eigentliche Kauſſalität einer Wirkung in der Zeit beſteht, nothwendig nur als *Veränderung* und daher unmöglich als etwas Beharrliches gedacht werden kann. Wenn man nun unter *Kraft* die *unmittelbar - handelnde* Subſtanz, eine in der Subſtanz ſelbſt unmittelbar vorhandene Kauſſalität, verſteht, ſo iſt es ausgemacht, daſs es keine *erkennbare* Kraft geben könne, weil jede Handlung nur als Veränderung, nur als Accidenz, und folglich als kein ſubſtanzielles, fortwährendes, nicht entſtehendes Handeln erkannt werden kann. Daher auch die einzige Kraft, die wir den uns erkennbaren Subſtanzen, den Beharrlichen im Raume, beylegen können, die *Bewegende*, keineswegs als in der Subſtanz, welche eine andere zur Bewegung beſtimmt, vorhanden, ſondern auch dieſer wieder von einer andern mitgetheilt gedacht werden muſs. Das Bewegende bewegt nur durch Bewegung, verändert nur in wie ferne es ſelbſt verändert wird; ein Accidenz in der bewegenden Subſtanz iſt der Grund eines Accidenz in der Bewegten. Die Spontaneität unſres Vorſtellungsvermögens in wie ferne ſie dem vorſtellenden Subjekte als deſſen eigenthümliches Prädikat zukommt, iſt *Kraft* im ſtrengſten Sinne des Wortes; aber *erkennbar* iſt ſie nur in ihrer im Vorſtellungsvermögen beſtimmten Handlungsweiſe, den Formen der Spontaneität und folglich nicht als Kraft, ſondern nur als *Vermögen*. In ihrem Zuſammenhange mit dem Subjekte als Subſtanz, als eigentliche Kraft, gedacht, iſt ſie *bloſs denkbar*, und ſo wenig als in ihrer *Subſtanzialität*, erkennbar.

So wie das Merkmahl der erkennbaren Kauſſalität keiner Subſtanz unmittelbar zukommen kann, ſo kann auch keiner das Merkmal der *erkennbaren Wirkung* beygelegt werden. Dasjenige, was durch ein anderes in der Zeit beſtimmt wird, und folglich entſteht, kann nicht das Beharrliche, nicht die Subſtanz, ſondern nur ein Accidenz ſeyn. Iede erkennbare Wirkung kann alſo nur ein Accidenz ſeyn; und *es giebt keine erkennbare Urſache der Subſtanzen.* (Daher unſtreitig die alte Meynung von der Ewigkeit der Materie.)

c) Das Zugleichſeyn oder die Reihe des nur mittelbar in der Zeit, unmittelbar aber im Raume Anſchaulichen, durch die Kategorie der Gemeinſchaft beſtimmt, giebt das Schema des beſtimmten Zugleichſeyns, bey welchem nothwendig die Glieder als nicht aufeinander folgend, ſondern als zugleich mit einander verknüpft gedacht werden müſſen. Der beſtimmte Begriff von dieſem Schema wird am leichteſten dadurch erhalten, daſs man ſich daſſelbe in ſeinem Urſprunge aus der Verbindung des Schemas der Subſtanzialität mit dem Schema der Kauſſalität denkt. Die erkennbare Gemeinſchaft beſteht nämlich aus der erkennbaren Subſtanzialität, dem Beharrlichen im Raume, und aus der erkennbaren Kauſſalität, der Handlung in der Zeit zuſammengenommen, und auf mehr als ein Objekt bezogen; und ein Gegenſtand iſt mit dem anderen in *erkennbarer Gemeinſchaft,* wenn beyde als etwas im Raume beharrliches, und in der Zeit wechſelſeitig aufeinander wirkendes gedacht werden, ſo daſs die Handlung des einen Grund von gewiſſen Accidenzen im andern, und die Handlung des andern Grund von gewiſſen Accidenzen eidenzen in dem Einen ist. Das als zugleich vorhanden Erkennbare muſs im Raume und in der Zeit zugleich beſtimmt ſeyn; folglich müſſen ihm beyde Zeitbeſtimmungen die negative des Beharrlichen, und die poſitive der beſtimmten Folge zugleich zukommen. Die denkbare Gemeinſchaft kann nur in ſo ferne erkennbar, Gemeinſchaft erkennbarer Gegenſtände ſeyn, als dieſe erſtens als erkennbare Gegenſtände durch das Beharrliche im Raume, zweytens als *erkennbar verknüpfte* Gegenſtände durch Kauſſalität in der Zeit wechſelſeitig beſtimmt ſind.

Durch die drey Kategorien der Relation wird die Zeit in ihren drey *Modis*, der *Dauer*, der *Folge*, und dem *Zugleichſeyn* auf *Objekte* (objektive Einheit), und durch die Zeit ſelbſt werden die Kategorien der Relation auf Anſchauungen, und folglich auf das in der Anſchauung gegebene, anwendbar.

(4) Durch die Schemate der *Modalität* iſt die Beziehung der Kategorien der Modalität auf die allgemeine Form der Anſchauung beſtimmt als Möglichkeit, Wirklichkeit und Nothwendigkeit des in der Zeit Anſchaulichen.

a) Die Kategorie der Möglichkeit, oder die im Bewuſstſeyn blos vorgeſtellte Form des *Denkens*, die Denkbarkeit, mit der bloſs vorgeſtellten Form der Anſchauung verbunden, giebt das *Schema des Möglichen*, Denkbarkeit des Anſchaulichen, und in wie ferne die Form der Anſchauung, die bloſſe Zeit, Bedingung der Empfänglichkeit für einen Stoff iſt, entſteht aus dieſer Verbindung Denkbarkeit deſſen was der Empfänglichkeit gegeben werden. Denkbarkeit desjenigen dem eine Empfindung entſprechen

chen kann; etwas das gedacht (im Bewufstfeyn in eine objektive Einheit verbunden) werden kann, in wie ferne es fich durch ein Afficiertfeyn geben läfst, oder welches eben fo viel heifst, der Bedingung diefes Afficiertfeyns, der *bloſſen Zeit*, gemäſs ift.

Durch die bloſſe Kategorie der Möglichkeit ift nichts als *logifche* Möglichkeit, die bloſſe Denkbarkeit, beſtimmt, die wohl hauptfächlich darum mit der *reellen*, der erkennbaren, Möglichkeit verwechfelt wurde, weil der Unterfchied zwifchen Denken und Erkennen bis auf *Kant* ein fo tiefes Geheimnifs geblieben war. Die bloſſe Denkbarkeit wird nur durch ihre Beziehung auf Anfchaulichkeit zur Erkennbarkeit; und fo wie die logifche Möglichkeit in der Denkbarkeit befteht, fo befteht die *reelle* in der Erkennbarkeit. Einem Gegenſtande kömmt alfo nur in fo ferne erkennbare Möglichkeit, reelle Möglichkeit zu, als ihm Erkennbarkeit zukömmt. Im Erkenntnifsvermögen alfo, und nicht wie bisher in dem nichtvorftellbaren *Dinge an ſich*, (oder auch gar in der Gottheit) ift der uns begreifliche Grund der reellen Möglichkeit aufzuluchen.

b) Die Kategorie der Wirklichkeit, oder das im Bewufstfeyn vorgenommene Denken, bezogen auf die wirkliche Anfchauung, oder den unter der Form der finnlichen Vorftellung im Gemüthe vorhandenen Stoff, giebt das *Schema der Wirklichkeit*, das Denken des durchs Afficiertfeyn gegebenen, und durch die allgemeine Form der Anfchauung zur Anfchauung gewordenen Stoffes; die objektive Einheit aus dem unter der Form des Nacheinanderfeyns angefchauten Mannigfaltigen erzeugt, der gedachte

gedachte Gegenstand in einer durchs Afficiertseyn
bestimmten Zeit, das Seyn in einer bestimmten
Zeit.

Durch die bloſse Kategorie der Wirklichkeit iſt
nichts als die *logiſche Wirklichkeit* beſtimmt. Logiſch *möglich* iſt, was ſich denken läſst; logiſch
wirklich, was gedacht wird. Allein das was gedacht wird, iſt keineswegs darum etwas *Exiſtieren-
des*; und ſo wie die Denkbarkeit eines Gegenſtandes ſich auf Anſchaulichkeit deſſelben beziehen
muſs, wenn ihm reelle Möglichkeit zukommen ſoll;
ſo muſs das Gedachtwerden deſſelben auf wirkliche
Anſchauung bezogen ſeyn, wenn ihm reelle *Exiſtenz* beygelegt werden ſoll. Von einem Gegenſtande die erkennbare (mehr als denkbare) Exiſtenz
behaupten, heiſst ihm das Prädikat des *Erkannt-
ſeyns* beylegen.

Die Exiſtenz heiſst *Wirklichkeit*, weil ſie, in
wie ferne ſie vorſtellbar iſt, nur ein Produkt des
Wirkens ſeyn kann. Die logiſche *Exiſtenz* kommt
durch Denken, die bloſse Handlung der Spontaneität, und die reelle durch *Denken* und *Anſchauen*,
wirken, und afficiert ſeyn, in unſrer Vorſtellung
vor. Die Exiſtenz unſres vorſtellenden Ichs iſt
durch ein Afficiertſeyn, welches eine *unmittelbare*
Wirkung der bloſsen Spontaneität iſt, vorſtellbar;
die Exiſtenz der Gegenſtände auſser uns aber durch
ein Afficiertſeyn, welches *unmittelbare* Wirkung
der Dinge auſser uns iſt; ungeachtet die erkennbare Exiſtenz unſres vorſtellenden Ichs, für das wir
kein anderes Prädikat als das bloſse Vorſtellungsvermögen haben können, ihrer Erkennbarkeit nach
mittelbar von einem Afficiertſeyn von auſsen (woran
ſich die Formen der Vorſtellungen zuerſt äuſsern),
und

und die erkennbare *Exiſtenz* der Dinge auſſer uns (die nur durch die vom Verſtande vorgenommene Verbindung des durchs Afficiertſeyn gegebenen und in einer Anſchauung vorgeſtellten Mannigfaltigen *gedacht* werden können) ihrer Erkennbarkeit nach von der Handlung der Spontaneität *mittelbar* abhängt.

Die *Exiſtenz* heiſst *Realität*, nicht weil ſie eine *Qualität* des Gegenſtandes iſt (denn durch die Exiſtenz wird nichts im Gegenſtande geſetzt), ſondern weil ſie ſich als logiſche *Exiſtenz* nur von einem Subjekte behaupten läſst, das als Objekt gedacht wird, und folglich durch ein poſitives Prädikat beſtimmt iſt, d. i. *logiſche Realität* hat — als reelle Exiſtenz aber nur von einem Subjekte, dem erkennbare Realität zukömmt, nämlich dem im Gemüthe ein Afficiertſeyn entſpricht.

Da man bisher die denkbare Wirklichkeit von der erkennbaren, die logiſche von der reellen, nicht genau zu unterſcheiden wuſste, ſo iſt es begreiflich genug, warum ein Theil der Philoſophen die Vorſtellung der *Exiſtenz* durch auffallend miſslungene Verſuche erklärt, der andere aber für ſchlechterdings unerklärbar gehalten hat. Die meiſten ſtimmten darin überein, daſs die *Exiſtenz* eine von unſrem Gemüthe ganz unabhängige Beſchaffenheit des *Dinges an ſich* wäre, das dem Dinge an ſich zukommende Prädikat des *Seyns*, das ſie bald vom Vorgeſtelltwerden, und von dem ſie unmittelbar darauf das Vorgeſtelltwerden ableiteten, ohne von beyden einen beſtimmten Begriff zu haben. - Unter *Seyn* wird etwas von der bloſſen Vorſtellung verſchiedenes als *beſtimmt* gedacht, das was von der bloſſen Vorſtellung als verſchieden gedacht

dacht wird, ist *objektive Einheit*, die entweder ein bloſses Produkt der Spontaneität aus dem vorgeſtellten Mannigfaltigen überhaupt ist, *logiſches Seyn* — welches im Urtheile durch das Wörtchen *ist* dem Zeichen der Verbindung zwiſchen Prädikat und Subjekt ausgedruckt wird — oder aber ein Produkt der Spontaneität, und der durch ein Ding auſſer uns afficierten Receptivität, ein reelles, ein *erkennbares Seyn*.

c) Die Kategorie der *Nothwendigkeit*, oder das im Bewuſstſeyn zugleich vorgeſtellte und vorgenommene Denken, bezogen auf Anſchaulichkeit und wirkliche Anſchauung zugleich, giebt das Schema der Nothwendigkeit, welches aus der Verbindung des Schema der Möglichkeit mit dem Schema der Wirklichkeit beſteht, dem mit der bloſſen Erkennbarkeit verknüpften Erkanntſeyn, dem Seyn in irgend einer Zeit im Zuſammenhange mit dem Seyn in einer beſtimmten Zeit. Einem Gegenſtande kömmt nämlich erkennbare Nothwendigkeit zu, in wie ferne ſein Erkanntſeyn durch die bloſſe Form des Erkennens beſtimmt iſt. So kömmt einer erkannten Urſache das Prädikat der Nothwendigkeit zu, in wie ferne ihr Erkanntſeyn als Urſache von der im Schema der Kauſſalität beſtimmten Form des Erkennens (der beſtimmten Zeitfolge) abhängt. So kömmt den Kategorien und den Formen der Anſchauung erkennbare Nothwendigkeit zu, weil ihr Zuſammenhang mit dem Empiriſcherkannten durch die bloſſe Form des Denkens und des Anſchauens beſtimmt iſt. In wie ferne die in der Natur des Gemüthes beſtimmte Formen des Denkens, des Anſchauens, des Erkennens die wahren und urſprünglichen *Geſetze*

der

der Denkbarkeit, Anſchaulichkeit und Erkennbarkeit ausmachen, in ſo ferne iſt die *logiſche Nothwendigkeit* der Zuſammenhang des Gedachten (des logiſch wirklichen) mit den Geſetzen des Denkens (dem beſtimmt logiſch Möglichen) und die *reelle, erkennbare Nothwendigkeit* der Zuſammenhang des Erkannten (reell Wirklichen) mit den Geſetzen der Erkennbarkeit (dem beſtimmt reell - möglichen); und erkennbar nothwendig iſt alles, was mit dem Wirklichen nach den Geſetzen der Erkennbarkeit zuſammenhängt.

Der in der Philoſophie ſo äuſſerſt wichtige Begriff der *Nothwendigkeit*, hat für die allgemeingültige Auflöſung der unſre Rechte und Pflichten in dieſem und den Grund unſrer Erwartung für ein zukünftiges Leben betreffenden Probleme, die ohne dieſen Begriff völlig aufs reine gebracht zu haben, unmöglich iſt, wenig dadurch gewonnen, daſs man bisher die *Nothwendigkeit* für dasjenige, deſſen Gegentheil unmöglich iſt, für das Einzig mögliche, für die beſtimmte Möglichkeit, allgemein anerkannt hat. Denn alle dieſe Erklärungen ſetzen den ganz unbeſtimmt gebliebenen Begriff der *Möglichkeit* voraus, bey dem man entweder das unbeſtimmte *ſich denken laſſen* von dem eben ſo unbeſtimmten *Seyn können* im Cirkel ableitete, oder, die Beſtimmung deſſen, was ſich denken läſst und Seyn kann, in den nichtvorſtellbaren *Dinge an ſich* aufſuchte. Hier muſste man entweder bey dem *Dinge an ſich* ſtehen bleiben, und die beſtimmte Möglichkeit oder die Nothwendigkeit hypoſtaſieren, dieſelbe zu einer weſentlichen Eigenſchaft der *Dinge an ſich*, zur Natur der Dinge machen, und die blinde unerklärbare Nothwendigkeit für die

Quelle

Quelle alles Möglichen und Wirklichen, und den letzten Beſtimmungsgrund aller Geſetze des Denkens und des Seyns anerkennen; oder aber man muſste zwiſchen dem *urſprünglichen* Dinge an ſich und dem *abgeleiteten* unterſcheiden, und die Nothwendigkeit gewiſſer dem letztern zukommenden Prädikate von Geſetzen ableiten, die den erſchaffenen Dingen durch die Vernunft des Unerſchaffenen vorgeſchrieben ſind. Dieſe Lehre, welche nicht die Geſetze auf die Nothwendigkeit, ſondern die Nothwendigkeit auf Geſetze gründet, und dieſe in der Vernunft auſſucht *), iſt freylich der Wahrheit näher gekommen. Allein da der Begriff eines Geſetzes ſelbſt wieder den Begriff der Nothwendigkeit vorausſetzt, und jenes ganze Syſtem auf dem unhaltbaren Fundamente des nichtvorſtellbaren Dinges *an ſich* erbaut iſt, ſo iſt es kein Wunder, daſs es nur bey *einer* Partey der philoſophiſchen Welt Eingang gefunden hat, aber von dreyen verworfen wurde.

"In den rein vorgeſtellten Kategorien der Modalität können nur die bloſſe logiſche Möglichkeit, Wirklichkeit und Nothwendigkeit, und folglich die bloſſen Formen des Denkens gedacht werden. Die Anwendung derſelben auf die Zeit allein verſchafft dieſen Formen des Denkens den Rang von Formen des Erkennens, durch die Beziehung auf dasjenige, dem in der Vorſtellung ein gegebener Stoff entſpricht,

---

*) Die Anhänger dieſes Syſtemes vergeſſen gemeiniglich, daſs die göttliche Vernunft nur in ſo ferne denkbar ſeyn könne, als eine in unſrem Gemüthe *beſtimmte Form* des *Denkens* als menſchliche Vernunft vorhanden iſt.

spricht, und das daher weder bloße Vorstellung, noch Form derselben, sondern ein erkennbarer Gegenstand ist. Auf der andern Seite aber ist dasjenige, dem ein gegebener Stoff entspricht, und was durch die Anschauung unmittelbar vorgestellt wird, nur durch die drey Kategorien der Modalität als möglich, wirklich und nothwendig *denkbar*.

Die Schemate der *Relation* und der *Modalität* betreffen alle das bloße *Verbinden* des in der Zeit Anschaulichen; entstehen aus den *dynamischen* Kategorien, und können folglich mit Recht die *dynamischen Schemate* heißen.

§. LXXVI.

Die Schemate sind die in der Natur des *Erkenntnisvermögens à priori* bestimmten *Formen* der *Erkennbarkeit*; die reinen Vorstellungen derselben sind *Erkenntnisse à priori*; und die Urtheile, in welche sie sich unmittelbar auflösen lassen, sind die *ursprünglichen Gesetze des Verstandes* in engerer Bedeutung, und der in der Natur desselben bestimmten *möglichen Erfahrung*.

Das Erkenntnisvermögen besteht aus Sinnlichkeit und Verstand in ihrer Vereinigung, und das Erkennen in einem mit Anschauung verknüpften Denken. Die Schemate, die nichts anderes als die verknüpften Formen des Denkens und der Anschauung sind, sind daher die eigentlichen Formen des Erkennens, und in wie ferne der Gegenstand einer Vorstellung nur dadurch erkennbar wird, daß die Schemate auf ihn bezogen werden, in so ferne sind

sind sie die eigentlichen *Formen* der *Erkennbarkeit*. In ihnen sind die Merkmale, die den erkennbaren Gegenständen sowohl durch die Natur des Verstandes, als durch die Sinnlichkeit *a priori* bestimmt sind, vereiniget, die Kategorien *versinnlichet*, die Formen der Anschauung durch Verstand *bestimmt*, und Denkbarkeit und Anschaulichkeit durch ihre Vereinigung zur Erkennbarkeit erhoben. *Kein Gegenstand also, dem die Schemate widersprechen, ist erkennbar, und jeder ist nur in so ferne erkennbar, als ihm die Schemate als Prädikate beygelegt werden können.*

Die Schemate, die aus den Begriffen *a priori* und der *a priori* vorgestellten Form der Anschauung überhaupt bestehen, können nur *à priori* vorgestellt werden; und ihre Vorstellungen sind eigentliche *Erkenntnisse*, und zwar Erkenntnisse *à priori*. *Erkenntnisse*, denn die Schemate können nicht vorgestellt werden, ausser, dass man Begriffe mit der Anschauung verknüpfe, die rein vorgestellten Kategorien auf die rein vorgestellte Zeit beziehe, die Anschauung der Zeit durch Begriffe bestimmt denke; das heisst auf die durch die Kategorien bestimmte objektive Einheit beziehe, welches ein eigentliches Erkennen ist; aber ein *Erkennen a priori*, weil der Gegenstand durch keinen *à posteriori* gegebenen Stoff, sondern vor aller Vorstellung im Erkenntnisvermögen, an den Formen desselben, bestimmt ist.

Als Gegenständen von Erkenntnissen *a priori* kömmt den Schematen *Nothwendigkeit* und *Allgemeinheit* zu; indem sie die Formen sind, die jeder *a posteriori* gegebener Stoff im Gemüthe annehmen

men muſs, wenn aus ihm Erkenntniſs werden ſoll,
und indem ſie mit dieſem Stoffe auf das, was demſelben entſpricht, oder auf die Gegenſtände, bezogen,
allgemeine Merkmale der erkennbaren Gegenſtände ſind, der Gegenſtände, die nur in ſo ferne erkennbar ſind, als ihnen dieſe Merkmale beygelegt
werden können.

Da jede Erkenntniſs im Bezogenwerden der
Vorſtellung auf den beſtimmten Gegenſtand und
folglich in einem *Urtheile* beſteht, ſo müſſen ſich
die Vorſtellungen der Schemate als Erkenntniſſe *à
priori* in eben ſo viele *Urtheile* auflöſen laſſen, als
es Schemate giebt; Urtheile, die in wie ferne ſie
ſowohl ihrem Inhalt als ihrer Form nach in der
Natur des Erkenntniſsvermögens beſtimmt ſind,
nothwendige, und in wie ferne ihre *Prädikate* allen
erkennbaren Gegenſtänden überhaupt zukommen
müſſen, *allgemeine* Urtheile; und als nothwendige
und allgemeine Urtheile, wirkliche *Geſetze* ſind. Ich
nenne ſie Geſetze *des Verſtandes in engerer Bedeutung*, weil ſie durch den auf die Sinnlichkeit
bezogenen Verſtand beſtimmt ſind; und Geſetze
der *möglichen Erfahrung*, in wie ferne ſie der Ausdruck der in der Natur des Gemüthes beſtimmten
Bedingungen ſind, unter welchen die empiriſche
Erkenntniſs, welche nach der allgemeinſten Uebereinſtimmung *Erfahrung* heiſst, möglich iſt.

Dieſe Urtheile ſind *Grundſätze* im eigentlichſten Verſtande des Wortes, urſprüngliche Urtheile
des Verſtandes, und eines Beweiſes eben ſo wenig
bedürftig als fähig. *Urſprüngliche Urtheile*, weil
ſie unmittelbar aus Vorſtellungen beſtehen, die
keinen andern Gegenſtand, als die Form des Denkens

kens und der Anschauung, wie sie im Gemüth bestimmt ist, haben; und weil sie daher auch nicht aus anderen höheren Urtheilen abgeleitet sind. *Keines Beweises fähig*, weil dieser aus höheren Grundsätzen, als sie selbst, und folglich aus Urtheilen von denen sie abgeleitet würden, geführt werden müste. Aber auch keines Beweises *bedürftig*, weil sie den Grund ihrer Nothwendigkeit und Allgemeinheit in ihrer *Priorität* mit sich führen, oder welches eben so viel ist, weil durch sie nichts anderes vorgestellt wird, als was im Erkenntnisvermögen bestimmt ist, und folglich nicht anders als so erkannt werden kann, wie es erkannt wird.

Auch bedürfen diese Urtheile, nachdem die Erkenntnisse, deren Ausdruck sie sind, in den Schematen bereits bestimmt entwickelt sind, keiner weiteren Erörterung; und ich kann mich begnügen, sie hier bloß aufzuzählen.

Das rein-vorgestellte Schema der Quantität giebt folgendes Urtheil: Der erkennbare Gegenstand, die Erscheinung, (der Gegenstand unter der Form der Anschauung) hat eine durch Zahl bestimmbare, d. i. *extensive* Größe.

Das Schema der Qualität: Das Reale der Erscheinung (das was an der Erscheinung der Empfindung entspricht) hat eine in der Zeit bestimmte Größe der Qualität, *intensive* Größe, Grad.

Der Substanzialität: Am Realen der Erscheinung wird etwas als Substanz in der Zeit, als beharrlich, und etwas als Accidenz in der Zeit, als wandelbar vorgestellt.

Der Kaufalität: Was am Realen der Erscheinung entsteht (folglich ein bloßes Accidenz ist), hat eine Ursache in der Zeit (setzt etwas von ihm selbst verschiedenes in der Zeit voraus, worauf es nothwendig erfolgt).

Der Gemeinschaft: Was an dem Realen der Erscheinungen zugleich vorhanden ist, steht in wechselseitiger Verknüpfung.

Der Möglichkeit: Was an der Erscheinung denkbar und anschaulich (erkennbar) ist, ist möglich (*kann existieren*).

Der Wirklichkeit: Was an der Erscheinung erkannt ist, ist (*existiert*) wirklich.

Der Nothwendigkeit: Was an der Erscheinung mit dem Erkannten nach den Gesetzen der Erkennbarkeit verknüpft ist, ist (*existiert*) nothwendig.

Wenn die *à priori* bestimmte Nothwendigkeit und Allgemeinheit dieser Urtheile durch die Worte: *Iede Erscheinung*, und *muſs*, in den angeführten Formeln ausgedruckt wird, so entstehen daraus die *Formeln der Gesetze des Verstandes* und der *möglichen Erfahrung*, deren fernere Entwicklung, so wie die Ableitung der zusammengesetzten Prädikate des Denkbaren und Erkennbaren aus den Ursprünglichen, den Inhalt der *Theorie der à priori bestimmten Gegenstände*, oder der *Metaphysik*, ausmacht.

Ich habe die empirische Erkenntniſs *Erfahrung* genannt; und die bisherige Unbestimmtheit des Begriffes der Erfahrung nöthiget mich hier bestimmt anzugeben, in welchem Sinne ich der empirischen Erkenntniſs den Namen der Erfahrung beylege. Die bisherigen philosophischen Schrift-
Steller

steller haben es gewöhnlich für überflüssig gehalten, sich über das was sie unter *Erfahrung* verstanden wissen wollten, zu erklären. Man würde sich nur sehr vergebliche Mühe machen, wenn man auch nur aus den Zusammenhang der Behauptungen mancher der berühmtesten Denker einen bestimmten Begriff der Erfahrung hervorsuchen wollte. *Locke* scheint mir indessen hierin, wie in sehr vielen anderen Rücksichten eine Ausnahme zu machen. Ungeachtet er meines Wissens keine ausdrückliche förmliche Definition der Erfahrung aufstellt: so ist es doch aus dem ganzen Gange seiner Untersuchungen, durch welche er den Ursprung der Vorstellungen aus der *Erfahrung* abzuleiten bemüht war, einleuchtend genug, daß er mit dem Worte *Erfahrung* das Gegebenwerden des Stoffes unsrer Vorstellungen durchs Afficiertseyn verstanden habe. „Woher" schreibt er II. B. K. 1. „erhält das Gemüth alle Materialien „der Vernunft und der Erkenntniß? hierauf ant„worte ich: von der *Erfahrung*. — Unsre „Beobachtung, die sich entweder mit *äussern em„pfindbaren* Gegenständen, oder mit *innerlichen* „Handlungen des Gemüthes beschäftiget — ist „dasjenige was unsren Verstand mit den *Materia„lien* des Denkens versieht. — Unsre Sinnen „nämlich, die es mit einzelnen *empfindbaren* Ge„genständen zu thun haben, überliefern dem Ge„müthe verschiedene bestimmte Wahrnehmungen „von Dingen nach der *verschiedenen Weise*, wie „sie von denselben *afficirt* werden. — Die ande„re Quelle, durch welche *die Erfahrung* das Ge„müth mit Vorstellungen versieht, ist die Wahr„nehmung von den Handlungen des Gemüthes „selbst, oder die *Weise, wie* sich das Gemüth mit

„den

„den erhaltenen Vorstellungen *beschäftiget*. —
„Indem wir uns nämlich dieser Handlungen bewust
„werden, und sie an uns selbst bemerken, erhält
„das Gemüth eben so bestimmte Vorstellungen von
„ihnen, als von den Körpern, die unsre äussere
„Sinne afficieren. Diese Quelle von Vorstellungen
„hat jeder Mensch *einzig in sich selbst*, und ob-
„wohl sie *kein eigentlicher* Sinn ist (indem sie mit
„äusseren Gegenständen nichts zu thun hat), so ist
„sie doch der Sinnlichkeit sehr ähnlich, und kann
„mit gutem Fuge der *innere Sinn* genannt werden."
— Man sieht hieraus, daß *Locke* zwar nach der
Weise aller seiner Vorgänger und Nachfolger bis
auf *Kant* den Stoff, und die Form der Vorstellung
untereinander sowohl, als mit der Vorstellung selbst
verwechselt habe, und daß er nicht den blossen Stoff,
sondern die Vorstellung selbst durchs Afficiertseyn
gegeben seyn läßt. Aber man sieht auch, daß er
keine anderen Gegenstände der Erfahrung zuläßt,
als *Körper ausser uns*, und *Veränderungen in uns*,
und folglich genau dasjenige, was wir für die einzig erkennbaren Gegenstände, die Erscheinungen des
äussern und inneren Sinnes, erkennen. Und ungeachtet er die Handlung des Gemüthes (die durch
inneres Afficiertseyn in der Vorstellung derselben
vorkömmt) mit der vor aller Handlung im blossen
Vermögen bestimmten *Handlungsweise* verwechselt, so leitet er doch wenigstens die *Erkenntniß*
der *wirklichen Veränderungen* unsres Gemüthes
(die empirische Erkenntniß des Inneren Sinnes)
von dem Afficiertseyn des innern Sinnes ab, welches ihm mit dem Afficiertseyn des äussern zusammengenommen, *Erfahrung* ist. *Locke* hält also
das Afficiertseyn, die Empfindung, für eine wesentliche Bedingung der Erfahrung, und hierüber

hat

hat er den *Sprachgebrauch* für sich, der das Wort *Erfahrung* nicht für jede Erkenntniß überhaupt, auch nicht für jede Erkenntniß wirklicher Dinge, sondern nur für die Erkenntniß, in wie ferne sie von Empfindung abhängt, bestimmt hat *). - Allein eben dieser Sprachgebrauch unterscheidet die *Erfahrung* von der *Empfindung*. Erfahrung ist ihm *Erkenntniß*, die durch den in der Empfindung gegebnen Stoff entsteht, (Erkenntniß *à posteriori*, empirische Erkenntniß) und Empfindung ist ihm nur der wesentliche Bestandtheil des Erkennens, von dem der bloße Stoff einer empirischen Erkenntniß abhängt.

Es giebt also zweyerley innere *Bedingungen* (konstitutive Bestandtheile) *der Erfahrung*, wovon die Einen die *Form*, die andern die *Materie* der Erfahrung ausmachen; nämlich erstens die *Schemate*, oder die in der Natur des Erkenntnißvermögens bestimmten *Formen der Erkennbarkeit*, und zweytens die *Empfindung*, welche den diesen Formen entsprechenden *Stoff* der empirischen Erkenntniß liefert. Dieser Erörterung zufolge wird der *oberste Grundsatz* des eigentlichen (empirischen) Erkennens, der zugleich das erste Gesetz des Verstandes in engerer Bedeutung, und der möglichen Erfahrung ist, folgendermaßen ausgedrückt werden müssen.

*) „Empfindung des Wirklichen giebt ein klares Erkenntniß einzelner Dinge und Fälle, welches man *Erfahrung* nennt." *Reimarus* Vernunftlehre II. Th. 1. K. §. 212 und §. 213: „Die Erfahrung ist das *Erkenntniß der empfundenen* wirklichen Dinge."

Jeder erkennbare vom bloßen Vorstellungsvermögen verschiedene Gegenstand steht unter den formalen und materialen Bedingungen der möglichen Erfahrung.

Dieser Grundsatz ist der bloße bestimmte Begriff eines erkennbaren eigentlichen Gegenstandes (der nicht eine *a priori* vorgestellte bloße Form des Vorstellungsvermögens ist) in das Urtheil aufgelöset, durch welches er gedacht wird. Der erkennbare empirische Gegenstand nämlich ist die objektive Einheit des in einer Anschauung vorgestellten und durchs Afficiertseyn (bey der *äussern* Erfahrung von außen) gegebenen Mannigfaltigen durch die auf die allgemeine Form der Anschauung bezogenen Kategorien (die Schemate) bestimmt. Da nun dieser Begriff der *allgemeinste* Begriff des Erkennbaren, der Begriff des erkennbaren Gegenstandes *überhaupt* ist; so kann der Grundsatz, der nichts anderes als der Ausdruck dieses Begriffes durch ein Urtheil ist, keinen höheren über sich haben. Er ist daher der oberste in der Natur des Erkenntnißvermögens gegründete Grundsatz der Wissenschaft der erkennbaren Gegenstände im strengsten Sinne, oder desjenigen Theils der Metaphysik, der sich mit diesen Gegenständen beschäftiget, und *Ontologie* κατ' ἐξοχήν zu heißen verdient.

An die Stelle dieses bisher verkannten ersten Grundsatzes wurde in der bisherigen Metaphysik der sogenannte *Satz des Widerspruches* (das *Principium contradictionis*) gesetzt, dessen eigentlicher bisher völlig verfehlter Sinn hier festgesetzt werden muß. Alles Erkennbare muß Denkbar seyn, das heißt, das angeschaute Mannigfaltige muß

muß sich in eine objektive Einheit verbinden laſſen, wenn durch daſſelbe ein Gegenſtand erkannt werden ſoll. Der Begriff der Erkennbarkeit ſetzt alſo den Begriff der Denkbarkeit voraus; und wie jener in ein Urtheil aufgelöſet den Grundſatz der Erkennbarkeit giebt, ſo wird aus dem in ein Urtheil aufgelöſeten Begriffe der Denkbarkeit der *Grundſatz der Denkbarkeit* überhaupt erhalten, der folgendermaſſen ausgedrückt wird: Wenn ein Gegenſtand denkbar ſeyn ſoll, ſo muß ſich das vorgeſtellte Mannigfaltige verbinden laſſen; oder eben derſelbe Satz verneinend ausgedrückt: Ein Gegenſtand deſſen vorgeſtelltes Mannigfaltige ſich nicht verbinden läſt, iſt nicht denkbar; woraus ſich als unmittelbare Folge der Satz ergiebt: *Keinem denkbaren*, und folglich auch keinem gedachten Gegenſtand, *kommen widerſprechende Merkmale zu.* Dieſer Satz, der in allen dieſen Formeln offenbar nichts als die vorgeſtellte Kategorie, den *à priori* beſtimmten Begriff, der *logiſchen Möglichkeit*, der Denkbarkeit überhaupt, ausdrückt, wurde bisher in einer Formel vorgetragen, die dem allgemein-herrſchenden verworrenen Begriff vom Denken und Erkennen ganz angemeſſen war, und die Ungereimtheit, die in der Verwechslung der logiſchen mit der reellen Möglichkeit liegt, zu verbergen geſchickt genug war; nämlich: — *Kein Ding kann zugleich ſeyn und nicht ſeyn (Impoſſibile eſt idem ſimul eſſe et non eſſe).* Die bloße Vieldeutigkeit des unbeſtimmten Ausdrucks des *Seyn-könnens* machte dieſe Formel für jedes Bedürfniß der Spekulation brauchbar. Bald galt ſie *logiſch*, wenn vom bloßen Gedachtſeyn, und gedacht werden können, dem logiſchen Seyn und Seyn können; bald aber *metaphyſiſch*, wenn von eigentlicher Exiſtenz,

Existenz und Fähigkeit zu existieren die Rede war, und die täuschende Vorstellung des *Dinges an sich*, mit der man den Begriff einer vom bloßen Vorstellungsvermögen unabhängigen, und unsre Vorstellungen bestimmenden *Wirklichkeit*, *Realität*, *Existenz* verband, verbarg den unphilosophischen Cirkel, womit man das Gedacht werden können, von Existieren können, und dieses von jenem ableitete.

Der Satz des Widerspruches, der, nachdem der Begriff des *Denkens* und des *logischen Seyns* einmal aufs Reine gebracht ist, unmöglich mehr durch jene Formel ausgedrückt werden kann, — dieser Satz, der seine bisherige Stelle in der *Metaphysik* verlieren, und dafür den Rang des *ersten* Grundsatzes der *Logik* annehmen muſs, ist das *oberste Gesetz der Denkbarkeit*, und gehört dem Verstande in engerer Bedeutung an; während der *Grundsatz der Erkennbarkeit* dem Verstande in engster Bedeutung eigenthümlich ist.

Ich könnte hier die *Theorie des Verstandes* beschliessen, ohne dass ich befürchten dürfte, in derselben irgend eine ursprüngliche in der Form des Verstandes gegründete, und dieselbe bezeichnende *Vorstellung à priori* übergangen zu haben. In der von mir aufgestellten *Deduktion der Formen der Urtheile* sind alle möglichen Verhältnisse, die sowohl in Rücksicht der Materie als der Form eines Urtheiles *a priori* bestimmt seyn können, erschöpft; und durch dieselben ist das eigentliche Gebieth des Verstandes in *engerer*, so wie in der *Tafel der Schemate* das eigentliche Gebieth des Verstandes in *engster Bedeutung* ausgemessen. Alle übrigen dem Verstande in beyden Bedeutungen

ange-

angehörigen Vorstellungen sind aus jenen ursprünglichen der *Kategorien* und der *Schemate* zusammengesetzt und abgeleitet, und ihre Entwicklung und Aufzählung liegt ganz aufser den Gränzen der Theorie des blofsen Erkenntnifsvermögens überhaupt. Wenn ich also hier noch die Erörterung von gewissen in der Natur des Verstandes in engerer Bedeutung gegründeten Vorstellungen anhangsweise beyfüge; so geschieht diefs blofs darum; weil der Ursprung dieser Vorstellungen aus den *vier Momenten* der *Formen* zu *urtheilen* etwas schwerer einleuchtet, als es bey allen übrigen aus jenen Quellen abgeleiteten der Fall ist; und weil sie daher auch von mehr als einem Gegner der *kritischen Philosophie* in der *Kantischen Tafel der Kategorien*, wohin sie ihm mit eben so viel Rechte als die in derselben aufgestellten Vorstellungen zu gehören schienen, vermifst worden sind.

Das Mannigfaltige, das den *rein - vorgestellten Kategorien* als *Stoff* untergelegt werden mufs, ist das in der Natur der Receptivität des Vorstellungsvermögens überhaupt bestimmte, und *a priori* vorgestellte *Mannigfaltige überhaupt*. Das Mannigfaltige, das den *rein - vorgestellten Schematen* als Stoff angehört, ist das in der Natur der Sinnlichkeit bestimmte und durch die Vorstellung *a priori* der Form der Anschauung vorgestellte Mannigfaltige. Von diesem den Stoff der Kategorien und der Schemate ausmachenden Mannigfaltigen, mufs ein Mannigfaltiges von ganz anderer Natur unterschieden werden, welches durch die *blofse Handlungsweise* des Verstandes in engerer Bedeutung nach den vier Momenten des Urtheilens bestimmt wird, und in den Vorstellungen in welchen dasselbe

vor-

vorkommt, durch den bloßen Verstand erzeugt wird. Dieses Mannigfaltige macht, *rein vorgestellt*, den Stoff der Begriffe der *Identität*, der *Uebereinstimmung*, des *Innern* und der *Form* aus, wie aus folgender Erörterung erhellt.

a) Die durch den bloßen Verstand bestimmte Mannigfaltigkeit im Momente der *Quantität* besteht aus der *Vielheit* der *Subjekte*, die durch die *Einheit des Prädikates* bestimmt ist. Subjekte heißen *Identisch*, in wie ferne sie ihren *Prädikaten* nach Einheit haben; die Vorstellung der *Identität* besteht in der Vorstellung der Vielheit der Subjekte eines einzigen Prädikates, und *Identität* findet nur dann statt, wenn ein und eben derselbe Gegenstand (oder auch ein und ebendasselbe als Subjekt gedachtes Merkmal mehrerer Gegenstände) mit sich selbst verglichen Einheit hat; welche Einheit nur dadurch herausgebracht wird, daß der Gegenstand vorher (in der Reflexion) durch den bloßen Verstand als ein Vieles vorgestellt wird. — Die *Vielheit* hingegen, die nicht durch den bloßen Verstand, sondern durch das *Gegebene* bestimmt ist, ist keine Vielheit des bloßen Subjektes durch die im Verstand gegründete Einheit des Prädikates bestimmt, sondern Vielheit der Subjekte, durch die im *Gegebenen* gegründete Vielheit der Prädikate bestimmt; und die Vorstellung derselben giebt den Begriff des *Unterschiedes* (der Diversität). Die *Unterschiede* können in unsren Vorstellungen nicht *hervorgebracht*, sondern nur *gefunden* werden; sie müssen also im *Gegebenen*, und nicht in dem vom Verstande *Erzeugten* gegründet seyn.

b) Die durch den bloßen Verstand bestimmte Mannigfaltigkeit im Momente der *Qualität* besteht

in

in der Vielheit der in einem Subjekte zusammengefafsten Prädikate, folglich in einer Vielheit die durch Einheit des Subjektes beſtimmt iſt. Prädikate heiſſen *Uebereinſtimmend*, in wie ferne ſie in einem Subjekte Einheit haben. Die Vorſtellung der *Uebereinſtimmung* beſteht in der Vorſtellung vieler Prädikate, in wie ferne ſie in einem Subjekte durch Zuſammenfaſſung verbunden ſind; und Uebereinſtimmung findet nur in ſo ferne ſtatt, als Vieles in Einem zuſammengefaſt (poſitiv geſetzt) und folglich die Vielheit in Einem ihren Grund im Zuſammenfaſſenden hat, und als Vielheit nicht des Gegebenen, ſondern des Gedachten vorgeſtellt wird. — In wie ferne hingegen die Vielheit der Prädikate in einem Subjekte nicht durch den bloſſen Verſtand, ſondern durch das *Gegebene* beſtimmt iſt, und gewiſſe Prädikate durch ihr Zuſammenfaſſen in die objektive Einheit des Subjektes von dem Subjekte ausgeſchloſſen, und folglich in demſelben *negativ* geſetzt werden, in ſo ferne heiſt dieſe nicht durch den bloſſen Verſtand beſtimmte Vielheit der nur durch Negation vereinbaren Prädikate, *Widerſtreit*. Die Vorſtellung des *Widerſtreits* iſt daher zwar nur durch den Verſtand, durch das ausſchlieſſende Zuſammenfaſſen möglich; aber der Stoff derſelben muſs lediglich in dem *Gegebenen* beſtimmt ſeyn, in wie ferne daſſelbe die durch die Natur des Verſtandes beſtimmte Form des Mannigfaltigen nicht annimmt.

c) Die durch den bloſſen Verſtand beſtimmte Mannigfaltigkeit im Momente der *Relation* beſteht in dem Unterſchiede des in die objektive Einheit zuſammengefaſeten und wechſelſeitig beſtimmten Subjektes und Prädikates. In wie ferne Subjekt und Prädikat

Prädikat nicht etwa zu einem Objekte gehören, sondern dasselbe ausmachen, in so ferne ist ihre Vielheit in diesem Objekte durch den bloßen Verstand in der Einheit des Objektes allein bestimmt. Das Viele in einem Objekte, durch dessen Zusammenfassung das Objekt zu einem einzigen bestimmten Objekte wird, heißt das *Innerliche*; die Vorstellung des *Innerlichen* besteht aus der Vorstellung des Vielen im Einem, in wie ferne es durch seine Verknüpfung ein für sich bestehendes Objekt ausmacht; und das Innerliche findet nur an dem Vielen statt, dessen Vielheit allein durch den Verstand bestimmt ist, weil sie *außer* der objektiven Einheit, deren Modifikation sie ist, nicht vorgestellt werden kann. — Ist hingegen der Unterschied eines in die objektive Einheit zusammengefaßten Prädikates nicht durch den bloßen Verstand, sondern durch das *Gegebene* bestimmt; und machen Subjekt und Prädikat durch ihre Zusammenfassung in die objektive Einheit kein *einziges* Objekt, sondern *Viele* aus, die zu einem Objekte *bloß gehören*, so liegt nur der Grund ihres *Verknüpftseyns* allein im Verstande, der Grund aber ihrer *Vielheit*, als mehr als ein Objekt liegt im *Gegebenen*; und die Vorstellung dieser Vielheit des Verknüpften, aber mehr als einem Objekte angehörigen, Mannigfaltigen ist die Vorstellung des *Aeußeren*; des gemeinschaftlichen Prädikates solcher Merkmale, die einem Objekte nur durch die Verbindung desselben mit einem von ihm verschiedenen zukommen. Das *Aeußere* kann zwar nur durch den Verstand vorgestellt, aber der Stoff desselben kann kein durch den bloßen Verstand bestimmtes, sondern muß ein im Gegebenen gegründetes Mannigfaltige seyn.

d) Die

des Erkenntnifsvermögens überhaupt.

d) Die durch den bloßen Verstand bestimmte Mannigfaltigkeit im Momente der *Modalität* besteht in dem bloß logischen Unterschiede des Prädikates und Subjektes (in wie ferne dieselben ein vorgestelltes Mannigfaltige, zwey Vorstellungen seyn müssen, wenn sie denkbar, d. h. verbindbar seyn sollen), und folglich in der durch die bloße Form des Denkens bestimmten Mannigfaltigkeit. Die Vorstellung dieses nicht durch das Gegebene, sondern durch die bloße Art und Weise der Denkbarkeit (die Einheit des bloßen Denkens) bestimmten Mannigfaltigen, ist die Vorstellung der *Form*; während die Vorstellung des Mannigfaltigen das durch das Gegebenseyn bestimmt ist, die Vorstellung des *Stoffes*, der *Materie*, ist.

Diese merkwürdigen Vorstellungen heißen *Reflexionsbegriffe*, weil die Handlung, durch welche sie im Bewustseyn entstehen, (nicht ein synthetisches Zusammenfassen, sondern) die logische Funktion des analytischen Urtheils ist, welche *Reflexion* oder *Vergleichung* heißt.

Wenn die durch diese Begriffe gedachten Merkmale von den *Dingen unter der Form der Vorstellung* (den Erscheinungen), wofür sie eigentlich bestimmt sind, auf *Dinge an sich* übertragen werden, so heißt diefs *Amphibolie der Reflexionsbegriffe*. Die Art und Weise wie *Kant* aus diesem Mißverständnifs den Ursprung des *Leibnitzischen Systems* in allen Theilen desselben herleitet, gehört unter die schönsten Lehrstücke der *Kritik der Vernunft*, und muß daselbst nachgelesen werden.

Theorie
der
Vernunft.

§. LXXVII.

Die Vorstellung, welche durch das Verbinden des gedachten (durch Begriffe vorgestellten) Mannigfaltigen entsteht, heißt *Idee*, — und das Vermögen durchs Verbinden des gedachten Mannigfaltigen zu Vorstellungen zu gelangen, heißt *Vernunft* — in *engerer Bedeutung*.

Der *Begriff* in *engerer* Bedeutung, oder die Vorstellung, welche durch die Handlungsweise der Spontaneität aus einem *vorgestellten* Mannigfaltigen entsteht, begreift als Gattung unter sich; *erstens* den Begriff in engster Bedeutung, d. h. die Vorstellung, die aus dem durch *Anschauung* — und *zweytens* die *Idee* in engerer Bedeutung, d. h. die Vorstellung, die aus dem durch *Begriffe* vorgestellten Mannigfaltigen entsteht. Der Stoff der *Idee* ist das *gedachte*, durch den Verstand verbundene, Mannigfaltige, während der Stoff des eigentlichen Begriffes das Angeschaute, durch bloße Apprehension verbundene Mannigfaltige, und der Stoff der *sinnlichen Vorstellung* das durchs Afficiertseyn *gegebene* Mannigfaltige ist. Der Stoff des Begriffes in engster Bedeutung ist zwar auch ein vorgestelltes, und folglich bereits durch Spontaneität verbundenes Mannigfaltiges; aber ein Mannigfaltiges, das durch die bloße Art des Afficiertseyns als

Stoff

Stoff der Vorstellung beſtimmt, und das durch die Spontaneität im erſten Grade der Form der Sinnlichkeit gemäſs verbunden iſt. Der Stoff der *Idee* hingegen iſt ein durch den Verſtand, durch mehrere Begriffe, vorgeſtelltes Mannigfaltige, das der Verſtand, der zweyte Grad der Spontaneität, nach ſeiner eigenthümlichen Form verbunden hat, und das durch den dritten Grad der Spontaneität verbunden zur Einheit des Gedachten (nicht des Angeſchauten); zur Einheit des bereits nach der bloſſen Form der Spontaneität in Begriffen verbundenen, zur *Vernunftheit* wird. Während ſich die Anſchauung unmittelbar auf den Gegenſtand bezieht, welchem ihr *Stoff* entſpricht, der Begriff aber auf die Anſchauung, aus welcher er durch die Spontaneität erzeugt wurde, bezieht ſich die Idee auf bloſſe Begriffe, durch deren Verbindung ſie entſtanden iſt. Das Objekt der Anſchauung iſt der unmittelbare Gegenſtand; das *unmittelbare* Objekt des Begriffes iſt die Anſchauung, durch welche der Gegenſtand *mittelbares* Objekt des Begriffes iſt; das *unmittelbare* Objekt der Idee ſind Begriffe, durch welche die Anſchauung ein *mittelbares* Objekt der Idee ſeyn kann. Durch die Idee wird daher weder ein empiriſcher Gegenſtand, der nur angeſchaut werden, noch ein unmittelbares Merkmal deſſelben, das nur durch den Verſtand gedacht werden kann, ſondern nur ein Merkmal des Merkmals, das die Vernunft durch Verbindung der durch den Verſtand gedachten Merkmale erzeugt hat, vorgeſtellt.

Die Handlung der Spontaneität, durch welche die Idee erzeugt wird, iſt eben dieſelbe Handlung, die man in der Logik mit dem Namen *Schlieſſen* bezeichnet und der *Vernunft* in engerer Bedeutung beylegt; nämlich die Handlung des mittelbaren Urtheilens, wobey ein Merkmal nur durch ein anderes Merkmal (den Mittelbegriff) auf den Gegenstand bezogen wird, nachdem aus dem durch den Verstand (aus der Anschauung) erzeugten Prädikate (dem Merkmale des Gegenstandes) durch Vernunft ein Prädikat des Prädikates, (das Merkmal des Merkmales) erzeugt ist. Die Idee ist also eine der Vernunft eigenthümliche Vorstellung, und das Vermögen durch die Handlung des Schliessens, oder durch Verknüpfung der *Begriffe* zu Vorstellungen zu gelangen, heisst *Vernunft in engerer Bedeutung*.

Ich sage *in engerer Bedeutung*, um die von mir hier bestimmte Bedeutung von zweyen anderen zu unterscheiden; der *weiteren*, in welcher das Wort *Vernunft* ohne Unterschied auch von dem Verstande gebraucht wird, und *der engsten*, die im folgenden Paragraph bestimmt wird.

§. LXXVIII.

Die Vorstellung, welche durch das Verbinden des *à priori* gedachten entsteht, heisst *Idee* — — und das Vermögen durchs Verbinden des *à priori* gedachten zu Vorstellungen zu gelangen, heisst *Vernunft — in engster Bedeutung* des Wortes.

Jede Vorstellung, die durch Verbindung des durch Begriffe vorgestellten entsteht, ist *Idee* in engerer Bedeutung, sie mag aus Begriffen *à posteriori*, oder aus Begriffen *à priori* entstanden seyn.

Da

des Erkenntnißvermögens überhaupt. 501

Da aber die Ideen, die aus diesen verschiedenen Quellen entspringen, in Rücksicht ihres *Stoffes* wesentlich verschieden sind, und es uns hier an einem besonderen Ausdruck für diesen Unterschied fehlt: so wollen wir die Vorstellungen, die durch Vernunft aus Begriffen *a posteriori* (aus Begriffen die sich in den Schematen auf einen empirischen Stoff beziehen) erzeugt sind, vorzugsweise *Ideen in engerer.* — die Vorstellungen aber die aus bloßen Begriffen *a priori* (den rein-vorgestellten Kategorien) hervorgebracht sind, vorzugsweise *Ideen in engster Bedeutung* nennen.

Und so hätten wir dreyerley Bedeutungen des Wortes *Idee* zu unterscheiden. Die *weitere* (§. XXXVII.) bezeichnet die *Vorstellung überhaupt*, in. wie ferne sie bloße Vorstellung ist, und nur in Rücksicht auf ihre subjektive Realität, d. h. nur als etwas im vorstellenden Subjekte durch Wirken und Leiden desselben Wirkliches betrachtet wird. Die *engere* begreift diejenigen Vorstellungen, welche aus Verknüpfung von Begriffen entstehen, die zwar ihrer Form nach bloße Produkte des Verstandes sind, aber auf einen Stoff (die Anschauungen) bezogen werden, der das Produkt des Afficiertseyns und der den Formen der Sinnlichkeit gemäß wirkenden Spontaneität (in ersten Grade) ist. Die Idee in engerer Bedeutung hat also zwar vermöge ihres unmittelbaren Stoffes (der Begriffe) an dem die Vernunft nur dasjenige verbindet, was bloßes Produkt des Verstandes ist, nur subjektive Realität, ist aber, durch die Beziehung dieser Begriffe auf Anschauungen, einer mittelbaren objektiven Realität fähig. Die *engste* Bedeutung endlich schränkt das Wort *Idee* auf diejenigen Vorstellungen ein,

die

die durch Verbindung von Begriffen *a priori*, das heifst von Begriffen, die sich auf ein blofs *a priori* vorgeftelltes *Mannigfaltige überhaupt* beziehen, erzeugt werden. In den Begriffen *à priori* ift das vorgeftellte Mannigfaltige überhaupt durch den Verftand verknüpft; in den *Ideen* in engfter Bedeutung aber find die Begriffe *à priori* felbft, in wie ferne fie ein durch den Verftand beftimmtes Mannigfaltige find, auf eine Einheit gebracht, die nicht das Werk des Verftandes, fondern eines höheren Grades von Spontaneität (der *Vernunft* ift), und die darum *Vernunfteinheit* heifst.

Diefe Vernunfteinheit macht die Form der *Ideen überhaupt*, d. h. die Form aus; welche den Ideen in engerer und in engfter Bedeutung gemeinfchaftlich, und denfelben durch die Natur der Vernunft *à priori* beftimmt ift.

§. LXXIX.

Die in der urfprünglichen Handlungsweife der Vernunft beftimmte Form der Idee überhaupt befteht in der Einheit des den Formen der Anfchauung widerfprechenden, und an den blofsen Formen der Urtheile beftimmten, und folglich von den Bedingungen des empirifchen Stoffes unbedingten Mannigfaltigen, die darum auch die *unbedingte*, oder *abfolute Einheit* heifst.

Der Stoff der Ideen find Begriffe, in wie ferne fie blofse Begriffe, d. h. Produkte des Verftandes find. Als blofse Produkte des Verftandes find die Begriffe nur durch ihre Formen von einander unterfchieterſchieden, das heiſst, durch die in den mannigfaltigen Formen der Urtheile beſtimmte mannigfaltige Handlungsweiſe des Verſtandes. Dieſe in der Form des Verſtandes beſtimmte Mannigfaltigkeit iſt gerade das Gegentheil von der in den Formen der Sinnlichkeit beſtimmten Mannigfaltigkeit. Während dieſe letztere im *Auſſereinander* - und *Nacheinanderſeyn*, d. h. in bloſſen Modifikationen des bloſſen Mannigfaltigen beſteht, beſteht die erſtere in den verſchiedenen Arten des *Verknüpftſeyns*, das heiſst in bloſſen Modifikationen der bloſſen Einheit. Die Mannigfaltigkeit der Formen der Urtheile, und folglich auch der Kategorien iſt alſo eine von den Formen der Sinnlichkeit unabhängige, ja denſelben widerſprechende, Mannigfaltigkeit; ſie kömmt dem zweyten Grade der Spontaneität lediglich durch die Natur der Spontaneität, und nicht durch die Sinnlichkeit zu; ſie iſt in ihm unabhängig, und folglich unbedingt von einem fremden Vermögen vorhanden. In wie ferne alſo die Begriffe bloſs durch die Mannigfaltigkeit der Formen der Urtheile von einander unterſchieden (ein Vieles) ſind, in ſo ferne ſind ſie ein von den Bedingungen der Sinnlichkeit unbedingtes Mannigfaltige, und in wie ferne die Vernunft nur Begriffe als Begriffe verknüpft, in ſo ferne verknüpft ſie nur ein unbedingtes Mannigfaltige; und die Einheit die daraus entſteht, iſt Einheit des unbedingten Mannigfaltigen, unbedingte, abſolute Einheit. Dieſs wird durch folgende nähere Entwicklung der Handlungsweiſe der Vernunft bey der Verknüpfung der Begriffe einleuchtender werden.

§. LXXX.

Die Handlung, durch welche die Vernunft Begriffe verknüpft, ist das *mittelbare Urtheil* oder der *Vernunftschluss*, dessen allgemeine Form aus der unbedingten Verknüpfung der beyden ersten Formen der Urtheile nach allen vier Momenten, nämlich aus der unbedingten *Allheit*, *Limitation*, *Konkurrenz*, und *Nothwendigkeit*, besteht.

Die Handlung der Spontaneität, durch welche die Verknüpfung zweyer durch den Verstand erzeugter Vorstellungen (Begriffe) bestimmt wird, heisst mittelbares Urtheil oder Vernunftschluss. In wie ferne diese Verknüpfung als bereits geschehen im Bewusstseyn bestimmt, d. h. vorgestellt wird, heisst der Vernunftschluss *analytisch*; in wie ferne sie aber *vor* dem Bewusstseyn durch die Handlung der Spontaneität vorgenommen (aus den Begriffen erzeugt) wird, heisst der Vernunftschluss *synthetisch* (S. P. 438). Beyde haben, in wie ferne sie aus einer und eben derselben Verknüpfung bestehen, die synthetisch vorgenommen und analytisch vorgestellt wird, eben dieselbe *Form des Verknüpfens*, die aber, weil sie nur im analytischen Vernunftschlusse vorgestellt wird, sich auch nur von diesem abstrahieren lässt.

Im *analytischen* Vernunftschlusse nun wird ein Prädikat (das Prädikat des Schlussatzes) durch ein anderes Prädikat, welches in der Logik der *Mittelbegriff* heisst, mit einem Subjekte (dem Subjekte des Schlussatzes) als verknüpft vorgestellt, und folglich ein Gegenstand durch das Merkmal seines Merkmals gedacht. Es wird von ihm *mittelbar ge-*

des Erkenntnisvermögens überhaupt. 529

geurtheilt. Das Verknüpftseyn des Prädikates und Subjektes mit dem Mittelbegriffe wird durch zwey Urtheile, welche die *Prämissen* heissen, ausgedrückt, während der Schlußsatz das in den Vordersätzen in ihrer Verknüpfung mit dem Mittelbegriffe vorgestellte Subjekt und Prädikat, in ihrer Verknüpfung untereinander selbst darstellt. Wir wollen sehen, wie diese analytisch ausgedrückte Verknüpfung, synthetisch bestimmt sey.

Iedes Urtheil ist in der Natur des Verstandes nach den vier Momenten bestimmt, oder welches eben so viel heißt, jedes Urtheil muß Quantität, Qualität, Relation und Modalität haben, folglich auch das mittelbare Urtheil, oder der Vernunftschluß. Der Vernunftschluß besteht aber aus der Verknüpfung zweyer Begriffe, das heißt zweyer durch zweyerley Handlungsweisen bestimmter Produkte des Verstandes, die nach allen vier Momenten bestimmt seyn müssen. Der Vernunftschluß kann also die zwey Begriffe nur durch eine Handlungsweise verknüpfen, in welcher die Handlungsweisen, durch welche die beyden Begriffe bestimmt werden, verknüpft sind. Wirklich besteht in jedem Vernunftschlusse der Obersatz aus einem *allgemeinen* Satze, zu dem sich der Untersatz wie ein *partikulärer*, der Schlußsatz aber wie ein *einzelner* Satz verhält, und es ist in so ferne schon sichtbar genug, *daß die Form des mittelbaren Urtheiles aus den beyden verknüpften ersteren Formen des unmittelbaren besteht.*

Indem ich aber, um dieses vollends zu beweisen, tiefer als es wohl bisher geschehen seyn dürfte, in die Natur des Vernunftschlusses einzudringen

gen genöthiget bin, glaube ich die Leser die im abstrakten Denken weniger geübt sind, erinnern zu müssen, daß *sie* die nächsten *vier numerirten Absätze* ohne etwas zu verlieren, überschlagen können. Die übrigen aber ersuche ich das folgende Schema des *ordentlichen Vernunftschlusses*, und die in der Theorie des Verstandes aufgestellte Deduktion der Formen der Urtheile genau vor Augen zu haben, ohne welche folgende Absätze schlechterdings unverständlich seyn müßten.

M . P.
S . M.
S . P.

Die hier bezeichnete allgemeine Form des Vernunftschlusses oder des mittelbaren Urtheils ist nach allen vier Momenten des Urtheils folgendermaßen bestimmt.

Erstens ist das Subjekt des mittelbaren Urtheils nicht unmittelbar, sondern vermittelst des im Obersatz wie Vielheit und Einheit zugleich (allgemein) bestimmten Mittelbegriffes, in Rücksicht auf sein Prädikat im Untersatze (wo es nicht mit diesem Prädikate, sondern mit dem Mittelbegriff verknüpft wird) als *Vielheit;* im Schlußsatze aber, wo es unmittelbar mit seinem Prädikate verknüpft wird, als *Einheit* bestimmt. Die Form des mittelbaren Urtheiles ist also durch den als logisches Subjekt *) im Vordersatze als Vielheit und Einheit zugleich bestimm-

---

*) *Als logisches Subjekt,* das heißt hier als ein solches Subjekt, das selbst wieder (im Untersatze) bloßes Prädikat eines anderen Subjektes ist.

beſtimmten Mittelbegriff beſtimmt, und iſt daher allgemein.

Zweytens iſt das Prädikat des mittelbaren Urtheiles nicht unmittelbar, ſondern vermittelſt des Mittelbegriffes, mit dem es im Oberſatze unmittelbar verknüpft iſt, als ein Prädikat beſtimmt, das ſich zu ſeinem Subjekte, im Schlußſatze, wo es mit demſelben zuſammengenommen wird, wie *Einheit*; im Unterſatze, wo nur das Subjekt und der Mittelbegriff verbunden, und das Prädikat folglich aus dem Mittelbegriff ausgeſchloſſen iſt, wie *Vielheit* verhält, während es im Oberſatze durch ſeine Verknüpfung mit dem als logiſches Subjekt beſtimmten Mittelbegriff als *Einheit* und *Vielheit* zugleich beſtimmt iſt. Denn, in wie ferne der Mittelbegriff daſelbſt Subjekt iſt, iſt das Prädikat mit ihm zuſammengenommen; in wie ferne der Mittelbegriff aber nur ein ſolches Subjekt iſt, das ſelbſt wieder als Prädikat im Subjekte des Schlußſatzes gedacht werden muſs, in ſo ferne wird das Prädikat eben dadurch, daſs es mit dem Mittelbegriffe verknüpft wird, von der unmittelbaren Einheit des eigentlichen Subjektes ausgeſchloſſen. Die Form des mittelbaren Urtheiles iſt alſo durch ein Prädikat beſtimmt, das ſich zu ſeinem Subjekte wie Vieles und Eines verhält, und dadurch, daſs es durch den Mittelbegriff mit ihm verknüpft wird nur mittelbar im Subjekte geſetzt, folglich durch den mit dem Subjekte verbundenen Mittelbegriff zugleich vom Subjekte ausgeſchloſſen und in demſelben geſetzt wird. Die Form des unmittelbaren Urtheiles iſt durch *Limitation* beſtimmt *).

Drit-

---

*) Die im bloſſen reinen Verſtande beſtimmte Form der Limitation beſteht in bloſſen *Ausſchließen* durch ein

Drittens ist das Verhältniß des zusammengefaßten Subjektes und Prädikates im mittelbaren Urtheil zur objektiven Einheit nicht unmittelbar, sondern vermittelst des Mittelbegriffes wie Einheit und Vielheit, zugleich bestimmt. Im Schlußsatze machen Subjekt und Prädikat ein Einziges Objekt aus, dessen Merkmal das Prädikat ist; im Untersatze wo der Mittelbegriff als Merkmal des Subjektes vorkömmt, zwey Objekte, wovon das eine, nämlich das durch den Mittelbegriff bestimmte Subjekt, den Grund des andern, nämlich des durch das Prädikat bestimmten Subjektes enthält; indem in der Verknüpfung des Mittelbegriffes mit dem Subjekte, die im Untersatze vorgeht, der Grund liegt, durch den die Verknüpfung des Prädikates im Schlußsatze mit dem Subjekte bestimmt wird. Im Vordersatze ist der Mittelbegriff zugleich als Subjekt und als Grund des Prädikates bestimmt; als Subjekt in wie ferne mit ihm das Prädikat als sein Merkmal verbunden: und als Grund in wie ferne das Prädikat dadurch, daß es Merkmal des Mittelbegriffes ist, zugleich das Merkmal des Subjektes bestimmt ist. Die Form des mittelbaren Urtheiles besteht also darin, daß zwey Vorstellungen durch eine dritte zugleich ausgeschlossen und verbunden werden,

ein *Setzen*, welches nur dann zur *Verneinung* im strengsten Sinne wird, wenn das Mannigfaltige, das durch das Setzen ausgeschlossen wird, dadurch *Gegehensein* bestimmt ist, (S. P. 404. b.) d. h. wo eigentlicher *Widerstreit* statt findet. Ist aber das Mannigfaltige, das durch Setzen ausgeschlossen wird, nur durch die *Form des Denkens* bestimmt, so wird durch das Setzen des Ausschließenden ein Mannigfaltiges gesetzt, das bey aller seiner Mannigfaltigkeit übereinstimmend ist.

werden, und ift in fo ferne durch die Form der Disjunktion oder der Concurrenz beftimmt.

Viertens ift das Verhältnis des Zufammenfaffens des Subjektes und Prädikates zum Bewufstfeyn, nicht unmittelbar, fondern vermittelft des Mittelbegriffes zugleich wie Einheit und Vielheit beftimmt. Wie *Einheit* im Schlufsfatze, wo das Prädikat mit dem Subjekte *wirklich* verknüpft wird. Wie Vielheit im Unterfatze, wo der Mittelbegriff allein mit dem Subjekt wirklich verknüpft, aber eben dadurch die Verknüpfung des im Oberfatze mit dem Mittelbegriff verknüpften Prädikates in Rückficht auf das Subjekt als *möglich* gedacht wird. Im Oberfatze ift diefe Verknüpfung als möglich und wirklich zugleich, und folglich als *nothwendig* beftimmt, und die Form des mittelbaren Urtheils ift *Nothwendigkeit*.

Wir haben zwar in der Tafel der *Formen der Urtheile* bereits Formen angetroffen, die aus der Verknüpfung der beyden erfteren Formen der Urtheile aus jedem der vier Momente beftehen; aber die durch diefe Verknüpfung beftimmte Form gehört blofs zu den Formen der *unmittelbaren* Urtheile, und ift in dem blofsen Vermögen des unmittelbaren Urtheilens, oder dem blofsen Verftande beftimmt. Die aus ihnen entftehenden Kategorien der Allheit, der Limitation, der Konkurrenz und der Nothwendigkeit find blofse Merkmale der objektiven (nicht der unbedingten) Einheit, laffen fich folglich durch dieselbe auf *Anfchauungen* beziehen, und machen alsdann in diefer Beziehung die Prädikate der *bedingten*, auf die Form der Anfchauung befchränkten, Allheit, Limitation, Konkurrenz und Noth-

Nothwendigkeit aus, wobey die *Allheit*, die in der Zeit bestimmte Einheit des Vielen oder die *Zahl*; die *Limitation* die in der Zeit bestimmte Realität oder der *Grad*; die *Konkurrenz* die in der Zeit und im *Raume* bestimmte Verknüpfung mehrerer Objekte, oder das *bestimmte Zugleichseyn*; die *Nothwendigkeit* endlich, die von der in der Zeit bestimmten Wirklichkeit unzertrennliche Möglichkeit in der Zeit ist.

So wie die *Allheit*, die *Limitation*, die *Konkurrenz* und die *Nothwendigkeit* *komparativ* und *bedingt* werden, in wie ferne sie durch den Verstand in *engster Bedeutung* bestimmt sind, und folglich in ihrer Beziehung auf die Form der Sinnlichkeit vorgestellt werden müssen: so werden sie *absolut* und *unbedingt*, in wie ferne sie durch Vernunft bestimmt sind, und folglich als etwas der Form der Sinnlichkeit *widersprechendes* vorgestellt werden müssen. Sie sind aber durch Vernunft bestimmt, das heißt, die Verknüpfungen der Formen der Urtheile haben ihren Grund in der Vernunft, in wie ferne sie in der Form der mittelbaren Urtheile oder des Vernunftschlusses bestimmt sind, wo die Verknüpfung der Urtheilformen an dem Mittelbegriffe, einem logischen Subjekt, einem bloßen Begriffe, einem durch den bloßen Verstand gedachten Mannigfaltigen, durch einen höheren Grad der Spontaneität vorgenommen wird; während eben diese Verknüpfung, wenn sie in einem unmittelbaren Urtheile, und folglich durch den Verstand in engster Bedeutung vorkommt (in wie ferne z. B. Allheit von der Anschauung der Zahl prädiciert, und als unmittelbares Merkmal der Zahl gedacht wird) an keinem durch den bloßen Verstand ftand gedachten, fondern an einem durch die Form der Sinnlichkeit beftimmten Mannigfaltigen vorgenommen wird, und folglich eine Handlung nur desjenigen Grades der Spontaneität seyn kann, der Anschauungen bearbeitet (das ist des Verftandes) nicht desjenigen, deſſen Stoff Begriffe find, der Vernunft.

Die in der Tafel der Kategorien aufgeftellten, und in der Natur des Verftandes in *engerer* Bedeutung *à priori* beftimmten Kategorien der *Allheit, Limitation, Konkurrenz* und *Nothwendigkeit* find alſo ganz entgegengeſetzter Beftimmungen fähig, je nachdem fie auf die Form der *Sinnlichkeit* oder auf die Form der *Vernunft* bezogen werden. In wie ferne fie als bloſſe *Formen der Urtheile* dem Verftand in *engerer* Bedeutung angehören, find fie weder bedingt noch unbedingt. In wie ferne fie in den *Schematen* durch die *Zeit* beftimmt find, gehören fie dem Verftande in engfter Bedeutung an und find *bedingt*. In wie ferne fie endlich in der Form des mittelbaren Urtheils, oder des Vernunftſchluſſes beftimmt find, gehören fie der Vernunft an, und find *unbedingt*.

§. LXXXI.

Die Vorftellung der in der Form des Vernunftſchluſſes *à priori* beftimmten unbedingten Einheit ist *Idee in engfter Bedeutung*, und zwar die höchfte und allgemeinfte Idee; und die in der Natur der Vernunft beftimmten Merkmale des Gegenftandes dieſer Idee oder der rein-vorgeftellten unbedingten Einheit find *Totalität, Gränzenlofigkeit*, das *Allbefaſſende*, und *abſolute Nothwendigkeit*.

Idee im *strengsten* Sinne ist die Vorstellung, welche aus der Verknüpfung von Begriffen *à priori* entsteht (§. LXXVIII). Die Vorstellung der unbedingten Einheit entsteht aber aus der Verknüpfung der rein-vorgestellten beyden ersten Kategorien nach allen vier Momenten; also ist sie *Idee* im *strengsten Sinne*. Indem aber der Gegenstand dieser Vorstellung nichts als die rein-vorgestellte Form der allgemeinsten Handlungsweise der Vernunft und der Form ist, welche alle Gegenstände in wie ferne sie durch reine Vernunft vorgestellt werden, annehmen müssen, in so ferne kann es keine höhere und allgemeinere Idee geben, als die der unbedingten Einheit.

Ich habe hier die Idee der *unbedingten Einheit* aufgestellt, wie sie ursprünglich in der Natur der Vernunft, und folglich nach allen vier Momenten des reinen Verstandes, der der reinen Vernunft ihren Stoff vorhält, bestimmt ist. Es ist zu besorgen, daß diese komplicierte und durchgängig bestimmte Vorstellung bey manchem Leser durch eine einfachere und weniger bestimmte Vorstellung von unbedingter Einheit unvermerkt verdrängt werde, wo man sich z. B. nichts als die Einheit des nicht durch Sinnlichkeit bestimmten Mannigfaltigen überhaupt bey diesem Ausdruck zu denken versucht wird, aber dann auch wirklich nicht die *unbedingte Einheit* gedacht hat, die keineswegs die Einheit des nicht sinnlich vorgestellten Mannigfaltigen überhaupt ist (welches der Begriff *à priori* der durch den Verstand in engerer Bedeutung bestimmten *objektiven Einheit* wäre), sondern die Einheit des durch den bloßen Verstand an den Formen der Begriffe bestimmten, und nur durch Vernunft vorstellbaren Mannigfaltigen ist.

Die

Die Vorstellung der blossen unbedingten Einheit ist allzeit unrichtig und unbestimmt, wenn sie nicht die in der Natur des Vernunftschlusses bestimmte allgemeine Form der Ideen zum Gegenstande hat. In dieser Eigenschaft aber muſs sie durch die Verknüpfung der beyden ersten Kategorien nach allen vier Momenten gedacht werden, und zwar durch diejenige Verknüpfung, die auf keine Anschauung, sondern auf blosse Begriffe anwendbar ist, d. h. durch *unbedingte Verknüpfung*. Ihre wesentlichen Merkmale sind daher unbedingte Allheit oder *Totalität*, unbedingte Limitation oder Ausschliessung der einschränkenden Bedingung, *Gränzenlosigkeit*, unbedingte Konkurrenz oder das *) *Allesbefassende*, und unbedingte *Nothwendigkeit*.

Als Gegenstand einer Vorstellung *à priori* ist die unbedingte Einheit ein nothwendiger Gegenstand für alle vernünftigen Wesen, der in eben dem Verhältniſs als sich die Vernunft mehr entwickelt, bestimmter gedacht werden muſs, und ein allgemeines Merkmal aller Gegenstände ist, die durch Vernunft vorgestellt werden.

Die unbedingte Einheit muſs von jedem, der seine Vernunft gebraucht, nicht nur nothwendig gedacht, sondern auch als etwas an sich *nothwendiges*, alle *Gränzen ausschliessendes*, *Allesbefassendes* und *Totales* (*Vollendetes*) gedacht werden. Sie hat sich auch wohl allen Philosophierenden unter diesen

---

*) Unter *Gränzenlosigkeit* und dem *Allbefassenden*, muſs hier weder Raum noch Zeit gedacht, noch die Anschauung derselben diesen beyden Ideen untergelegt werden.

diesen Merkmalen aufgedrungen. Aber die Einen haben an ihr die *Gottheit*, die andern die *Natur* oder das *Univerſum* zu erkennen geglaubt, bis ſie der *Philoſoph von Königsberg* der Erſte in der Natur des Vernunftſchluſſes entdeckt hat.

Da der unbedingten Einheit die Form der Anſchauung widerſpricht, ſo kann ſie kein Merkmal erkennbarer Gegenſtände ſeyn *). Da ſie aber zugleich ein weſentliches Merkmal aller durch Vernunft denkbarer Gegenſtände iſt, ſo iſt es offenbar, daſs die Gegenſtände, in ſo ferne ſie durch Vernunft denkbar ſind, durchaus nicht erkennbar ſeyn, und daſs durch bloſſe Vernunft nichts erkannt werden könne. Die Totalität, die Gränzenloſigkeit, das Allbefaſſende, und die unbedingte Nothwendigkeit ſind bloſſe Merkmale der durch Vernunft erzeugten, und in der Natur derſelben, beſtimmten Einheit der Begriffe. Sie ſind alſo eben darum Merkmale, die der Anſchauung widerſprechen, und folglich keinem Gegenſtande, in wie ferne er anſchaulich iſt, und daher auch keinem erkennbaren Dinge, in wie ferne daſſelbe erkennbar iſt, beygelegt werden können. Die unbedingte Einheit und ihre eigenthümlichen Merkmale ſind alſo auch weder Gegenſtand der *Erfahrung*, noch unmittelbare Merkmale der Gegenſtände der Erfahrung, deren Inhalt aus lauter Subjekten und Prädikaten unter der Form der Anſchauung beſtehen muſs, und welcher in ſo ferne alles Unbedingte widerſpricht. Dafür aber iſt die unbedingte Einheit ein *mittelbares* Merkmal der erkennbaren Gegenſtände, der

Erſchei-

*) Nicht in wie ferne ſie erkennbar, aber wohl in wie ferne ſie *denkbar* ſind.

Erscheinungen und der Erfahrung; ein Merkmal nämlich, das sich auf dieselben vermittelst der in ihnen vorkommenden und zur Form derselben gehörigen Begriffe bezieht, welche durch Vernunft verknüpft eine Einheit erhalten, die ihnen der die Anschauungen verknüpfende Verstand nicht geben kann, *Vernunfteinheit*. Die Vernunft verbindet an den erkennbaren Gegenständen das, was an ihnen bloßes Produkt des Verstandes ist, und erzeugt dadurch nicht Einheit des Erkennbaren (in wie ferne es erkennbar, denkbar und anschaulich zugleich ist) objektive Einheit, sondern Einheit des Erkennbaren, in wie ferne dasselbe *bloß denkbar* ist, unbedingte Einheit; einen Zusammenhang durch verknüpfte Begriffe, der alle Erfahrung übersteigt, dem aber alle Erfahrung, in wie ferne Begriffe in ihr vorkommen, welche der Form der Vernunft unterliegen, vollkommen angemessen seyn muls. Die *objektive* Einheit, welche durch den Verstand bestimmt wird, bezieht sich unmittelbar auf Anschauungen, die durch sie das wesentliche Merkmal bestimmter Objekte erhalten; sie macht in ihrer Verknüpfung mit der Anschauung den erkennbaren Gegenstand aus, und ist in so ferne ein mit der Anschauung gleich wesentlicher *konstitutiver* Bestandtheil der Erfahrung. Die *unbedingte* Einheit hingegen, welche durch Vernunft bestimmt wird, bezieht sich unmittelbar auf *bloße Begriffe*, die durch sie einer höheren Einheit untergeordnet werden, einer Einheit, die aus dem Zusammenhange nicht desjenigen, was an den Erscheinungen anschaulich, sondern nur desjenigen, was an ihnen durch den Verstand gedacht wird, besteht, und welche folglich kein konstitutiver Bestandtheil der Erfahrung, sondern ein *bloßes Gesetz* ist, nach welchem

welchem die gedachten Gegenstände der Erfahrung in einem Ganzen der Erkenntniß, im wissenschaftlichen Zusammenhang, systematisch geordnet werden müssen. Und dieß ist es, was der Verfasser der Kritik der Vernunft durch die sehr passenden Ausdrücke: „die Vernunft hat bey der Erfahrung keinen *konstitutiven*, sondern blos einen *regulativen* Gebrauch" bezeichnen wollte.

Die unbedingte Einheit bezieht sich mittelbar, nämlich vermittelst der Kategorien auf die Form der Anschauung; oder welches eben so viel heißt: sie bezieht sich auf die Schemate durch die an demselben bestimmte Form des Verstandes; und dadurch werden die erkennbaren Gegenstände, die Erscheinungen, *mittelbar*, der Form der Vernunft unterworfen. Die unbedingte Einheit wird alsdann mittelbar auf Anschauungen eingeschränkt; die vier Merkmale der unbedingten Einheit werden vermittelst der vier Momente der Kategorien, vier *denkbare* Merkmale des Anschaulichen; und die Urtheile, welche die Beziehungen dieser durch Vernunft bestimmter *mittelbarer* Merkmale der Erscheinungen, oder welches eben so viel heißt, die Beziehung der Erscheinungen vermittelst der Schemate auf die unbedingte Einheit ausdrücken, sind folgende *Vernunftgesetze der systematischen Einheit der Erfahrung:*

1) *Alle extensive Größe der Erscheinungen muß als unbedingt gedacht werden.* Die Totalität der unbedingten Einheit ist hier durch den Begriff der Quantität auf die Form der Anschauung eingeschränkt; und die Form der Anschauung durch den als unbedingt (durch Vernunft) gedachten Begriff

griff der Quantität zur Totalität erweitert. Die extensive Größe durch *Verstand* gedacht, wird als in der Zeit bestimmte, bedingte und begränzte Größe, als *Zahl*, vorgestellt; durch *Vernunft* gedacht, wird sie als unbestimmte aber ins Unendliche bestimmbare Größe in der Zeit, als Zahllosigkeit, als Größe vorgestellt, die durch Vielheit in der Zeit allein bestimmt ist, keine Gränze der Vielheit hat, ins Unendliche Größe ist. Die Vernunft schließt in so ferne alle absolute, d. i. nicht durch den Verstand in der Zeit bestimmte Gränze der Extension aus der möglichen Erfahrung aus. In der Sinnenwelt läßt sich nichts unausgedehntes, und in der Ausdehnung selbst keine Lücke denken: *In mundo non datur hiatus.*

2) *Alle intensive Größe der Erscheinungen muß als unbedingt gedacht werden.* Die Gränzenlosigkeit der unbedingten Einheit wird hier durch den Begriff der Realität auf die Form der Anschauung eingeschränkt, und die Form der Anschauung durch den als unbedingt gedachten Begriff der Qualität, zur Gränzenlosigkeit erweitert. Die Intensive Größe durch Verstand gedacht, wird als in der Zeit bestimmte (bedingte) Größe der Qualität, als Grad, vorgestellt; durch Vernunft gedacht wird sie als unbestimmte, aber ins Unendliche bestimmbare Größe der Qualität in der Zeit, als Kontinuität in den Graden des Realen vorgestellt. Die Vernunft schließt in so ferne alle absolute, d. i. nicht durch Verstand in der Zeit bestimmte Gränze der *Intension* aus der möglichen Erfahrung aus. In der Sinnenwelt läßt sich nichts Gradloses, weder absolute Realität, noch absolute Negation, und unter den verschiedenen Graden selbst

selbst kein Sprung denken: *In mundo non datur saltus.*

3) *Alle Verknüpfung der Erscheinungen muſs als unbedingt gedacht werden.* Das Allesfassende, Allesverknüpfende der unbedingten Einheit wird hier durch den Begriff der Relation auf die Form der Anschauung eingeschränkt; und die Form der Anschauung durch den als unbedingt (durch Vernunft) gedachten Begriff der Relation zum Allbefassenden erweitert. Die Relation in der Zeit durch Verstand gedacht, wird als in der Zeit bestimmte, bedingte und begränzte Dauer, Folge und Zugleichseyn vorgestellt; durch Vernunft gedacht wird sie als in der Zeit unbestimmte aber ins Unendliche bestimmbare Dauer Folge und Zugleichseyn, als gränzenloser Zusammenhang in der Zeit vorgestellt. Die Vernunft schliefst in so ferne alle Absolute, d. i. nicht durch den Verstand bestimmte Gränze der Verknüpfung aus der möglichen Erfahrung aus. In der Sinnenwelt sind alle Erscheinungen mit Erscheinungen verknüpft; und es läfst sich in der Sinnenwelt nichts *Isolirtes*, und folglich auch nichts *absolut* Anfangendes denken: *In mundo non datur Casus purus.*

4) *Alle Nothwendigkeit der Erscheinungen* (das Seyn der Erscheinungen zu aller Zeit) *muſs als unbedingt gedacht werden.* Die absolute Nothwendigkeit der unbedingten Einheit wird hier durch den Begriff der Modalität auf die Form der Anschauung eingeschränkt, und die Form der Anschauung wird durch den als unbedingt (durch Vernunft) gedachten Begriff der Nothwendigkeit, zum unbedingten Seyn in aller Zeit ausgedehnt. Die Modalität in der Zeit durch Verstand gedacht, wird

wird in der Verknüpfung ihrer beyden ersten Formen in der Kategorie der Nothwendigkeit, als eine in der Zeit bestimmte, bedingte, begränzte Nothwendigkeit, als ein bedingtes Seyn in aller Zeit vorgestellt. Durch Vernunft gedacht, wird sie als unbestimmtes, aber ins Unendliche bestimmbares, ins Gränzenlose von seinen Bestimmungen abhängiges, Seyn in aller Zeit vorgestellt. Die Vernunft schliest in so ferne alle absolute nicht durch den Verstand bestimmte Gränze der bedingten Nothwendigkeit aus der möglichen Erfahrung aus. In der Sinnenwelt läst sich nichts absolut nothwendiges denken, sondern die Nothwendigkeit jeder in aller möglichen Zeit vorkommenden Erscheinung muß als bedingt, und folglich das Bedingtseyn von allen ins Gränzenlose fortgehend, als unbedingt, gedacht werden. In der Sinnenwelt ist also jede mögliche Begebenheit durch andere vorwärts, seitwärts und rückwärts nach den Gesetzen der Erfahrung bestimmt. *In mundo non datur fatum.*

Diese vier Gesetze der Vernunfteinheit bestehen eigentlich aus eben so vielen Gesetzen der Verstandeseinheit, die durch Vernunft vorgestellt, und folglich zum Unbedingten erweitert sind; aus Gesetzen, die durch den Verstand gedacht, und folglich unmittelbar auf die Form der Anschauung bezogen, *konstitutive* Gesetze der Erfahrung (der Form nach) — durch Vernunft hingegen gedacht und folglich nur mittelbar vermittelst der Begriffe auf die Form der Anschauung bezogen, bloß *regulative* Gesetze der Erfahrung sind; in der ersten Rücksicht die *objektive* Einheit des in der Erfahrung zugleich denkbar und anschaulichen, des erkennbaren Mannigfaltigen; in der zweyten aber die *unbedingte* Einheit des in der Erfahrung bloß denkbaren Mannigfaltigen bestimmen. Als Verstandesgesetze drücken sie die nach den vier Momenten des unmittelbaren Urtheilvermögens bestimmte, durch Sinnlichkeit bedingte Einheit, die Verstandeseinheit der Erscheinungen; als Vernunftgesetze, die nach den vier Momenten des mittelbaren Urtheilsvermögens bestimmte, durch Vernunft unbedingte Einheit, die Vernunfteinheit, der Erscheinungen aus.

So wie die *konstitutiven* Gesetze der Erfahrung unter dem obersten Gesetze begriffen sind: „Jeder in der Erfahrung erkennbare Gegenstand steht in wie ferne er erkennbar ist, unter der objektiven Einheit des durch Anschauung vorgestellten Mannigfaltigen": so sind die *regulativen* Gesetze der Erfahrung unter dem obersten Gesetze begriffen: „Jeder in der Erfahrung erkennbare Gegenstand steht in wie ferne er in einem systematischen Zusammenhang *denkbar* ist unter der unbedingten Einheit des durch Begriffe vorgestellten Mannigfaltigen"; oder welches eben so viel heißt, im *Ganzen* der Erfahrung in der systematischen Einheit der Sinnenwelt, läßt sich nichts *denken*, das nicht dem Gesetze der unbedingten Einheit gemäß wäre, d. h. sich nicht nach diesem Gesetze durch Vernunft verknüpfen ließe." Aus diesem obersten Gesetze, welches die Vernunft der Erfahrung vorschreibt und welches das Gesetz der systematischen Einheit aller empirischen Erkenntniß ist, folgen unmittelbar die drey grossen Prinzipien, durch welche die Vernunft den Verstand bey der Naturforschung

forschung leitet, und durch welche sie seine Ausbeute im wissenschaftlichen Zusammenhange ordnet.

1) Das Princip der *Homogeneität*, oder das Gesetz der *Gattung*: *Das durch den bloßen Verstand bestimmte Viele hat unbedingte Einheit.* Das durch den bloßen Verstand bestimmte Viele besteht aus der Vielheit der Subjekte *Eines* Prädikates, dem *gleichartigen* Vielen; die Vernunft erzeugt aus dieser Vielheit Einheit des gleichartigen Vielen, *Gattung.* 2) Das Princip der *Specifikation*, oder das Gesetz der *Arten: die durch den Verstand bestimmte Einheit hat unbedingte Mannigfaltigkeit.* Die durch den bloßen Verstand bestimmte Einheit besteht in der Einheit des Subjektes, in wie ferne sie durch bloße Einheit des Prädikates bestimmt wird. Ist dieses Prädikat eine Anschauung, so ist die Einheit *individuell*; ist es aber ein bloßer Begriff, so ist die Einheit eine *Art*, d. i. Einheit die sich nicht unmittelbar, sondern durch ein mehreren gemeinschaftliches Merkmal auf ein Individuum beziehen kann, und folglich nur durch Vernunft vorgestellt werden kann. 3) Das Gesetz der *Kontinuität der logischen Formen*, das aus der Verknüpfung der Gesetze der Homogeneität und der Specifikation besteht; und einen *stätigen* (ununterbrochenen) Uebergang von einer jeden Art zur andern, sowohl im Aufsteigen zu höheren Gattungen, als auch im Herabsteigen zu niedrigeren Arten, und durch beyden den *durchgängigen systematischen Zusammenhang* nothwendig macht. Alle diese drey *Principien* sind in der Natur des Vorstellungsvermögens, in wie ferne dasselbe Vernunft hat, *a priori* bestimmt, als unbedingte Einheit des Mannigfaltigen,

als unbedingte Mannigfaltigkeit, und als unbedingte Einheit und Mannigfaltigkeit zugleich *).

§. LXXXII.

Die *allgemeine* Form der Vernunftschlüsse begreift *drey besondere* ebenfalls in der Natur der reinen Vernunft bestimmte Formen, nämlich die Form des *kategorischen, hypothetischen* und *disjunktiven* Vernunftschlusses unter sich, durch welche die allgemeine Form der Ideen überhaupt, oder die unbedingte Einheit, in drey besondern Formen besonderer Ideen näher bestimmt wird, welche, rein vorgestellt, die Gegenstände von drey Ideen in engster Bedeutung ausmachen, nämlich von der Idee des *absoluten Subjektes*, der *absoluten Ursache*, und der *absoluten Gemeinschaft*.

Gleichwie die allgemeine Form des Urtheils, oder des Zusammenfassens des vorgestellten Mannigfaltigen in objektive Einheit, besondere in der Natur des reinen Verstandes bestimmte Formen der

---

*) Das Gesetz der Kontinuität gilt von den Anschauungen vermittelst der Begriffe; und ist dann eine andere Formel für das allgemeine Gesetz der *Vernunfteinheit* der Erscheinungen; dem zufolge 1) Kontinuität der *Extension*, 2) der *Grade*, 3) der *Kaussalverknüpfung*, 4) der bedingten Nothwendigkeit, oder der *Zufälligkeit*, als unbedingt (gränzenlos) nicht *erkannt* werden kann, sondern *gedacht* werden muss, zum Behufe der systematischen Einheit, welche (durch Vernunft) unbedingtes (durch den Verstand in engster Bedeutung) Bedingtseyn von dem Inbegriffe des Erkennbaren fordert.

des Erkenntnißvermögens überhaupt.

der Urtheile unter sich begreift, so begreift auch die allgemeine Form des Vernunftschlusses, oder des unmittelbaren Urtheils, besondere in der Natur der reinen Vernunft bestimmte Formen der Vernunftschlüsse unter sich; und gleich wie durch die allgemeine Form der Vernunftschlüsse die Vorstellung der unbedingten Einheit überhaupt als die oberste Idee der reinen Vernunft bestimmt ist: so sind durch die besonderen Formen der Vernunftschlüsse die Vorstellungen von den in der Natur der Vernunft bestimmten Arten der unbedingten Einheit, als besondere Ideen in engster Bedeutung bestimmt, wie aus folgender Erörterung erhellt.

Es ist zwar schon die allgemeine Form des Vernunftschlusses überhaupt nach allen vier Momenten des mittelbaren Urtheils, und folglich auch nach dem Momente der *Relation* bestimmt. (In jedem Vernunftschlusse überhaupt muß sich der Mittelbegriff zum Prädikate des Schlußsatzes zugleich wie *Subjekt* und wie *Grund* verhalten.) Allein da es im Momente der Relation dreyerley verschiedene bestimmte Arten giebt, wie Prädikate und Subjekte mit einander in einer objektiven Einheit verknüpft seyn können; nämlich nach der kategorischen, hypothetischen und disjunktiven Form: so läst sich auch im Obersatze des Vernunftschlusses das Prädikat des Schlußsatzes mit dem daselbst als *Subjekt des Urtheils* bestimmten Mittelbegriff auf dreyerley Art verbinden. Der Mittelbegriff kann sich nämlich zum Prädikate wie Subjekt im strengsten Sinne, d. i. wie *Gegenstand* zu seinem *Merkmale*, oder wie *Grund* zur *Folge*, oder wie ein *Glied* zu dem *andern*, womit es ein gesellschaftliches Ganze ausmacht, verhalten; und

der

der Vernunftschluß ist im ersten Falle *kategorisch*, im zweyten *hypothetisch*, im dritten *disjunktiv*. Die Gattung Vernunftschluß begreift also drey Arten unter sich, die, in wie ferne sie in dem Vermögen des unmittelbaren Urtheils, im Vermögen durch verknüpfte Urtheilsformen bloße Begriffe zu verbinden, gegründet sind, eben so viel Formen besonderer unmittelbarer Urtheile oder Schlüsse, eben so viele besondere Handlungsweisen der einen Vernunft ausmachen. Die allgemeine Handlungsweise der Vernunft besteht im Zusammenfassen eines Subjektes und Prädikates in unbedingte Einheit; die besondern Handlungsweisen derselben bestehn im Zusammenfassen in unbedingte Einheit, wobey das Subjekt entweder als Gegenstand und das Prädikat als Merkmal, oder das Subjekt als Grund, und das Prädikat als Folge, oder das Subjekt als das eine Glied eines gemeinschaftlichen Ganzen und das Prädikat als das andere bestimmt ist; und so wie die Vorstellung der durch die meiste Handlungsweise der Vernunft bestimmten Einheit die Idee der unbedingten Einheit überhaupt ist: so sind die Vorstellungen der durch je drey Handlungsweisen der Vernunft bestimmten Einheiten, die Ideen der unbedingten Einheit des Subjektes, des Grundes, und der Gemeinschaft, oder welches eben so viel heißt, des absoluten Subjektes, des *absoluten Grundes*, und der *absoluten Gemeinschaft*.

Die in der Natur des Verstandes in Bedeutung bestimmten Kategorien, der Substanz, der *Ursache*, und der *Gemeinschaft*, sind in dem, sie im bloßen Verstande in engerer Bedeutung ihren Grund haben, bloße Formen überhaupt zu denken, bloße Merkmale der Einheit des Vorgestellten, und in dieser Rückficht sowohl auf das durch *Sinnlichkeit*, als das durch *Vernunft vorgestellte* gleich anwendbar. Durch ihre in der Natur des Gemüthes *a priori* bestimmte Beziehung auf die Form der sinnlichen Anschauung gehen sie ins *Gebieth des Verstandes in engster Bedeutung* über, ins Gebieth des empirischen Erkenntnisvermögens im strengsten Sinne; wo sie in ihrer unzertrennlichen Verbindung mit Raum und Zeit die *Formen der Erkennbarkeit* ausmachen; und Formen, Merkmale, der Einheit des Anschaulichen sind. Durch ihre ebenfalls in der Natur des Gemüthes *a priori* bestimmte Beziehung auf die Form der Vernunft, das unbedingte Zusammenfassen, und die durch dasselbe erzeugte unbedingte Einheit, gehen sie ins *Gebieth der Vernunft* über; wo sie in unzertrennlicher Verbindung mit der unbedingten Einheit (der Einheit jener Merkmale die im bloßen Verstand ihren Stoff, in der Vernunft aber ihre Form haben) die Form des *vollständigen Zusammenhanges* unter den empirischen Erkenntnissen ausmachen, und Merkmale derjenigen Einheit find, in welche nicht das Anschauliche durch Verstand, sondern das durch den Verstand in den Anschaulichen hervorgebrachte, das *Gedachte* zusammengefaßt wird, Formen und Merkmale der *Vernunfteinheit*.

Die empirische Erkenntniß, die durch Vernunfteinheit vollständigen Zusammenhang erhält, unterscheidet fich in die Erkenntniß durch den *äussern* und durch den *inneren Sinn*. Nur durch den äusseren Sinn sind *Gegenstände* im strengsten Sinne, Erscheinungen von Dingen außer uns, erkennbar;

bar; und das durch den inneren Sinn erkennbare, die Erscheinungen in uns, sind nichts als Veränderungen in uns, blosse *Vorstellungen*. Die Vernunfteinheit der empirischen Erkenntniss unterscheidet sich daher in *objektive* und *subjektive* Vernunfteinheit; durch die Eine wird das Erkennbare des äussern Sinnes, werden die *Gegenstände* ausser uns; — durch die andere wird das Erkennbare des inneren Sinnes, werden die *Vorstellungen* in uns in *vollständigen Zusammenhang* gebracht; und hierdurch erhalten die drey Merkmale der Vernunfteinheit, das *absolute Subjekt*, der *absolute Grund*, und die *absolute Gemeinschaft* zweyerley wesentlich verschiedene Gegenstände, in wie ferne sie nämlich auf das Erkennbare des inneren, oder des äusseren Sinnes bezogen werden, und Merkmale der unbedingten Einheit der Vorstellungen in uns oder der Gegenstände ausser uns, Bestimmungen der *subjektiven* oder der *objektiven Vernunfteinheit* sind.

§. LXXXIII.

Das absolute Subjekt, der absolute Grund und die absolute Gemeinschaft bestimmen die *objektive* Vernunfteinheit der Erfahrung, in wie ferne sie auf die in der empirischen Erkenntniss *a posteriori* vorgestellten Dinge ausser uns *mittelbar* bezogen werden; sie bestimmen die *subjektive* Vernunfteinheit der Erfahrung, in wie ferne sie auf das im deutlichen Bewusstseyn *a priori* vorgestellte *vorstellende* Subjekt *unmittelbar* bezogen werden.

Nur in der empirischen Erkenntniss der Gegenstände des äusseren Sinnes sind erkennbare *Substanzen*,

stanzen, erkennbare (wirkende) *Urfachen*, und erkennbare *Gemeinfchaften*, (Wechfelwirkungen) möglich. Das in der Natur des Verftandes in engerer Bedeutung beftimmte *Schema der Subftanzialität* kann nur auf einen dem äufseren Sinne gegebenen Stoff, nur auf das Beharrliche im Raume angewendet werden, da das in der bloſſen Zeit gegebene nichts als Veränderung, nichts Beharrliches, feyn kann. Das *Schema der Kauffalität* fcheint zwar dem erften Anblicke nach, in wie ferne es *a priori* nur *als beftimmte Folge in der Zeit* vorgeftellt wird, nicht auf Gegenftände im Raume eingefchränkt zu feyn. Allein da die Beftimmung der Folge in der Zeit nur durch den Grund in der Zeit bewirkt wird, diefer als Grund in der Zeit felbft wieder Folge, und folglich ein bloſſes *Accidenz* feyn muſs; das Accidenz aber nur in fo ferne erkennbar feyn kann, als feine Subftanz erkennbar ift, fo ergiebt es fich, daſs das Schema der Kauffalität ebenfalls nur auf Accidenzen erkennbarer Subftanzen, das heiſst auf Accidenzen des Beharrlichen im Raume anwendbar ift, und daſs alle *erkennbare* Wirkung nichts als Veränderung im Raume, *Bewegung*, fo wie alle erkennbare Urfache nichts als der Grund der Bewegung in wie ferne er felbft im Raume erkennbar ift, d. h. felbft wieder durch Bewegung entfteht, feyn könne. Das Schema der Gemeinfchaft endlich, oder des beftimmten Zugleichfeyns fetzt offenbar die Form des äuſſeren Sinnes d. i. den Raum voraus, indem ohne die Beziehung der Zeit (in der nichts als bloſſes Nacheinanderfeyn beftimmt ift) auf den Raum kein *Zugleichfeyn* denkbar ift. Die erkennbare Gemeinfchaft befteht in der Wechfelwirkung erkennbarer im Raume anfchaulicher Subftanzen aufeinaneinander. Alle erkennbare Substanz, Ursache, Gemeinschaft ist also *objektiv*, das heiſt, bezieht sich durch einen objektiven *a posteriori* gegebenen Stoff auf Dinge die von dem vorstellenden *Subjekte*, dessen *Vorstellungen*, und den *Formen* desselben im Bewuſtseyn unterschieden werden müſſen; und die *objektive*, durch den in der Anschauung gegebenen objektiven Stoff sich auf Objekte beziehende, Substanz, Ursache und Gemeinschaft *allein* und nur in wie ferne sie objektiv iſt iſt *erkennbar*. Die Schemate der Substanz, Ursache und Gemeinschaft sind die in der Natur des Erkenntniſsvermögens bestimmten Merkmale der *objektiven Einheit* des durch Anschauung vorgestellten Dinges auſſer uns, und folglich der *individuellen* Einheit zwischen Substanz und Accidenz, Ursache und Wirkung, und den Gliedern der Gemeinschaft; in wie ferne Substanz mit dem Accidenz ein Individuum ausmachen, Ursache und Wirkung, und Gemeinschaft aber Merkmale sind durch welche zwey Individuen ihre Individualität wechselseitig bestimmen. Die Ideen der absoluten Substanz, Ursache und Gemeinschaft des äuſſern Sinnes sind die in der Natur der Vernunft bestimmten Merkmale der unbedingten Einheit des durch den Verstand bestimmten Dinges auſſer uns, des objektiven in wie ferne daſſelbe durch den Verstand als mannigfaltig durch die Verschiedenheit der Zuſammenfaſſung in objektive Einheit bestimmt, und dann durch Vernunft neuerdings verbunden ist. Sie sind folglich nicht Merkmale der *individuellen* Einheit, derjenigen Einheit, wodurch ein Individuum als Individuum, sondern der *universellen* Einheit, wodurch der Zuſammenhang aller Individuen untereinander bestimmt wird, ben sich daher auf die erkennbaren *Individuen*, die Dinge ausser uns; keineswegs, wie die Schemate, unmittelbar durch Anschauung die selbst einen Bestandtheil der Schemate ausmacht; sondern nur mittelbar durch die Schemate, und zwar nur durch denjenigen Bestandtheil derselben, welcher im blossen Verstand bestimmt ist, durch den Begriff; durch die als Substanz, oder als Ursache, oder als Gemeinschaft bestimmte objektive Einheit, die in den drey Ideen durch Vernunft zur unbedingten Einheit erhoben ist. Das in der Anschauung als bedingt Vorgestellte, wird in der Idee als unbedingt gedacht; alles Erkennbare ist nur, in wie ferne es als bedingt vorgestellt wird, erkennbar; muß aber, in wie ferne es als bloß denkbar, d. h. durch Vernunft vorgestellt wird, als unbedingt vorgestellt werden. Der Verstand erkennt Individuen, die Vernunft denkt den Zusammenhang derselben; das Allgemeine, das aber *ausser* den Individuen nichts als eine *Form* des Denkens, eine leere Idee ist; nur *mittelbar*, vermittelst des Verstandes in engerer Bedeutung, und des Afficiertseyns objektive Beziehung hat.

Die empirische Erkenntniß des blossen *innern Sinnes* hat keine Gegenstände im strengsten Sinne, sondern blosse Vorstellungen zu Objekten, die weder als etwas im Raume beharrliches, als erkennbare *Substanzen*, noch als Accidenzen des im Raume beharrlichen, erkennbare *Accidenzen*, vorgestellte werden können. Das was an unsren Vorstellungen *empirisch erkennbar* ist, ist nichts anderes, als die durch das Afficiertwerden gegebene und unter der Form des inneren Sinnes vorgestellte Mannigfaltigkeit — die *Veränderung in uns*, die nur im *klaren Bewußtseyn* zum Objekte des inneren Sinnes

Sinnes werden kann. Beym klaren Bewußtseyn (S. §. XXXIX.) wird die Vorstellung als bloße Veränderung in uns, folglich unter der Form des inneren Sinnes vorgestellt, d. i. angeschaut, und durch eine Vorstellung, die innere Anschauung ist, auf das vorstellende Subjekt bezogen. Hierdurch erhält die Vorstellung *subjektive Einheit*, Zusammenhang mit dem Vorstellenden, und im Vorstellenden; aber auch nur bedingte Einheit, bedingten Zusammenhang. Sie wird nur in wie ferne sie der Form der Sinnlichkeit gemäß, in wie ferne sie in der Zeit bestimmt ist, auf das Vorstellende bezogen.

Unbedingte subjektive Einheit der Vorstellungen wird nur durch Vernunft im *deutlichen Bewußtseyn* bestimmt. Im *deutlichen Bewußtseyn* (S. §. XL, XLI.) werden die Vorstellungen auf das *vorgestellte Ich* bezogen, welches sich nur als *absolutes Subjekt des a priori vorgestellten Vorstellungsvermögens* vorstellen, und folglich nur durch Vernunft denken läßt.

Das *Subjekt* des Vorstellungsvermögens kann, als Subjekt, nur durch Vernunft vorgestellt werden, weil es durch kein in einer möglichen Anschauung vorstellbares Prädikat als Subjekt bestimmt werden, oder welches eben so viel heißt, weil auf das vorstellende *Ich* das Merkmal des Subjektes durch keine Anschauung bezogen werden kann; wie im Gegentheile bey den Subjekten des äusseren Sinnes der Fall ist, wo das Merkmal *Subjekt* auf das im *bloßen Raume* Anschauliche bezogen, die Vorstellung des Beharrlichen im Raume, des denkbar und Anschaulichen des *erkennbaren Subjektes* bestimmt. Das durch den inneren Sinn à

posteriori

posteriori Erkennbare sind die blossen Vorstellungen, und zwar nur in wie ferne sie Erscheinungen in uns, Objekte unter der blossen Form des inneren Sinnes, blosse *Veränderungen* in uns sind, die, da sie auf keine empirisch-erkennbare im Raume und Zeit vorstellbare Substanz bezogen werden können, sich auch nicht als empirisch-erkennbare Accidenzen denken lassen. — Das durch den inneren Sinn *à priori* Erkennbare ist die blosse Form der inneren empirischen Anschauung die rein vorgestellte *Zeit*, welche so wenig als die blosse Form der äusseren empirischen Anschauung, oder der rein vorgestellte *Raum*, Merkmal des vorstellenden Subjektes seyn kann. Weder ein Mannigfaltiges im blossen Raume (das erkennbare Beharrliche) noch ein Mannigfaltiges in der blossen Zeit, (die Veränderung in uns, die Vorstellung) kann das vorstellende Subjekt ausmachen, eine die Substanz desselben ausmachende Eigenschaft des Subjektes seyn, das sowohl von allen Dingen ausser uns, den Erscheinungen des äussern, als allen Vorstellungen in uns, den Erscheinungen des inneren Sinnes im Bewusstseyn unterschieden seyn muss. Der blosse Raum und die blosse Zeit aber sind, *in wie ferne sie angeschaut werden können*, blosse Formen der sinnlichen Vorstellungen, und folglich blosse Prädikate von Subjekten, die von dem Vorstellenden wesentlich unterschieden werden müssen, wenn sie vorstellbar seyn sollen; Prädikate der blossen Vorstellungen, in wie ferne dieselben vorstellbar und von vorstellenden verschieden sind, der empirischen Anschauungen. *Raum* und *Zeit* können also in wie ferne sie angeschaut werden können, unmöglich auf das vorstellende Subjekt bezogen werden. Es wird durch sie weder das vorstellende Subjekt, noch ein Merkmal deſſelben; ſondern ein bloſſes Merkmal der vom vorſtellenden Subjekte verſchiedenen Erſcheinungen vorgeſtellt. Die *Einheit*, die in dem rein vorgeſtellten Raume und der rein vorgeſtellten Zeit vorkömmt, iſt ein bloſſes Produkt der Spontaneität, und auch ſogar das *Mannigfaltige* in denſelben iſt, in wie ferne es *a priori* vorgeſtellt wird, folglich in der Vorſtellung durch kein Afficiertwerden von auſſen, ſondern durch die ihre eigene Receptivität afficierende Spontaneität beſtimmt wird, ſeiner Wirklichkeit als Stoff der Vorſtellung nach ein Produkt der Spontaneität, die dabey nach der Form thätig iſt, welche in der bloſſen Receptivität nur ihrer Möglichkeit nach beſtimmt iſt. Dasjenige alſo was an dem rein vorgeſtellten Raume, und der rein vorgeſtellten Zeit nicht bloſſes Produkt der Spontaneität iſt, ſondern der bloſſen Receptivität angehört, iſt die bloſſe *Möglichkeit* der Form des Auſſereinander- und Nacheinanderſeyns, (nicht an dem vorſtellenden Subjekte, ſondern) an dem der Receptivität *zu gebenden Stoffe* einer Vorſtellung, die bloſſe Möglichkeit der Form einer ſinnlichen Vorſtellung *à poſteriori*, das Mögliche, Denkbare, durch bloſſe Spontaneität Vorſtellbare der *Anſchaulichkeit*; nicht die Anſchaulichkeit ſelbſt, nicht die bloſſe Form des empiriſchen Stoffes, nicht das bloſſe Prädikat der Erſcheinung, das nicht durch bloſſe Spontaneität, ſondern nur durch Sinnlichkeit *a priori* vorſtellbar iſt. In wie ferne ſich alſo Raum und Zeit durch Sinnlichkeit vorſtellen laſſen, können ſie nicht als Prädikate des Vorſtellenden, ſondern nur des ſinnlich Vorſtellbaren gedacht werden. Sie werden zu Prädikaten des Vorſtellenden, in wie ferne ſie durch die *bloſſe Kategorie der Möglichkeit* nicht als anſchaulich, ſondern

des Erkenntnifsvermögens überhaupt.

dern als denkbar *im vorstellenden Subjekte* gedacht werden. Ihrer Möglichkeit *im Vorgestellten* nach, als Formen des Auffer- und Nacheinanderfeyns des im Gemüthe möglichen Stoffes find fie *anschaulich*, und durch ihre Anschauung wird die Möglichkeit des Auffer und Nebeneinanderfeyns des gegebenen Mannigfaltigen vorgeftellt. Ihrer Möglichkeit *im Vorstellenden* nach find fie nur durch ihren im Vorstellungsvermögen bestimmten Grund *denkbar*. Sie find nicht im Vorstellenden als Formen *deſſelben* vorhanden, fondern nur ihre beftimmte Möglichkeit, ihr denkbarer Grund macht eine der Formen des Vorstellungsvermögens, nämlich die Sinnlichkeit, aus. Diefer denkbare Grund des blossen Raumes und der bloſſen Zeit, *nicht fie selbst*, ist also das Prädikat, durch welches das Vorstellende als Subjekt der Sinnlichkeit bestimmt wird, und als Subjekt der Sinnlichkeit nur gedacht, nicht aber angeschaut werden kann. Auch sogar die Sinnlichkeit ist also als Prädikat des vorstellenden Subjektes kein anschauliches, fondern ein blofs denkbares Prädikat, und das Subjekt ist durch daſſelbe keineswegs als ein denkbares und anschauliches, d. i. erkennbares Subjekt bestimmt. Das Subjekt des Vorstellungsvermögens ist daher nicht durch den Verstand, sondern nur durch Vernunft unmittelbar vorstellbar, und kann als kein im Raum und in der Zeit bestimmbares, sondern nur als ein absolutes Subjekt gedacht werden.

Alles im Raum und in der Zeit bestimmbare ist in so ferne blofser Stoff einer möglichen Vorstellung, etwas das sich der Empfänglichkeit des vorstellenden Subjektes geben läſst. Das Subjekt felbst kann nie das Gegebene feyn, weil es bey allem

Ll 3   Gege-

Gegebenwerden als das vom Gegebenen verschiedene, *dem* Gegeben wird, vorausgesetzt werden muſs. Das vorstellende Subjekt kann also nie in einer Anschauung vorkommen, und die Vorstellung, durch welche es sich selbst denkt, kann nur ein bloſses Produkt der Selbstthätigkeit dieses Subjektes, der Vernunft, seyn. Uebrigens ist auch aus der *Theorie des Erkenntniſsvermögens* einleuchtend genug, daſs *alles Erkennbare* entweder *Erscheinung* des äuſsern oder des inneren Sinnes seyn müsse, das Beharrliche im Raume, das Ausgedehnte, der Körper, oder das in der bloſsen Zeit, nicht auſser uns, Vorstellbare, die Veränderung in uns, die Vorstellung. Nur durch Unterscheidung des vorstellenden Subjektes von allem im Raume und in der Zeit Anschaulichen ist Bewuſstseyn und Erkenntniſs möglich, und das Vorstellende kann weder als etwas im Raume noch als etwas in der Zeit Anschauliches gedacht werden; seine Vorstellung als Subjekt fällt also der bloſsen Vernunft anheim.

Das Merkmal des Unbedigten wird also auf das vorgestellte vorstellende Subjekt *unmittelbar* bezogen, d. h. nicht wie auf die Gegenstände des äuſseren Sinnes vermittelt des in dem Schema der Substanzialität bestimmten Begriffes der erkennbaren im Raume und der Zeit bestimmten Substanz, und das vorstellende *Ich* kann nur durch eine *Idee in engster Bedeutung*, als absolutes Subjekt, vorgestellt werden.

Das Merkmal des *absoluten Grundes* kömmt diesem absoluten Subjekte nur in Rücksicht auf dasjenige zu, was durch bloſse Vernunft an den Vorstellungen hervorgebracht wird, und folglich auch

auch nur durch Vernunft in einer *Idee* als *Wirkung* vorſtellbar iſt. Das abſolute Subjekt muſs als *handelnd* gedacht werden, in wie ferne es das Subjekt der *Spontaneität* iſt, welche die Form der Vorſtellung überhaupt, oder die Einheit des Mannigfaltigen, hervorbringt. Allein die *Gattung* Vorſtellung begreift drey weſentlich verſchiedene *Arten* unter ſich; die ſinnliche Vorſtellung den Begriff und die Idee, oder die Vorſtellung der Sinnlichkeit, des Verſtandes und der Vernunft. Jede dieſer Arten hat ihre eigenthümliche von der anderen verſchiedene *Form*, Einheit der Apprehenſion, Verſtandeseinheit und Vernunfteinheit, bey deren Hervorbringung ſich die Spontaneität in drey verſchiedenen Graden von Thätigkeit äuſſert, als Vermögen der Apprehenſion, als reiner Verſtand, als reine Vernunft. Die Handlung der Apprehenſion beſteht in der Syntheſis des durch Afficiertſeyn gegebenen Mannigfaltigen, und die Spontaneität wird zu derſelben durch das Afficiertſeyn beſtimmt; ſie handelt alſo dabey im eigentlichſten Verſtande *gezwungen*, und zwar *ſchlechterdings* gezwungen, in wie ferne die Receptivität *von auſſen* afficiert iſt; *relativ* gezwungen, in wie ferne die Spontaneität ſelbſt die Receptivität afficiert hat, und alſo in ihrer eigenen Handlung der Grund des Afficiertſeyns liegt, durch welches ſie zur Hervorbringung der Form der Vorſtellung genöthiget wird. Bey jeder ſinnlichen Vorſtellung verhält ſich alſo die Handlung der Spontaneität wie Gegenwirkung zur Einwirkung; iſt eine nothwendige Folge der Einwirkung; und wenn dieſe durch etwas vom Vorſtellenden verſchiedenes geſchehen iſt, ſo kann das vorſtellende Subjekt nicht einmal als abſolute Urſache der *Entſtehung* der Vorſtellung gedacht werden.

den. Die Handlung des *Verstandes* besteht in der Verbindung des durch Anschauung vorgestellten Mannigfaltigen, einer Handlung, zu welcher die Spontaneität durch kein Afficiertseyn, sondern lediglich durch sich selbst bestimmt wird, wobey sie also ungezwungen handelt. Der *Begriff* entsteht nicht durch Einwirkung auf die Sinnlichkeit und Gegenwirkung der Spontaneität, sondern durch das Verbinden des herein zur Vorstellung gewordenen, und durch Anschauung dem Verstande vorgehaltenen Mannigfaltigen; folglich durch eine Handlung, die ihren Grund weder in etwas auser dem Gemüthe, und im Gemüthe selbst, nicht in der Sinnlichkeit, sondern lediglich im *Verstande* hat, der durch seine *Selbstthätigkeit* der Vorstellung ihr Daseyn giebt. Allein da der Verstand (wenn durch ihn nicht etwa die blossen Kategorien, nichts als seine Denkformen gedacht werden sollen) nur ein durch Anschauung vorgestelltes Mannigfaltige verbindet; so ist er bey seiner Handlung in so ferne an die Form der Anschauung gebunden, als er nur dasjenige verbindet, was ihm unter der Form der sinnlichen Vorstellung vorgehalten wird. Die Einheit die er hervorbringt, ist nur komparativ, bezieht sich nur auf die Form der Anschauung, und reicht nur so weit als das durch diese Form bestimmte Mannigfaltige. Der Verstand der also bey der Erzeugung des Begriffes zwar ungezwungen, aber an die Form der Sinnlichkeit gebunden handelt, muss daher zwar als absolute Ursache der *Entstehung* aber nicht der *Form* eines Begriffes in engster Bedeutung gedacht werden. Er wirkt als Verstand in engster Bedeutung nur in Vereinigung mit der Sinnlichkeit. — Die Handlung der *Vernunft* hingegen besteht in der Verbindung

dung des in der bloſſen Natur des Verſtandes und durch die bloſſe Form der Begriffe beſtimmten Mannigfaltigen, und folglich der Begriffe in wie ferne ſie bloſſe Produkte der Spontaneität im zweyten Grade ſind. Die *Idee* entſteht dadurch, daſs die Spontaneität den mannigfaltigen Formen des Verſtandes, (einer durch die bloſſe Spontaneität beſtimmten Mannigfaltigkeit) Einheit giebt, und folglich einen Stoff verbindet, der ihr nicht durch die Sinnlichkeit vorgehalten wird, wobey ſie an keine Bedingung der Sinnlichkeit gebunden iſt, ſondern nach bloſſen Formen der Spontaneität, und folglich als unbedingte, durch nichts von ihr ſelbſt verſchiedenes beſtimmte und eingeſchränkte Spontaneität, als *abſolute Selbſtthätigkeit* handelt. In wie ferne alſo das vorſtellende Subjekt durch Vernunft handelt, in ſo ferne handelt daſſelbe als *abſolute Urſache*, *ungezwungen*, *ungebunden*, durch nichts als ſeine Selbſtthätigkeit beſtimmt, das heiſst *frey*. Das vorſtellende Subjekt muſs als eine *freye* Urſache gedacht werden, in wie ferne es als abſolute Urſache gedacht wird, und es muſs als abſolute Urſache gedacht werden, in wie ferne es das Subjekt der *Vernunft* iſt. *Vernunfteinheit* iſt die einzig denkbare abſolute Wirkung des vorſtellenden Subjektes, die aber auch nicht anders dann als abſolute Wirkung deſſelben denkbar iſt. (Im *theoretiſchen* Vorſtellungsvermögen wird durch dieſe Vernunfteinheit das *Syſtematiſche* der Erkenntniſs, im *praktiſchen* das Moraliſche der Willenshandlungen beſtimmt.) Die Handlung der *Vernunft* iſt die einzig mögliche, die ſich als *frey* denken läſst, aber auch nicht anders als *frey* gedacht werden kann. Aber dieſe Freyheit, dieſes abſolute Wirken der Vernunft iſt nur durch bloſſe Vernunft, nur durch

durch eine Idee denkbar; sie gehört durchaus nicht unter die erkennbaren Handlungen, und ist ihrer *reellen* Möglichkeit nach unbegreiflich, oder welches eben so viel heißt, hat keine erkennbare (denkbar und anschauliche) Möglichkeit für uns.

Das Merkmal der *absoluten Gemeinschaft* kömmt dem absoluten Subjekte des Vorstellungsvermögens nur in so ferne zu, in wie ferne dasselbe als Glied eines aus *vernünftigen Wesen* bestehenden Ganzen gedacht wird; eines Systemes, dessen Glieder nicht durch *Erkennbares*, d. h. durch Wechselwirkung im Raume und in der Zeit bestimmbares, *Zugleichseyn*, sondern durch *Zusammenstimmung* ihrer durch eine und eben dieselbe Handlungsweise der Vernunft bestimmten freyen Handlungen zusammenhängen. Dieß ist die *moralische Welt*, der freye Staat der vernünftigen Wesen, deren Verbindung untereinander in der bloßen *Harmonie* ihres Denkens und Handelns besteht, und das Werk ihrer eigenen Vernunft, ihrer freyen Wirksamkeit ist; eine Welt, die nach keinen anderen Gesetzen regiert wird, als solchen die jeder Bürger sich selbst vorschreibt, die ihm durch nichts als seine Selbstthätigkeit bestimmt werden, und die er ungezwungen, ungebunden, und folglich *frey* befolgt.

Die Vernunfteinheit der Erfahrung (der durch die Natur der Vernunft bestimmte Zusammenhang der Erscheinungen sowohl des äußeren als des innern Sinnes) wird also durch *sechs Ideen* vorgestellt, wovon drey die *objektive Einheit* der äusseren, und drey die *subjektive Einheit* der inneren Erfahrung betreffen; drey durch die Schemate und folglich mittelbar auf *Objekte*, drey aber unmittelbar durch

Ver-

Vernunft auf das vorstellende *Subjekt* bezogen werden; drey in wie ferne sie sich durch die Schemate auf einen *objektiven Stoff* beziehen, *mittelbare* objektive Realität haben und in so ferne bloſs Ideen in engerer Bedeutung sind; drey hingegen, in wie ferne sie sich auf das nur durch Vernunft vorstellbare Subjekt des Vorstellungsvermögens unmittelbar beziehen, *subjektive* in dem bloſsen Subjekte und seiner Vernunft gegründete Realität haben, und in so ferne *Ideen in engster Bedeutung* sind. Durch die Einen werden die erkennbaren Objekte in einem systematischen Zusammenhange *gedacht*. Durch die Anderen werden die bloſsen Vorstellungen in systematischen Zusammenhang *gebracht*; durch die Einen wird dasjenige, was in der Erfahrung bloſs objektiv und von uns unabhängig ist, durch die anderen dasjenige, was in ihr bloſs subjektiv und von uns abhängig ist, in durchgängigem Zusammenhang vorgestellt.

Da der Ursprung dieser sechs in der Natur der Vernunft gegründeten, und eben darum *nothwendigen* Ideen bis auf den Verfasser *der Kritik der Vernunft* ganz verkannt wurde, so war nichts natürlicher als daſs man die *Gegenstände* dieser Ideen theils in der Erfahrung unter den erkennbaren Dingen aufsuchte, theils indem man sie daselbst vergebens gesucht hatte, entweder geradezu läugnete, oder in einer von der *Sinnenwelt* verschiedenen *Verstandeswelt* gefunden zu haben glaubte; einer Welt, die man der Sinnenwelt entgegen setzte, und in der man durch die Vernunft die Dinge, *wie sie an sich sind*, zu erkennen glaubte, während in der andern die Dinge, wie sie durch das täuschende Medium der *Organisation* erschienen, vorgestellt würden.

An den *bleibenden Subjekten* der *äussern Erfahrung*, den Körpern, wurde bald genug das Merkmal des *absoluten* vermißt, welches die *Vernunft* denselben beyzulegen genöthiget ist. Das in der Anschauung vorkommende Merkmal der körperlichen Substanz, die Ausdehnung, zeigte sich als das Gegentheil des Absoluten und Unveränderlichen, als etwas Relatives und Veränderliches; während auf der anderen Seite an dem bleibenden Subjekte der *inneren Erfahrung* Kein in der Anschauung, vorkommendes Merkmal seiner Realität aufgebracht werden konnte.

An den *wirkenden Ursachen* der *äusseren* Erfahrung wurde bald genug das Merkmal des *absoluten* vermißt, welches die Vernunft denselben beyzulegen genöthiget ist. Jede im Raum wirkende Substanz wirkt durch *Bewegung*, zu der sie von einer andern ebenfalls durch Bewegung bestimmt werden muß. Keine kann daher als absolute Ursache erkannt werden, und im ganzen Inbegriffe der äusseren Erfahrung kann keine *erste Ursache* der in derselben vorkommenden Wirkung vorkommen; während auf der anderen Seite an der im *inneren* Sinne vorstellbaren Ursache, dem *Willen*, das Vermögen sich selbst zu bestimmen, oder die *Freyheit* durch keine Anschauung vorgestellt, und folglich auch ihrer *realen Möglichkeit* nach nicht begriffen werden kann.

An der *Gemeinschaft* unter den Objekten des *äusseren* Sinnes, in der *physischen Welt*, wurde bald genug das Merkmal des *absoluten* vermißt, welches die Vernunft derselben beyzulegen genöthiget ist. Von einer absoluten Konkurrenz, einer durchgängigen

gigen ſyſtematiſchen Zuſammenordnung aller körperlichen Subſtanzen läſst ſich kein anderes Reſultat, als der vollkommen regelmäſsige Gang der *phyſiſchen Weltbegebenheiten*; von einer abſoluten Konkurrenz, einer durchgängigen Zuſammenordnung aller vernünftigen Weſen läſst ſich kein anderes Reſultat, als der vollkommen regelmäſsige Gang in *der moraliſchen Welt* denken; und endlich von der Verbindung der abſoluten Gemeinſchaft unter den phyſiſchen Subſtanzen, und der abſoluten Gemeinſchaft unter den vernünftigen Weſen, in wie ferne dieſe beyden Gemeinſchaften zuſammengeordnet ſind, läſst ſich kein anderes Reſultat als Glückſeligkeit der endlichen, und folglich mit *Sinnlichkeit* begabten vernünftigen Weſen denken. Dieſen Forderungen der Vernunft wird in der Erfahrung durch die *phyſiſchen* und *moraliſchen Uebel* widerſprochen.

Alle bisherigen philoſophiſchen Syſteme ſind Verſuche das groſse Räthſel des *Abſoluten*, das die Vernunft zum Behufe der Erfahrung fordert, und das in der Erfahrung vergebens aufgeſucht wird, zu löſen. Sie ſind aber *miſslungene* Verſuche, in wie ferne ſie alle ſammt und ſonders die wahre Bedeutung und den Grund dieſes *Abſoluten* verfehlt haben, obwohl ſie zur Entdeckung deſſelben als *Vorübungen* unentbehrlich waren.

§. LXXXIV.

Durch die Idee des abſoluten Subjektes wird dasjenige was den Erſcheinungen des äuſſeren Sinnes *objektiv* und des inneren Sinnes *ſubjektiv* zum Grunde liegt, nicht als *Ding* an *sich*, sondern unter der in der Natur der Vernunft beſtimmten Form vorgeſtellt.

Das *Objektive*, welches den Erſcheinungen des äuſſeren Sinnes zum Grunde liegt, iſt dasjenige, dem der bloſſe in der Anſchauung gegebene Stoff ohne die Form die er im Gemüthe angenommen hat, angehört; das nicht vorſtellbare *Ding an ſich*, das aber dadurch, daſs alle an der Erſcheinung durch Sinnlichkeit beſtimmten Prädikate von ihm hinweggedacht, und nur die Prädikate, die der bloſſe Verſtand daran beſtimmt hat, durch Vernunft zuſammengenommen werden, als ein bloſſes Vernunftweſen, d. h. unter der Form der *Vernunfteinheit* vorſtellbar wird. Ohne die Beziehung auf die *Erſcheinung* iſt das abſolute Subjekt ein bloſſes logiſches Ding, die leere Form einer Idee ohne Anwendung. Denn nur in der Erſcheinung kömmt der gegebene Stoff vor, der durch ſein Vorhandenſeyn im Gemüthe, dem gedachten abſoluten Subjekte Anwendung auf etwas verſchafft, was keine bloſſe Vorſtellung noch Form der bloſſen Vorſtellung iſt.

Der Streit der Philoſophen über die Frage: „Ob die körperlichen Subſtanzen als theilbar ins Unendliche oder als Aggregate einfacher, unkörperlicher Subſtanzen gedacht werden müſſen?" iſt eine bloſſe Folge der miſsverſtandenen Vorſtellung des *abſoluten Subjektes*. Die Gegenſtände des äuſſeren Sinnes ſind als *erkennbare*, im Raume anſchauliche, *bedingte* Subjekte *ausgedehnt*, den Raum erfüllend, und in ſo ferne, wie der Raum, ins Unendliche theilbar; als bloſs *denkbare*, durch Vernunft vorſtellbare, *unbedingte Subjekte*, aber nicht ausge-

ausgedehnt; weil ihnen in so ferne das Prädikat des Raumes widerspricht, und die Form der Idee, unter der sie gedacht werden, *absolute Einheit* ist. Aber durch diese *Einheit des Subjekts* wird das *Ding an sich* so wenig vorgestellt, als durch jene *Vielheit des Räumlichen*, und folglich kann diese absolute Einheit so wenig die *Einfachheit*, als jene *absolute Vielheit* die *Ausdehnung* des *Dinges an sich* bedeuten, das als *Ding an sich* schlechterdings nicht vorstellbar ist, und von dessen Prädikaten daher noch weniger die Rede seyn kann, als unter Blindgebohrnen von den Farben des Regenbogens.

Was den Erscheinungen des inneren Sinnes, den Vorstellungen, in wie ferne sie als Veränderungen in uns vorgestellt werden, *subjektiv* zum Grunde liegt, ist das *Ding an sich*, dem das Vorstellungsvermögen angehört, das aber weder als *Ding an sich*, noch als Ding unter der Form der Anschauung, als Erscheinung, sondern nur als Ding unter der Form der Idee vorgestellt werden kann, als Subjekt von Prädikaten, die durch keine Anschauung vorstellbar sind, nämlich von den Formen (nicht der Vorstellungen, sondern) des *Vorstellungsvermögens*; als Subjekt, der nur durch Vernunft vorstellbaren Möglichkeit des Afficiertwerdens, und des Denkens.

Der Streit der Philosophen über die Frage: „Ob die vorstellende Substanz einfach oder zusammengesetzt, ein Geist oder ein Körper sey?" ist also ebenfalls eine blosse Folge der misverstandenen Vorstellung des *absoluten Subjektes*. Das absolute Subjekt des Vorstellungsvermögens ist weder im Raume noch in der Zeit bestimmbar. Es

kann

kann alſo weder unter der Form des Raumes, als etwas den Raum erfüllendes, d. h. als *ausgedehnt*, noch unter der Form der Zeit, als etwas vorübergehendes, ſondern es muſs als abſolute alles Mannigfaltige ausſchlieſsende, unveränderliche Einheit vorgeſtellt werden. Da aber dieſe Einheit ein in der bloſsen *Handlungsweiſe* der Vernunft beſtimmtes, und durch Handlung der Vernunft erzeugtes Produkt der Spontaneität iſt, ſo wird das Ding an ſich, das dem Vorſtellungsvermögen zum Grunde liegt, keineswegs als *Ding an ſich*, ſondern nur unter er Form, welche die Vernunft der Vorſtellung deſſelben beſtimmt, vorgeſtellt; und die abſolute Einheit kömmt dem Vorſtellenden nur in wie ferne daſſelbe (durch Vernunft) vorſtellbar iſt, zu; und kann alſo ſchlechterdings nicht die *Einfachheit* des Vorſtellenden, als eines *Dinges an ſich* bedeuten; das in wie ferne es *Ding an ſich* iſt, weder als einfach noch als zuſammengeſetzt, ſondern *gar nicht* vorgeſtellt werden kann.

Das *abſolute Subjekt* iſt das gemeinſchaftliche in der Natur der Vernunft beſtimmte Merkmal desjenigen, was den Erſcheinungen des inneren Sinnes *ſubjektiv*, und den Erſcheinungen des äuſſern *objektiv* zum Grunde liegt; und bezeichnet, auf die Erſcheinungen des äuſſern Sinnes bezogen, diejenige, dem der objektive Stoff der empiriſchen Anſchauung angehört; das aber durch dieſen Stoff nur unter der Form der Anſchauung in der Erſcheinung; in ſeinem Unterſchiede aber von der Erſcheinung nur durch die Verbindung desjenigen was an der Erſcheinung nicht unter der Form der Anſchauung vorhanden iſt, der durch den bloſſen Verſtand beſtimmten Merkmale der Erſcheinung des Mannigfaltigen ihrer intellektuellen Form, das heifst, durch eine *Idee* vorstellbar ist, die das *Ding an sich* ohne allen Stoff, der demselben in der Anschauung entspricht, durch die bloße Form der Vernunfteinheit und also nicht als *Ding an sich* vorstellt. Auf die Erscheinungen des *innern Sinnes* bezogen, bezeichnet das absolute Subjekt dasjenige, dem die Vorstellung als bloße Vorstellung angehört, das *Ding an sich*, das durch sein Vorstellungsvermögen Grund der möglichen Vorstellung ist; das sich also selbst nur durch sein Vorstellungsvermögen vorstellen, und zwar nur durch dasjenige Vermögen, wodurch es von der Sinnlichkeit unabhängig vorzustellen vermag, das heifst, **durch *Vernunft*,** sich vorstellen kann.

Da die Vorstellung des absoluten Subjektes, das nicht vorstellbare *Ding an sich*, in wie ferne es den Erscheinungen zum Grunde liegt, bezeichnet, so begreift es sich leicht genug, warum man durch dieselbe das *Ding an sich* als *Ding an sich* vorstellen zu können glaubte, und ihren Grund in dem *Dinge an sich* aufsuchte, so lange dieser Grund durch keine richtige Zergliederung des Vorstellungsvermögens in der Natur der Vernunft gefunden war. Und da sowohl das Vorstellende, als auch die Erkennbaren, durch den Verstand im Raume bestimmten, Substanzen durch Vernunft als absolute Subjekte gedacht werden müssen; so begreift es sich eben so leicht, wie es zugieng, dafs die Vorstellung der *erkennbaren* (durch Verstand denkbaren, und durch Sinnlichkeit anschaulichen) *Substanz*, die Vorstellung der *Substanz in der Erscheinung* (*Substantia phaenomenon*), mit der Vorstellung der blofs (durch Vernunft) denkbaren Subſtanz, (*Subſtantia noumenon*), des abſoluten Subjektes, verwechſelt, und ſo wohl das abſolute Subjekt der Prädikate des inneren, als auch das des äuſſeren Sinnes für erkennbar, und das Erkennbare an ihnen für das *Ding an ſich* gehalten wurde.

Da man bisher den Grund der Vorſtellung ſowohl der *erkennbaren*, als der *abſoluten* Subſtanz nicht da, wo er allein zu finden war, im Vorſtelluugsvermögen, ſondern dort, wo er ohne Widerſpruch nicht gedacht werden konnte, nämlich auſſer dem Vorſtellungsvermögen, in dem nicht vorſtellbaren *Dinge an ſich* aufſuchte: ſo muſsten freylich die Antworten, mit denen man ſich bisher über die Frage: Worin liegt der Grund unſrer Vorſtellungen von den Subſtanzen? beholfen hatte, ſehr verſchieden und widerſprechend ausfallen.

1) Der Grund unſrer Vorſtellung von der *Subſtanz* liegt in der bloſſen Einbildung, antwortet der *dogmatiſche Skeptiker*, und die Nothwendigkeit ſolche Subſtanzen zu denken, iſt eine bloſſe Folge der *Gewohnheit*. Wir können uns nur von der Wirklichkeit unſrer Vorſtellungen, keineswegs aber von unſren Vorſtellungen unabhängiger *Selbſtſtändiger Dinge* überzeugen. Um ein ſelbſtſtändiges Ding als ſelbſtſtändig zu erkennen, müſste es von allen, was an ihm nicht ſelbſtſtändig iſt, unterſchieden; die Subſtanz müſste von allen ihren Accidenzen getrennt werden. Geſchieht dieſes aber, ſo bleibt für das Selbſtſtändige nichts übrig als eine leere Vorſtellung, ein bloſſes *Scheinſubjekt*. „Man wende mir nicht ein," würde der Skeptiker fortfahren, „die Accidenzen wären nur in der bloſſen Vorſtellung von der Subſtanz trennbar; im

Dinge

Dinge an sich wären sie unzertrennlich." Eben diese Unzertrennlichkeit ist es, die erwiesen werden müsste, wenn ich die Vorstellung des bleibenden Subjektes nicht für grundlos halten sollte. Allein eben sie ist dasjenige, was schlechterdings *unerweislich* ist. Wir können unsre Vorstellungen von den Dingen nicht mit den *Dingen an sich* zusammenhalten, und uns ihrer Uebereinstimmung unter einander versichern. Alle Vergleichung zwischen dem Dinge in wie ferne dasselbe vorgestellt wird, und eben demselben Dinge in wie ferne es nicht vorgestellt wird, ist unmöglich. Wir können also von den Substanzen und Accidenzen nur in so ferne sprechen, als diese in unsren Vorstellungen vorkommen. Alle Accidenzen aber, die in unsren Vorstellungen vorkommen, lassen sich von ihren Substanzen trennen, und müssen von ihnen getrennt werden, wenn wir uns von dem was wir unter Substanz denken, Rechenschaft geben wollen. Nennt nun der *Dogmatiker* das von allen seinen Prädikaten getrennte Subjekt ein *Scheinsubjekt*, so muss er selbst zugeben, dass für uns keine anderen Subjekte *erkennbar*, ja nicht einmal *vorstellbar* sind, als blosse Scheinsubjekte.

a) Der Grund unsrer Vorstellung von der Substanz, antwortet der *Materialist*, liegt in der *Ausdehnung der Dinge an sich*. Alle von unsrem Gemüth durch das Bewustseyn unterschiedenen eigentlichen Gegenstände, alle *Individuen* die wir kennen sind Körper, etwas den Raum Erfüllendes, etwas Ausgedehntes. Die Ausdehnung ist das Merkmal ihrer Substanz: denn wenn wir alle Accidenzen von ihnen getrennt haben, so müssen wir ihnen die Ausdehnung lassen, wenn sie nicht in unfren Gedanken vernichtet, wenn fie noch als etwas gedacht werden follen. Auch enthält die Ausdehnung den Grund der Möglichkeit aller übrigen Eigenfchaften der Individuen, der *Undurchdringlichkeit*, der *Figur*, u. f. w. Daſs wir von der Ausdehnung in der vorſtellenden Subſtanz keine Vorſtellung haben, iſt freylich nicht zu läugnen, aber keine Folge der Immaterialität, fondern bloſs der Unmöglichkeit, dasjenige vorzuſtellen, was zu jeder möglichen Vorſtellung vorausgeſetzt werden muſs. Da alſo die Subſtanzen, von denen wir Vorſtellungen haben, ausgedehnt find; fo können wir nicht anders fchliefsen, als daſs auch die, von denen keine Vorſtellung möglich iſt, ausgedehnt feyn müſſen.

3) Der Grund unfrer Vorſtellung von der *Subſtanz*, antwortet der *Dualiſt*, liegt in der *Beharrlichkeit der Dinge an fich*, die zwar in zwey wefentlich verfchiedenen *Arten*, nämlich als ausgedehnte, und unausgedehnte (einfache) *Dinge an fich* vorhanden find; aber durch ihr gemeinfchaftliches Merkmal der *Beharrlichkeit* die Gattung *Subſtanz überhaupt* ausmachen. Die *ausgedehnten Dinge an fich* beharren in dem von unfrem Gemüthe unabhängigen Raume, in wie ferne fie, was auch für eine Veränderung in ihrer Zufammenfetzung vorgehen mag, immer ausgedehnt, immer etwas den Raum erfüllendes bleiben müſſen. Die *unausgedehnten Dinge an fich* beharren nicht im Raume, den fie nicht erfüllen können, fondern in der bloſsen *Zeit*, das heiſst, bleiben bey allem Wechfel ihrer Accidenzen, der Vorſtellungen, unverändert, wie jedem fein eigenes Selbſtgefühl, durch welches er fich feines fortdaurenden und von feiner

des Erkenntnifsvermögens überhaupt.

feiner Orgahifation unterfchiedenen *Icht* bewufst ift, bezeugt.

4) Der Grund unfrer Vorftellung von der Subftanz, antwortet der *Spinozift*, liegt in der *Nothwendigkeit eines Einzigen Dinges an fich,* welches allein der Gegenftand der Vorftellung eines bleibenden und abfoluten Subjektes ift. Das *bleibende*, fubftanzielle, an den *Körpern* ift *Ausdehnung*, an den vorftellenden Wefen, die *Denkkraft.* Das Bleibende der Ausdehnung und der Denkkraft ift die in dem *Dinge an fich* befindliche Nothwendigkeit, das *Unveränderliche*, in welchem die Ausdehnung und Denkkraft als Attribute im Wefen ihren Grund haben. Alles, was an den Körpern veränderlich ift, ift nicht ihre Subftanz, fondern ein bloſſes Accidenz; wenn alfo alles was an den Körpern veränderlich ift, von ihnen weggedacht wird, bleibt für das Subftanzielle an ihnen nur die Ausdehnung übrig. Die bloſſe Ausdehnung an dem Einen Körper ift von der bloſſen Ausdehnung an dem andern durch nichts als ihre verfchiedene Gröſſe und den verfchiedenen Ort im Raume verfchieden. Diefe beyden Verfchiedenheiten betreffen alfo nur *Prädikate* der Ausdehnung, nicht die Ausdehnung felbft; die wenn fie von allen ihren Accidenzen unterfchieden gedacht wird, nur eine *numerifch Einzige* Ausdehnung ausmacht. Diefs ift auch bey den vorftellenden Wefen der Fall. Ihre numerifche Vielheit ift nur durch zufällige Verfchiedenheiten durch lauter Accidenzen beftimmbar, und muſs hinwegfallen, wenn man das Subftanzielle von dem Accidentellen, das Vorübergehende vom Bleibenden unterfcheidet. Das *Wefentliche* in allen ift Ebendaſſelbe, Eine und eben-

ebendieselbe Denkkraft, die sich durch mannigfaltige Accidenzen in mannigfaltigen Erscheinungen äussert. Die einzige *Ausdehnung* und die einzige *Denkkraft* sind nun freylich von einander unterschieden; aber nur in wie ferne sie wesentliche Prädikate (Attribute) des *Bleibenden*, nicht in wie ferne sie das *Bleibende* selbst sind. Was an ihnen *Subjekt* ist; das, wodurch sie subsistieren, ist das *Bleibende*, das Unveränderliche, das Nothwendige, d. i. ein und ebendasselbe *Einzige Ding an sich*. Oder man gebe den Unterschied zwischen dem Bleibenden der Denkkraft, und dem Bleibenden der Ausdehnung an, der das was an ihnen als *Subjekt* gedacht werden muſs, beträfe, und nicht auf die *Ausdehnung* und *Denkkraft* als Prädikate eingeschränkt, und folglich unabhängig von denselben als etwas für sich bestehendes bestimmt wäre. Da also zwischen den *mehreren* sogenannten Substanzen, in wie ferne sie mit Recht den Namen der *Substanz* führen, das heiſst an demjenigen, was an ihnen *bleibend, unveränderlich, nothwendig* ist, kein Unterschied denkbar ist, da aller an ihnen vorstellbare Unterschied die bloſsen *Accidenzen* betrift; so ist alles in wie ferne es Substanz, *Ding an sich* ist, *Eines*. Was an den Dingen Vieles ist, ist bloſses Accidenz, was an ihnen Eines ist, ist die Substanz; das Viele sind Zufälligkeiten, das Eine das Nothwendige; das Viele veränderlich, das Eine beharrlich; das Viele endlich, das Eine unendlich; das Viele in der Zeit, das Eine ewig. Allein das Veränderliche *ist* nur im Unveränderlichen, das Zeitliche nur im Ewigen, das Zufällige nur im Nothwendigen, das Endliche nur im Unendlichen, das Viele nur im Einen; die Accidenzen nur in der Substanz, welche unveränderlich, nothwendig,

wendig, ewig, unendlich und Einzig ist; *ἐν καὶ πᾶν!*

5) Der Grund unsrer Vorstellung von der *Substanz*, antwortet der *Idealist*, liegt in dem *vorstellenden Dinge an sich*. Die Substanz muſs etwas von einer bloſsen Vorstellung unterschiedenes seyn. Das *Vorstellende allein* kömmt im Bewuſstseyn als ein von allen seinen Vorstellungen unterschiedenes *selbstständiges Ding* vor. Die durch den äuſsern Sinn im Raume vorgestellten Substanzen hingegen sind auch dann, wenn sie von den Vorstellungen unterschieden, und in ihrem Unterschiede von denselben gedacht werden, bloſse Vorstellungen. Denn sie können in diesem Unterschiede nur dadurch vorgestellt werden; daſs man sie von den bloſsen Accidenzen, unter denen sie in der Anschauung vorkommen, entkleidet, oder welches eben so viel heiſst, die Anschauung von ihnen in eine leere Idee umschafft, die doch nichts auſser dem Gemüthe befindliches seyn kann. Alle *Idealisten* sind darüber unter sich einig, daſs es keine anderen *Substanzen* geben könne, als *vorstellende*; und keine anderen *Accidenzen*, als bloſse *Vorstellung*; darin unterscheiden sie sich aber untereinander, daſs der *Egoist* nur ein *Einziges* vorstellendes Individuum, der *Berkleysche Idealist* nur eine *einzige Art*, der *Leibnitzianer* aber *mehrere* Arten vorstellender *Dinge an sich* für *erweislich* hält. Der *Egoist* läugnet keineswegs das *wirkliche Daseyn*, sondern nur die *Erweislichkeit* anderer Substanzen auſser seinem *Ich*. Im Bewuſstseyn, behauptet er, kömmt nur das *Vorstellende* und die *Vorstellung* und kein von beyden verschiedenes *Ding an sich* vor. Das vorgestellte Ding *auſser mir* ist, in wie ferne ich es zu denken vermag, nur eine

eine andere Art von Vorstellung; etwas in mir, ein Gedanke; den ich mit demjenigen, was nicht in meinem Gemüthe vorkömmt, nicht vergleichen, von dem ich also auch nicht wissen kann, ob ihm etwas ausser mir entspricht. Ihm erwiedert der *berkleysche Idealist*: „Es ist ausgemacht, daß es Vorstellungen gebe, und Vorstellungen ein Vorstellendes voraussetzen. Nun kommen aber im Bewußtseyn Vorstellungen vor, welche wir von *unsren eigenen* zu unterscheiden genöthiget sind, und deren Ursprung wir in anderen Vorstellenden aufsuchen müssen. Auch bin ich mir bewußt, daß ich Vorstellungen *erzeugen*, aber nicht *erschaffen* kann; daß mir also der Stoff derselben gegeben, und folglich andere Substanzen ausser mir vorhanden seyn müssen; welche ich freylich, da ich keine andere Art von Substanz als eine Vorstellende kenne, nur für Substanzen von der Art meines *Ichs*, d. h. für Geister halten kann."

Der *Leibnitzianer* erkennt keine anderen Substanzen als *vorstellende*, und ist in so ferne ein wahrer und eigentlicher *Idealist*. Die Vorstellung der Substanz ist ihm Vorstellung des *Dinges an sich*, das er durch den bloßen Verstand für vorstellbar und erkennbar hält. Er erklärt daher alle durch Sinnlichkeit bestimmbaren Prädikate für bloßen Schein, und dafür alle durch den bloßen Verstand denkbaren Prädikate für Eigenschaften des *Dinges an sich*. Der bloße Verstand vermag keine *Ausdehnung* zu denken; Ausdehnung kann also nichts als bloßer sinnlicher Schein, und das Ausgedehnte *an sich* nichts als ein Aggregat unausgedehnter *Dinge an sich* seyn. Allein die bloße Einfachheit dieser Dinge, an sich kann unmöglich ihre Realität, das

das *Subſtanzielle* an ihnen, ausmachen. Dieſe kann nur in ihrer *inneren Kraft* beſtehen, durch welche jedes *Ding an ſich* als für ſich beſtehend, von andern unabhängig, als Subſtanz wirkt; eine Kraft, die nur die *Vorſtellende* ſeyn kann. Die *Bewegung* iſt nur eine Veränderung äuſerer Verhältniſſe; und die bewegende Kraft bewegt nur durch Bewegung; und kann in ſo ferne keine Subſtanz ſeyn*). Jede Subſtanz iſt alſo eine die Welt vorſtellende *Kraft*, aber nicht von einer und ebenderſelben Art. Die *unendliche Monas* ſtellt alles Mögliche und Wirkliche deutlich vor. Die *endliche Vernünftige*, nur dasjenige, was ſie ſich nach der Lage des organiſchen Körpers, mit dem ſie verbunden iſt, deutlich vorzuſtellen vermag. Die *unvernünftige*, mit einem organiſchen Körper verbunden, hat demſelben (da ſie durch ihn auf beſtimmte Gegenſtände eingeſchränkt iſt) die *Klarheit* der Vorſtellungen zu danken, die den Vorſtellungen derjenigen Monade fehlen muſs, welche bloſſes Element eines Körpers iſt, und deren Kraft, die Welt vorzuſtellen, auf keinen beſtimmten Gegenſtand in derſelben beſchränkt wird.

In jedem dieſer Syſteme iſt der Grund von der Vorſtellung der *Subſtanz* aus einem anderen und zwar *ſehr richtigen* Geſichtspunkte betrachtet. Jedes derſelben geht von einem Satze aus, der unwider-

---

*) Es giebt nur *zweyerley* vorſtellbare Prädikate des *Subſiſtierenden: Erfüllen* des bloſſen Raumes, *Ausgedehntſeyn;* und *Erfüllen* der bloſſen Zeit, *Vorſtellungen* haben. Kömmt alſo das Eine dem *Dinge an ſich nicht zu,* ſo bleibt ihm nur das andere übrig.

widersprechlich ist, von den Anhängern anderer Systeme vergebens angefochten wurde, und durch den jedes dieser Systeme bisher unwiderlegbar war. In jedem aber ist der Grund von der Vorstellung der Substanz nur aus einem *einzigen* Gesichtspunkte, und *einseitig* betrachtet, und die Erklärung, welche in demselben über diesen Grund gegeben wird, giebt, eine einzige Seite ausgenommen, von allen übrigen Blößen, die unaufhörlich zum Angriffe reizen. Unsre Theorie der Vorstellung der Substanz setzt uns in Stand, sowohl das Wahre als das Unrichtige von jedem anderen bisherigen Systeme anzugeben. Es ergiebt sich aus derselben:

1) Daß die *dogmatischen Skeptiker* vollkommen recht haben, wenn sie behaupten, daß der Vorstellung von der bloßen Substanz kein *außer* unsrem Gemüth befindlicher erweislicher Gegenstand entspreche, oder welches eben so viel heißt, — daß durch die Vorstellung der Substanz, das *Ding an sich* nicht als *Ding an sich* vorgestellt werde, daß sie aber sehr unrecht haben, wenn sie behaupten, daß es sich nicht erweisen lasse, das nicht vorstellbare *Ding an sich müsse* als Substanz gedacht werden.

2) Daß die *Materialisten* vollkommen recht haben, wenn sie behaupten, daß jede erkennbare Substanz *ausgedehnt* seyn müsse; sehr unrecht aber, wenn sie das den Erscheinungen des äußern Sinnes eigenthümliche Prädikat der Ausdehnung, auf das absolute Subjekt, und von diesem auf die *Dinge an sich* übertragen.

3) Daß die *Dualisten* vollkommen recht haben, wenn sie das Beharrliche im Raume von dem nicht
im

im Raume, in der bloſſen Zeit, Beharrlichen unterſcheiden; ſehr unrecht aber, wenn ſie dieſen die bloſſen Erſcheinungen des äuſſern und inneren Sinnes betreffenden Unterſchied, den abſoluten Subjekten und den mit denſelben verwechſelten *Dingen an ſich* beylegen.

4) Daſs die *Spinoziſten* vollkommen recht haben, wenn ſie die abſolute Nothwendigkeit für ein ausſchlieſſendes Merkmal des abſoluten Subjektes halten, der Vorſtellung des bloſſen von allen Accidenzen unterſchiedenen abſoluten Subjektes nur einen *einzigen Gegenſtand* anweiſen, und das abſolute Subjekt in Rückſicht ſowohl der Prädikate des äuſſern als auch des innern Sinnes für *eben daſſelbe* (ein gemeinſchaftliches Merkmal des Ausgedehnten und des Vorſtellenden) halten; daſs ſie aber ſehr unrecht haben, wenn ſie dieſen einzigen Gegenſtand, der nur die *Form* einer Vorſtellung iſt, für ein einziges *Ding an ſich*, und die Nothwendigkeit des Gedachtwerdens für Nothwendigkeit der Exiſtenz des *Dinges an ſich* anſehen.

5) Daſs die *Idealiſten* vollkommen recht haben, wenn ſie den Grund der Vorſtellung von der Subſtanz *nicht auſſer* dem Vorſtellenden aufſuchen; ſehr unrecht aber, wenn ſie ihn auſſer dem Vorſtellungsvermögen und deſſen Form, in dem nicht vorſtellbaren *Dinge an ſich* annehmen. Daſs ſie endlich recht haben, wenn ſie die Ausdehnung als Eigenſchaft des *Dinges an ſich* genommen für bloſſe Täuſchung; — aber ſehr unrecht, wenn ſie die alle Ausdehnung ausſchlieſſende Einheit des abſoluten Subjektes für Einfachheit des *Dinges an ſich* erklären.

Endlich

Endlich dafs jedes bisherige und künftige System, welches die Vorstellung der *Substanz* von dem nicht vorstellbaren *Dinge an sich* ableitet, und was immer für Merkmale der *Substanz dieses Dinges* aufstellt, nur ein mislungener Versuch des seine Kräfte verkennenden menschlichen Geistes sey.

Da die Substanzen der *Körper* nicht zwar als absolute, aber doch als komparative Subjekte, als bedingte Substanzen, als das Beharrliche im Raume erkennbar sind: so ist von ihnen wahre und eigentliche *Wissenschaft* möglich, die von der nur als absolutes Subjekt durch Vernunft denkbaren *Substanz des Gemüthes*, an der durchaus nichts *erkannt* werden kann, schlechterdings unmöglich ist. Die vollständige Erörterung der in der Natur des Gemüthes bestimmten Form, unter welcher das vorstellende Subjekt *gedacht* werden muls, tritt an die Stelle der bisherigen *rationalen Psychologie*, und macht einen Theil der *höheren Metaphysik* aus, welche sich mit den übersinnlichen durch blosse Vernunft denkbaren Gegenständen beschäftiget; und auf welche ich auch in Rücksicht auf die nähere Entwicklung der *Idee von der Seele* verweisen muls.

§. LXXXV.

Durch die Idee der absoluten Ursache, durch welche die Vernunft den in der Sinnenwelt *erkennbaren Ursachen* vollständige Einheit giebt, wird eine *erste Ursache überhaupt* gedacht, von der sich nichts weiter bestimmen läfst, als dafs sie den vollständigen Grund ihrer Wirkung enthält, und kein Glied von der

des Erkenntnifsvermögens überhaupt. 557

der Reihe der erkennbaren Urſachen und
Wirkungen ſeyn kann.

So wie durch die bloſſe in der Natur des Verſtandes beſtimmte *Kategorie* der Urſache nichts als
die Form eines Begriffes; ſo wird durch die Idee
der abſoluten Urſache, in welcher die Kategorie
der Urſache durch Vernunft als unbedingt beſtimmt
iſt, nichts als die Form einer *Idee* gedacht; und ſo
wie die Kategorie der Urſache im Schema der
Kauſſalität, durch Beziehung auf die Form der Anſchauung unmittelbare objektive Realität erhält;
ſo erhält die Idee der abſoluten Urſache durch Beziehung auf das *Schema mittelbare*, durch den
Verſtand beſtimmbare, objektive Realität, d. h. es
muſs zu der Reihe der erkennbaren aber eben
darum bedingten, und unvollſtändigen, Urſachen,
eine bloſs denkbare, unbedingte, vollſtändige Urſache gedacht werden, die, in wie ferne ſie als ab-
ſolut gedacht wird, keine andere, durch die ihre
Kauſſalität beſtimmt würde, über ſich haben kann,
und folglich die *erſte* ſeyn muſs; aber auch eben
darum kein Glied von der Reihe der bedingten,
erkennbaren Urſachen ſeyn, auf keinen beſtimmten
Gegenſtand bezogen werden, und nichts als die
Vernunfteinheit der Kauſſalverknüpfung bedeuten
kann.

Ganz anders verhält es ſich mit der Idee der
abſoluten Urſache, in wie ferne durch ſie ein Merkmal des abſoluten vorſtellenden Subjektes, und
zwar die eigenthümliche Handlungsweiſe des dritten Grades der Spontaneität des Vorſtellungsvermögens oder der Vernunft gedacht wird. Es fehlt
ihr an der mittelbaren objektiven Realität, indem
ſie durch kein Schema auf einen objektiven Stoff

bezogen

bezogen wird. Dafür aber hat sie unmittelbare Beziehung auf das vorstellende Subjekt, hat an der Handlungsweise der Vernunft einen bestimmten Gegenstand, und eine subjektive Realität, die der Realität der Vernunft selbst gleich ist.

§. LXXXVI.

Durch die Idee der absoluten Ursache, in wie ferne dieselbe auf die Kaussalität der Vernunft bezogen werden muss, wird das vorstellende Subjekt als *freye Ursache* vorgestellt; und zwar als *komparativ-frey*, in wie ferne die Vernunft beym *Denken* geschäftig ist, und das *Begehrungsvermögen à posteriori* bestimmt; *absolut-frey*, in wie ferne sie das Begehrungsvermögen *à priori* bestimmt.

Die Vernunft kann nur als *ungezwungen-* und *ungebunden-handelnde* Spontaneität, d. h. als *absolute Thätigkeit* gedacht werden. In wie ferne also das vorstellende Subjekt durch Vernunft handelt, handelt dasselbe durch seine blosse Selbstthätigkeit; enthält es den Grund seines Wirkens in sich selbst; wird es durch kein von ihm verschiedenes Wesen, und auch durch keine seiner übrigen, von seiner Thätigkeit verschiedenen, Eigenschaften zum Handeln bestimmt; und handelt folglich *frey*. (S. 535. u. d. f.)

Die Freyheit ist *komparativ*, wenn nur eine gewisse Art von fremden Ursachen die Handlung nicht nothwendig bestimmt; *absolut*, wenn schlechterdings keine fremde Ursache bey der Bestimmung der Handlung mitwirkt. Die Vernunft denkt,

denkt, in wie ferne sie eine Idee *erzeugt*, das heißt an dem Mannigfaltigen, das ihr durch den Verstand geliefert wird, Einheit (die bloße Form der Vorstellung) *hervorbringt*. Dieses Mannigfaltige, welches den Stoff der Ideen ausmacht, ist in der *Form des Verstandes à priori* bestimmt, und in so ferne *seiner Beschaffenheit* nach weder durch den Verstand, noch durch die Vernunft *hervorgebracht*, sondern im Vorstellungsvermögen *gegeben*. In wie ferne also die *Idee* aus Form und Stoff besteht, dieser letztere aber der Vernunft *gegeben* seyn muss (nicht ihr eigenes Produkt seyn kann), in so ferne handelt die Vernunft beym Denken *nur komparativ*, das heißt *nur* in Rücksicht auf die *Form*, die bloße Einheit, die ihr Werk ist, *frey*; in Rücksicht auf den Stoff aber an die gegebene Form desselben *gebunden*, und folglich *nothwendig*. Da aber die Mannigfaltigkeit des Stoffes der Vernunft *im bloßen Verstande*, und folglich nicht *außer* der Form der Spontaneität bestimmt ist; so handelt das *vorstellende Subjekt* bey der Erzeugung der Idee zwar nur komparativ frey (in wie ferne der Stoff ihrer Handlung, von dem die Wirklichkeit derselben wenigstens eben so sehr als von der Form abhängt, nicht ihr Werk ist) aber darum gleichwohl als *absolute Ursache* in wie ferne auch die Beschaffenheit des bloßen Stoffes in seiner bloßen *Spontaneität* (der Form des Verstandes) gegründet ist, und die Vorstellung folglich ungezwungen durchs Afficiertseyn, und ungebunden an die der Spontaneität *fremde* Form der Sinnlichkeit erzeugt wird.

Grund-

Grundlinien
der Theorie
des
Begehrungsvermögens.

Dasjenige im *vorstellenden Subjekte*, wodurch dasselbe als Grund der bloßen Möglichkeit der Vorstellung gedacht werden muß, das *Vorstellungsvermögen*, muß von demjenigen, wodurch dasselbe Grund der *wirklichen Vorstellung* ist, und welches vorstellende *Kraft* heißt, genau unterschieden werden. Unter dieser *Kraft* kann keineswegs die *bloße Spontaneität* gedacht werden, durch welche ohne Receptivität keine Vorstellung zur Wirklichkeit käme, und durch deren Wirkung allein nur die bloße Form der Vorstellungen, und nur das Afficiertwerden, das zur Anschauung *à priori* nöthig ist, nach den gegebenen Formen der Sinnlichkeit hervorgebracht wird. Unter vorstellender Kraft wird also hier die bloße Spontaneität allein, so wenig als die bloß ihrer Möglichkeit nach *à priori* bestimmten Formen der Receptivität und der Spontaneität, sondern der eigentliche *Grund der Wirklichkeit der Vorstellung*, in so weit derselbe im vorstellenden Subjekt vorhanden seyn muß, verstanden. Dieser Grund des durch das vorstellende Subjekt Wirklichen, ist durch die Form des Vorstellungsvermögens, die *a priori* gegeben ist, die es sich als ein endliches Wesen nicht selbst geben kann, und an die es *à priori* gebunden ist, bestimmt

beſtimmt und beſchränkt; und die vorſtellende
Kraft kann ſich nur dem ihr gegebenen Vermögen
gemäſs äuſſern. Das Verhältniſs der vorſtellenden
Kraft zu der in ihrem Vermögen *a priori* beſtimmten Möglichkeit der Vorſtellung, das Verhältniſs der Kraft zu ihrem Vermögen, des Grundes
der Wirklichkeit zum Grunde der Möglichkeit der
Vorſtellung, oder zur Vorſtellbarkeit, nenne ich
den *Trieb* des vorſtellenden Subjektes, der aus der
Verknüpfung der Kraft mit dem Vermögen beſteht, und in jedem endlichen Vorſtellenden, bey
dem die Kraft vom Vermögen unterſchieden iſt,
vorhanden ſeyn muſs. Durch den Trieb zur Erzeugung einer Vorſtellung beſtimmt werden, heiſst
Begehren, und das Vermögen durch den Trieb
beſtimmt zu werden, das *Begehrungsvermögen* in
weiterer Bedeutung.

Wie die *Vorſtellung überhaupt* aus zwey weſentlich verſchiedenen und weſentlich verknüpften
Beſtandtheilen, *Stoff* und *Form* beſteht, ſo läſst
ſich der *Trieb nach Vorſtellung überhaupt* in zwey
weſentlich verſchiedene und weſentlich verknüpfte
Grundtriebe unterſcheiden, den *Trieb nach Stoff*,
und den *Trieb nach Form* der Vorſtellung. Der
Eine hat die Wirklichkeit desjenigen, was an der
Vorſtellung *gegeben*, der Andere, — was an ihr
hervorgebracht werden muſs, zum Objekte. Der
Eine entſteht aus dem im vorſtellenden Subjekte
gegründeten *Bedürfniſſe* eines *Stoffes*, den daſſelbe
nicht hervorbringen kann, verbunden mit der in
ſeinem Vermögen beſtimmten *Form* der *Receptivität*; der Andere aus der im vorſtellenden Subjekte
vorhandenen *poſitiven Kraft*, verbunden mit der
in ſeinem Vermögen beſtimmten Form ſeiner

Spon-

Spontaneität. Der Eine ſtrebt' nach dem Afficiertwerden der Receptivität, und iſt in ſo ferne *ſinnlich* in weiterer Bedeutung; der andere nach Aeuſſerung der Spontaneität, und iſt in ſo ferne *intellektuell* in weiterer Bedeutung. Der Eine wird nur durchs *Gegebenwerden* befriediget, und iſt in ſo ferne *eigennützig*, der andere — nur durch bloſſes *Handeln*, und iſt in ſo ferne *uneigennützig*.

Sinnlich in engſter Bedeutung heiſſet der Trieb in wie ferne er durch die Formen der Sinnlichkeit beſtimmt iſt. Das Objekt dieſes Triebes iſt die Vorſtellung, die durch die Art des Afficiertwerdens entſteht, und zwar in wie ferne ſie im Bewuſstſeyn auf das vorſtellende Subjekt bezogen wird, d. h. *Empfindung* iſt. Das Vermögen durch den Trieb zu wirklichen Empfindungen beſtimmt zu werden, nenne ich das *Begehrungsvermögen* in engerer Bedeutung. In wie ferne eine ſinnliche Vorſtellung auf ihr Objekt bezogen wird, *Anſchauung* iſt, gehört ſie dem *Erkenntniſsvermögen* an, und iſt kein Gegenſtand des Begehrungsvermögens, dem ſie nur in Beziehung aufs *Subjekt* angehören kann. Iede *Empfindung* iſt eine durchs Afficiertwerden bewirkte Veränderung und folglich *empiriſch* (Selbſt die reinen Vorſtellungen des *Raumes und der Zeit* ſind nur in Beziehung auf ihre *à priori* im Vorſtellungsvermögen beſtimmte Gegenſtände Vorſtellungen *à priori*; in ihrer Beziehung aufs Subjekt aber als bloſſe Veränderungen des Gemüthes, die durch das Afficiertſeyn der Receptivität nach ihren *a priori* beſtimmten Formen entſtanden ſind, ſind ſie *Empfindungen*, und folglich *empiriſch*), und der Trieb, der die Empfindung zum Gegenſtande hat, hat das *Empiriſche*

zum

zum Gegenstande; und heißt in so ferne selbst der *Empirische Trieb*.

In wie ferne der sinnliche Trieb nach *äusserer Empfindung* strebt; kann er nur durchs Afficiertwerden *von aussen* befriediget werden, wobey sich das vorstellende Subjekt in Rücksicht des Afficiertwerdens von aussen *bloß* leidend verhält, und die Spontaneität bey Hervorbringung der Form *gezwungen* handelt. Ich nenne den Trieb nach äusserer Empfindung den *Grobsinnlichen*, um ihn von dem Triebe, der die bloß innere Empfindung zum Gegenstande hat, zu unterscheiden, den ich den *feinsinnlichen* nenne, weil er durch ein Afficiertwerden befriediget wird, das durch die bloße Spontaneität geschieht; und weil er eine Empfindung zum Gegenstand hat, bey der sich das Gemüth weder bloß leidend verhält, noch gezwungen handelt. Aus eben diesem Grunde kann der Trieb, in wie ferne er durch innere Empfindung befriediget wird, zwar *eigennützig* heissen, weil seine Befriedigung durchs Gegebenwerden des Stoffes, durchs Afficiertseyn, bewirkt wird; aber eigennützig nur in *engerer Bedeutung*, um ihn von dem grobsinnlichen Triebe auch in dieser Rücksicht zu unterscheiden, der in *engster Bedeutung* eigennützig heissen muß, weil er nur durch einen objektiven, von aussen, und durch etwas vom Subjekte und seinen Vermögen ganz verschiedenes, gegebenen Stoff befriediget werden kann.

Sinnlich in bloß engerer Bedeutung nenne ich den Trieb, in wie ferne er durch *Sinnlichkeit in Verbindung mit dem Verstande* bestimmt ist. Die Modifikationen, welche der sinnliche Trieb durch

durch den ihn nach den *vier Momenten* seiner Form bestimmenden Verstand erhält, sind folgende. Nach der *Quantität*: Trieb nach Empfindung durch ein vermittelst der Kategorien der Einheit, Vielheit und Allheit bestimmtes Mannigfaltige; nach dem *sinnlich vollkommenen.* Nach der *Qualität:* Trieb nach Empfindung durch das den Kategorien der Realität, Negation und Limitation gemäß bestimmte Afficiertseyn, oder nach *starker* und *leichter* Beschäftigung, *Vergnügen.* Nach der *Relation* 1) Trieb nach Beharlichkeit der sinnlich bestimmbaren Subsistenz, 2) Trieb nach eigennütziger Thätigkeit, 3) Trieb nach eigennütziger Geselligkeit *). Nach der *Modalität*, 1) Bestimmbarkeit durch den Trieb (im vorstellenden Subjekte bestimmte Anlage, Form des Begehrens, 2) Bestimmtwerden durch den Trieb, wirkliches Begehren. 3) Wirkliches Begehren durch die Form des Begehrens bestimmt, nothwendiges Begehren, *Instinkt.*

Dieser durch den Verstand bestimmte, sinnliche, eigennützige, empirische Trieb heißt der *vernünftig-sinnliche*, in wie ferne seine sinnliche Form *mittelbar*, nämlich vermittelst seiner Verstandesform, durch die Form der Vernunft modificiert wird; die den durch Sinnlichkeit bedingten und durch Verstand bestimmten eigennützigen Trieb zum *unbedingten* erweitert. Die Gränzenlosig-

---

*) In wie ferne diese drey Triebe durch den äußern Sinn auf die *empirischen Modifikationen* desselben, die in der *Organisation* bestimmt sind, bezogen werden: geben sie den Trieb nach *Erhaltung des Körpers*, nach Thätigkeit desselben, nach Bewegung, und den *Geschlechtstrieb.*

losigkeit der Forderung dieses Triebes bezieht sich nur vermittelst des durch den Verstand bestimmten sinnlichen Triebes auf nichts als Empfindungen, und übersteigt in so ferne jede mögliche Befriedigung, die immer nur sinnlich und folglich bedingt seyn kann. Die Vernunft bestimmt hier das Begehrungsvermögen lediglich *empirisch* durch die Idee des *unbedingten*, die sich nur auf die durch den Verstand bestimmten Gegenstände des sinnlichen Triebes bezieht, und die Vorstellung eines *vollständigen Ganzen* dieser durchaus *empirischen* Gegenstände ausmacht. Der eigentliche Gegenstand des *vernünftig sinnlichen* Triebes ist daher keine einzelne durch den Verstand modificierte Empfindung, sondern ein *Zustand* der aus der Befriedigung *aller* durch den Verstand bestimmten und durch Vernunft aufs Absolute ausgedehnter Triebe entstehen würde — die *Glückseligkeit;* ein Objekt, das nur durch eine *Idee* in engerer Bedeutung vorgestellt werden kann. Ich sage durch *Idee in engerer* Bedeutung, das heisst, durch eine Vorstellung des Unbedingten, die nur durch Verbindung *empirischer* Begriffe entsteht, und bey der die Vernunft nur *à posteriori* wirksam ist, indem das Unbedingte, das der bestimmt gedachten Glückseligkeit wesentlich ist, nur durch Verbindung der Verstandesformen entsteht, durch welche nur Gegenstände des sinnlichen Triebes, Gegenstände der Empfindung, empirische Gegenstände vorgestellt werden. Das Unbedingte, Absolute, Vollständige, Unbegränzte das der Glückseligkeit wesentlich ist, ist keineswegs *unmittelbar* Gegenstand des vernünftig-sinnlichen Triebes, wird keineswegs um seiner selbst willen, uneigennützig, begehrt; sondern lediglich um der Gegenstände der Empfindung und des Genusses wegen, den der vernünftig - sinnliche Trieb der Idee des Absoluten immer näher zu bringen strebt. Die Glückseligkeit ist in so ferne zwar nothwendiger Gegenstand des Triebes, aber schlechterdings unmöglicher Gegenstand der Erfahrung; der jedesmalige Zustand des vorstellenden Subjektes kann nur in einer ins *endlose bedingten* Befriedigung bestehen; und die wirkliche Glückseligkeit, die mögliche Befriedigung des vernünftig sinnlichen Triebes, kann nur in einer ins Unendliche fortschreitenden Annäherung des wirklichen Zustandes an das Ideal der Glückseligkeit bestehen.

Die Vernunft wirkt beym Triebe nach Glückseligkeit nur *komparativ*, nur in so ferne *frey*, als die Form des unbedingten, welche sie dem Triebe ertheilt, die Wirkung der absoluten Selbstthätigkeit ist. Der Trieb nach Glückseligkeit selbst aber, in wie ferne er das Resultat der durch Sinnlichkeit, Verstand und Vernunft zusammengenommen bestimmten Kraft des Subjektes ist, ist *weder frey noch uneigennützig*. Seine Urquelle ist das durch Verstand und Vernunft modificierte Bedürfniß afficiert zu werden; sein unmittelbarer Gegenstand ist die unbedingte Totalität durch den Verstand ihrem Gegenstande nach bestimmter Empfindungen, und seine Befriedigung hängt vom Gegebenwerden des objektiven Stoffes, vom Afficiertwerden von aussen ab; und ist in so ferne wenigstens eben so sehr eine zufällige Wirkung von Dingen, die das vorstellende Wesen nicht in seiner Gewalt hat, als eine Folge des instinktmäsigen und vernünftigen Gebrauches der Fähigkeiten der vorstellenden Kraft. Die Wissenschaft des Gegenstandes dieses Triebes und der Mittel denselben zu befriedigen, die

die *Glückseligkeitslehre*, muſs eben so sehr aus der Erfahrung, die sich nicht erschöpfen läſst, als aus den Formen des Vorstellungsvermögens, die sich erschöpfen laſſen, gezogen werden, und das System der Regeln des durch die Idee der Glückseligkeit bestimmten Gebrauchs der Vernunft, oder die *Klugheitslehre*, muſs von der *Moral*, mit der sie so wenig als die *Glückseligkeitslehre* selbst etwas gemein hat, genau unterschieden werden.

Da die Vernunft beym Triebe nach Glückseligkeit nichts als die Erweiterung des Zustandes, der durch den Verstand bestimmten Empfindungen, die der *Qualität* nach angenehm seyn müſſen, zum Gegenstande hat, so steht sie bey diesem Triebe eigentlich im Dienste der sinnlichen Neigung, des nothwendigen Hanges nach Vergnügen; den sie nur in Rücksicht auf die Befriedigung deſſelben, und nur in wie ferne derselbe als bereits wirksam von ihr vorausgesetzt wird, *à posteriori* bestimmt.

Das Vermögen des vorstellenden Subjektes durch die Selbstthätigkeit des Triebes bestimmt zu werden, oder sich selbst zu einer Handlung des Triebes zu bestimmen, heißt der *Willen*; und die wirkliche, und mit Bewuſstseyn, vorgenommene Selbstbestimmung zu einer Handlung des Triebes, heißt das *Wollen*. Das *Wollen* unterscheidet sich also von dem *Begehren* in engerer Bedeutung, oder von dem Bestimmtwerden durch den sinnlichen Trieb dadurch, daſs daſſelbe ein Bestimmtwerden durch Vernunft, eine Handlung der Selbstthätigkeit ist.

Der Willen heißt *empirisch*, in wie ferne er das Vermögen des Subjektes ist, sich selbst zu einer

ner Handlung zu beſtimmen, die von der Vernunft als ein *Mittel* den Trieb nach Glückſeligkeit zu befriedigen gedacht, und dieſer Befriedigung als ihrem *Zwecke* untergeordnet wird. Beym *Wollen*, einer auf die Glückſeligkeit abzweckenden Handlung, wird das Begehren durch Vernunft lediglich *empiriſch* beſtimmt, nämlich unter der Vorausſetzung des Triebes nach Vergnügen, dem die Vernunft durch die Willenshandlung diejenige Richtung giebt, die in der Idee der Glückſeligkeit beſtimmt iſt. Die Vernunft wirkt alſo beym empiriſchen Willen nur *komparativ frey*, d. h. nur in wie ferne ſie den ſinnlichen Trieb empiriſch beſtimmt, und der Handlungsweiſe deſſelben eine Regel vorſchreibt, die nur durch Vergnügen, vermittelſt eines von der Vernunft weſentlich verſchiedenen Triebes, Sanktion erhält.

In wie ferne die Idee der Glückſeligkeit im vorſtellenden Subjekte zum Theil *à poſteriori* durch Empfindungen beſtimmt wird, dieſe aber vom Afficiertwerden von auſſen, und folglich von äuſſeren vom vorſtellenden Subjekte unabhängigen Umſtänden abhängen; ſo iſt die Idee der Glückſeligkeit in verſchiedenen vorſtellenden Subjekten verſchieden, und ſelbſt nicht in einem und ebendemſelben vorſtellenden Subjekte immer eben dieſelbe, und die Vernunft ſowohl als der Verſtand, welche dieſe Idee zwar ihrer Form gemäſs, aber nur nach den gegebenen Stoffe der Sinnlichkeit beſtimmen, müſſen durch den grobſinnlichen Trieb getäuſcht werden, ſo lange die Selbſtthätigkeit nur im Dienſte deſſelben wirkt, das heiſst, ſo lange die Vernunft das Begehrungsvermögen nur *empiriſch*, nach den *Datis* einer ewig unvollſtändigen Erfahrung

rung, bestimmt. Allein sie vermag dasselbe auch *à priori* zu bestimmen, und auf diese Weise den Täuschungen des grobsinnlichen Triebes zuvor zu kommen.

Rein-vernünftig nenne ich den Trieb, in wie ferne er durch nichts als die Selbstthätigkeit der Vernunft bestimmt wird, und folglich nichts als die Ausübung der Selbstthätigkeit, die blosse Handlung der Vernunft zum Gegenstande hat. Dieses Handeln der Vernunft, in wie ferne es Objekt des *rein-vernünftigen Triebes* ist, besteht in dem *Realisieren der Handlungsweise der Vernunft*, der *Vernunftform*, welche nur ihrer Möglichkeit nach im Subjekte gegeben, ihrer Wirklichkeit nach aber ausser dem Subjekte nur durch Handlung des Subjektes hervorgebracht werden kann. Die im Vermögen *à priori* bestimmte Form der Vernunft ist dem Subjekte gegeben, und hängt folglich nicht von seiner Kraft ab; aber das *Realisieren* derselben als Form einer wirklichen Handlung, die keinen anderen Zweck hat, als dieses *Realisieren* selbst, die Wirklichkeit der Vernunftform als Gegenstand des Triebes, ist etwas das von der Kraft des Subjektes, und zwar von der blossen Selbstthätigkeit dieser Kraft allein abhängt. Die Handlung der Vernunft *im rein-vernünftigen* Triebe ist von der Handlung im Vernünftig-sinnlichen wesentlich verschieden. Beym letztern bestimmt die Vernunft das nur *a posteriori* Vorstellbare der Empfindung, und erhält den Stoff ihrer Handlung an dem durch den Verstand bestimmten Empfundenen. Beym erstern wirkt sie durch keine Empfindung aufgefordert, bestimmt den Stoff und die Form ihres Gegenstandes, wirkt ganz unabhängig vom

vom Afficiertſeyn, ſetzt zur Wirklichkeit ihrer Handlung keineswegs den ſinnlichen Trieb und das Empfindungsvermögen voraus, und handelt folglich völlig *a priori* aus der Fülle ihrer Selbſtthätigkeit.

Die Vernunft beſtimmt das Objekt des rein-vernünftigen Triebes das bloſſe Realiſieren der Handlungsweiſe der Vernunft nach den vier Momenten des mittelbaren Urtheilens, und der rein-vernünftige Trieb muſs dieſen Beſtimmungen gemäſs gedacht werden, und wirkt: nach der *Quantität*: als Trieb nach *geſetzmäſsiger* Handlungsweiſe (die durch abſolute *Allgemeinheit* beſtimmte Form des Handelns), nach Realiſierung der bloſſen Geſetzmäſsigkeit; nach der *Qualität*: als Trieb nach *uneigennütziger* Handlungsweiſe (die von der ſinnlichen Bedingung der Qualität dem Gegebenſeyn des Stoffes, und folglich vom Triebe nach *Vergnügen* unabhängige Form des Handelns) nach Realiſierung der Uneigennützigkeit; nach der *Relation*: als Trieb nach 1) Unveränderlicher, 2) Selbſtthätiger, 3) mit der Handlungsweiſe aller Vernünftigen harmoniſcher Handlungsweiſe; nach der *Modalität*: als Trieb nach 1) Erlaubter, 2) Pflichtmäſsiger, 3) Vollkommenverbindlicher Handlungsweiſe.

Das auf dieſe Weiſe durchgängig beſtimmte Objekt des rein-vernünftigen Triebes heiſst *Moralität* oder *Sittlichkeit*, welche folglich in der um ihrer ſelbſt willen beabſichtigten Realiſirung der Handlungsweiſe der reinen Vernunft beſteht. Der rein-vernünftige Trieb heiſst in Rückſicht auf dieſes ihm einzig angemeſſene Objekt der *Moraliſche* oder *Sittliche*.

Die

des Erkenntnifsvermögens überhaupt. 571

Die Vernunft heifst *praktifch*, in wie ferne in ihrer Selbstthätigkeit das Vermögen liegt, das Objekt des rein-vernünftigen Triebes zu realifieren, oder welches eben fo viel heifst, fich felbft *à priori* zu einer Handlung zu beftimmen, die keinen andern Zweck als die Wirklichkeit der Handlungsweife der Vernunft hat, und das Vermögen des vorftellenden Objektes fich durch die Selbfthätigkeit des rein-vernünftigen Triebes zum Handeln zu beftimmen, heifst der *reine Wille*. Der *Wille* befteht alfo überhaupt in der Selbftbeftimmung zu einer Handlung. Ift diefe Handlung von der Vernunft als Mittel der Befriedigung des Triebes nach Glückfeligkeit untergeordnet, fo handelt der Wille *empirifch* im Dienfte der Sinnlichkeit; ift aber diefe Handlung durch das Objekt des rein-vernünftigen Triebes beftimmt, und befteht fie daher in der einzig beabfichtigten Realifierung der Handlungsweife der Vernunft, fo wirkt der Wille *rein*, *à priori* unabhängig von dem finnlichen Triebe, nach keinem anderen Gefetze, als das er fich felbft giebt, indem er die blofs ihrer Möglichkeit nach beftimmte Vernunftform durch feine Selbftthätigkeit realifiert.

Der menfchliche Wille ift alfo *frey*, 1) in wie ferne er als Vermögen der Spontaneität der Vernunft durch kein Afficiertwerden *gezwungen* werden kann; als Vermögen eines Subjektes, das aufser der Vernunft auch noch Sinnlichkeit befitzt, fich felbft fowohl *à priori* als *à pofteriori* zu beftimmen vermag, und daher keineswegs ausfchliefsend weder an das Gefetz der uneigennützigen noch an das Gefetz des eigennützigen Triebes *gebunden* ift. Er *handelt* aber nur *komparativ frey*, wenn er fich felbft dem Gefetze des eigennützigen

Trie-

Triebes, einem *ihm fremden* Gesetze unterwirft; er handelt hingegen *absolut frey* und ist absolut frey, in wie ferne er das Gesetz des uneigennützigen Triebes befolgt; ein Gesetz, das von der theoretischen Vernunft nur verfaßt wird, seine Sanktion aber als wirkliches Gesetz nur durch die bloße Selbstthätigkeit der praktischen erhält, welche sich dasselbe selbst auflegt. Die Sittlichkeit ist ohne absolute Freyheit unmöglich, und die absolute Freyheit ist nur in der Sinnlichkeit wirklich, die zwar ihrer *Form nach* in der Form des Vernunftvermögens nothwendig bestimmt, ihrem *Stoffe nach* aber, d. h. in Rücksicht der *Realisirung* dieser Form als Objekt des Willens, ein bloßes Produkt der Selbstthätigkeit, der positiven Kraft, des freywirkenden Subjektes ist.

Der Trieb nach Sittlichkeit ist vom Triebe nach Glückseligkeit *wesentlich verschieden.* Der eine ist in der bloßen positiven Kraft, der andere im bloßen durch Verstand und Vernunft modificierten Bedürfnisse gegründet; der eine ist folglich ganz uneigennützig, der andere ganz eigennützig. Dem einem ist bloß die mögliche Form seines Gegenstandes im Vernunftvermögen bestimmt, der Stoff hingegen, durch welchen sein Gegenstand zur Wirklichkeit kömmt, die Realisierung der rein vernünftigen Handlungsweise ist ganz sein eigenes Werk; dem andern ist der Stoff seines Gegenstandes durch Empfindungen gegeben, und zwar der objektive Stoff ganz durchs Afficiertwerden von außen. Er hängt also in Rücksicht auf die Wirklichkeit seines Gegenstandes von Außendingen ab; und die bloße Ideale in keiner möglichen Erfahrung erreichbare Form desselben,

selben, das Absolute der Glückseligkeit ist das einzige was bey diesem Triebe der Selbstthätigkeit angehört. Im Triebe nach Glückseligkeit erweitert die Vernunft die Forderungen des sinnlichen Triebes ins Unendliche; im Triebe nach Sittlichkeit läst sie keine Forderung des sinnlichen Triebes gelten, als in wie ferne dieselbe der Forderung des rein-vernünftigen angemessen, *gesetzmäßig* ist. Durch den Trieb nach Glückseligkeit bestimmt, sieht sich das Subjekt als den Mittelpunkt des Universums an, und bezieht alles, was es durch Verstand und Vernunft zu wirken vermag, auf den Zustand seines Empfindungsvermögens, auf *Vergnügen*; durch den Trieb nach Sittlichkeit hingegen sieht sich das Subjekt nur als ein Glied einer Gemeinschaft an, die aus absoluten durch praktische Vernunft handelnden Subjekten besteht, welche keinen anderen Zweck erkennen als die Realisierung der Gesetzmäßigkeit, Uneigennützigkeit, u. s. w.

Beyde Triebe sind im geraden Widerspruche mit einander, wenn sie als *koordiniert* gedacht werden; der Trieb nach Sittlichkeit wird ganz vernichtet, wenn er dem Triebe nach Glückseligkeit, — dieser aber wird bloß aufs Gesetzmäßige beschränkt, wenn er dem Triebe nach Sittlichkeit *subordiniert* wird. Die Handlungsweise der reinen Vernunft, in wie ferne sie dem sittlichen Triebe eigenthümlich ist, heißt Gesetz; in wie ferne sie aber dem Triebe nach Glückseligkeit, dem sie fremde ist, aufgedrungen wird — *Geboth*. Das Bestimmtwerden des sinnlichen Triebes durch die Selbstthätigkeit des Rein-vernünftigen heißt *Nöthigung*; und die Nothwendigkeit den sinnlichen Trieb dem *Gesetze* des Reinvernünftigen zu unterwerfen, heißt

heißt *Pflicht*. Diese Nothwendigkeit kündiget sich im Bewußtseyn durch das *Sollen* an, das in Rücksicht auf die praktische Vernunft *freyes Wollen* des Gesetzmäßigen, in Rücksicht auf das Begehrungsvermögen aber ein *Gebiethen* ist, dessen Befolgung das durch praktische Vernunft freyhandelnde Subjekt von sich selbst nur durch Zwang erhalten kann, den es seinem eigennützigen Triebe anthut.

So wie Sinnlichkeit und Vernunft in ihrer unzertrennlichen Vereinigung die Natur des menschlichen Gemüthes, so weit dasselbe vorstellbar ist, ausmachen: so machen der Trieb nach Glückseligkeit und der Trieb nach Sittlichkeit in ihrer unzertrennlichen Vereinigung den *ganzen Trieb* des menschlichen Gemüthes, und Glückseligkeit mit Sittlichkeit verbunden, das ganze, vollständige Objekt dieses Triebes, das *ganze höchste Gut* des Menschen aus. Verbindung der Glückseligkeit mit der Sittlichkeit ist aber nur dadurch denkbar, daß *im Subjekte* der Trieb nach Glückseligkeit dem Triebe nach Sittlichkeit untergeordnet; *im Objekte* des ganzen Triebes das Maaß der Glückseligkeit durch das Maaß der Sittlichkeit bestimmt, und die Glückseligkeit nur in so ferne begehrt und erworben werde, als sich das Subjekt durch seine Sittlichkeit derselben moralisch fähig, d. h. *würdig* gemacht hat. Da die Sittlichkeit die Bedingung ist, unter welcher allein Glückseligkeit Gegenstand des Bestrebens eines mit praktischer Vernunft begabten Subjektes werden kann: so ist sie das *höchste, oberste, Gut*. — Aber da das vernünftige *endliche* Subjekt nothwendig nach Glückseligkeit streben muß, so kann die Sittlichkeit nur in Verbindung mit der durch sie bestimmten Glückselig-

des Erkenntnifsvermögens überhaupt.

feligkeit, das *ganze* höchſte *Gut* dieſes Subjektes ausmachen; und das ganze höchſte Gut kann weder, wie die *Epikuräer* dafür halten, *bloſse Glückſeligkeit,* zu der ſich die Tugend wie Mittel zum Zwecke verhielte; noch wie die *Stoiker* lehren, bloſſe Sittlichkeit (Tugend) ſeyn, deren Beſitz allein das ganze höchſte Gut ausmachte.

Wie ſich aus der näheren Beſtimmung und weiteren Ausführung dieſer Prämiſſen der *Glaubensgrund* für das *Daſeyn einer intelligiblen Welt* (in welcher das höchſte Gute nur durch eine ins Unendliche fortdaurende Exiſtenz und Perſonalität des endlichen vernünftigen Weſens erreichbar iſt) und für das *Daſeyn einer von der Natur unterſchiedenen und der moraliſchen Geſinnung gemäſs wirkenden Urſache der geſammten Natur* ergebe: läſst ſich nur in der eigentlichen *Theorie der praktiſchen Vernunft,* und nach einer völlig entwickelten *Theorie des Begehrungsvermögens* *) einleuchtend genug darthun. Die Theorie der *Vernunft überhaupt,* in wie ferne ſie ein Theil der bloſſen Theorie des *Erkenntniſsvermögens überhaupt* iſt, muſs ſich begnügen, die bloſſen Ideen der *intelligiblen Welt,* und jenes *Urweſens,* in wie ferne dieſelben in der Form des Vernunftvermögens gegründet ſind, aufzuſtellen.

§. LXXXVII.

Durch die Idee der *abſoluten Gemeinſchaft,* bezogen auf die Subjekte der Erſcheinungen des äuſſeren Sinnes, iſt die Idee der *phyſiſchen*

---

*) Welche ich auf die gegenwärtige *Theorie des Vorſtellungsvermögens* folgen zu laſſen gedenke.

fifchen Welt, — bezogen auf die Subjekte der Erscheinungen des inneren Sinnes (die vorstellenden, die Idee der *moralischen Welt*, — bezogen auf die Ideen dieser beyden Welten, die Idee der *intelligiblen Welt*, oder des *Universums* bestimmt.

So wie die Idee der absoluten Gemeinschaft überhaupt, so ist die Beziehung dieser Idee auf alle denkbaren *Subjekte* in der Natur der Vernunft bestimmt, die alles, Viele auf unbedingte Einheit bringt, und sich die Allheit der denkbaren Subjekte nicht anders als im durchgängigen Zusammenhang, in systematischer Gemeinschaft, denken kann.

In Rücksicht auf die Subjekte des äusseren Sinnes die als Erscheinungen durch das *Schema der Wechselwirkung* bereits in erkennbarer Gemeinschaft vorgestellt werden müssen, erhält die Idee der absoluten Gemeinschaft *mittelbare objektive Realität*, indem sie sich vermittelst des Schemas der Gemeinschaft, dessen Verstandesform sie zum Unbedingten erweitert, auf das in der Anschauung Gegebene bezieht. Die Idee der *physischen Welt* ist daher auch nur Idee in *engerer* Bedeutung, und enthält in ihrer durchgängigen Bestimmung und mittelbarer Beziehung auf wirklich erkennbare Gegenstände den Plan einer wahren und eigentlichen Wissenschaft.

In Rücksicht auf die Subjekte des inneren Sinnes, die keineswegs als Erscheinungen, sondern unmittelbar durch Vernunft als *absolute Subjekte* vorgestellt werden müssen, ist die Idee der absoluten Gemeinschaft einer blossen, *subjektiven*, im blossen Vorstellungsvermögen gegründeten, Realität

tät fähig. Da die *Kategorie* der *Gemeinschaft* aus der Verknüpfung der Kategorien der *Substanz* und der *Ursache* besteht, so kann auch die absolute Gemeinschaft nur durch Verknüpfung des absoluten Subjektes mit der absoluten Kaussalität bestehen; und die absoluten Subjekte des innern Sinnes können nur in so ferne in absoluter Gemeinschaft gedacht werden, als sie als absolute Ursachen im strengsten Sinne d. h. als sie durch praktische Vernunft (moralisch) handeln. Die Idee der moralischen Welt ist daher auch eine Idee *in engster* Bedeutung, und enthält in ihrer durchgängigen Bestimmung nichts was sich wissen läßt, als die Gesetze der moralischen Welt, die keine andern als die Gesetze der praktischen Vernunft sind.

In wie ferne nun diese beyden Welten als zwey verschiedene für sich bestehende Subjekte gedacht werden, sieht sich die Vernunft durch ihre Natur genöthiget, dieselben neuerdings auf unbedingte Einheit zu bringen, und als ein durchgängig verknüpftes Ganze in absoluter Gemeinschaft zu denken. Während die Gemeinschaft in der physischen Welt durch die *Wechselwirkung*, in der Moralischen aber durch *Gleichförmigkeit* der Handlungsweise der Vernünftigen, in beyden also, durch Handlung der Substanzen bestimmt ist, läßt sich die Gemeinschaft in der intelligibeln Welt zwischen jenen beyden Welten, welche den Stoff derselben ausmachen, weder durch Wechselwirkung noch durch Gleichförmigkeit bestimmt denken; und der einzige Bestimmungsgrund der Gemeinschaft dieser beyden Welten, der sich als in ihnen selbst enthalten denken läßt, kann nur darin bestehen,

hen, daß die Beſtimmungen der phyſiſchen Welt ihre *Endurſachen* in der Moraliſchen haben; ein Beſtimmungsgrund, der ſich nicht denken läſst, ohne aus der Idee der intelligiblen Welt zu einem von ihr verſchiedenen Subjekte, und zwar einer *Intelligenz* hinauszugehen, welche als beſtimmende und wirkende Urſache der phyſiſchen und moraliſchen Geſetze gedacht würde.

§. LXXXVIII.

Durch die Idee der abſoluten Gemeinſchaft auf keine Subjekte, ſondern auf bloſſe durch reine Vernunft beſtimmte *Prädikate* (denkbare *abſolute Realitäten*) bezogen, iſt die Idee eines Inbegriffes aller denkbaren Realitäten, oder des *allerrealſten Weſens* beſtimmt

Die *Prädikate*, in wie ferne ſie im reinen Verſtand *als Prädikate* beſtimmt ſind, werden durch das Moment der Qualität und durch die Kategorien der Realität, Negation und Limitation gedacht. (S. 451.) Durch den Verſtand in engerer Bedeutung wird die Qualität im Schema derſelben, als bedingte mit *Negation* verbundene, *limitierte* Realität; durch Vernunft hingegen als unbedingte, alle Negation ausſchlieſſende, unbegränzte Realität vorgeſtellt. Die durch Vernunft gedachte Vielheit (die abſolute Allheit) dieſer Realitäten, durch die Idee der abſoluten Gemeinſchaft beſtimmt, giebt die Vorſtellung des abſoluten Inbegriffes aller Realitäten, in wie ferne dieſelben als unbegränzt

gränzt (als bloſſe Realitäten) gedacht werden müſſen; durch die Idee des abſoluten Subjektes beſtimmt — die Vorſtellung des allerrealſten ſelbſtſtändigen Weſens; durch die Idee der abſoluten Urſache endlich — die Vorſtellung des allerrealſten Weſens als *erſter* Urſache. Die völlige Entwicklung dieſer höchſtwichtigen Idee, die vor aller andern in der reinen Vernunft *a priori* beſtimmten, das Eigenthümliche hat, daſs ihr Gegenſtand durchgängig beſtimmt, und folglich durch ſie ein *Individuum* vorgeſtellt wird, muſs der *höhern Metaphyſik* aufbehalten werden.

E n d e

www.ingramcontent.com/pod-product-compliance
Lightning Source LLC
Chambersburg PA
CBHW031935290426
44108CB00011B/563